RUDOLF VON IHERING

Geist des römischen Rechts auf den verschiedenen Stufen seiner Entwicklung

Theil III
Abtheilung 1

Elibron Classics
www.elibron.com

Elibron Classics series.

ISBN 0-543-94512-X (paperback)
ISBN 0-543-94511-1 (hardcover)

This Elibron Classics Replica Edition is an unabridged facsimile of the edition published in 1877 by Breitkopf und Härtel, Leipzig.

Geist des römischen Rechts

auf den

verschiedenen Stufen seiner Entwicklung.

Von

Rudolph von Jhering,

Geh. Justizrathe und ordentl. Professor der Rechte in Göttingen.

Dritter Theil.

Erste Abtheilung.

Dritte Auflage.

Leipzig,

Druck und Verlag von Breitkopf und Härtel.

1877.

Man bittet, die Innenseiten und die Rückseite dieses Umschlags zu berücksichtigen.

Rechtswissenschaftliche Schriften

im Verlage von Breitkopf und Härtel in Leipzig.

Baumeister, H., Bemerkungen zur Strafgesetzgebung. 1. Heft. gr. 8. 1847. geh. M. 1. 50.

Bornagius, Aug., Ueber die rechtliche Natur der Concordate. gr. 8. 1870. M. 2. 25.

Dahn, Felix, Handelsrechtliche Vorträge. gr. 8. 1875. M. 4.

Danz, H. A. A., Lehrbuch d. Geschichte d. röm. Rechts. 2 Theile. 2. Aufl. gr. 8. 1871 u. 1873. M. 10.

—— Die Wirkung der Codificationsformen auf das materielle Recht. 8. geh. 1861. M. 1. 50.

Delbrück, Berthold, Die dingliche Klage des deutschen Rechts. Geschichtlich und für den heutigen Gebrauch dargestellt. gr. 8. 1857. geh. M. 5.

Exner, A., Kritik des Pfandrechtsbegriffes nach römischem Recht. 8. 1873. M. 3. 75.

Fuchs, Carl, Der deutsche Concursproceß. 1877. gr. 8. M. 3.

Hypothekenrecht, Deutsches. Herausgegeben von Dr. Viktor von Meibom. 1. Band. Das hannoversche Hypothekenrecht von L. v. Bar. gr. 8. 1871. M. 2. 70.

Dasselbe. 2. Band. Das mecklenburgische Hypothekenrecht v. V. v. Meibom. gr. 8. 1871. M. 6.

Dasselbe. 3. Band. 1 Abth. Das bayerische Hypothekenrecht von Dr. Ferdinand Regelsberger. 1. Abtheilung. gr. 8. 1874. M. 7.

Dasselbe. 4. Band. Das königlich sächsische Hypothekenrecht von Dr. Siegmann. gr. 8. 1875. M. 6.

Dasselbe. 5. Band 1. Abth. Das östreichische Hypothekenrecht von Dr. Adolf Exner. 1. Abtheilung. gr. 8. 1876. M. 7.

Dasselbe. 6. Band. Das württembergische Unterpfandsrecht von Dr. Römer. gr. 8. 1876. M. 6.

Dasselbe. 7. Band. Das rheinisch-französische Privilegien- und Hypothekenrecht.
1. Abth. Das französische Privilegien- und Hypothekenrecht von Dr. Puchelt. gr. 8. 1876. M. 8.
2. Abth. Das rheinische Hypothekenrecht in seinen Abweichungen vom französischen Rechte von Dr. Dreyer, Dr. Gorius, Heinsheimer, Thoma, Dr. Lippold. M. 6.

Dasselbe. 8. Band. Das preußische Hypothekenrecht von Dr. Dernburg und Hinrichs. (Unter der Presse.)

Ihering, Rud. v., Abhandlungen aus dem römischen Recht. gr. 8. 1844. geh. M. 3.

—— Geist des röm. Rechts auf den verschiedenen Stufen seiner Entwicklung. 1. Theil. 3. Aufl. gr. 8. 1873. M. 9. 2. Theil 1. Abth. 3. Aufl. gr. 8. 1874. geh. M. 7. 50. 2. Theil 2. Abth. 3. Aufl. gr. 8. 1875. M. 9. 3. Theil 1. Abth. 3. Aufl. gr. 8. 1877. M. 9.

—— Bedeutung des röm. Rechts für die moderne Welt. Abdruck aus der 2. Auflage von des Verfassers „Geist des röm. Rechts“. gr. 8. 1865. geh. M. —. 50.

Klemm, H. H., Ueber die stillschweigend übernommene Verbindlichkeit zu Bezahlung des Kaufpreises unbestellt empfangener Waaren. gr. 8. 1854. geh. M. 1. 20.

Lindgren, W. E. v., Die Grundbegriffe des Staatsrechts. Versuch einer juristisc[...] Construction des Staats und der Staatsgewalt. gr. 8. 1869. geh. M. [...]

Merkel, Adolf, Kriminalistische Abhandlungen. 1. Heft: Zur Lehre von den Gru[...] eintheilungen des Unrechts und seiner Rechtsfolgen. gr. 8. 1867. M. [...]

—— 2. Heft: Die Lehre vom strafbaren Betruge. 1. Abth. 8. 1867. M. 5.

Ortloff, H., Der fiscalische Strafproceß. gr. 8. 1859. M. 1.

Geist des römischen Rechts

auf den

verschiedenen Stufen seiner Entwicklung.

Dritter Theil.

Erste Abtheilung.

Geist des römischen Rechts

auf den

verschiedenen Stufen seiner Entwicklung.

Von

Rudolph von Jhering,
Geh. Justizrathe u. ordentl. Professor der Rechte in Göttingen.

Dritter Theil.

Erste Abtheilung.

Dritte Auflage.

Leipzig,
Druck und Verlag von Breitkopf und Härtel.
1877.

Vorrede zur dritten Auflage.

Die gegenwärtige dritte Auflage des vorliegenden Bandes ist ein unveränderter Abdruck der zweiten Auflage. Beschäftigt mit der Ausarbeitung einer Schrift, deren ich in der Vorrede zur zweiten Auflage gedachte, dem Zweckmoment im Recht oder wie sie demnächst heißen wird: dem Zweck im Recht — einer Schrift, welche aus der Theorie der Rechte herausgewachsen ist und eine Ergänzung des gegenwärtigen Werks bildet, habe ich meine Kraft nicht theilen und zersplittern wollen, um sie auf etwas Untergeordnetes zu verwenden, während sie für die Hauptsache kaum ausreicht. Dazu kommt, daß der gegenwärtige Band mir von allen vier am wenigsten Anlaß zu Aenderungen geboten haben würde; höchstens hätte ich einige Literaturnachträge liefern können. Da mein Werk aber nicht bestimmt ist, den Leser mit der einschlagenden rechtshistorischen Literatur bekannt zu machen, sondern von derselben nur so weit Notiz nimmt, als die eigene Ansicht mich zwingt, Stellung zu derselben zu nehmen, die Materien aber, die ich in diesem Bande behandle, außerordentlich selten von Andern berührt worden sind, so dürfte der Werth dieser Ausgabe durch Nichtberücksichtigung der Literatur bei den sehr wenigen Punkten, wo dies ausnahmsweise seit der zweiten Auflage (1871) der Fall gewesen ist, wenig verloren haben.

Gleichzeitig oder kurz nach dem Erscheinen dieses Bandes wird ein Register zu den vier bisher erschienenen Bänden publicirt werden, dessen Nothwendigkeit von mir ebenso empfunden worden ist als von Andern. An den fünften Band kann ich erst gehen, wenn die oben erwähnte Schrift, welche während der Arbeit immer mehr angeschwollen ist und zwei Bände in Anspruch nehmen wird, erschienen sein wird.

Göttingen, 14. März 1877.

Der Verfasser.

Inhalt des dritten Theils.

Erster Abschnitt.

Zusammenhang mit dem Früheren.

Die juristische Kunst.

Zweiter Abschnitt.

Die Rechte.

(Correspondirt dem ersten Abschnitt: allgemeine Charakteristik des Rechtssystems §. 23—58.)

Der Abschnitt zerfällt in zwei Unterabschnitte:

A. Allgemeine Theorie der Rechte.

B. Die einzelnen Rechte.

Allgemeine Theorie der Rechte.

Die juristische Kunst.

Gegensatz des folgenden Abschnittes zum vorhergehenden. — Die specifisch-juristische Kunst — ihr Antheil an der ursprünglichen Bildung des Rechts — ihr Charakter.

XLVIII. Schon eine geraume Zeit verweilt unsere Darstellung auf dem Gebiete der älteren Jurisprudenz, und wäre es wahr, was Manche lehren, daß der Beruf der Jurisprudenz in dem Interpretiren der Gesetze bestehe, so könnte unseres Bleibens hier nicht lange mehr sein, denn diesen Zweig der juristischen Thätigkeit haben wir bereits (§. 44) kennen lernen, und was wäre sonst noch viel übrig? Allein so parador es klingt: der Haupttheil unserer Aufgabe, das Schwierigste ist noch zurück, und erst von jetzt an können wir behaupten uns im Centrum der römischen Jurisprudenz zu befinden, während wir uns bisher bloß in den Außenwerken umher getrieben haben. Zwar eine Reihe interessanter Erscheinungen haben wir auch dort angetroffen, Züge, die namentlich für den physiognomischen Ausdruck des ältern Rechts im Gegensatz des neuern höchst charakteristisch sind, allein dieselben gehören nicht sowohl der Jurisprudenz, als der Zeit an, sie waren nichts als die Reflexe, in denen die damalige Culturstufe innerhalb der Jurisprudenz sich abspiegelte, und sie wiederholen sich darum auch auf den andern Gebieten des geistigen Lebens.

Interpretiren und Formeln aufsetzen mußte der Pontifex auch außerhalb des eigentlich juristischen Gebietes, eine specifisch-juristische Kunst übte er damit nicht aus, und der Geist, in dem er es that, jene früher nachgewiesene Abhängigkeit vom Wort, kam nicht auf Rechnung der Jurisprudenz, sondern auf die der Zeit.

Dies ändert sich von nun an gänzlich. Unsere Darstellung versetzt uns jetzt in die innerste Werkstätte der Jurisprudenz und verschafft uns die Gelegenheit, sie in ihrem geheimsten Wirken und Schaffen zu belauschen. Die Aufgaben und Interessen, die es hier gilt, die Mittel, mit denen sie gelöst werden, die Operationen und Kunstgriffe, die hier zur Anwendung gelangen, kurz der ganze Gedanken-Apparat, den wir hier wahrnehmen, ist ausschließlich juristischer Art, es ist die specifisch-juristische Kunst, welche wir im Folgenden bei ihrem Werk: der technischen Gestaltung des älteren Rechts, zu beobachten haben werden. Die von uns vorausgeschickte allgemeine Theorie der Technik (§. 38—41) macht es eben so möglich als nöthig uns ausschließlich auf das historische Material, welches das ältere Recht uns bietet, zu beschränken.

Die heutzutage herrschende Lehre datirt das Auftreten der Jurisprudenz in der Geschichte erst aus einer verhältnißmäßig späten Zeit. Eine lange Periode der rein naiven und gewohnheitsrechtlichen Existenz des Rechts war ihr zufolge vorausgegangen, und geraume Zeit bereits war der Gesetzgeber thätig gewesen, bevor die Jurisprudenz sich von ihrem Lager erhob. Um noch an der Grundlegung des Rechts sich zu betheiligen, dazu kam sie viel zu spät, denn die Fundamentalbegriffe des Rechts waren längst fertig und fest geworden, der Ablagerungs- und Erstarrungsproceß des Rechts im Ganzen und Großen bereits vollzogen; was ihr zu thun übrig blieb, war mithin nur ein Nachhelfen und Nachbessern im Kleinen und Einzelnen, das Poliren und Feilen. Diese Ansicht habe auch ich früher getheilt, eine fortgesetzte Beschäftigung mit dem ältern römischen Recht hat mich jedoch überzeugt, daß dieselbe ein reines Phantasie-Product ist, dem die Geschichte keinerlei Unterstützung gewährt — der Traum von einem goldnen Zeitalter des Rechts, in dem die Menschen, ohne zu suchen, das Richtige getroffen hätten, in dem die Rechtsbegriffe ohne Zuthun des Menschen am Baum der Erkenntniß gewachsen seien, von dem er nur nöthig gehabt hätte sie zu pflücken, oder von dem sie ihm gar von selbst in den Schooß gefallen wären. Die positive Behauptung, die ich dieser Lehre entgegenstelle, ist die: daß die Geschichte des Rechts mit einem eisernen Zeitalter begonnen hat, mit dem harten Ringen und Arbeiten des menschlichen Verstandes, daß Absicht, Reflexion, Bewußtsein, Berechnung bereits bei der Bildung des Rechts thätig gewesen, daß die juristische Kunst schon an der Wiege desselben gestanden hat.

Wie uns heutzutage die Begriffe nicht von selbst zufallen, sondern mit Mühe und Anstrengung gewonnen werden müssen, so und nicht anders ist es auch in jener historischen Epoche der Fall gewesen, wo die Grundbegriffe des Rechts sich gebildet haben, und die Meinung, als ob die Völker in ihrer Kindheit den Begriff des Eigenthums, der Obligation u. s. w. nicht nöthig gehabt hätten zu suchen und auszubilden, sondern ihn fertig vorgefunden hätten, ist um nichts besser, als daß sie ihre Häuser, Pflugscharen u. s. w. aus den Händen der Natur erhalten hätten.

Aber wie sie um letzterer willen Jahrhunderte lang haben denken, arbeiten, in Versuchen sich abmühen müssen, eben so und in noch viel höherem Grade um jener willen; überall muß eine lange Zeit des Tastens und Suchens, des Schwankens und der Unsicherheit vorhergegangen sein, bevor diese Begriffe jene knappen, festen Formen angenommen haben, die sie schon bei ihrem ersten historischen Auftreten an sich tragen.

Einer je längern Prüfung ich diese Begriffe unterworfen habe, um so festeren Fuß hat die Ueberzeugung bei mir gefaßt, daß sie in Wahrheit Kunstproducte sind, und zwar Producte einer Kunst, die uns die höchste Bewunderung abnöthigt. Wer die Jurisprudenz mit der juristischen Schriftstellerei identificirt und sie daher von dem ersten Buch an, das da geschrieben ist, datirt, für den freilich fällt diese Kunst weit zurück vor die Zeiten der Jurisprudenz und hat auf den Namen der letzteren keinen Anspruch. Allein wer wie ich das Kriterium der Jurisprudenz in etwas anderem erblickt als im Bücherschreiben, wer sie setzt in das juristische Denken, der wird jener Kunst diesen Namen nicht vorenthalten, denn von einem juristischen Denken legen die Begriffe und Formeln, die sie uns überliefert hat, in einer Weise Zeugniß ab, wie ganze Wagenladungen von Büchern es für so manche schreiblustige Zeitalter nicht könnten. Dies Denken geht nur nicht, wie bei uns, in die Breite und ist uns nur nicht in seiner ursprünglich flüssigen Gestalt, sondern objectivirt und comprimirt auf kleinsten Raum, d. h. in Gestalt eines Rechtsbegriffs erhalten, und darum wird es von so Vielen übersehen, wie man ja auch im gewöhnlichen Leben sich oft nicht bewußt ist, daß die einfachsten Geräthschaften, Kunstgriffe u. s. w. Resultate eines oft über Jahrhunderte sich ausdehnenden menschlichen Denkprocesses sind.

Wenn man aber mit uns jene Niederschläge des ältesten römisch-juristischen Denkens, wie wir die Grundbegriffe des römischen Rechts nennen dürfen, einer Analyse unterwirft, das in ihnen objectivirte Denken wiederum in Fluß versetzt, so erstaunt man wahrhaft über die geistige Kraft und Arbeit, von der sie Zeugniß ablegen, über die Fruchtbarkeit und Einfachheit der Gedanken und die Consequenz und Energie der Durchführung — Eigenschaften, welche die Idee, daß die unmittelbare Volksüberzeugung, das naive, nicht reflectirende Denken sie hervorgebracht habe, geradezu zu einer Abgeschmacktheit stempeln; man sieht eine reiche Gedankenwelt sich aufthun, eine Welt, von der freilich eine Rechtsgeschichtsschreibung, der die werthlosen Namen von Juristen schwerer wogen, als juristische Gedanken, eben so wenig eine Vorstellung hatte, wie der Ungebildete sie von der Welt hat, die in Form der Versteinerungen das Innere der Erde uns aufbewahrt. Wie das Auge des Paläontologen in diesen Versteinerungen den steinernen Bericht über die Geschichte unserer Erdrinde erblickt, wie sie ihm Vorgänge und Umwälzungen aus einer Periode, früher als alle Geschichte, verkünden, so gehört auch nur die rechte Kunst des historischen Lesens dazu, um in dem ältesten Begriffsmaterial des römischen Rechts eine *juristische Schöpfungsgeschichte* desselben verzeichnet zu finden, einen Bericht über das, was bei der ursprünglichen Bildung seiner Grundbegriffe geschehen ist, wie mit dem Willen und dem sittlichen

Gefühl auch der Verstand und die juristische Kunst zu Rathe gesessen, was die ältesten Bildner des römischen Rechts beabsichtigt, erstrebt, gewollt.

Es wäre Vermessenheit bestimmen zu wollen, was bei der Gestaltung der Begriffe auf Rechnung der juristischen Kunst, was auf Rechnung der übrigen rechtsbildenden Factoren zu setzen, z. B. wie sich der Antheil, den jene einerseits und der Macht- und Freiheitstrieb anderseits am römischen Eigenthumsbegriffe genommen haben, auf beide vertheilt, allein daß diese Kunst an allen Rechtsbegriffen ihren Antheil und zwar ihren großen Antheil hatte, das steht mit unverkennbaren Zügen in jenem Bericht verzeichnet, ja es lassen sich gewisse, bei ihnen allen wiederkehrende technische Grundgedanken nachweisen, die ihnen ein ganz bestimmtes juristisches Gepräge aufdrücken und uns in Stand setzen, einen Typus der Structur aufzustellen, der sich bei ihnen eben so sehr wiederholt, wie er sich bei den Instituten, die erst dem neuern Recht ihren Ursprung verdanken, verläugnet. Um darin ein Werk der naiven, nicht reflectirenden Volksanschauung zu erblicken, während die Absicht, Berechnung, Planmäßigkeit aus allem hervorleuchtet, müßte man geradezu die Augen schließen — eben so gut könnte man glauben, daß die Construction der Dampfmaschine durch Zufall gefunden worden sei. Wie die Darstellung des Einzelnen später genauer nachweisen wird, entfernt sich die Structur einzelner dieser Institute in dem Maße von der natürlichen Gestalt, die sie im Leben an sich tragen, und in der mithin auch die natürliche Auffassung des Volks sie sich vorzustellen pflegt, daß man geradezu von einem Widerspruch gegen dieselbe reden kann. So bringt z. B. das ältere Recht den Kauf in Form zweier einseitiger Stipulationen, gibt also das für die ökonomische Würdigung des Kaufs ganz entscheidende Moment der Zweiseitigkeit, an der die unbefangene Betrachtung sich stets halten wird, der juristischen Form nach völlig auf — ein Gedanke durch und durch juristischer Art, der wenn auch nicht dem Kopf eines Juristen von Fach, doch jedenfalls dem juristischen Denken seinen Ursprung verdankt. Vor allem aber tritt jener

Zug der Künstlichkeit und Absichtlichkeit im ältern Proceß hervor, den wir eben darum einer genauern Betrachtung würdigen müssen, ja jene vermeintliche Naivität und Natürlichkeit der Urperiode schlägt hier in dem Maße in ihr gerades Gegentheil um, daß unser heutiger Proceß ungleich weniger den Eindruck des Gemachten, Berechneten, Künstlichen macht, als der jener Kindheitszeit.

Fort also mit jenem Wahn, daß es eine Zeit gegeben — und verlege man sie auch noch so weit zurück —, wo das Recht, wie eine schöne Blume des Feldes wild aufgewachsen auf dem gesegneten Boden des nationalen Rechtsgefühls, der pflegenden Hand des Menschen nicht bedurft hätte! Die Reflexion und Absicht hätten dasselbe freilich nie schaffen können, so wenig wie dies der Gärtner bei der Blume kann, allein, was sie können und von jeher gethan haben, ist: es pflegen, begießen, beschneiden. Der Antheil, den die menschliche That an der Entwicklung des Rechts hat und nach der sittlichen Weltordnung einmal haben soll, beginnt bereits in der frühsten Periode, und die heutzutage so verbreitete Ansicht der historischen Schule, welche ihr beliebtes organisches Werden vorzugsweise in diese Periode verlegt, kann es nur darum, weil sie die Hand nicht mehr sieht, welche gehandelt — das Handeln von der Ferne gesehen erscheint als Werden! Die berechtigte Auflehnung gegen eine frühere Richtung, welche das „Machen" als einzige, wenn nicht ausschließliche Form der Rechtserzeugung betrachtete, und der Widerwille gegen den flachen Rationalismus der Aufklärungsperiode hat die historische Schule ihrerseits in das andere Extrem getrieben, das „Thun" ist in ihren Augen fast mit einem Makel behaftet, jedenfalls bildet das „Werden" d. h. die gewohnheitsrechtliche, unbewußte Bildung des Rechts ihr Ideal. Sie repräsentirt auf dem Gebiete unserer Wissenschaft ganz dieselbe Erscheinung, wie die romantische Schule auf dem der Literatur, allein wie letztere mit ihrer poetischen Auffassung vom Mittelalter bereits seit geraumer Zeit einer zwar prosaischeren, aber wahren Auffassung gewichen ist, so möchte es an der Zeit sein, der Poesie der „unmittelbaren Rechtserzeugung", des „organischen

Wachsthums" und wie sonst die bestechenden Ausdrücke für eine und dieselbe Sache heißen, die Prosa der Geschichte entgegenzuhalten, und dies soll im Folgenden geschehen.

Berechnung also und Absicht sind es, die von Anfang an bei der Gestaltung des römischen Rechts eingewirkt haben — die juristische Kunst ist so alt wie das römische Recht selber. Aber zwischen ihrem ersten Auftreten und ihrer Blüthezeit liegt, wie eine lange Spanne Zeit, so auch ein großer Fortschritt und zwar nicht etwa bloß ein Fortschritt des Grades, sondern auch der Art. Andere Zeiten andere Aufgaben, andere Aufgaben andere Mittel und Wege zur Lösung! Die Methode der spätern Jurisprudenz in die alte Zeit hinein verlegt würde hier eben so sehr am unrechten Orte gewesen sein, als die der letzteren in jene, denn jede von ihnen war berechnet auf das eigenthümliche Problem, das sie zu lösen hatte. Das Problem der alten Zeit aber bestand darin, die Fundamente des Baus zu legen. Strenge Ordnung, mathematische Genauigkeit waren die Eigenschaften, die hier vor allen geboten waren; die Richtschnur, das Winkelmaß und das Senkblei sind die architektonischen Symbole dieser Periode; gerade Linien, scharfe Winkel und Ecken die charakteristischen Merkmale ihres Baustyls. Aber eben darum, weil die älteste Jurisprudenz die Beschränktheit dieser ihrer Aufgabe richtig erkannt hatte und nicht über sie hinaus gegangen war, konnte die spätere Jurisprudenz, fortbauend auf dem festen Fundamente, das jene gelegt, sich den höhern Aufgaben widmen, welche ihr vorbehalten waren, konnte sie der Ordnung und Regelmäßigkeit die Freiheit und Schönheit hinzufügen und ihre Linien, statt sie ängstlich nach der Richtschnur zu bemessen, sich ohne Gefahr in den kühnsten Wendungen und Verschlingungen bewegen lassen.

Versuchen wir es, mit wenig Zügen eine Skizze der alten juristischen Kunst zu entwerfen; der specielleren Darstellung der folgenden Paragraphen bleibt es vorbehalten, diese Skizze weiter auszufüllen.

Von den verschiedenen Seiten und Operationen der juristischen

Technik, die wir bei unserer allgemeinen Schilderung derselben (§. 38) aufgeführt haben, finden wir bei der altrömischen Jurisprudenz nur zwei in nachweisbarer, aber um so ausgeprägterer Gestalt vor: die juristische Analyse und die juristische Oekonomie. Daß gerade sie historisch zuerst auftreten, hat in ihnen selbst ihren tieferen Grund (§. 49 u. 55), die Gestalt aber, die sie an sich tragen, ist bestimmt theils durch die Zeit ihres Erscheinens, theils durch ein für die Entwicklung einer jeden Kunst geltendes Gesetz.

Wie alles, was uns aus dem alten Recht überliefert ist, in dem Grundzuge der Aeußerlichkeit den Stempel seiner Zeit an sich trägt (§. 43—48) so auch die Technik des alten Rechts. So vor allem ihre Analyse. Unsere heutige Jurisprudenz und auch die spätere römische scheidet auf innerlichem, begrifflichem Wege, aber das alte Recht scheidet äußerlich, d. h. es hält nicht, wie wir, die Begriffe, wo sie in einem einzelnen Fall zusammen auftreten, innerlich auseinander, sondern sie trägt dafür Sorge, daß sie im einzelnen Falle gar nicht zusammentreffen können, indem sie jedem von ihnen eine separate Form anweist. Dies geschieht zunächst durch die Theorie der Rechtsgeschäfte (§. 53): jedes Rechtsgeschäft ist nur für einen rechtlichen Zweck bestimmt. Es geschieht sodann durch die Organisation des processualischen Verfahrens (§. 50, 51): jeder Proceß behandelt nur einen einzigen Anspruch, und weder von Seiten des Klägers, noch des Beklagten darf etwas eingemischt werden, das sich nicht unmittelbar auf diesen Anspruch bezieht. Die Zersetzung des Rechtsverhältnisses, die in unserem heutigen Recht lediglich den Charakter einer an den Richter ergehenden Anforderung an sich trägt, deren Befolgung durch nichts als die juristische Bildung des Richters gesichert ist, ist im älteren Rechte geradezu garantirt durch einen eigenen äußern analytischen Apparat — der Richter kann sich der Anforderung gar nicht entziehen, denn der Proceß selber scheidet für ihn, indem die vorhandenen Klagformen nur analytisch einfache Ansprüche in sich aufzunehmen vermögen.

Dieser der alten Zeit angehörige Grundzug der Aeußerlichkeit wiederholt sich auch bei dem zweiten Zweige der alten Technik: der juristischen Oekonomie (§. 56—58); die Form, in der er hier zum Ausdruck gelangt, ist das *Scheingeschäft*.

Zu diesem ersten Grundzuge der alten Technik gesellt sich noch ein zweiter hinzu, der ebenfalls nicht in ihr selber, sondern in einem für die Entwicklung einer jeden Kunst geltenden Gesetz seinen Grund hat. *Der Weg zur Freiheit in der Kunst geht durch die Unfreiheit.* Der unerläßliche Anfang der Kunst sowohl für die Individuen wie für die Völker ist die strenge, sklavische Anwendung der Regel, nur *Der* wird Herr der Regel, der vorher ihr Sklave gewesen. Was dem Meister als lebendiges Gesetz seiner gesammten künstlerischen Anschauung innerlich zu eigen geworden ist, das steht dem Lehrling noch äußerlich gegenüber als mechanisches Gebot, dem er sich blindlings und ohne eigene Prüfung zu unterwerfen hat. Das Verhältniß innerer Unfreiheit prägt sich in allen seinen Leistungen aus und drückt denselben einen ganz bestimmten Typus auf, der überall die Anfangsstufen der Kunst kennzeichnet, den der *Tyrannei der Regel*: Steifheit, Trockenheit, Pedanterie, aber zugleich auch den der strengen Regelmäßigkeit und Ordnung.

Das Gesagte gilt auch für die juristische Kunst. Auch sie hat, um zur geistigen Freiheit zu gelangen, das Stadium der Unfreiheit zurücklegen müssen, und sie trägt, so lange sie auch in demselben verharrt, ganz jenen Typus der Anfangsstufe der Kunst an sich, auf der einen Seite: musterhafte Ordnung und Einfachheit, mathematische Regelmäßigkeit und Genauigkeit, unerbittliche Consequenz; auf der andern die Kehrseite dieser Vorzüge: Starrheit, Umständlichkeit, Schwerfälligkeit, Pedanterie. Um einen gegebenen Punkt zu erreichen, geht die ältere Jurisprudenz, wenn irgend ein Stein im Wege liegt, sicherlich nicht geradeaus, sondern sie läßt sich den weitesten Umweg nicht verdrießen, um das Ziel zu erreichen und selbst das Ziel allein genügt ihr nicht, sondern sie sucht zugleich in der Art, wie sie es erreicht, sich und den von ihr eingeschlagenen Weg zu rechtfertigen — *sie deducirt, indem sie operirt.*

Es ist nicht schwer, jene ganze Weise der alten Jurisprudenz zu persifliren, und es ist begreiflich, daß Cicero bei seiner Abneigung gegen die Jurisprudenz der Versuchung nicht hat widerstehen können. Aber verdienstlicher ist sich dadurch in seinem Urtheil über die alte Jurisprudenz nicht beirren zu lassen. Dem sklavischen Cultus der Regel, der selbst vor der Gefahr des Lächerlichen nicht zurückbebenden Consequenz und Strenge der Methode verdankt das römische Recht jene Vorzüge, die durch alles, was die spätere Jurisprudenz geleistet, um nichts an ihrem Werth und Glanz verlieren: jene wunderbare Klarheit und Durchsichtigkeit seiner ganzen Architektonik, die Deutlichkeit und Schärfe der Grundlinien und Grundformen und die krystallartig-scharfe Abgränzung und fast mathematische Gegensätzlichkeit der einzelnen Begriffe. Das alte Recht ist in einer Weise schulgerecht angelegt, daß man glauben möchte, es habe dem praktischen Leben überhaupt nicht angehört, es sei vielmehr rein zu didaktischen Zwecken als ein Recht der Schule, eine Art von Mathematik des Rechts erfunden worden; eine Vorstellung, an der wenigstens so viel wahr ist, daß nirgends die Schule dem Leben gegenüber eine solche Macht behauptet und ein solches schulmeisterliches Regiment geführt hat, als im alten Rom (II, 388).

Unter den oben namhaft gemachten zwei Richtungen der juristischen Kunst nimmt die analytische entschieden die erste Stelle ein; wir werden mit ihr beginnen.

I. Die Analytik des Rechts.

Jurisconsulti . . . quod positum in una cognitione est, id in infinita dispertiuntur.
Cicero de leg. II c. 19.

XLIX. Die mosaische Schöpfungsgeschichte läßt die Erschaffung der Welt ihren Anfang nehmen mit dem Scheiden: im Anfang schied Gott Himmel und Erde, Festes und Flüssiges, Licht und Finsterniß. In derselben Weise beginnt auch die juristische Schöpfungsgeschichte des römischen Rechts; ihre ersten Tage gehören ebenfalls dem Werk der Scheidung und Zersetzung. Und zwar war dies nicht Zufall, so daß die juristische Kunst etwa auch an einem andern Punkt den Spaten hätte ansetzen können, sondern, wenn irgendwo so mußte sie hier beginnen. Nicht etwa darum, weil jede Entwicklung, die physische wie die geistige, mit Scheidung beginnt, sondern weil die Jurisprudenz sich erst auf dem Wege der Zersetzung in Besitz der einfachen Bestandtheile des Rechts setzen mußte, mit denen sie später zu operiren hatte (§. 39) — es mußte das Alphabet gefunden sein, bevor man ans Lesen und Schreiben denken konnte!

Im richtigen Gefühl von der Unerläßlichkeit dieser Aufgabe wendet sich daher die alte Jurisprudenz mit ihrer ganzen Energie dieser einen Aufgabe zu. Je gedankenärmer sie im übrigen ist, um so höhern Werth gewinnt für sie der eine Gedanke, den sie klar erfaßt hat, und an dem sie zuerst zum Bewußtsein ihrer selbst und ihrer Kunst gelangt: der Gedanke der Zersetzung. Ihre ganze Thätigkeit geht im wesentlichen auf in der Verwerthung dieses einen Gedanken, ihre Kunst ist Scheidekunst — das bestimmt die Bedeutung und den Werth dieser ersten Periode und unterscheidet dieselbe von den Zeiten der entwickelten Rechtswissenschaft. Was für letztere nur noch ein einzelner und nicht gerade hervorstechender Zweig der Berufsarbeit ist, bildet dort den einzigen. Dieser Grund mag es rechtfertigen, daß ich die Darstellung der analytischen Methode der römischen Jurisprudenz, nicht bloß der ältern, sondern der römischen Jurisprudenz überhaupt an diese Stelle verwiesen habe. Denn hier, wo sie sich aus dem geschichtlichen Boden zuerst erhebt, wird sie nicht bloß zuerst in der Geschichte sichtbar, sondern sie treibt in dieser Region ihre üppigsten Triebe und Zweige, und was die spätere Zeit in dieser Richtung leistet, ist mehr eine bloße Nachlese, die wir, um nicht genöthigt zu sein, ihretwegen allein im dritten System auf den Gegenstand zurückzukommen, gleich hier mit berücksichtigen werden. Nur in Bezug auf einen Punkt werden wir Veranlassung haben, der analytischen Methode im dritten System noch einmal unsere Aufmerksamkeit zuzuwenden; es ist dies die Veränderung die in der späteren Zeit in Bezug auf ihre äußere Form vor sich geht.

Für unser obiges Urtheil über den analytischen Charakter der alten Kunst ist es weder nöthig noch möglich, Aeußerungen römischer Juristen in Bezug zu nehmen; das ältere Recht setzt uns vollkommen in Stand, uns selber unser Urtheil zu bilden. Dagegen gewährt uns Cicero in dem als Motto über diesem Paragraphen benutzten Ausspruch einen beachtenswerthen Wink. Dieser Ausspruch, insoweit er einen Tadel gegen die Jurisprudenz begründen sollte, nur ein Beweis für die juristische Urtheilslosigkeit seines Urhebers, enthält doch als faktische Wahrnehmung, als Zeugniß über den Eindruck, den die juristische Literatur auf Cicero machte, eines der interessantesten Urtheile über die alte Jurisprudenz, das unsere heutige Rechtsgeschichtsschreibung sich hätte um keinen Preis entgehen lassen dürfen. „Was auf einem Begriff beruht, zerspalten die Juristen in unzählige Stücke." Der Vorwurf war zwar zunächst gegen die Zeitgenossen Cicero's gerichtet, allein er glitt von ihnen um einige Jahrhunderte zurück auf ihre Vorgänger ab, denn die bei weitem meisten Eintheilungen und Begriffsspaltungen, welche in den Schriften der ersteren vorkamen, stammten aus alter Zeit und gehörten nicht sowohl der Schule, als dem Recht an, sie waren wie z. B. die Klagen, weniger theoretische Ideen, als praktische Potenzen. Was aber Cicero hier als Gebrechen der juristischen Wissenschaft seiner Zeit erschien, war nichts als der analytisch-juristische Geist des römischen Rechts, und nur indem er die totale Verschiedenheit des Gesichtspunktes, von dem der Philosoph und von dem der Jurist sich bei seiner Begriffszersetzung leiten zu lassen hat, übersah, konnte er dahin gelangen, der alten Jurisprudenz zum Vorwurf anzurechnen, was das Lebensgesetz des Rechts ausmacht und ihr zur ewigen, unvergänglichen Ehre gereicht. Berechtigt wäre der Tadel nur dann gewesen, wenn die Jurisprudenz bei ihren Eintheilungen den praktischen Zweck außer Augen gelassen und sich von einer solchen formal-dialektischen Scheidewuth hätte hinreißen lassen, wie sie nur in Zeiten wissenschaftlicher Impotenz als Zerrbild wahren Denkens aufzutreten pflegt. Das alte Recht, welches uns sonst ein so reiches Material für die Zeichnung der analytischen Methode an die Hand gibt, bietet für diesen letzten Vorwurf auch nicht die geringste Handhabe dar, im Gegentheil alle seine Begriffe, so fein gespalten sie auch sein mögen, finden in einem praktischen Motiv ihre Rechtfertigung, wie dies der Verlauf der Darstellung lehren wird. Zu Cicero's Zeit war übrigens bereits in der wissenschaftlichen Methode ein Umschwung eingetreten, welcher, indem er der Wissenschaft andere Ziele, Ideen und Wege eröffnete, der ausschließlichen oder auch nur vorherrschenden Richtung auf die Analyse ein Ende machte. Gerade die sonstige Gedankenarmuth und Beschränktheit des ältern Rechts hat, wie schon bemerkt, dem Flor der analytischen Kunst großen Vorschub geleistet, und wohl nie in der Geschichte hat letztere selbst sich zu einer solchen Höhe der Virtuosität erhoben und das Problem der Zersetzung des Rechts nicht bloß so meisterhaft gelöst, sondern auch so anschaulich gezeigt, als im alten römischen Recht. Namentlich diese letztere Thatsache:

das anschauliche Zeigen kann ich nicht genug hervorheben. Es lassen sich Aufgaben vollkommen richtig lösen, aber ohne daß ein Dritter in Stand gesetzt würde, den Weg zu erkennen, auf dem dies geschehen ist, und anderseits gibt es eine Art der Lösung, bei der jeder Schritt zum Ziele gewissermaßen vor den Augen der Zuschauer geschieht, Weg und Ziel, Resultat und Mittel, wie bei einem arithmetischen Exempel, ihm als ein Ganzes offen vorliegen. In der letztern Weise operirt die analytische Methode des älteren Rechts. Wie unter einem durchsichtigen Glase das Innere einer Maschine, so arbeitet sie unter unsern Augen, gleich als ob der Mechanismus eigens zum Schulunterricht verfertigt worden wäre; was anderwärts bloß auf dem Wege des inneren Denkens vor sich geht, geschieht hier in der Form einer sichtbaren äußerlichen Einrichtung — im alten Proceß sieht man das Rechtsverhältniß, so zu sagen, unter das Schneidewerk gerathen, wodurch es zersetzt werden soll. Eben wegen dieser Sichtbarkeit der Procedur will ich meine Darstellung mit dem Proceß beginnen. Dieselbe würde sonst eigentlich folgenden Gang zu nehmen haben. Sie müßte zuerst nachweisen, wie die Rechtsbegriffe geschieden sind, und dann erst, wie das praktische Leben im Rechtsgeschäft und Proceß mit ihnen operirt. Aus dem angegebenen Grunde schlage ich den entgegengesetzten Weg ein, bei dem ich

I. die concrete Analyse schildern will d. h. die analytische Behandlung des concreten Rechtsverhältnisses
   A. im Processe, und zwar
      1. analytischer Mechanismus des Processes im allgemeinen (§. 50);
      2. der Angriff, die Klage (§. 51);
      3. die Vertheidigung (§. 52);
   B. im Rechtsgeschäft (§. 53); sodann zweitens
II. die abstracte Analyse oder die Zersetzung in Anwendung auf die Begriffe, und zwar
      1. die analytische Structur der Rechte (§. 54) und
      2. die analytische Gestaltung des Thatbestandes (§. 55).

A. Der Proceß.

1. Analytischer Mechanismus desselben.

Relativ frühe Entwicklung des Processes. — Antheil des analytischen Gedankens an der Organisation des altrömischen Processes. — Der Zersetzungszwang des Actionensystems. — Fixirung des Moments der Litis-Contestation. — Idee der processualischen Cäsur.

Illud enim video in hoc foro fieri . . . separantur actiones et de eo agimus, et de eo nobiscum agitur. Non confunditur formula, si qui apud me pecuniam deposuerit, idem mihi postea furtum fecerit et ego cum illo furti agam et ille mecum depositi . . . Lex legi non miscetur, utraque sua via it, depositum habet actionem propriam tam mehercule quam furtum.

Seneca de benef. VI 5. 6.

L. Wozu bedarf der Civil-Proceß eines „Mechanismus"? Was hat die Gesetzgebung nöthig über das processualische Verfahren Bestimmungen zu erlassen? Dieselben können offenbar nur den Zweck haben, die Auffindung der Wahrheit zu fördern, indem sie den *zweckmäßigsten* Weg dafür festsetzen; warum aber die Partheien *zwingen*, diesen Weg einzuschlagen, da ihr eigenes Interesse sie von selbst dazu veranlassen wird? So scheint denn der Proceß d. i. der durch gesetzliche Vorschriften geregelte Gang der Verhandlung und Entscheidung von Rechtsstreitigkeiten nur ein Ausfluß der polizeilichen Bevormundungstheorie zu sein.

Es würde Jemand nicht viele Processe zu führen brauchen, um sich von der Irrigkeit dieser Ansicht zu überzeugen. *Rechtspflege und gesetzliche Ordnung des processualischen Verfahrens ist gleichbedeutend*, denn Freiheit des Verfahrens heißt Freiheit richterlicher Willkühr und Partheilichkeit, Freiheit der Chikane und der Verschleppung des Processes. Freilich: wäre das Suchen nach Wahrheit auf Seiten der Partheien ein eben so uninteressirtes, wie es auf Seiten des Richters sein *soll*, das Recht brauchte beide dabei in keiner Weise zu beschränken. Allein dem

Interesse an der Ermittelung der Wahrheit auf Seiten des Klägers steht auf Seiten des Beklagten das gerade entgegengesetzte gegenüber, auf beiden Seiten reicht das Interesse an der Wahrheit nur so weit als das Interesse, und eben dieser Umstand allein schon würde eine Ordnung des Processes nöthig machen, der sonstigen Rücksichten, die dabei noch ins Gewicht fallen, zu geschweigen.

Die gesetzliche Regelung des processualischen Verfahrens oder sagen wir kurz: der Proceß ist demnach eine Nothwendigkeit. Wie bei fast allen Institutionen die Vortheile, die sie gewähren, durch gewisse Nachtheile erkauft werden müssen, so auch beim Proceß, und gerade er läßt sich jene recht theuer, ja bei fehlerhafter Organisation sogar unerträglich hoch bezahlen. Es ist ein Leichtes, eine Beschreibung vom Proceß zu entwerfen, welche ihn dem Unkundigen im abschreckendsten Licht erscheinen läßt, ohne daß man dabei nöthig hätte im Mindesten zu übertreiben. Oder wäre es Uebertreibung, wenn wir ihn folgendermaßen definiren wollten? Der Proceß ist eine Einrichtung, welche die Schwierigkeiten der Rechtsverfolgung häuft und vermehrt, indem sie zu den materiellen Fragen des Streitverhältnisses noch die formellen des Verfahrens hinzufügt, — welche den Richter in der Ermittlung der Wahrheit beschränkt und hemmt und ihn nicht selten zwingt, ein Urtheil zu fällen, das mit seiner Ueberzeugung im Widerspruch steht — welche die Widerstandskraft des Unrechts gegen das Recht erhöht und in ihren Formvorschriften Netze und Fußangeln ausstellt, in denen sich oft die gerechteste Sache fängt. Alles dies ist in dem Maße begründet, daß es nicht einmal eine besonders fehlerhafte Organisation des Processes voraussetzt, sondern in der Idee des Processes selbst gelegen ist; aber eben dieser Umstand beweist mehr als alles andere, wie unschätzbar die Vortheile des Processes sein müssen, wenn man einen solchen Preis von jeher nicht zu hoch gefunden hat. Es würde nur einer eben so getreuen Zeichnung des entgegengesetzten Zustandes bedürfen, den freilich die Phantasie erst ausmalen müßte, da die Geschichte selber ihn nicht kennt, um den Ausschlag zu Gunsten des noch so mangelhaft gestalteten Processes zu bewerkstelligen.

Im Anfang ihrer Geschichte werden die Völker diese Erfahrung von der Nothwendigkeit des Processes theuer haben bezahlen müssen, aber diese Erfahrung gehört jedenfalls zu den frühsten, die sie überhaupt gemacht haben, denn der Proceß selbst gehört zu den frühst entwickelten Rechtsinstitutionen.[1]) Zu einer Zeit, da die materiellen Rechtsbegriffe erst in sehr schwachen Umrissen für uns sichtbar werden, begegnet uns der Proceß bereits in ausgebildeter und präcisirter Gestalt und bildet einen der ältesten Gegenstände der Gesetzgebung (II 633, 634). Wie sehr ändert sich dies später! Wie sehr treten hier die processualischen Gesetze gegenüber den materiellen in den Schatten, welche enorme Fortschritte macht das materielle Recht, wie geringe das Proceßrecht!

Woher dies alles? Daß der Proceß im Anfang der Geschichte sich in dem Maße in den Vordergrund drängt, erklärt sich sehr einfach. Der Proceß ist eine Einrichtung, die unbestritten der Reflexion und Berechnung ihren Ursprung verdankt, denn wer auch noch so sehr der Ansicht huldigt, daß die Völker ihre Rechtsbegriffe mit auf die Welt gebracht haben, für den Proceß wird auch er nicht umhin können zuzugeben, daß sie ihn machen, ihn erst suchen und probiren mußten, bis sie das Richtige fanden. Daher gehören Proceßreformen zu den ältesten, von denen die Rechtsgeschichte zu berichten weiß, sie bezeichnen uns eben jene Periode des Suchens; darum aber auch werden sie späterhin im Vergleich zu den Aenderungen des materiellen Rechts so selten, denn wenn

---

1) Außer dem römischen Recht verweise ich auf Island (K. Maurer Die Graagans, Bericht von Rive in Pözl, Krit. Vierteljahrsschrift VII S. 66: „die ältesten Aufzeichnungen betreffen vornehmlich — — die Dingverfassung und weniger das Privatrecht. Erst gegen das Ende des vorzugsweise der juristischen Literatur zugewandten Zeitraums, als die Jurisprudenz bereits gewandter, scharfsinniger und spitzfindiger geworden war, dürfte auch das bürgerliche Recht eingehendere Behandlung gefunden haben") und auf England (Gundermann, Engl. Privatrecht I S. 54: „Ueberwuchern des Processes über das materielle Recht").

das Richtige im Proceß einmal gefunden ist, bedarf es des Suchens nicht mehr, und Aenderungen in der Volksanschauung, im Leben u. s. w. üben auf den Proceß, bei dem es sich nicht um sittliche Ideen, sondern lediglich um Zweckmäßigkeit handelt, einen ungleich geringeren Einfluß aus, als auf die Institute des materiellen Rechts. Ohne die Rückwirkung der politischen Veränderungen auf die Gerichtsverfassung hätte der Formularproceß in Rom sich muthmaßlich noch Jahrhunderte halten können.

Die Präponderanz des Processes in der Kindheitsperiode des Rechts äußert sich in doppelter Weise. Einmal in seiner eigenen relativ frühen und energischen Durchbildung. Dieselbe documentirt sich in formeller Beziehung an der reichen und detaillirten Ausbildung der processualischen Formen, in materieller Beziehung an der Strenge der zur Anwendung gelangenden Grundsätze. In beiderlei Hinsicht darf man behaupten, daß der Proceß in jener Periode sich ungleich mehr geltend, mehr fühlbar macht, als heutzutage. Jene Zeit scheint in ihrer rohen Kraft für die Reibung des Processes (worunter ich jene unvermeidlichen Uebelstände des Processes verstehe, die ich oben angedeutet habe) weniger empfindliche Nerven besessen zu haben, als wir — jedenfalls ist diese Reibung heutzutage eine geringere, die Proceßmaschine, wie alle Maschinen, eine vollkommnere geworden, als damals. Die Präponderanz des Processes bewährt sich aber zweitens auch am materiellen Rechte, insofern er nämlich allen denjenigen Parthieen desselben, die, wenn ich so sagen darf, nach der Proceß-Seite hin liegen, einen processualischen Zuschnitt verleiht.[1a]) Von einer solchen Einwirkung läßt sich heutzutage kaum sprechen, in jener Zeit hingegen ist sie eine höchst beträchtliche, und jene dem Proceß zugekehrten Institute oder Seiten des materiellen Rechts, beleuchtet und erhellt von demselben Licht, das zuerst über den Proceß sich ausbreitet, haben in ihrer Entwicklung einen entschiedenen Vorsprung gewonnen

---

1a) Was darunter zu verstehen, darüber s. II 632 und die folgenden beiden §§.

vor denjenigen, die, wenn ich im Bilde bleiben darf, nach der Schattenseite des Processes hin gelegen sind. [1b])

Es knüpft sich hieran eine eigenthümliche Erscheinung für das spätere Recht: der Proceß verändert sich, aber die durch ihn hervorgerufenen und auf ihn berechneten Sätze des materiellen Rechts erhalten sich noch eine Zeit lang durch die Macht der Tradition, so wie die Spitzen der Berge noch eine Zeit lang beleuchtet bleiben, nachdem die Sonne bereits untergegangen ist. Wer diesen eigenthümlichen Sachverhalt nicht kennt, kann durch diese Erscheinung leicht irre geführt werden und müht sich vergebens ab, die Lichtquelle zu entdecken. Statt aller andern Beispiele verweise ich auf die Erklärung des Satzes: impensae necessariae dotem ipso jure minuunt in §. 52.

Die Gestaltung des processualischen Verfahrens ist eine reine Frage der Zweckmäßigkeit oder der legislativen Politik. Daraus, daß der Zweck des Processes in einer Analyse des Rechtsverhältnisses besteht, das Ent-scheiden regelmäßig durch Scheiden geschieht, folgt noch keineswegs, daß der Gedanke der Analyse auf jene Gestaltung einen bestimmenden Einfluß ausüben, der Mechanismus des Processes selbst ein analytischer sein muß. Unser heutiger Proceß z. B. läßt in seiner Structur den analytischen Zweck gar nicht weiter hervortreten, letzterer vollzieht sich vielmehr, ohne durch eine äußere Einrichtung des Verfahrens unterstützt oder garantirt zu werden, lediglich durch die subjective Denkthätigkeit des Richters. Das verwickeltste Rechtsverhältniß kann sich ihm nahen, ein ganzer Knäuel von Ansprüchen diesseits und jenseits, ohne daß

1b) Der Nachweis des ursprünglichen Zusammenhanges des materiellen Rechts mit dem Proceß und der allmähligen Lockerung dieses Bandes würde zu den interessantesten rechtshistorischen Untersuchungen größeren Styls gehören, selbstverständlich dürfte sie nicht auf das römische Recht beschränkt werden, sondern müßte insbesondere auch das deutsche Recht in den Kreis der Betrachtung ziehen, das in dieser Beziehung, soweit ich darüber ein Urtheil habe, außerordentlich lehrreich ist. Ein solches Buch würde für die wahrhafte Erkenntniß des Rechts förderlicher sein als ganze Wagenladungen voll der gewöhnlichen civilistischen Abhandlungen.

der Proceß selber ihm die geringste Beihülfe gewährt, diesen Knäul durch Sonderung der einzelnen Fäden zu entwirren. Der Besitz der Rechtskenntniß, deren der Staat sich heutzutage in der Person seiner Richter versichert, gewährt die Garantie oder soll sie wenigstens gewähren, daß er dazu im Stande ist; ist er es aber nicht, so zwingt der Proceß ihn nicht zum Scheiden, und nichts hindert ihn, das Verschiedenartigste durcheinander zu werfen und wilde Verwirrung zu stiften.

Kann denn der Proceß ihn zum Scheiden zwingen? — höre ich fragen; wenn es eine solche processualische Scheide-Maschine gäbe, die dem Richter das Zersetzen abnähme oder auch nur erleichterte, würden wir uns dieselbe entgehen lassen? Vielleicht doch — — vielleicht ist uns nur der Preis zu theuer!

Jene Maschine nämlich ist in der That von den Römern erfunden worden und Jahrhunderte lang in Gebrauch gewesen. Sie beruht auf dem oben in unserm Motto von Seneca in Bezug auf die Gegenforderungen des Beklagten ausgesprochenen Gedanken, daß in je einem Proceß nur über je einen Anspruch verhandelt werden kann, daß also, wo ein Verhältniß mehrere Ansprüche in sich schließt, dasselbe in eben so viele separate Klagen und Processe aufgelöst werden muß, als solcher Ansprüche vorhanden sind, nicht aber, wie es in unserm heutigen Recht möglich ist, als solches in seiner Totalität in einem einzigen Proceß zum Gegenstand richterlicher Untersuchung gemacht werden kann — die römische Proceßmaschinerie ist nur auf einfache, nicht auf zusammengesetzte Körper eingerichtet. Das Scheiden erfolgte nicht, wie bei uns, in, sondern außer und vor dem Proceß, nicht durch den Richter, sondern durch den Kläger, das Zersetzen geschah durch Aussetzen, das Scheiden durch Ausscheiden. Die Nöthigung zu dieser vorprocessualischen Ausscheidung lag im römischen Actionen-System. Keine Sache konnte anders vor den Richter gelangen, als in Gestalt einer der vorhandenen Actionen. Letztere aber waren nicht etwa wie die Stipulation bloße Einkleidungsformen für jeden beliebigen concreten Inhalt, dem sie sich elastisch angeschmiegt hätten, sondern sie waren starre, unabänderliche Typen, verschieden nach Art und Natur des Anspruchs und nur passend für einen Inhalt, der ganz genau die Größe und das Maß hatte, das eiserne Rüstzeug für das processualische Turnier, das nur dem bequem saß, der keinen Zoll zu viel noch zu wenig hatte. Eine Klage ohne diese Form war eine Unmöglichkeit — es gab keine Klage schlechthin, sondern nur eine bestimmte Zahl von Actionen (II 638); da aber jede Actio nur der processualische Ausdruck für einen abstract erfaßten einfachen Anspruch war (§. 51), so folgte daraus mit Nothwendigkeit, daß jeder concrete Anspruch, der in derselben Platz gefunden, eben damit sich als einfachen documentirt hatte.

Jede Klage war eine Frage an den Richter (judex im römischen Sinn), und zwar, wie oben bemerkt, eine einzige;[1c] so viele Fragen man also an ihn richten wollte, so vieler Processe bedurfte es. Die Frage war gestellt, nicht wie die des heutigen Beweisinterlokuts, auf einzelne Thatsachen, sondern auf die Existenz des Anspruchs;[2] eine weitere Auflösung der Frage nach Art der Fragstellung an unsere heutigen Geschwornen fand in Rom nicht Statt. Die Fassung der Frage war ursprünglich die einer Suggestivfrage d. h. eine solche, daß der Richter sie mit Ja und Nein beantworten konnte und mußte (intentio certa), die Urtheilsform war ihm schon in den Anträgen der beiden Partheien vorgezeichnet, so daß er nur zwischen den beiden von ihnen proponirten Urtheilsentwürfen zu wählen brauchte (sacramentum justum — injustum esse, rem actoris esse, non esse, dare oportere, dare non oportere u. s. w.). Darin liegt, daß auch der Geldbetrag des An-

---

1c) Dasselbe verlangt Cicero hinsichtlich der dem Senat vorzulegenden Fragen, de legib. III, 4. 11: ne plus quam de singulis rebus simul consulunto.

2) Im Formularproceß: formula in jus concepta: rem actoris esse, jus esse eundi, — dare oportere u. s. w.; Gaj. IV 41, 45. (Die actiones in factum conceptae [ib. 46] sind spätern Ursprungs, s. drittes System.) Auch im englischen Strafproceß ist die Frage an die Geschworenen in jus concipirt: Schuldig oder Nichtschuldig.

spruchs, wo nämlich die Condemnation auf Geld und nicht auf die Sache selbst ging, in der Klage genannt werden mußte; denselben völlig unbestimmt zu lassen (intentio incerta) und mit einem bloßen: quidquid N. N. ob eam rem Ao. Ao. dare facere oportet zu begehren, widerstritt durchaus dem ursprünglichen processualischen Fragesystem und wäre namentlich mit der Urtheilsform im Sacramentsproceß absolut unverträglich gewesen.

Dem Bisherigen nach werden wir behaupten dürfen: die Anforderung einer Zersetzung des Rechtsverhältnisses, die bei uns lediglich als ein bloßes Sollen an den Richter ergeht, war im römischen Proceß eine in die Anstalt verlegte processualische Nothwendigkeit; die Römer haben es verstanden, einen processualischen Mechanismus mit Zersetzungszwang zu erfinden. Diesen Zwang üben die Actionen allerdings zwar zunächst nur gegen den Kläger aus, allein der ganze Zweck der Einrichtung wäre vereitelt worden, wenn dasselbe Gesetz, das für den Kläger galt: ein Proceß, eine Frage, nicht auch für den Beklagten gegolten hätte. Von welcher Seite ungehörige Fragen in den Proceß eingemischt wurden, war, wenn einmal diese Einmischung für bedenklich erkannt worden war, vollkommen gleichgültig, und dem Beklagten geschah damit, daß er in seiner Vertheidigung lediglich auf die vom Kläger angeregte Frage beschränkt und mit seinen selbständigen Gegenansprüchen auf ein besonderes Verfahren verwiesen ward, eben so wenig ein Unrecht, wie dem Kläger, wenn ihm ein Gleiches rücksichtlich derjenigen Klagen geschah, die ihm zur Verfolgung seines Zweckes sonst noch zu Gebote standen. So wie die richterliche Untersuchung, so ward auch die Vertheidigung des Beklagten durch die Klage streng fixirt, beide konnten nicht nach der Seite ausschweifen, nicht zugleich einräumen und ein „Aber" hinzufügen, sondern beide hatten nur die Wahl zwischen einem kategorischen Ja oder Nein.

Die bisherige Schilderung der analytischen Structur des römischen Processes hat nur in allgemeinen Umrissen gezeichnet, was die folgenden beiden Paragraphen genauer ausführen und beweisen sollen. Der Grund, warum letzteres nicht schon an dieser Stelle geschieht, besteht darin, daß die Analytik des römischen Processes mit dem Bisherigen noch keineswegs erschöpft ist, des Totaleindrucks wegen aber eine zusammenhängende, durch keine ausführlichen Detailuntersuchungen unterbrochene Darstellung derselben wünschenswerth war. Erst am Schlusse unserer ganzen Untersuchung wird es am Platz sein, die Frage vom Werth der römischen Einrichtung und ihrer etwaigen Brauchbarkeit für unser heutiges Recht aufzuwerfen.

Der Gedanke der Fixirung der richterlichen Aufmerksamkeit auf einen einzigen Punkt, dem das System der römischen Klagen seinen Ursprung verdankt, erweist sich auch nach einer andern Richtung hin für den römischen Proceß höchst fruchtbar, nämlich in Bezug auf die Beachtung, die der Richter dem Verhalten des Streitgegenstandes während des Processes angedeihen zu lassen hat. Wenn der Streitgegenstand während des Processes sich verändert z. B. abnimmt, zunimmt, untergeht, wenn er im Preise steigt, sinkt oder dem Besitzer abhanden kommt, so wirft sich die Frage auf, wie soll die richterliche Beurtheilung sich dazu verhalten? Hat sie Akt davon zu nehmen, so kann dies, wie wenn bei einer sonstigen Untersuchung das Object während derselben sich bewegt, recht störend in den Gang des Processes eingreifen, die ganze bisherige Disposition des Processes verrücken, ganz neue Verhandlungen und gar ein Wiederaufnehmen bereits erledigter Punkte nöthig machen. Das neuere römische Recht hat sich nun durch diese Gefahr nicht abhalten lassen, der Stimme der Billigkeit, welche eine Berücksichtigung dieser Veränderungen fordert, Gehör zu geben, allein das ältere Recht hat auch hier, wie so oft, die Interessen der Ordnung höher gestellt, als die der Billigkeit, es erklärt alle jene Veränderungen für einflußlos und verweist den Richter einzig und allein auf den Moment, in dem der Proceß vor ihm beginnt, d. h. den der Litiscontestation, was die an ihn gerichtete Frage formell dadurch ausdrückt, daß sie auf das Präsens: rem, jus actoris esse, dare facere oportere, also auf den Moment lautet, wo sie an ihn ergeht. So wie die Sachlage in diesem Moment beschaffen ist, soll sie die Grundlage des ganzen Verfahrens bilden; der Richter stellt sich im Moment des Urtheils nicht auf den gegenwärtigen Standpunkt, indem er den ganzen Verlauf des Processes rückwärts verfolgt und dem entsprechend auch die Veränderungen des Streitgegenstandes während desselben beachtet, sondern auf den der Litiscontestation, ohne von da aus den Blick weder vorwärts noch rückwärts zu wenden. Diese letztere Behandlungsweise enthält abermals einen Anwendungsfall der analytischen Methode, was auf den ersten Blick nicht so einleuchtend ist. Wie die Actio mit dem Rechtsverhältniß, so verfährt sie mit dem Thatbestande der Klage; beide scheiden aus einem Ganzen ein Stück aus: jene aus einem Gedanken-Ganzen, diese aus einem Zeit-Ganzen, jene den Thatbestand dieser bestimmten Klage, diese den flüchtigen Moment der Litiscontestation. Wie bei einem Lichtbilde wird dieser vorübergehende Moment aufgefangen und fixirt, und wie immerhin auch der Gegenstand selber sich ändere, der Richter hält sich lediglich an das in dem bestimmten Moment fixirte Bild. So setzt sich in dieser Ausscheidung der Ausscheidungsproceß, der mit der Klage beginnt, nur fort, denn von dem Thatbestande der Klage, den letztere aus dem Gesammtrechtsverhältniß der Partheien ausgesondert hat, sondert jene wiederum einen einzelnen Daseinsmoment aus — eine punktualisirende Behandlungsweise, die das ältere Recht, wie wir an anderer Stelle zeigen werden, auch bei dem Rechtsgeschäft streng festhält, während das neuere in beiden Anwendungsfällen den Zeitraum an die Stelle des Zeitpunktes setzt.

In ungleich höherem Grade als bei dem Streitgegenstande ist diese Fixirung beim Streit selbst erforderlich. Wir können uns auch hier zwei Möglichkeiten denken: die eine, welche den Streit bis zum Moment des Urtheils im Zustande der Flüssigkeit, des Fluctuirens verharren läßt, die andere, welche ihn schon vorher in feste Formen zwingt, ihn stückweise, so zu sagen, erstarren läßt. Bei jener Behandlungsweise würde alles, was bis zum Urtheil geschähe, noch rechtzeitig geschehen — während des Processes, könnte man sagen, geschehe nichts, sondern es bereite sich bloß ein künftiges Geschehen vor, es häufe und sammle sich bloß das Material zum Urtheil; in welchen Moment des Processes die einzelnen Behauptungen und Beweise fielen, wäre gleichgültig. Nachträge und Berichtigungen wären bis zum Schluß verstattet, der Schluß selber aber würde nicht auf einem innern Abschluß des Streites, sondern auf reinem Belieben des Richters beruhen. Es genügt, sich diese Behandlungsweise zu vergegenwärtigen, um sie als eine unmögliche zu erkennen. Sie würde den „Streit" (lis) zu einem „Gezänke" (jurgium) herabwürdigen, der Welle gleich auf- und abwogend, ohne aus der Stelle zu kommen. Ein neues, vielleicht bloß aus Chikane bisher unterlassenes Vorbringen von Seiten der Parthei, die Erkenntniß des Richters, daß der Proceß bisher in einer verkehrten Richtung geführt worden sei, würde ihn, nachdem er schon beim Ende angelangt schien, zu seinen Anfängen zurückwerfen.

Darum bedarf es einer bestimmten Ordnung für den Proceß, einer Disciplinirung des Streites, welche, indem sie einerseits die Partheien beschränkt, ihnen anderseits gegen richterliche Willkür und Partheilichkeit und die Chikane der Gegenparthei, welche in der Regellosigkeit des Verfahrens das sicherste Versteck besitzen, Schutz gewährt. Diese Disciplin des Streits besteht darin, daß dem Proceß ein bestimmter Gang vorgezeichnet und dem entsprechend allem, was zu geschehen hat, eine bestimmte Stelle und Zeit gesetzt wird, wovon die Ausschließung versäumter Handlungen nur die nothwendige Folge ist. Hier kommt der Proceß, wie sein Name (procedere) es bekundet, wirklich aus der Stelle und ist gegen die Gefahr gesichert, einen bereits zurückgelegten Weg zum zweiten Mal machen zu müssen, oder in einem spätern Stadium, wie man es ausgedrückt hat: zu seinen Anfängen zurückverschlagen zu werden.

Welche Gemeinschaft aber hat diese Behandlungsweise mit

der analytischen Methode? Sie entlehnt derselben wenigstens eine Idee, nämlich die der Zerlegung des Processes in gewisse Stadien, von denen jedes seine eigenthümliche Bedeutung und Wirkung hat, und das Resultat des vorausgehenden die Basis des folgenden wird — die Methode der stückweisen Erledigung der Aufgabe, man kann sie als die Idee der processualischen Cäsur bezeichnen.

Der römische Proceß hat von jeher drei Cäsuren gehabt, die erste: das Stadium der Vorbereitungshandlungen und der Feststellung des Streitpunktes, endend mit der Litiscontestation (Verfahren in jure), die zweite: das Stadium der Verhandlung vor dem Richter (judex im römischen Sinn), endend mit dem Endurtheil (Verfahren in judicio), die dritte: das Stadium der Execution. Jedes dieser drei Stadien erfaßt und behandelt den Anspruch in einer andern Gestalt, das erste: in seiner ursprünglichen, außerprocessualischen, das zweite: in der, die er durch die Litiscontestation, das dritte: in der, die er durch das Urtheil gewonnen hat. Bei der Obligation bringen die römischen Juristen den gestaltenden Einfluß, den der Proceß auf sie ausübt, unter den Gesichtspunkt der Consumtion und Novation und drücken dies in dem Satz aus: ante litem contestatam dare debitorem oportere, post litem contestatam condemnari oportere, post condemnationem judicatum facere oportere. [3]

Wir wenden uns jetzt der Aufgabe zu, die wir oben ausgesetzt haben, der genaueren Ausführung des analytischen Charakters der römischen Actionen.

---

3) Gaj. III, §. 180.

2. Die Actionen processualische Reagentien.

Casuistische Erläuterung. — Unzulässigkeit der Klagencumulation. — Das Gesetz der Scheidung der Klagen. — Auffindung desselben auf inductivem Wege. — Individualitätsmoment des Eigenthums, der Obligation und des Erbrechts — casuistische Erprobung des Gesetzes.

Majores nostri subtilissimo animo et divino quodam motu ad actiones et earum jura pervenerunt. Justinianus in l 12 Cod. de praes. longi temp. (7. 33).

LI. In der Theorie wie in der Praxis spielen die römischen Klagen zwar dem Namen nach eine große Rolle, allein wenn diese Namen sich wieder beleben würden zu dem, was sie einst waren, sie würden hier wie dort wahrscheinlich mit Protest zurückgewiesen werden. Wer würde heutzutage auf die Idee kommen, ein ihm gestohlenes Fuhrwerk vom dritten Besitzer in der Weise zurückzufordern, wie es das römische Recht verlangt d. h. jedes Pferd und den Wagen und die einzelnen darauf befindlich gewesenen Sachen sämmtlich mit besondern Reivindicationen und gar, wenn der Besitzer einen Bestandtheil des Wagens mit dem seinigen verbunden gehabt hätte, erst noch mit einer actio ad exhibendum? Wie viele Praktiker würden gegen eine solche Idee schon dadurch geschützt sein, daß sie sich derselben gar nicht bewußt sind! Ist doch selbst die Theorie bei ihrer Schilderung römischer Klagen oft recht unrömisch in die Irre gegangen; eine Servitutenklage z. B., die zugleich auf Anerkennung der Servitut, Schadensersatz und Caution für zukünftige Störungen gerichtet ist,[4] würde kein römischer Jurist als ächt anerkennen, darin vielmehr nur einen Bastard römischer und moderner Ideen erblicken. Soll ich derselben des Contrastes wegen einmal ächt römische entgegenstellen? Es hat Jemand auf seinem Lande den Lauf des Regenwassers zum Nachtheil seines Nachbarn unbefugter Weise geändert; wie kommt letzterer zu seinem Recht? Der Jurist Paulus gibt uns darauf Antwort:[5] es bedarf

4) So z. B. Puchta §. 191 (act. confess.) §. 172 (act. negatoria).
5) L. 14 §. 2—4 de aq. pl. (39. 3).

vier Klagen! Der einen (act. aquae pluviae arcendae), um die getroffene Anlage rückgängig zu machen, einer zweiten (interd. quod vi aut clam), um Schadensersatz für die bisher erlittenen Nachtheile zu erwirken, einer dritten (Klage aus der dem Beklagten aufzuerlegenden cautio damni infecti) für die zukünftigen Aenderungen nach dem Urtheil, und endlich wegen der im Lauf des Processes etwa getroffenen Aenderung einer eigenen zweiten act. aq. pl. arc. 6)

Dieses eine Beispiel wird mehr, als lange Ausführungen es vermöchten, dem Leser eine Anschauung von dem analytischen Charakter der römischen Klagen gegeben haben. Nicht um den Eindruck desselben zu verstärken, sondern weil ich derselben für die Folge als Material bedürftig bin, will ich noch eine Reihe anderer Beispiele hinzufügen.

Es ist dabei nicht außer Acht zu lassen, daß die streng analytische Structur mancher Klagen im neueren Recht nicht selten verwischt worden ist, indem dieselben auf Zwecke ausgedehnt worden sind, welche im früheren Recht entweder überhaupt nicht verfolgbar waren oder nur in Form von besondern Klagen. Daß die Klagen, welche gegen den Besitzer als solchen gehen, auch gegen den angestellt werden können, welcher den Besitz doloser Weise aufgegeben hat, ist bekanntlich ein Satz des neuern Rechts, aber auch wenn äußere Zeugnisse uns dies nicht ausdrücklich meldeten, würden innere Gründe uns zu dieser Annahme nöthigen, denn dieses Umschlagen einer reipersecutorischen Klage in eine pönale 7) enthält vom Standpunkt des ältern Rechts aus eine Unmöglichkeit. Letzteres hält die beiden Klagen in dem Maße streng auseinander, daß es selbst bei Delicten, wo aus demselben Factum zwei Klagen entspringen, z. B. beim Diebstahl (act. furti und

---

6) Im Fall der Veräußerung des Grundstücks von Seiten des Thäters sogar noch einer fünften Klage, L. 3 §. 2 de alien. jud. (4. 7).

7) Diesen Charakter einer Pönalklage nimmt nämlich die reipersecutorische hier an, arg. L. 7 de alien. jud. (4. 7) cf. L. 4 §. ult. L. 5, 6 ibid. L. 42 L. 52 de R. V. (6. 1).

condictio furtiva) keine Vermischung derselben vornimmt — die act. mixta ist für das ältere Recht eine technische Mißgeburt, ein Verstoß gegen die Elementarbegriffe seiner Technik. [7a]) Zwar die durch das Edict eingeführte actio vi bonorum raptorum vereinigt beide Functionen, allein daß diese Vereinigung sich erst in späterer Zeit vollzogen hat, wird dem, der das Quellenmaterial [8]) einer Prüfung unterwerfen will, nicht verborgen bleiben. Der Schutz gegen dolose Veräußerungen bei den gegen den Besitzer als solchen gerichteten Klagen, der im neuern Recht ein Stück der Klage selbst geworden ist, und der dem ältesten Rechte gänzlich fehlte, ist historisch zuerst durch den Prätor eingeführt worden in Form eines besonderen unvollkommneren Rechsmittels (act. in factum propter alienationem judicii mutandi causa factam).

In diesem Fall ist uns zufälligerweise die Kunde über die Umgestaltung der Klage erhalten; in wie vielen Fällen, wo letztere sich auf dem innerlichen Wege einer freieren Interpretation vollzog, [9]) mag sie uns verloren sein! Es wird daher gerathen sein, nicht jede Klage in der Form, wie sie uns im neuern Recht erhal-

---

7a) Bethmann-Hollweg, Röm. Civilpr. I. S. 174 will in der act. arborum furtim caesarum der XII Tafeln eine act. mixta erblicken; allein daß sie eine reine Pönalklage war, ergibt sich meines Erachtens aus L. 6 pr. Arb. furt. (47. 7). Mittelst der doppelten Taxe der Bäume erhielt der Eigenthümer kein Aequivalent für letztere selber, denn die stillschweigende Voraussetzung der Klage war, daß sie auf seinem Grundstück stehen oder liegen geblieben waren; entgegengesetzten Falls hätte es dieser Klage nicht bedurft, sondern es hätte ein furtum vorgelegen, aus dem die act. furti aufs Duplum und die cond. furtiva zugestanden hätte.

8) Ich hebe von demselben nur Gaj. IV 8, L. 1 vi bon. (47. 8) cf. L. 8 §. 26 ib. hervor.

9) So z. B. kann der Servitutberechtigte die Duldung nöthiger Reparaturen des Weges nach der Ansicht der klassischen Juristen durch die act. confess. erzwingen, L. 4 §. 5 si serv. (8. 5), während das Edict dafür ein eigenes Interdict für nöthig gehalten hatte, bei dem der Beweissatz nicht etwa leichter, sondern strenger, als bei jener Klage gewesen war (Beweis des Rechts und der Ausübung) L. 3 §. 11, 16 L. 4 de itin. (43. 19).

ten ist, ohne weiteres dem ältern Recht zu überweisen, vielmehr nach Maßgabe der folgenden Untersuchung Kritik zu üben.

Dem obigen Beispiel der act. pluv. arc. schließt sich am nächsten an eine Reihe von Fällen, in denen es sich um Anerkennung eines gestörten sachenrechtlichen Verhältnisses (Besitz, Eigenthum, Servitut) handelt. Auch hier geht die Klage nicht auf Ersatz des durch die Störung angerichteten Schadens,[10]) sondern lediglich auf Anerkennung, welche aber die thatsächliche Restitution der Sache zu ihrer nothwendigen Folge hat, so wie vom Moment der Litiscontestation an auf die Früchte, unter welchem Ausdruck die spiritualisirende Auffassung einer spätern Zeit auch das Interesse verstand (II 419). Daß die reivindicatio auch auf die in

---

10) Interd. uti possidetis: arg. L 3 de interd. (43. 1), L. 8 §. 4 de prec. (43. 26), L. 3 §. 11 uti poss. (43. 17). Daß für die „vergangene Zeit Schadensersatz geleistet werden muß" versteht sich nach Savigny Recht des Besitzes (§. 39) beim Interd. utrubi von selbst, beim uti poss. (§. 38) beruft er sich auf die letztere Stelle, welche lediglich von dem quanti interest possessionem retinere d. h. dem Interesse des gegenwärtigen Besitzes spricht — so wenig ist selbst den Koryphäen unserer Wissenschaft das richtige Verständniß des römischen Klagensystems aufgegangen! — Rücksichtlich der reivindicatio wird schwerlich Jemand, der eine Idee von der Bedeutung römischer Klagformeln hat, glauben, daß eine Klage mit der Intention: rem meam esse auf Schadensersatz für die Vergangenheit hätte gerichtet werden können. Daß der Beklagte die Sache vor Beginn des Processes verletzt hatte, kam für die reivind. gar nicht in Betracht, dieserhalb mußte vielmehr die act. leg. Aquiliae angestellt werden; nur seine Handlungen während des Processes fielen vermöge der Proceßobligation unter den Bereich der reivind. und zwar mit genauer Festhaltung des für letztere zutreffenden Gesichtspunktes d. h. ohne den Pönalzusatz der act. leg. Aq. (s. L. 27 §. 2 R. V. 6. 1). Für die act. conf. und negat. gilt ganz dasselbe; keine einzige der Stellen, welche man für das Gegentheil anführt, entscheidet den allein relevanten Punkt, mit welcher Klage der unzweifelhafte Anspruch auf Schadensersatz geltend gemacht werden soll, die Ausdrücke fructus und quod interest (z. B. servitute non prohiberi, L. 4 §. 2 si serv. 8. 5, nicht prohibitum esse) beziehen sich auf die Zeit des Processes (s. mein Schuldmoment im röm. Privatrecht. S. 26. Für jenen Zweck waren das interd. quod vi aut clam und die act. leg. Aquiliae L. 27 §. 7—11, §. 25, 26, 31, 33 ad leg. Aq. 9. 2) beziehungsweise die cautio damni infecti und operis novi nunciatio bestimmt.

der Vergangenheit gezogenen Früchte gerichtet werden kann, halte ich für einen Satz des neuern Rechts. Einem bösgläubigen Besitzer gegenüber, in dessen Person die Aneignung der Früchte ein furtum nec manifestum in sich schloß,[11]) wäre der Vindikant ein Thor gewesen, wenn er dieselben zum einfachen Betrage mit der Hauptklage, anstatt zum doppelten Betrage mit einer besondern Diebstahlsklage, beigetrieben hätte; daß er aber, auch wenn er es gewollt hätte, weder ihm, noch dem gutgläubigen Besitzer gegenüber dazu berechtigt war, soll an anderer Stelle nachgewiesen werden.[12]) Der Reivindicatio haben wir schon oben die beiden charakteristischen Beispiele entlehnt, mit denen wir diesen Paragraphen begannen. Bedingt und gewährt durch die äußere Selbständigkeit der zu vindicirenden Sache, setzte sie einerseits, wenn letztere mit einer fremden verbunden war, deren Trennung voraus, ohne daß sie selbst dieselbe hätte erzwingen können, wozu es vielmehr einer eigenen act. ad exhibendum bedurfte, und anderseits war sie beim Vorhandensein mehrerer selbständiger Objecte auf jedes besonders zu richten[13]) d. h. es galt der Satz: so viel Gegenstände, so viel Vindicationen.

Das Obligationenrecht möge uns außer dem obigen Beispiel der Zerlegung des durch ein Delict begründeten Anspruchs in die reipersecutorische und Pönal-Klage noch zwei andere liefern. Kein

11) Aus dem Gesichtspunkt des furtum erklärt sich die bekannte Bestimmung der XII Tafeln, daß der Beklagte im Fall seines Unterliegens (ohne Rücksicht auf bona oder mala fides) die doppelten Früchte zurückgeben muß. Festus: vindiciae. Anerkennung des obigen Gesichtspunktes im neuern Recht: L. 15 de usur. (22. 1).

12) Bei Gelegenheit der Untersuchung über das Eigenthum an res nec mancipi. Vorläufig s. L. 3 Cod. de cond. ex lege (4. 9) . . de consumtis vero condictione conventus, L. 18 de exc. (44. 1).

13) L. 3 §. 1 de R. V. (6. 1). Armamenta navis singula erunt vindicanda (L. 56 ibid.), und (mit Andeutung des in dieser Hinsicht obwaltenden Unterschiedes zwischen persönlichen Klagen und der reivind.) L. 2 §. 26 vi bonor. rapt. (47. 8) . . . singulae res. Ueber die Behandlung der Heerde s. u. Daß der Satz jedoch für den Formularproceß nicht in der Strenge galt, wie er für den Legisactionenproceß hat gelten müssen, darüber s. Note 18a.

Richter würde heutzutage daran Anstoß nehmen, wenn die Klage des einen Gesellschafters gegen den andern nach Auflösung der Gesellschaft neben sonstigen Anträgen auch den auf Theilung der gemeinschaftlichen Gegenstände enthielte; an einen römischen Richter hätte eine solche Klage gar nicht gelangen können, es hätte zweier Klagen bedurft: der act. pro socio und communi dividundo.[14]) Das Darlehn als Realcontract hat nach römischem Recht lediglich das Kapital zum Gegenstande, das Zinsversprechen bildet einen besonderen Vertrag für sich (Stipulation); daraus folgt, daß es für beide, insofern sie nicht durch eine gemeinsame Stipulation in eine Obligation verwandelt wurden, ebenfalls zweier Klagen bedurfte.

Ueber die praktische Bedeutung der im Bisherigen durch Beispiele sattsam erläuterten Spaltung der Klagen werde ich kurz hinweggehen dürfen. Der Leser weiß bereits: jede solche Klage bedeutete einen besonderen Proceß, nicht also, wie bei uns, bloß ein materielles Klagerecht. Die Unterscheidung der vorhandenen Klagen im einzelnen Fall hat auch für uns ein hohes Interesse, aber regelmäßig nur das der richtigen materiellen Classification und Beurtheilung des Anspruchs, nicht aber ein processualisches, denn unser heutiger Proceß verstattet die Cumulation mehrerer Klagen in einem Proceß. Während er sie nun selbst da zuläßt, wo die mehreren Klagen in gar keinem innern oder äußeren Nexus stehen, z. B. wo sie sich auf völlig verschiedene Gründe stützen und völlig verschiedene Zwecke verfolgen, schließt der römische Proceß die Cumulation selbst da aus, wo zwischen den mehreren Klagen die engste Verwandtschaft besteht. Er behandelt die Klagen nicht wie wir bloß als materiell rechtliche Begriffe, als Klagrechte, sondern als processualische Individuen, die auch da, wo sie mit andern zusammentreffen, ihre Individualität behaupten und bethätigen.

Mit dieser Behauptung steht die herrschende Lehre in Wider-

---

14) L. 43 pro socio (17. 2). Aehnlich im Erbrecht das Verhältniß der hered. pet. partiaria und act. fam. ercisc. L 1 §. 2 L. 7 si pars her. (5. 4).

spruch, welche eine Klagencumulation schon nach römischem Recht für zulässig erklärt. Die Stellen, auf die sie sich beruft, sprechen zum Theil von der gleichzeitigen Anstellung mehrerer Klagen und der Ueberweisung derselben an einen und denselben Richter, allein so wenig wie heutzutage die gleichzeitige Erhebung mehrerer Klagen vor einem und demselben Richter, wenn sie durch eben so viel verschiedene Akte erfolgt, als Klagen vorhanden sind, unter den Gesichtspunkt der Cumulation fällt, eben so wenig im römischen Proceß. Die verschiedenen Klagen schmolzen hier wegen der bloßen Identität des Richters und der Partheien nicht zu einem Proceß zusammen, [15]) sondern jede blieb für sich, hatte ihre besondere formula [16]) und war mithin durch einen besondern [17]) Urtheilsspruch zu erledigen. Gegen eine derartige gleichzeitige Behandlung mehrerer Klagen vor demselben Richter hatte das römische Recht so wenig etwas zu erinnern, daß es dieselbe in späterer Zeit sogar auf indirectem Wege zu erzwingen suchte. [18]) Um eine wirkliche Klagencumulation zuzulassen, d. h. die mehreren Klagen in eine Formel zu bringen, hätten die Römer ihr ganzes Klagensystem und die Theorie der Formeln aufgeben müssen. In dem Legisactionen-

15) Wenn Plank Mehrheit der Rechtsstreitigkeiten S. 67 sich im entgegengesetzten Sinn ausdrückt, so ist das nur eine Verschiedenheit des Ausdrucks, denn er selbst erkennt S. 69 an, „daß die Verbindung an der juristischen Beurtheilung jedes einzelnen Rechtsstreites nichts ändere, vielmehr nur factisch gewisse Vortheile gewähre."

16) Quintilian. Inst. orat. III, 10. privata quoque judicia saepe unum judicem habere multis et diversis formulis solent. Wie hätte auch wohl die gemeinsame Formel für den Fall der L. 1 §. 4 quod leg. (43. 3), auf die man sich u. a. beruft, die Verbindung der her. pet. und des interd. quod legatorum, lauten sollen!

17) Wenn Plank a. a. O. S. 90 den Richter in „einem Urtheile über sämmtliche Ansprüche entscheiden" läßt, so ist dies für den Formularproceß nicht richtig, denn so viele formulae, so viele Urtheile; durch die bloße zeitliche Aneinanderreihung der mehreren Urtheile schmolzen sie nicht zu einem zusammen.

18) Das „später" folgt aus der Form, in der es geschah: der exceptio rei residuae. Gaj. IV, 122. — Quellenmäßige Beispiele einer solchen Vereinigung mehrerer Streitigkeiten unter einem Richter bei Plank S. 67 Note 3.

proceß, wenigstens für die ursprünglich alleinige Form des processualischen Verfahrens, die durch sacramentum, stellten sich der Klagencumulation noch ganz specielle Gründe entgegen. Zunächst nämlich das öffentliche Interesse. Jede Streitsache brachte dem betreffenden Fonds (I Note 214, 216) ein sacramentum ein, Klagencumulation hätte hier also so viel geheißen, als denselben in seiner Einnahme verkürzen, mehrere Processe um den Preis eines sacramentum führen. Sodann die Proceßform. Der Streit wurde formell um das sacramentum geführt, und der Richterspruch lautete auf sacramentum justum und injustum esse (I 173). Wie hätte nun wohl das Urtheil lauten sollen, wenn bei der Verbindung mehrerer Proceßsachen zu einem Proceß der Richter in der einen dem Kläger, in der andern dem Beklagten den Sieg hätte zuerkennen wollen? Hier konnte weder das sacramentum der einen, noch das der andern Parthei für ganz verwirkt oder für ganz rückzahlbar erklärt werden, es hätte also nichts erübrigt, als das sacramentum zu theilen! — eine Idee, zu der sich schwerlich Jemand bekennen wird.[18a]

Wenn ich so eben die Möglichkeit der Klagencumulation auch für das neuere römische Recht in Abrede gestellt habe, so darf ich doch nicht verschweigen, daß unsere Quellen drei unläugbare Fälle des Gegentheils enthalten;[18b] sie erlauben nämlich,

---

18a) Es gilt hier dasselbe, was Cic. pro domo 20 §. 53 von der lex Caecilia Didia über die Cumulation verschiedener Gesetzesvorschläge sagt: ne populo necesse sit in conjunctis rebus compluribus aut id, quod noluit accipere aut id, quod velit, repudiare. S. auch L. 17 pr. de app. (49. 1) Cum in una causa separatim duplex sententia divisa datur, veluti una sortis, alia usurarum, duplex appellatio necessaria est, ne alteram agnovisse, de altera provocasse intelligatur. Dasselbe Bedenken erhebt sich bei den s. g. complexen Fragen im Schwurgerichtsverfahren, Glaser, Die Fragstellung im Schwurgerichtsverfahren, Wien 1863. S. 63, 64.

18b) Als vierten muß ich jetzt noch den von Göppert, Ueber einheitliche, zusammengesetzte und Gesammtsachen, Halle 1871, S. 101 nachgewiesenen Fall der Vindication mehrerer Gegenstände hinzufügen, s. die von ihm angeführten L. 7, 21 §. 2 de exc. rei jud. (44. 2) L. 6 de R. V. (6. 1), L. 1 §. 1

eine einzige act. familiae erciscundae in Anwendung auf mehrere denselben Partheien gemeinschaftliche Erbschaften, eine einzige act. pro socio für mehrere unter ihnen bestehende Societäten und eine act. emti für einen vom Erblasser und einen vom Erben mit derselben Person über dieselbe Sache abgeschlossenen Kaufcontract.[19] Der Umstand, daß alle diese Fälle Obligationsverhältnisse derselben Art zum Gegenstand haben, während sich für die Cumulation verschiedener Klagen, z. B. einer act. venditi und locati kein Beispiel beibringen läßt, ist sicherlich kein rein zufälliger; er erklärt jedenfalls die formelle Möglichkeit einer solchen Cumulation, indem es dazu in diesen Fällen keiner Aenderung der gewöhnlichen formula der act. pro socio u. s. w., keiner besonders construirten Doppel-Formel bedurfte, und diese Leichtigkeit einer Abweichung von der ältern Regel mag für eine Zeit, der, wie im dritten System zu zeigen ist, der Sinn für die scharfen Formen und die Plastik des alten Processes mehr und mehr abhanden kam, den Ausschlag gegeben haben, während in allen andern Fällen die formelle Schwierigkeit ein unübersteigliches Hinderniß entgegen setzte. So hat die bereits vielfach von uns erprobte conservirende Macht der Form (II 500) sich auch hier wieder ein Mal bestätigt. Ohne das Formelwesen wäre unsere heutige Klagencumulation statt bei uns wahrscheinlich schon in Rom zur Welt gekommen!

Wir wenden uns jetzt der ebenso schwierigen, wie wichtigen

de instr. (33. 7) L. 6 §. 1 de pec. leg. (33. 8); über die Gründe dieser Behandlungsweise s. daselbst S. 104.

19) L. 25 §. 3, 4 fam. erc. (10. 2) — L. 52 §. 14 pro soc. (17. 2); auch wenn man diese Stelle nicht von mehreren über verschiedene Objecte abgeschlossenen Societäten, sondern von einer und derselben, bei einem Todesfall erneuerten Societät verstehen will, bleibt die Schwierigkeit gleich groß, denn die Erneuerung der Societät enthält jedes Mal einen neuen Abschluß. — L. 10 de act. emti (19. 1). In L. 1 de quib. reb. (11. 2) erblicke ich keinen hierher gehörigen Fall, denn unter den „eosdem“ sind andere Personen zu verstehen, als die „plures“.

Frage zu: durch welchen Gesichtspunkt hat das römische Recht sich bei der Scheidung und Abgränzung der Klagen leiten lassen? Ich meine nicht den Zweck, den es damit verfolgte, der ist uns bereits bekannt (S. 20), sondern die Rücksicht, durch die es bestimmt wurde, das Gebiet der einzelnen Klage gerade so weit und nicht weiter abzugränzen. — Aber hat es überhaupt eine bestimmte Rücksicht, ein Gesetz dabei verfolgt? Wäre es nicht der Fall, so würden wir bloß von einer analytischen Tendenz des ältern Rechts sprechen dürfen, bei der wir über das Einzelne keine Rechenschaft zu geben brauchten, dasselbe vielmehr als Werk individueller Beliebung dahingestellt sein lassen dürften, während wir im umgekehrten Fall die Verpflichtung übernehmen, über das Einzelne Rede und Antwort zu stehen.

Wir brauchen vor dieser Verpflichtung nicht zurück zu schrecken; ein solches Gesetz existirt und läßt sich bis in das Einzelnste hinein verfolgen. Wir sind in der Lage, die Erwägungen, die vor Jahrtausenden die ersten und ältesten Bildner des römischen Rechts bei Abgränzung der Klagen geleitet haben, den Einschnitt im einzelnen Fall gerade da zu machen, wo sie es gethan, noch heute nachzuweisen, den Bildungsproceß des römischen Klagensystems vor unserm Auge zu reproduciren.

Nicht ein vages Gefühl von dem Werth der analytischen Methode war es, das sie dabei trieb; sie wußten genau das Warum und Bis-wie-weit, und den praktischen Zweck des Scheidens fest im Auge haltend, waren sie gesichert gegen die Gefahr einer Ausartung ihrer Thätigkeit in unfruchtbare Begriffsspalterei, gegen jenen Abweg, auf dem das Scheiden Selbstzweck und Krankheit wird.

Von dieser Verirrung, welche zu Zeiten wissenschaftlicher Oede und Dürre das schöpferische Denken ersetzt und carikirt, gilt was Quintilian [20]) treffend sagt: sie spaltet selbst das, was seiner Natur nach einfach ist, und indem sie nicht sowohl scheidet, als zerstückelt,

---

20) Quintil. Inst. orat. IV, 5 §. 25 . . . quae natura singularia sunt, secant, nec tam plura faciunt quam minora; deinde quum fecerunt mille particulas, in eandem incidunt obscuritatem, contra quam partitio inventa est.

bewirkt sie durch ihre Unterscheidungen gerade das, was sie abwehren will: Dunkelheit. Es bedarf nur eines Blickes auf das ältere Recht, um sich zu überzeugen, daß dasselbe sich von dieser Verirrung völlig frei gehalten hat. Wäre es ihm darum zu thun gewesen, möglichst kleine Klagen zu schaffen, es hätte, wie bei der Vindication mehrerer Gegenstände (Note 13), so auch bei dem Kauf derselben eben so viele Klagen geben können, als Objecte vorhanden sind; oder da es für die Stipulation den Satz aufstellt: tot stipulationes, quot res, d. h. wenn eine Stipulation mehrere Gegenstände umfaßt, so ist es so gut, als ob über jeden derselben eine besondere Stipulation abgeschlossen wäre, so hätte es diesem Satze, dessen hauptsächliche, wenn nicht ausschließliche praktische Bedeutung in der Klagenconsumtion und der exc. rei judicatae liegt, auch die Tragweite einräumen können, daß über jeden der mehreren Gegenstände besonders hätte geklagt werden müssen; kurz, soweit für den Kläger die Möglichkeit einer Theilung der Klage reichte, hätte es dieselbe zur Nothwendigkeit erheben müssen. Eine solche Zersetzung des Klagstoffs hätte in der That den Vorwurf Quintilians, den einer völlig widersinnigen Zerstücklung verdient; weit entfernt, einem praktischen Interesse zu dienen, hätte sie demselben vielmehr in eclatantester Weise widerstrebt.[21])

Verfolgen wir diesen Weg weiter, so führt er uns von selbst zum Ziel. Warum wäre es sinnlos gewesen, die zehn Gegenstände der Stipulation durch zehn besondere Klagen verfolgen zu lassen? Weil der Richter in den zehn Processen immer eine und dieselbe Frage hätte behandeln, immer auf einen und denselben Klaggrund, mit dem sämmtliche Klagen stehen und fallen, hätte zurückkommen müssen. Keine derselben weicht von der andern auch nur im mindesten ab; was sie haben, haben sie sämmtlich gemein, und ob der Richter bloß eine von ihnen oder alle zehn auf ein Mal entscheidet, die Mühe ist ganz dieselbe. Vom Standpunkte des Richters aus

---

21) L. 29 pr. de V. O. (45. 1) . . nam per singulos — denarios singulas esse stipulationes — absurdum est.

— und der soll ja für die Frage von der Scheidung der maßgebende sein — bedarf es hier nur einer Untersuchung, das heißt aber so viel als: es liegt hier nur eine Klage, ein Anspruch vor.

Ganz anders bei der Vindication einer Mehrheit von Gegenständen. Die Untersuchung muß hier auf jeden einzelnen Gegenstand allein gerichtet werden,[22]) denn aus dem Eigenthum an dem einen folgt nicht das an dem andern — es liegen so viel selbständige Fragen als Gegenstände vor, und um dem Richter Gelegenheit zu geben, über jede einzelne besonders zu antworten, bedarf es der Form der separaten Klage; ohne diese Form hätte er dies nicht gekonnt, vielmehr über sämmtliche gleichlautend entweder mit Ja oder Nein antworten müssen.

---

22) S. jedoch Note 18b. Bei einer Heerde, die als solche bereits existirt d. h., wenn ich so sagen darf, eine landwirthschaftliche, sich stets selbst erhaltende Größe und Einheit gebildet hat (also nicht z. B. bei hundert Schaafen, die ein Metzger auf dem Markt zusammen gekauft hat), ließ das römische Recht schon im Legisactionenproceß (Gaj. IV, 17) eine Vindication zu. Es heißt nur einen andern Ausdruck gebrauchen, wenn man sagt: die Heerde bilde einen Gegenstand (universitas); erklärt ist damit gar nichts, namentlich nicht, warum dieselbe Behandlungsweise nicht auch bei andern Sachen-Complexen z. B. einer Bibliothek eintritt. Die Erklärung liegt m. E. in dem eigenthümlichen Verhältniß der Ergänzung der Heerde aus sich selbst, welches nach Grundsätzen über den Fruchterwerb dem Eigenthümer und gutgläubigen Besitzer das Eigenthum gewährt und präsumtiv alle Stücke der Heerde ergreift, für die nicht das Gegentheil nachgewiesen wird. Die Vindication der Heerde stimmt also mit dem Grundsatz: eine Frage, eine Klage, denn der Richter hat bei ihr trotz der Mehrheit der Gegenstände doch bloß eine und dieselbe Frage zu entscheiden. Dies schließt nicht aus, daß hinzugekommene fremde Schaafe hinterher von ihrem Eigenthümer vindicirt werden könnten, L. 30 §. 2 de usuc. (41. 3) L. 1 §. 3 de R. V. (6. 1); es tritt dasselbe Verhältniß ein, wie rücksichtlich der Vindication einer zusammengesetzten Sache, z. B. eines Hauses, welches als Ganzes vindicirt werden kann, obschon einzelne Bestandtheile anderen Personen gehören. Ein anderes Beispiel außer der Heerde bietet der Bienenschwarm L. 5 §. 2, 4 de A. R. D. (41. 1). Auf die Ansichten Anderer über dieses viel behandelte Thema kann ich hier selbstverständlich nicht eingehen; die neueste Stimme, welche sich hat vernehmen lassen, ist die von Göppert (Note 18b). Ueber die her. pet. s. u., über das Vindicationslegat s. L. 2, 6 de leg. II (31), L. 79 pr. de leg. III (32).

Bei der Obligation bestimmt sich demnach die Einheit oder Mehrheit des Verhältnisses nach dem Entstehungsgrunde, bei dem Eigenthum nach dem Gegenstande; dort gilt der Satz: so viel obligatorische Thatsachen, so viel persönliche Klagen,[23]) hier: so viel Gegenstände, so viel Vindicationen. Der Umfang, in dem der Eigenthumsbegriff sich im einzelnen Fall bethätigt und erschöpft, ist durch die Natur, d. i. durch die Sache selbst, vorgezeichnet; Recht und Gegenstand fallen, wie auch der Sprachgebrauch, welcher die Sache statt des Rechts nennt, andeutet, in dem Maße zusammen, daß jenes hinter diesem weder zurückbleiben, noch über denselben hinausgehen kann, d. h. an einer Sache sind nicht zwei Eigenthumsverhältnisse möglich (Einheit der Sache, Einheit des Rechts — Lehre von der Accession) und an zwei Sachen nicht ein Eigenthum (Mehrheit der Sache, Mehrheit des Eigenthums). Bei der Obligation hingegen bestimmt lediglich der subjective Wille den Umfang des einzelnen Rechtsverhältnisses. Ob die Stipulation auf **100** oder **1000** lauten, der Kaufcontract einen oder zehn Gegenstände umfassen soll, hängt vom Belieben der Partheien ab; die Obligation ist so zu sagen ein leerer Beutel von unbegränzter Elasticität, in den sie beliebig viel oder wenig hineinpacken, den sie zuschnüren können, wann und wo sie wollen. Ob sie nun, um im Bilde zu bleiben, für mehrere Gegenstände einen oder mehrere Beutel nehmen wollen, ist ihre Sache, aber jedes Zuschnüren (contrahere) bedeutet einen Beutel, jeder Beutel eine Obligation, folglich eine Klage. Denn während die Entscheidung der allein relevanten Frage, ob der Beutel richtig geschnürt und

---

23) Die Gleichartigkeit des Zwecks kann dieselben in der Ausübung beschränken (Concurrenz der Klagen), allein zur Entstehung kommen sie alle. — Eine von der obigen Ansicht abweichende, von ihrem Urheber selber nur als „wahrscheinliche Hypothese" bezeichnete Auffassung, der zufolge die Obligation nicht durch ihren Entstehungsgrund, sondern durch ihr Object individualisirt sein soll, findet sich bei Salpius, Novation und Delegation nach R. R. 1864 S. 184.

gebunden ist, über ihn und seinen ganzen Inhalt entscheidet, die Frage also für sämmtliche darin enthaltene Gegenstände eine und dieselbe ist, muß sie für jede andere zwischen diesen Partheien abgeschlossene Obligation jedes Mal von neuem aufgeworfen werden, denn daraus, daß das eine Mal gültig contrahirt ist, folgt dasselbe nicht auch für ein anderes Mal, und diese mehreren Fragen in demselben Proceß zusammenwerfen hätte für den römischen Proceß geheißen: dem Richter die selbständige Beantwortung jeder einzelnen unmöglich machen, ihn zwingen, sie entweder sämmtlich zu bejahen oder sämmtlich zu verneinen.

Der eben ausgesprochene ziemlich einfache Grundsatz kann in der Anwendung zu Schwierigkeiten führen, denn das Verhältniß gestaltet sich nicht immer so einfach, wie hier angenommen, vielmehr nimmt es nicht selten den täuschenden Schein an, als ob bloß ein einziger Obligationsgrund vorliege, während das Recht doch mehrere Obligationen, und umgekehrt als ob mehrere Obligationsgründe vorliegen, während doch das Recht nur eine Obligation annimmt. Ersteres tritt ein, wenn z. B. Jemand mit dem Abschluß eines Pachtcontracts zugleich einen Kaufcontract verbindet. In Wirklichkeit sind hier zwei selbständige obligatorische Thatsachen vorhanden, welche nur der Kürze wegen — eine Kürze, die im ältern Recht entschieden unstatthaft war (§. 53) — in einen äußern Akt zusammengezogen werden. Ein anderes Beispiel bietet das obige (S. 28) der reipersecutorischen und Pönal-Klage. Beide werden durch einen und denselben äußern Akt: das Delict, ins Leben gerufen, allein der obligatorische Grund beider ist verschieden, bei der einen, der Pönal-Klage, besteht er in dem Delict, bei der andern hingegen in der durch das Delict bewirkten Vermögensveränderung, zu der sich das Delict selbst bloß als äußere Veranlassung verhält, und welche, wie sie ohne Delict vorkommen, so auch umgekehrt bei letzterem fehlen kann. Trotz dieser Verschiedenheit des Gesichtspunktes, der ihnen beiden zu Grunde liegt, wäre ein Grund zur Aufstellung zweier Klagen, wenn beide nur im übrigen ganz denselben Weg gehen würden, hier eben so wenig vorhanden gewesen, wie z. B. bei der act. pro socio, mandati, tutelae rücksichtlich der verschiedensten Posten, welche sie umfassen können (Herausgabe der erhobenen Gelder, Schadensersatz für culpa u. a.), und von denen im einzelnen Fall der eine Posten ohne den andern vorkommen kann. Allein diese letzteren Posten gehen, wenn sie vorhanden sind, stets dieselben Wege, erleiden dieselben Schicksale, jene beiden Ansprüche dagegen sind nicht aneinander gekettet, der eine erlischt mit dem Tode des Schuldigen, der andere wird auf seine Erben transmittirt, der eine verjährt unter Umständen schon in einem Jahre, der andere nach früherem Recht gar nicht, nach späterem erst in längerer Zeit. Hatte man einmal für beide Ansprüche solche Verschiedenheiten statuirt, so verstand sich in der correcten Sprache des älteren Rechts die Bezeichnung derselben als zweier Klagen von selbst, denn wie hätte der Richter mit Ja oder Nein antworten sollen, wenn er sich überzeugt hätte, daß der Anspruch auf die Strafe bereits verjährt war, der reipersecutorische dagegen noch nicht. Das spätere Recht freilich fand nichts Anstößiges darin, eine Delictsklage in ihrer Richtung auf die Strafe mit dem Tod oder dem Ablauf der Verjährungsfrist untergehen, in Richtung auf die Sache aber fortdauern zu lassen, 24) — eine Erscheinung, die zu den oben S. 29 charakterisirten gehört, und in der ein Jurist der guten alten Zeit einen nicht geringern Verstoß gegen die Elementarbegriffe seiner Kunst gefunden haben würde, als ein musikalischer Purist des vorigen Jahrhunderts in Quintengängen und so vielen musikalischen Freiheiten, welche die neuern Musiker sich herausnehmen. Man könnte mir den Einwand machen, warum das ältere Recht nicht wenigstens da, wo jene beiden Ansprüche zufälligerweise ganz zusammenfielen, verstattet habe, sie in einer Klage geltend zu machen. Als Antwort diene: erstens daß die Frage: ob sie zusammenfallen, erst im Proceß selbst festgestellt werden kann, und sodann, daß, wenn man die Scheidung der Klagen von dem zufälligen Zusammen- oder

24) Quatenus ad heredes pervenit, L. 19 quod metus (4. 2), L. 17 §. 1 L. 26 de dolo (4. 3), L. 23 §. 8 ad leg. Aq. (9. 2) u. a.

Auseinanderfallen hätte abhängig machen wollen, der Zweck und Grundgedanke des Klagensystems vereitelt worden wäre; denn derselbe besteht ja gerade darin, daß da, wo im einzelnen Falle mehrere Ansprüche zusammentreffen, das strenge Auseinanderhalten der materiellen Gesichtspunkte durch processualische Scheidung derselben gesichert werden soll.

Ein anderes Beispiel möge dies unterstützen. Bekanntlich ist ein Miteigenthum ohne Societät und eine Societät ohne Miteigenthum möglich, oder in der Sprache der Klagen ausgedrückt: es gibt außer der act. pro socio noch eine act. communi dividundo. Wenn nun beide Rechtsverhältnisse in denselben Personen zusammentreffen, begründet durch einen und denselben Akt der Eingehung der Societät, so könnte man glauben, daß eine Klage dafür ausreiche. Allein angenommen, man hätte sich dafür entschieden, so wäre man, wenn der eine von beiden Miteigenthümern seinen Antheil veräußert hätte, sofort wieder in die Nothwendigkeit versetzt worden, zwei Klagen zuzulassen, denn der Anspruch auf Theilung (die act. comm. div.) geht activ und passiv auf den Singularsuccessor über, während Recht und Verbindlichkeit aus dem Societätsvertrag (die act. pro socio) bei dem Gesellschafter verbleibt. Jeder dieser beiden Ansprüche geht seine eigenen Wege und hat seine eigene Natur; der eine hat activ und passiv zu seinen Trägern specifisch bestimmte, der andere abstract bestimmte Subjecte (die jedesmaligen Eigenthümer). Jene Gemeinsamkeit der Entstehung beschränkt sich aber auch hier wiederum bloß auf den äußern Akt, in dem zufälligerweise zwei völlig selbständige und verschiedenartige Obligationsgründe zur Existenz gelangen: der Societätsvertrag und die bei Gelegenheit desselben vorgenommene Mittheilung des beiderseitigen Eigenthums.[24a)]

24a) Besteht dagegen lediglich ein Miteigenthumsverhältniß ohne Societät, so erstreckt sich die aus demselben entspringende Klage (act. communi dividundo) auf sämmtliche mit demselben verbundene Ansprüche: die adjudicatio wie die personales praestationes; Ansprüche dagegen, die nur zufällig durch die Gemeinschaft veranlaßt sind, die sich nämlich auf Auslagen

Dem so eben betrachteten Fall steht gegenüber Einheit der Obligation bei scheinbarer Mehrheit der Obligationsgründe. Alle Delicte, die der Vormund, Mandatar in Sachen der Geschäftsführung sich hat zu Schulden kommen lassen, werden mit einer Klage verfolgt, während doch sonst der Grundsatz gilt: so viel Delicte, so viel Klagen. Worauf beruht die Abweichung von unserm Grundsatz? Sie ist gar keine, denn das Mandats- oder Vormundschaftsverhältniß begründet einen neuen, weiten Pflichtenkreis, dem gegenüber jene Delikte als Verletzung der contractlichen Verbindlichkeit erscheinen. Die einzelnen Ansprüche, die aus diesem Verhältniß sich ergeben, bilden mithin nicht besondere Forderungen, sondern nur einzelne Posten[25]) der act. mandati, tutelae, welche die Klagformel mit der Collectivbezeichnung (quidquid ob eam rem dare facere oportet) auch formell zur Einheit zusammenfaßte, und die der Richter sämmtlich von dem einen Standpunkt des Mandats- und Vormundschaftsverhältnisses aus zu würdigen hatte.

Diesen Fällen schließen sich einige andere von ähnlicher Bewandtniß an, so z. B. die Klage des Banquiers auf Auszahlung seines Saldos[26]) d. h. des schließlichen Guthabens aus seiner, eine Reihe der verschiedenartigsten Einnahme- und Ausgabeposten umfassenden Abrechnung.[27]) Wie beim Mandatsverhältniß, so lassen sich auch hier die sämmtlichen einzelnen Rechtsgeschäfte unter den einen Gesichtspunkt der fremden Vermögensverwaltung

---

stützen, welche der Kläger für seinen Theil allein hätte machen können, aber auch für den Miteigenthümer gemacht hat, müssen mit der act. neg. gest. geltend gemacht werden. A. Brinckmann, Verhältniß der act. com. div. und der act. neg. gest. Kiel, 1855. S. 63 fl.

25) L. 10 §. 1 de appell. (49. 1) .. cum una actione ageretur, quae plures species in se haberet, pluribus summis sit condemnatus. L. 1 §. 1 quae sent. (49. 8) .. ex illa specie 30 .. ex illa 25.

26) Gaj. IV, 64, 68.

27) L. 6 §. 3 de edendo (2. 13) . . . dandi, accipiendi, credendi, obligandi, solvendi sui causa negotiationem.

bringen.[28] Befremden erregen kann im ersten Moment die Bestimmung des römischen Rechts, daß der Prälegatar das ihm hinterlassene Legat mit der act. fam. ercisc. einklagen soll,[29] indem diese Klage ja nur die Erbtheile zum Gegenstande hat, für Legate aber eine eigene Klage besteht. Allein das Prälegat enthält nach Auffassung der Römer nur eine Verfügung über die Realtheilung der Erbmasse und fällt mithin unter die Erbtheilungsklage. Auf der Gränze zwischen Kriminal- und Civilproceß liegt der Repetundenproceß, der, ähnlich wie die Klage aus der Tutel, die gesammte Verwaltung des Beamten und alle daraus für seine früheren Amtseingesessenen sich ergebenden Ansprüche zum Gegenstande hat.[30]

Die bisherige Ausführnng hat den Gesichtspunkt, den wir oben für die Obligation aufgestellt haben, gegen scheinbare Abweichungen aufrecht erhalten, und wir dürfen jetzt nach dieser Abschweifung unsern Weg weiter fortsetzen.

Alles, was oben von der Obligation gesagt ist, gilt auch für die Erbschaft. Wie jene, ist auch die Erbschaft eine leere, elastische Form, welche beliebig viel und wenig in sich aufnehmen kann; die Klage verhält sich auch bei ihr gegen die Mehrheit der Gegenstände vollkommen indifferent.[31] Das Individualitäts- und Iden-

28) Ob es nicht von der andern Seite eine ähnliche Klage gab, darüber schweigen unsere Quellen. Jedenfalls konnte der Committent von dem Banquier Abrechnung verlangen (L. 4 pr. de edendo 2. 13), welche sich natürlich über sämmtliche Posten von beiden Seiten erstreckte (L. 6 §. 3 ibid.). In der Anerkennung des daraus für ihn sich ergebenden Ueberschusses ließ sich ein constitutum finden (L. 26 de const. pec. 13. 5), womit vielleicht die L. 2 §. 2 Cod. de const. pec. (4. 18) erwähnte besondere Usance bei Argentarien zusammenhängt.

29) Gaj. II §. 219, L. 17 §. 2 de leg. I (30).

30) Quintilian I. O. III, 10 §. 1 bezeichnet ihn als causa conjuncta im Gegensatz zur simplex, weil er „plures controversiae ejusdem generis" in sich schließe.

31) Nam cum hereditatem peto, et corpora et actiones omnes, quae in hereditate sunt, videntur in petitionem deduci. L. 7 §. 5 de exc. rei jud. (44. 2). Die Klage erstreckt sich daher auch auf die Früchte, ohne daß es

titätsmoment, welches bei dem Eigenthum in der Sache, bei der Obligation in dem Entstehungsgrunde liegt, beruht hier auf der Delation: so viel Delationen, so viel Klagen;[32] denn die Delation begründet, auch wenn Erbschaft, Prätendent und Beklagter dieselben sind, eine neue Frage, indem daraus, daß der Kläger nicht im Testament oder in keinem gültigen Testament eingesetzt ist, noch nichts für sein Intestaterbrecht folgt, ihm aber anderseits nicht zugemuthet werden kann, unbestimmt ohne Detaillirung der causa schlechthin sein „Erbrecht" zur Verhandlung zu stellen; denn die Verschiedenheit des Delationsgrundes ist beim Erbrecht nicht etwa, wie beim Eigenthum, eine bloße Verschiedenheit des Grundes des Rechts, sondern des Rechts selbst, sie gibt ihm möglicherweise z. B. wegen der im Testament angeordneten Vermächtnisse oder der abweichend von der Intestaterbfolgeordnung bestimmten Erbtheile einen völlig verschiedenen Inhalt; der Delationsgrund individualisirt das Erbrecht.

Es kann nicht in unserer Absicht liegen, den Gesichtspunkt, den wir bisher an einigen der wichtigsten Verhältnisse des Rechts: dem Eigenthum, Erbrecht und der Obligation erprobt haben, durch

---

hier der Erwähnung derselben bedurfte, L. 13 §. 7 L. 20 §. 3, 16 de her pet. (5 3), denn fructus hereditatem augent L. 40 §. 1 ibid. hereditas et augmentum recipit et deminutionem L. 20 §. 3 ibid. L. 178 §. 1 de V. S. (50. 16) — ein Satz, der im Formularprocesse für den Kläger dieselbe Bedeutung hatte, wie der in §. 52 zu betrachtende, daß das Pekulium durch die Gegenforderungen des Herrn ipso jure vermindert werde, für den Beklagten.

32) L. 8 de her. pet. (5. 3). Eine weitere Ausführung ist hier eben so wenig am Orte, wie die Verfolgung des Zusammenhanges, in dem unser Thema mit der Lehre von der exc. rei jud. steht. Zum Beweise der Behauptung im Text diene statt aller andern Gründe die in jure cessio der hereditas legitima, bei der offenbar in der Cessions- (und folglich auch in der Vindications-) Formel die hereditas als „legitima" bezeichnet, also der Delegationsgrund angegeben gewesen sein muß, denn man hätte sonst diesen Cessionsfall von dem der hered. testam. nicht unterscheiden können, was doch wegen der sehr verschiedenen Folgen beider Fälle wichtig war.

das ganze Recht und bis ins kleinste Detail durchzuführen.[33]) Dagegen wollen wir dies noch thun bei einigen der Beispiele, mit denen wir oben unsere Darstellung eingeleitet haben.

Als Preisstück der processualischen Zersetzung haben wir dort (S. 27) die act. aquae pluviae arcendae nebst den sie begleitenden Klagen genannt. Die Analytik des Verhältnisses, aus dem sie hervorgehen, führt zu folgenden Erwägungen. Wenn das Werk, durch das Jemand den Lauf des Regenwassers geändert hat, für den Nachbar bloß mit einer einmaligen Beschädigung verbunden gewesen ist, ohne eine Wiederholung derselben in Aussicht zu stellen, so wäre das Verlangen einer Beseitigung des Werks ein völlig ungerechtfertigtes, der Anspruch des Verletzten wird sich hier mithin auf Schadensersatzleistung mittelst der geeigneten Klagen (Note 10 a. E.) beschränken müssen, ein Anspruch, der activ und passiv an die ursprünglichen Personen gebunden ist, auf die Käufer der beiderseitigen Grundstücke aber, welche den Schaden weder erlitten, noch zugefügt haben, nicht übergeht. Ganz anders, wenn jenes Werk den Nachbar dauernd in widerrechtlicher Weise beeinträchtigt.[34]) Diese Rechtsverletzung läßt sich nicht durch einmaligen Schadensersatz, sondern nur durch Wegnahme des Werks beseitigen, und der Anspruch kann nicht, wie der obige, activ und passiv auf die ursprünglichen Personen beschränkt, muß vielmehr auch auf deren Singularsuccessoren erstreckt werden, denn jenes hieße das Interesse des Grundstücks dem Zufall Preis geben — ein Wechsel des Eigenthümers, z. B. durch Verkauf auf der einen, durch Legat auf der andern Seite, und das Grundstück wäre für ewige Zeiten hülflos! Wenn man aber den Anspruch einmal in dieser Richtung anerkannt hat, so kann man ihn mit dem so eben betrachteten nicht in eine Klage bringen, denn das hieße sie beide

33) Ich will jedoch nicht unterlassen, dies Thema der allgemeinen Aufmerksamkeit zu empfehlen; eine eingehende Bearbeitung desselben, namentlich in Verbindung mit der Lehre von der Identität der Streitsachen bei der exc. rei judicatae, dürfte eine höchst lohnende Ausbeute gewähren.

34) Si aqua pluvia nocet i. e. nocere poterit II Note 631.

zwingen, stets denselben Weg zu wandern, während doch ihre Wege auseinander gehen. Eben so wenig konnte man den Anspruch in die Form der act. negatoria oder confessoria weisen und so die ganze act. aq. pl. arc. entbehrlich machen. Erstere paßte nicht, weil der Beklagte keinen Eingriff in des Klägers Eigenthum vorgenommen hatte, letztere nicht, weil es sich hierbei nicht um eine Servitut, sondern um eine gesetzliche Vorschrift handelte, und es, um den Beklagten zu einem Thun anzuhalten, der act. in personam bedurfte.

Die Nothwendigkeit einer eigenen act. aq. pl. arc. wegen neuer, während der Dauer des Processes errichteter Werke erklärt sich von selbst, denn daraus, daß das Werk, worüber in diesem Proceß gestritten wird, unstatthaft ist, folgt nichts für das neue, und wenn man diese völlig neue Frage in den schwebenden Proceß hätte werfen wollen, so hätte man dasselbe auch mit einem neuen Kaufcontract oder Diebstahl gegenüber einer anhängigen act. emti oder furti thun können. Was endlich die vierte dort genannte Klage betrifft, so hört die Macht des Richters mit dem Urtheil auf, für alles, was später geschieht, bedarf es also einer neuen Klage.

Die Nothwendigkeit einer Trennung der act. negatoria und confessoria von der Schadensersatzklage (Note 10) ergibt sich aus dem Bisherigen zur Genüge: die eine geht gegen den jedesmaligen Besitzer, die andere gegen den Thäter.

Die Trennung der act. ad exhibendum von der reivindicatio hat, soweit ich sehe, mehr einen doctrinären, als praktischen Grund gehabt. Beide Klagen gehen gegen den Inhaber als solchen und haben dasselbe Fundament, ich wüßte daher keinen andern Grund ihrer Scheidung anzugeben, als das für die letztere Klage geltende Requisit der äußern selbständigen Existenz der Sache, welches durch das vorschriftsmäßige Bringen und Ergreifen der Sache vor Gericht zur processualischen Nothwendigkeit gestempelt war, und welches durch die reivind. selbst nicht beschafft werden konnte, indem sie den Beklagten nicht zu einem Thun verpflichtete, ohne dessen Erlaubniß aber anderseits der Kläger selber die Trennung nicht vornehmen durfte.

3. Die Vertheidigung.

Aelteres und neueres System derselben. — Vertheidigung in Form der Negation (Formulirung der Klage in jus und in factum). — Spielraum derselben im Vergleich zur Exception. — Möglichkeit der Geltendmachung eines Gegenanspruches in processualisch unsichtbarer Form (Rechtssätze mit Exceptionszweck) und in processualisch sichtbarer Form (Klage mit Vorbehalt des gegnerischen Rechts — Substituirung einer andern Klagformel im Interesse des Beklagten — Doppelklage) — Vertheidigung in Form der Klage — die processualische Strafklage und die leges minus quam perfectae — Gesammturtheil über den analytischen Mechanismus des alten Processes.

Nec omnino ita ut nunc usus erat illis temporibus exceptionum. Gaj. IV, 108.

LII. Sollte der Grundsatz: ein Proceß, eine Frage, seinen Zweck erreichen, so mußte er, wie oben (S. 22) bemerkt, für beide Theile gelten. Was half es, der in der Häufung der Fragen liegenden Gefahr der Anschwellung des Processes und der daraus sich ergebenden Verwirrung und Verschleppung desselben von der einen Seite vorbeugen, wenn sie von der andern Seite und gerade von der, von welcher diese Gefahr am ersten zu besorgen ist, freien Zutritt hatte? Den Kläger hält schon sein eigenes Interesse ab, diese Gefahr heraufzubeschwören, oder sollte ihn wenigstens abhalten, das Interesse des Beklagten aber ist das gerade entgegengesetzte, jede Frage, die er in den Proceß hineinspielt, ist ein Hinderniß, das dem Kläger die Erreichung des Ziels erschwert und verzögert.

Aber anderseits wie kann man ihn in der Wahl und Zahl seiner Vertheidigungsmittel beschränken? Die Lage der beiden Partheien ist ja eine völlig ungleiche. Der Kläger hat die Initiative, er kann den Zeitpunkt bestimmen, wann er klagen will, seinen Angriff lange vorbereiten, seine Beweise vorher sammeln und, abgewiesen mit dieser Klage, zu einer neuen greifen. Von alle dem gilt gerade das Gegentheil für den Beklagten. Ihn der Beschränkung unterwerfen, die bei dem Kläger vollkommen gerechtfertigt ist — heißt das nicht, in geradem Gegensatz zu dem, was die natürliche Gestalt des Verhältnisses mit sich bringt, der Klage ein Uebergewicht über die Vertheidigung geben?

So scheint es, allein dies ist nur Schein. Es handelt sich nämlich nicht um eine materielle Beschränkung des Beklagten in dem Gebrauch seiner Vertheidigungsmittel, sondern lediglich um die Form dieses Gebrauchs. Diese kann nämlich eine doppelte sein. Die einfache und natürliche Form besteht in der Benutzung der Vertheidigungsmittel der Klage gegenüber; hier wird die Klage durch die Vertheidigung, selbst wenn letztere noch so frivol ist, in ihrem Lauf aufgehalten, bis über Beide entschieden werden kann. Die zweite, künstlichere Form ist die der Widerklage oder Nachklage; hier erfolgt die Untersuchung der Vertheidigungsgründe in einem eigenen vom Beklagten zu erhebenden Proceß, der Lauf der Klage wird also dadurch nicht unterbrochen, die Vertheidigung nimmt die Gestalt einer Klage auf Wiedererlangung dessen an, was der Beklagte dem Kläger auf Grund der Condemnation im ersten Proceß hat entrichten müssen. Das neuere römische Recht gibt dem Beklagten für die meisten Vertheidigungsgründe die Wahl, ob er sie in der einen oder andern Form geltend machen will,[35] einige weist es ausschließlich in die erste,[36] andere ausschließlich in die zweite Form.[37]

Letztere hat etwas höchst Befremdendes. Warum gewährt man dem Beklagten ein Mittel, das man ihm einmal zugedacht hat,

35) z. B. exceptio und actio quod metus causa, exc. rei venditae et traditae und act. emti wegen Eviction, exc. non numeratae pec. und die condictio des Schuldscheins, Retentionseinrede und act. contraria, except. doli wegen mangelnder causa und die Condictionen, Compensation und klagweise Geltendmachung der Forderung.

36) z. B. Einrede der Verjährung, Retentionseinrede wegen der Impensen bei der Reivind.

37) z. B. die Berufung auf das Eigenthum gegenüber einer possessorischen Klage, die Geltendmachung von Gegenansprüchen gegenüber der act. depositi.

nicht zur rechten Zeit, warum versetzt man ihn erst in die Lage zahlen zu müssen, damit er sodann das Gezahlte hinterher zurückfordere? Würden die Beklagten sich immer nur wirklich begründeter Einwendungen bedienen, so hätte ein solches Verfahren allerdings keinen Sinn, allein es findet seine volle Rechtfertigung in der unbegränzten Möglichkeit des Gegentheils jener Voraussetzung.[37a]) Diese Möglichkeit nämlich setzt den Beklagten in Stand, den Proceß, der bei der Klarheit und Zweifellosigkeit des klägerischen Rechts sonst sofort beendet sein würde, durch lauter erdichtete Einwendungen in die Länge zu ziehen und sich während der Zeit auf Kosten des Klägers im Genuß des Rechts zu behaupten, ein Nachtheil, für den seine endliche Verurtheilung in den gesammten Schadensersatz dem andern Theile in der Regel nur einen unausreichenden Ersatz gewährt. Wie diesem Uebelstande abhelfen? Das ist die Bestimmung der obigen zweiten Form der Vertheidigung.[38]) Ohne dem Beklagten das absolut nothwendige Maß der Vertheidigung zu verkümmern, schneidet sie ihm alle Einreden ab, welche die angedeutete Gefahr herbeiführen können. Rasch gelangt hier der Kläger in den Genuß seines Rechts, und der Aufschub, den die Verwendung des seinem Gegner zustehenden Vertheidigungsmaterials verursacht, gereicht auf diese Weise nicht ihm, sondern letzterem zum Nachtheil.

Es beruht demnach jene Einrichtung auf einer Ausgleichung der Verschiedenheit der Partheirollen, der Theilung der Vortheile des mit dem Beklagtenverhältniß verbundenen Besitzes zwischen

---

37a) Seneca de benef. VII. 16: Satius erat a paucis etiam justam excusationem non accipi, quam ab omnibus aliquam tentari.

38) L. 2 Cod. de usur. leg. (6. 47) Adversus eos, qui sub obtentu legis Falcidiae legata morantur, notissimum est juris auxilium. Si igitur proposita stipulatione cavere cum satis datione potestis, „vos restituturos quanto amplius quam per eam legem licet acceperitis", judex solida vobis legata praestari jubebit. Cicero in Verrem II, 27: utrum aequius, decumanum petere an aratorem petere. L. 1 §. 2 Quod legat. (43. 3). Ueber einen sekundären Nutzen dieser Rechtsform, nämlich den Einfluß, den sie auf die Verringerung des Streitmaterials äußert, s. das Ende dieses §.

beide streitführende Theile. Eben in der möglichst raschen Gewinnung dieser Vortheile liegt für den jedesmaligen Kläger der wirksamste Sporn zur Beschleunigung des Processes, und so paradox es klingt, man darf mit Sicherheit behaupten, daß eine solche Zerlegung eines Processes in zwei den Streit vereinfacht und abkürzt, anstatt ihn zu verlängern und zu vervielfachen; denn vor der Benutzung völlig nichtiger Einwendungen in Form der Nachklage bebt Mancher zurück, der es in Form der Einrede schon damit versucht haben würde.

Es liegt auf der Hand, daß die Anwendung dieses Mittels, wenn die berechtigte Rücksicht auf den Kläger nicht in ein Unrecht gegen den Beklagten ausarten soll, an ganz bestimmte Voraussetzungen geknüpft werden muß. In dieser Hinsicht das Richtige zu treffen, nach beiden Seiten das Extrem zu vermeiden und die feine Mittellinie aufzusuchen, die beiden Partheien gegenüber der Idee der processualischen Gerechtigkeit Genüge leistet, das ist die Aufgabe. Es ist nicht dieses Orts, dieses schwierige legislative Problem, für das weder die Jurisprudenz noch die Gesetzgebung überall das richtige Verständniß bethätigt hat, eingehender zu behandeln, allein zur richtigen Beurtheilung des älteren römischen Processes ist wenigstens ein Bewußtsein davon, daß es existirt, und eine gewisse Anschauung von der Art, wie es sich verwirklichen läßt, erforderlich; ein weiteres ist mit den folgenden Bemerkungen nicht beabsichtigt.

Bei einer Klage aus einem zweiseitigen Geschäft, welches für beide Theile Rechte und Verbindlichkeiten begründet, kann der Umstand, daß der Kläger seinen Anspruch sofort klar stellt, unmöglich die Wirkung nach sich ziehen, daß der Beklagte mit seinen Gegenansprüchen aus demselben Geschäft, soweit er sie nicht ebenfalls sofort zu erweisen im Stande ist, in die Form der Widerklage („ad separatum") verwiesen werde. Denn Anspruch und Gegenanspruch stehen hier im engsten Zusammenhange, im Verhältniß gegenseitiger Abhängigkeit, und der Aufenthalt, den der Beklagte veranlaßt, gleicht nur den Vorsprung aus, den der Kläger dadurch vor ihm voraus hat, daß er vor dem Proceß thun konnte, was der Beklagte während desselben thun muß. So hat es denn auch das römische Recht von jeher, seitdem die zweiseitigen Geschäfte als solche klagbar wurden, gehalten. Eine ganz andere Behandlungsweise aber trat in dem Fall ein, wenn die Partheien ihr Geschäft in die Form von zwei einseitigen Verträgen (Stipulationen) kleideten, wie sie vor dem angegebenen Zeitpunkt es mußten, nachher aber es noch stets konnten und sehr häufig thaten. Hier stand jeder Anspruch für sich, und es entsprach nur dem Willen beider Partheien, daß der eine in seiner gerichtlichen Geltendmachung durch den andern nicht gehemmt werden sollte; hätten sie das Gegentheil gewollt, so hätten sie dies auf dem Wege der bedingten Fassung beider Stipulationen erreichen können. Das neuere römische Recht hat auch hier aus Gründen, auf die ich erst am Ende des Paragraphen eingehen kann, die Form der exceptionsweisen Geltendmachung der Gegenforderung zugelassen, so daß also — und dies verdient sicherlich keine Billigung — das Recht den Partheien die Möglichkeit, ihrem Verhältniß die angegebene streng einseitige Form zu geben geradezu abschneidet.

Was im Bisherigen von ursprünglich zweiseitigen Geschäften gesagt ist, gilt natürlich in um so höherem Maße von ursprünglich einseitigen, und ich kann es auch hier wiederum nicht für eine glückliche Aenderung halten, wenn das neuere Recht alle Gründe, mit denen der Beklagte im Wege der Klage ihre Wirksamkeit beseitigen kann, nicht minder in Form der Einrede zuläßt und das ganz allgemeine Princip aufstellt: wer eine Klage hat, dem ist auch eine Einrede zu gewähren.[39] Die bedenklichste Anwendung, die das neuere Recht von diesem Satz macht, ist die unbeschränkte Zulassung der Compensationseinrede, und ich glaube nicht zu schroff zu urtheilen, wenn ich diesen scheinbaren Triumph der Billigkeit

39) L. 156 §. 1 de R. J. (50. 17) cui damus actiones, eidem et exceptionem competere multo magis quis dixerit. Der Satz erleidet jedoch manche Beschränkungen im Einzelnen, s. z. B. Note 37.

über das strenge Recht[40]) geradezu als einen schweren Verstoß gegen die Idee der processualischen Gerechtigkeit bezeichne und darin nur eine Erscheinung wiederfinde, die ich im dritten System mit manchen Belegen hoffe begründen zu können, nämlich die Entartung und Verweichlichung des gesunden, energischen Rechtsgefühls der alten Zeit. Nur bei einer Materie hat auch das neuere Recht sich von diesem Fehler gänzlich frei gehalten, nämlich beim Besitz. Wo es sich um Klagen handelt, die den Besitz zur Grundlage haben, ist jede Einrede, welche sich auf das Recht bezieht, ausgeschlossen,[41]) und diesem Gedanken hat das neuere Recht im Erbrecht sogar eine erweiterte Anwendung gegeben.[42])

Unser heutiges Recht hat den Fehler des späteren römischen zum großen Theil wieder gut gemacht, theils nämlich dadurch, daß es dem Verkehr durch die an gewisse Urkunden (Wechsel und instrumenta guarentigiata) geknüpfte privilegirte Proceßart sowohl bei zweiseitigen als einseitigen Geschäften innerhalb gewisser Gränzen die Erlangung der obigen Vortheile in Aussicht stellt, theils dadurch, daß es von dem Gedanken des Besitzes den ausgedehntesten Gebrauch macht (Quasibesitz). So scheinbar verschieden diese beiden Verhältnisse sind, so ist es doch dasselbe legislative Motiv, das ihre Gestalt bestimmt; bei beiden ist es nämlich der obige Zweck, die Vortheile der Beklagtenrolle in angemessener Weise zwischen beiden Partheien zu vertheilen, das Uebergewicht der Vertheidigung über die Klage auszugleichen.

Die bisherige Ausführung hat uns gezeigt, daß die unbegränzte Zulassung des Vertheidigungsmaterials in Form der Defensive, weit entfernt durch die Idee der Gerechtigkeit geboten zu sein, umgekehrt mit den Anforderungen der wahren, ächten Gerechtigkeit, welche sich nicht allein nach dem bemißt, was sie gibt, sondern auch

---

40) „Aequitas compensationis" L. 18 pr. de comp. (16. 2).

41) Eine scheinbare Ausnahme in Note 54.

42) Bonorum possessio, remedium ex lege ultima Codicis de edicto divi Hadriani tollendo, interdictum quod legatorum.

nach dem, wann sie es gibt,[42a]) unter Umständen in schneidenden Widerspruch treten kann, und dieses Unrecht zu erkennen und zu beseitigen — darein setze ich die Idee und Bestimmung der processualischen Gerechtigkeit.[42b]) Ob das Gefühl von ihr es war, was die ältere Jurisprudenz bei der Gestaltung des Processes leitete, oder die Rücksicht auf die durch Häufung der Fragen bedrohte Einfachheit und Uebersichtlichkeit des Processes, ob also ein ethisches Motiv oder ein Gesichtspunkt der legislativen Politik, darüber wäre es müßig zu rechten; genug, der ältere Proceß gibt beiden Gedanken ihr volles Recht.

Es liegt die Frage nahe, nach welchen Rücksichten die Vertheilung des Vertheidigungsmaterials unter die beiden Formen erfolgt sein mag, warum der eine Einwand in die einer Negation oder exceptio, der andere in die einer Gegenklage gebracht worden ist. Um diese Frage zu beantworten, müßte die Geschichte uns tiefere

---

42a) Gaj. III, 113 non solum autem in quantitate, sed etiam in tempore minus et plus intelligitur; plus est enim statim aliquid dare, minus est post tempus. L. 10 §. 12 Quae in fr. cred. (42. 8) praetor fraudem intelligit etiam in tempore fieri.

42b) Briegleb, Einleitung in die Theorie der summarischen Processe, Leipz. 1859 S. 3, 4 dürfte dieselbe nicht gebührend beachtet haben, sonst würde er in der obigen Einrichtung keine „ganz enorme Beschränkung des ordentlichen Vertheidigungsrechts" erblickt haben. Der Umstand, daß der Beklagte den liquiden Beweismitteln des Klägers keine eben so beschaffene gegenüber zu setzen vermag, ist kein „zufälliger", sondern ein verschuldeter, dessen Folgen auf ihn selber, nicht auf den Kläger zurückfallen müssen. Der im Text aufgestellte Gesichtspunkt wird freilich ganz allgemein von unserer Jurisprudenz vernachlässigt, während die Römer für denselben ein ungleich höher entwickeltes Verständniß gehabt haben. Auf ihm beruht z. B. die Erleichterung des Beweises bei den Schadensersatzklagen durch Gewährung des Anspruches auf das duplum, durch Verstattung des juramentum in litem, die Strafe des Läugnens und manches andere, — lauter Rechtssätze, welche bestimmt sind, den durch Schuld des Beklagten bewirkten Beweisnothstand des Klägers der Idee der Gerechtigkeit gemäß auf Kosten des Beklagten wiederum auszugleichen, und die man sehr Unrecht gethan, mehr oder weniger fallen zu lassen. Wann erscheint einmal ein Werk über die „Idee der Gerechtigkeit in ihrer Anwendung auf die Gestaltung der Beweistheorie"?

Blicke in die innere Entwickelung des römischen Rechts, vor allem des Condictionensystems verstattet haben, als sie es in Wirklichkeit gethan hat. Manches ist dabei unzweifelhaft rein historisch. So z. B. glaube ich, daß der Begriff einer Aufhebung der Rechte „ipso jure“ und die Zahl der einzelnen Fälle im Laufe der Zeit in ähnlicher Weise etwas Feststehendes und historisch Abgeschlossenes geworden ist, wie der Begriff und die Zahl der contractus und delicta. Gründe, denen erst das spätere Recht eine aufhebende Wirkung zugestand, wurden daher schon darum in die Form der Klage getrieben, weil ihnen die Negation (s. u.) verschlossen war, die der exceptio aber, selbst wenn sie damals bereits existirte, wenigstens solange noch die ursprünglichen Anschauungen nicht ganz abhanden gekommen waren, ungleich mehr gegen sich hatte, als die der Klage. Erst durch die Form der Klage hindurch arbeiteten sie sich zu der Exception hinauf — ein Punkt, auf den ich am Schluß des Paragraphen zurückkommen werde.

Die folgende Darstellung beschränkt sich nicht auf die älteste Form des römischen Processes. Es ist nicht bloß die Dürftigkeit unserer Kenntniß über den Legisactionenproceß, die uns zwingt, unsern Blick auf den Formular-Proceß zu erweitern, sondern es ist die Gleichheit des hier zur Betrachtung stehenden, sie beide gleichmäßig beherrschenden Grundgedankens. Beide sind gebaut auf den Grundsatz der Einen Frage, aber während der eine, soviel wir wissen, denselben nie verläugnet hat, und auch der andere in der ersten Periode seines Bestehens an diesem seinem Fundament sicherlich nicht gerüttelt hat, weist er in einer spätern Phase seiner Entwickelung zwei Bildungen auf, die eine entschiedene Abweichung von jenem Grundsatz enthalten. Beide sind prätorischen Ursprungs, die eine eine eigenthümliche Form der Klage: die actio in factum, die andere die exceptio. Bei der ersten war die Abweichung keine nothwendige und durchgehende, sie konnte unter Umständen auf einen Fragepunkt gestellt werden, aber regelmäßig enthielt sie zwei; bei der andern dagegen war diese Abweichung durch ihre Form selbst mit Nothwendigkeit gegeben, sie fügte stets zu der im Interesse des Klägers gestellten Frage eine zweite im Interesse des Beklagten hinzu.

Nach dem Zweck unserer Aufgabe, welcher auf die Schilderung des ursprünglichen Grundbaues des römischen Processes gerichtet ist, scheiden wir daher diese beiden Bildungen von dem Kreis unserer Betrachtung aus, soweit sie nicht etwa dazu dienen können, durch ihren Gegensatz das Verständniß zu fördern.

Wir verfolgen jetzt die Vertheidigung in den beiden oben angegebenen Richtungen und zwar zuerst in der defensiven Richtung. Hier nimmt sie den Charakter einer Negation der Klage an.

1. Vertheidigung in Form der Negation.

Dieselbe Alternative rücksichtlich der Beantwortung der durch die Klage gestellten Frage, welche dem Richter gestellt ist, daß er nämlich entweder schlechthin bejahen oder schlechthin verneinen muß, gilt auch für den Beklagten. Auch ihm ist nur die Wahl gelassen zwischen einem kategorischen Ja oder Nein, ohne das ausweichende „Aber" der exceptio. Dem Ja folgt die Verurtheilung, dem Nein der Proceß. Ist mithin die Behauptung des Klägers so gefaßt, daß der Beklagte sie nur bedingt oder theilweise einräumen kann, so bleibt ihm, wenn er seinem Recht nichts vergeben will, nichts übrig, als sie schlechthin in Abrede zu stellen und ebenso dem Richter, wenn er sich nicht überzeugt, daß sie ihrem ganzen Umfang nach begründet ist, nichts übrig, als den Kläger schlechthin abzuweisen. Die kleinste Abweichung von der Wahrheit zu eigenen Gunsten begründet mithin für den Kläger den Verlust des ganzen Processes; die Strafe der plus petitio war eine nothwendige Consequenz der obigen Alternative oder, was dasselbe, der intentio certa. Wo der Anspruch des Klägers sich in seiner schließlichen Gestalt auf eine Geldsumme reducirte, und man ihm billigerweise nicht zumuthen konnte, dieselbe mit Gefahr der plus petitio selber anzusetzen, wußte man in verschiedener Weise zu helfen, theils nämlich durch vorherige Schätzung in Form eines praejudicium, wovon unten ein Beispiel folgen wird, theils durch nachherige Schätzung (arbitrium litis aestimandae), theils auf andere Weise.[43]

Der Umfang der Negation bestimmte sich nach dem der Behauptung; je nachdem letztere enger oder weiter gefaßt, war damit auch jener ein engerer oder weiterer Spielraum angewiesen. Es ergab sich daraus die Nothwendigkeit, die Klage so weit zu fassen, daß dem Beklagten der nöthige Raum zu seiner Vertheidigung offen blieb. Hätte man also z. B. die Klagformel so formulirt, daß „Kläger dem Beklagten **100** geliehen habe", so hätte der Beklagte mit dem Einwande, daß „er sie zurückgezahlt", in demselben Proceß gar nicht gehört werden können, weil darin eine neue positive Behauptung gelegen hätte. Man mußte folglich die Klagformel so einrichten, daß sie beide Behauptungen in sich aufnehmen konnte, und dies geschah dadurch, daß man sie auf das „Schuldigsein" stellte. Diese Fassung ließ von Seiten des Klägers als Affirmative des Schuldigseins die Behauptung zu, daß er die **100** gegeben, von Seiten des Beklagten als Negative des Schuldigseins die, daß er sie zurückgezahlt habe. Alle Klagformeln mußten mithin, wenn sonst der Grundsatz der Negation durchführbar sein sollte, auf die gegenwärtige Existenz des Rechtes lauten — und in der That ist dies die

---

43) So nämlich bei den Delictsklagen, z. B. bei der act. leg. Aquiliae, indem man dem Kläger für den Ansatz der Geldsumme („tantum aes dare domino damnas esto", Worte der lex Aquilia L. 2 pr. ad leg. Aq. 9. 2), wo sie erforderlich war (L. 25 §. 2 ibid.), einen so weiten Spielraum gewährte (Werth des letzten Jahres bez. Monats), daß er es sich selbst zuzuschreiben hatte, wenn er eine plus petitio beging. Die act. furti lautete bloß auf „pro fure damnum decidere oportere" Gaj. IV. 37, 45, womit die bei jedem „dare oportere" erforderliche Angabe einer bestimmten Sache oder Summe umgangen war.

Form aller altrömischen Klagen,[44]) — sie sind sämmtlich, wie die römischen Juristen es ausdrücken, „in jus conceptae".

Den Gegensatz zu ihnen bilden die vorhin erwähnten actiones in factum conceptae des prätorischen Rechts. Der Begriff „jus" war ein historisch abgeschlossener; als jus im concreten Sinn bezeichnete die correcte Sprache des Processes nur ein solches, welches dem jus im abstracten Sinn, dem jus civile, entsprach, der Prätor konnte sich mithin für die von ihm eingeführten Klagen nicht der Ausdrücke bedienen, in denen man sich gewöhnt hatte die Bezeichnung eines jus zu erblicken (Note 44), es erübrigte ihm folglich nur eine Fassung, welche diese Bezeichnung umging, die der „actiones in factum". Die Formel lautete hier auf die Thatsache (factum), auf welche der Anspruch des Klägers sich gründete, und zwar, da diese Thatsache regelmäßig der Vergangenheit angehörte, im Gegensatz zu dem Infinitiv Präsentis des Civilrechts im Infinitiv Perfecti.[45]) Um hier nun dem Beklagten, welcher

---

44) Mithin im Infinitiv des Präsens. Die in rem actiones sind mit Andeutung der absoluten Natur des ihnen zu Grunde liegenden Rechts (II 511) auf ein esse gestellt (rem, hereditatem meam esse, jus utendi, eundi mihi esse, tibi non esse), die actiones in personam mit derselben feinen Andeutung der ihnen zu Grunde liegenden Verpflichtung der Person (II 512) auf oportere (dare, pro fure damnum decidere oportere). Hätte die Formel der act. furti auf: si paret Nn. furtum fecisse gelautet (Rudorff R. G. II, 353; Gaj. IV. 37, auf den er sich beruft, spricht von der Klage des Peregrinen), wäre sie also statt in jus, in factum concipirt gewesen, so hätte der Einwand des Beklagten, daß man sich verglichen habe, die Form eines besondern Zusatzes zur Klage d. h. einer exceptio annehmen müssen, bekanntlich hob aber das pactum die act. furti ipso jure auf, und dies war nur möglich, wenn letztere auf ein „oportere" gerichtet war, dieser Fassung gegenüber stellte sich jener Einwand als Negation, als Behauptung des „non oportere" dar.

45) z. B. A. A. apud N. N. mensam deposuisse — convenisse inter A. A. et N. N., ut res pignoris nomine obligata esset — patronum in jus vocatum esse, Gaj. IV. 46, 47. Nur wo die Klage von einer gegenwärtigen Thatsache abhing, z. B. beim interd. uti possidetis vom gegenwärtigen Besitz, ward natürlich das Präsens gebraucht: possidetis. Eine beachtenswerthe Bemerkung über die Verschiedenheit der materiellen Auf-

die angegebene Entstehung des klägerischen Anspruchs zwar einräumte, aber die spätere Aufhebung desselben behauptete, Raum zu dieser Behauptung zu geben, mußte natürlich der Formel ein darauf gerichteter Zusatz als zweites Glied einverleibt werden. Die actiones in factum waren daher in der Regel zweigliedrig, sie enthielten zwei Fragen: eine im Interesse des Klägers — das Klagfundament — eine im Interesse des Beklagten, gefaßt bald als negative Beschränkung des Klagfundaments, bald als exceptio.[46] Einige Formeln waren bloß eingliedrig; hier steckte das nöthige Vertheidigungsmaterial schon im positiven Klagfundament.[47]

Wenn ich den so eben entwickelten Gegensatz in der Fassung der Klagen erst hier bei Gelegenheit der Vertheidigung behandelt habe, so geschah es, weil er erst hier für uns von Bedeutung wird. Seine Bedeutung ist übrigens keineswegs auf den hier

---

fassung des Anspruchs bei beiden Arten der Klagen (bei der einen: Richtung desselben auf Erfüllung einer Pflicht, bei der andern auf Schadensersatz wegen einer rechtswidrigen Handlung) s. bei Bruns in der Ztschr. für Rechts-Gesch. I S. 59. — Der alten Form der Klage entsprechend wird auch die confessio in jure auf „jus" gelautet haben, und ein Purist mochte bezweifeln, ob der Ausdruck auch auf das „factum" bei der act. in factum passe; so möchte es sich erklären, daß die lex Rubria C. 22 neben dem (auf das vorhergehende „oportere, debere, esse" zu beziehende) „confessus erit" noch das (auf das „habere, fecisse" zu beziehende) dixeritve gebraucht.

46) Beispiel der ersten Form: . . rem deposuisse (positiver Theil des Klagfundaments) eamque dolo malo Ni Ni Ao Ao redditam non esse (negativer Theil). Beispiel beider Formen bei der act. hypothecaria: convenisse . . . ut res pignoris nomine obligata esset (positiver Theil) eamque pecuniam solutam non esse neque eo nomine satisdatum esse neque per A. A. stetisse, quominus solveretur (negativer Theil) si non voluntate creditoris veniit (exceptio, L. 8 §. 9 quib. mod. pig. 20. 6).

47) z. B. . . patronum contra edictum . . . in jus vocatum esse Gaj. IV. 46, in dem contra edictum steckte der Stoff zur Vertheidigung (z. B. L. 11 de in jus 2. 4), ebenso bei den possessorischen Interdicten . . possidetis nec vi nec clam nec precario alter ab altero (L. 1 pr. uti poss. 43. 17).

in Frage stehenden Gesichtspunkt der Form der Vertheidigung beschränkt, und es möge mir erlaubt sein, darüber noch einige Worte hinzuzufügen.

Wer sich auf den Standpunkt des römischen Formalismus stellt und von ihm aus, wie man es ja muß, den Gegensatz beurtheilt, dem bietet er, so äußerlich er scheint, doch reichen Stoff zum Nachdenken. Daß sich in ihm der Gegensatz der verschiedenen Zeiten, denen er angehört, klar abspiegelt, wird keines ausführlichen Nachweises bedürfen. Die actio in jus concepta ist eins jener formalistischen Kunstproducte, die den fein entwickelten Formensinn der alten Jurisprudenz kennzeichnen; ihr gegenüber macht die act. in factum den Eindruck des Rohen, Formlosen. Nicht bloß darum, weil jene in einem Satz erreicht, wozu diese mehrere nöthig hat, sondern vor allem darum, weil jene, indem sie die Condemnation an die Voraussetzung der Existenz eines Rechts knüpft, dieselbe innerlich motivirt, während letztere sie rein äußerlich an das Vorhandensein gewisser Thatsachen knüpft. Aus bloßen Thatsachen aber folgt nie die Nothwendigkeit der Verurtheilung — das Mittelglied: das Recht fehlt. Bei jener Fassung ist diese Nothwendigkeit eine innere, die sich von selbst versteht — denn wo ein Recht vorhanden ist, da muß es auch realisirt werden — bei dieser eine äußerliche, die sich der Form nach lediglich auf positive Anordnung stützt. Sodann faßt jene wiederum die Bestandtheile des Thatbestandes zur Einheit des Begriffs zusammen, schließt ihn also innerlich ab, während diese dieselben als bloß äußerlich zusammengefügtes Aggregat neben einander stellt. Dieser Unterschied ist aber von der äußersten Wichtigkeit — an ihn knüpft sich ein Stück römischer Jurisprudenz. Wer ein „Recht“ angeben soll, muß über dessen Natur mit sich im Reinen sein, wer bloße Thatsachen für sich anzuführen braucht, kann sich dem entziehen. In der formula in jus concepta lag also eine Nöthigung zur Klarheit über die systematische Natur der Rechte; ein Jurist, der aus irgend einer lex eine legis actio fabriciren wollte, mußte sich klar sein, ob die intentio auf esse oder oportere gestellt werden müsse,

m. a. W., ob der Anspruch ein absoluter oder relativer sei. Hätte er statt dessen die Formel in factum concipiren können, so hätte er diese Frage ganz umgehen können, wie dies ja später bei der act. hypothecaria wirklich geschah, und vielleicht würde uns dann auch über ein Recht des alten Civilrechts derselbe Streit geblüht haben, wie heutzutage der über die Natur des Pfandrechts. Die harmlose Unentschiedenheit ihrer civilistischen Natur, deren sich so manche Rechte modernen Ursprungs bei der Formlosigkeit unserer Klagen — man kann sie nicht einmal actiones in factum nennen — Jahrhunderte lang erfreut haben und zum Theil noch erfreuen, wäre bei der römischen actio in jus concepta völlig unmöglich gewesen, die Reallasten z. B. würden mit dem ersten Schritt, den sie in den römischen Proceß hinein hätten thun wollen, sich haben entscheiden müssen: ob actio in rem oder actio in personam. Die Sprache der actio in jus concepta ist die des Juristen, die der actio in factum kann jeder Laie reden, — wohl dem Rechte, das früh jene Sprache zu lernen gezwungen gewesen ist!

Und doch hätte anderseits dieser Zwang der processualischen Bezeichnung der Rechtsbegriffe bei der act. in jus concepta der Tod der Jurisprudenz werden können. Es hing nur von dem Maß ab, in dem das materielle Recht in der Klage zur Erscheinung kommen mußte, um den Zwang zur wissenschaftlichen Klarheit in ein Hemmniß jedes Fortschrittes, um die Bestimmtheit in Versteinerung zu verwandeln; denn alles, was einmal in der Formel der legis actio Platz gefunden hatte, war so gut wie unabänderlich geworden. Hätten die alten Juristen die Formel der legis actio in derselben breiten Weise concipirt, in der man wohl zu andern Zeiten Klagformulare und Geschäftsformulare abgefaßt hat, hätten sie also z. B. in die Formel der reivindic. die Eigenthumserwerbungsarten aufgenommen, so wäre es um jede freie Bewegung im Innern der Institute geschehen gewesen — die Erstarrung an der Oberfläche würde sich auch auf die Tiefe ausgedehnt haben. Es bewährt sich darin wiederum so recht der Takt der alten Juristprudenz, daß sie den Rechtsbegriff in der Klage zwar fixirte, aber daß sie es that, ohne ihn zu fesseln (II 666 flg.).

Untersuchen wir den Spielraum, den die actio in jus concepta der Vertheidigung vergönnte.

Von vornherein hat die Meinung sehr viel für sich, daß derselbe ein sehr enger gewesen sei. Denn wenn der Beklagte lediglich auf Negation angewiesen ist, so ist ja die Berufung auf alle Gründe und Verhältnisse ausgeschlossen, welche nicht direct eine Nichtexistenz des klägerischen Anspruchs involviren. Unter dieser Voraussetzung scheint z. B. der Eigenthümer gegen den Usufructuar mit Erfolg die Vindication anstellen zu können, denn die Berufung auf den Nießbrauch enthält keine Negation des Eigenthums. Gegenüber diesem engen Spielraum der Vertheidigung würde das Gebiet, das derselben später mittelst der exceptio eröffnet ward, ein unvergleichlich weites gewesen sein. Hier kann der Beklagte, frei von jeglicher Beschränkung, den Anspruch des Klägers in jeder gedenkbaren Weise bekämpfen: er kann ihn in seiner abstracten juristischen Existenz bestehen lassen und dennoch wegen der Mängel, die ihm anhaften, sich seiner Ausübung widersetzen — er kann dem Anspruch einen Gegenanspruch gegenüber stellen und ihn damit zurückschlagen, ja die verschiedenartigsten Rechte, wie z. B. Eigenthum und Obligation (exc. rei venditae et traditae) können in dieser Form sich einander gegenüber gestellt werden.

Diese ganze Ansicht von der vermeintlichen übertriebenen Enge des ältern und der unverhältnißmäßig größern Weite des neuern Vertheidigungssystems beruht jedoch auf bloßem Schein. Freilich der Gründe, auf welche der Beklagte hier seinen Antrag auf Befreiung stützen konnte, war eine ungleich größere Zahl geworden, als dort; Haussöhne, Frauenzimmer genossen noch nicht den Schutz des Sc. Macedonianum und Vellejanum, dem Betrogenen und Gezwungenen kam noch keine exceptio doli und metus zur Hülfe. Allein darauf die Ansicht zu bauen, daß der processualische Mechanismus diesen Schutz ausgeschlossen habe, wäre sehr irrig. Hätte man sonst nur für die materielle Nothwendigkeit dieser Befreiungsgründe sich entschieden, die Form würde keine Schwierigkeit geboten haben, denn man würde es schon verstanden haben, sie ganz so, wie die Vertheidigungsgründe des älteren Rechts (s. u.) unter den Gesichtspunkt einer Negation des klägerischen Rechts zu bringen, d. h. man würde sie als Nichtigkeitsgründe behandelt haben. Warum das spätere Recht dies nicht that, darüber habe ich mich schon oben (S. 55) geäußert.

Das beste Mittel, um diesen Irrthum von der vermeintlichen großen Differenz des Spielraums der Negations- und Exceptions-Vertheidigung zu widerlegen, besteht darin, den beiderseitigen Spielraum mit einander zu vergleichen.

Die Exception wird uns als ein Mittel bezeichnet, welches die Condemnation bald völlig ausschließt, bald bloß verringert.[48]) Daß auch die Negation unbeschadet der Grundsätze von der plus petitio dieser doppelten Wirkung fähig war, wird der Verlauf der Darstellung lehren (Note **56, 66, 71, 76**).

Das Fundament oder der Stoff der Exception kann dreifacher Art sein; zu allen drei Arten liefert die Negation Seitenstücke.

Die erste Art ist die Behauptung der Mangelhaftigkeit der Entstehungsweise des klägerischen Anspruchs, Beispiele bieten die oben genannten Fälle der exc. Sc. Macedon., Vellej., metus, doli. Dieser ersten Grundform der exc.: der ursprünglichen Mangelhaftigkeit, entspricht im System der Negation die ursprüngliche Nichtigkeit; Beispiele gewähren alle Gründe, welche „ipso jure" das Zustandekommen eines Rechtsgeschäfts ausschließen: Fehler in der Form, z. B. Präterition eines suus im Testament, Mangel der Handlungsfähigkeit, z. B. Verträge eines Wahnsinnigen, Unmündigen, Ertheilung der tutoris auctoritas in rem suam, u. a.

Die zweite Grundform der exc. betrifft die später eingetretene Mangelhaftigkeit des klägerischen Anspruchs, sie um-

---

48) L. 22 pr. de exc. (44. 1). Ueber die verringernde Kraft der exc. s. H. Dernburg, Die Compensation S. 218 flg.

faßt alle Ereignisse, Vorgänge im Leben desselben, welche, ohne dieses selber aufzuheben, doch die fernere Wirksamkeit desselben hemmen — Gebrechen und Fehler, die das ursprünglich gesunde dem von Anfang an siechen Recht völlig gleich stellen. Diesen Gründen correspondiren im System der Negation die, welche das Recht hinterher „ipso jure" aufheben; der Entkräftung entspricht die Vernichtung. Beispiele gewähren für jene: die Verjährung der Klage, der formlose Erlaß (pactum de non petendo), für diese: Untergang des klägerischen Eigenthums durch Usucapion von Seiten des Beklagten, der formelle Erlaß (acceptilatio), das pactum bei der act. furti u. a. m.

Während diese beiden ersten Grundformen der exc. der innern Mangelhaftigkeit des klägerischen Rechts ihren Stoff entnehmen, entlehnt die dritte ihn dem Verhältniß dieses Rechts zu einem selbständigen Recht des Beklagten, sie repräsentirt uns den Conflict zweier Ansprüche, welche sich in ihrer Verwirklichung hemmen oder paralysiren, so z. B. zweier Obligationen (Compensations-, Retentions-Einrede), oder des Eigenthums und der Obligation (exc. rei vend. et traditae). Daß das Negationssystem auch für diese Form ein Seitenstück zu liefern im Stande sei, möchte man im ersten Moment bezweifeln, denn wie kann der Beklagte, wenn er lediglich auf Negation des klägerischen Anspruchs angewiesen ist, demselben einen positiven Gegenanspruch gegenüberstellen? Antwort: dem Conflict beider Ansprüche muß die Gestalt gegeben werden, daß der eine den andern sei es von vornherein ausschließt oder hinterher vernichtet. Es ist die Aufgabe des Folgenden zu zeigen, wie die alten Juristen durch Anwendung dieses Kunstgriffs es verstanden haben, der scheinbar so ungelenken Vertheidigungsform des alten Processes eine Verwendbarkeit zuzuwenden, welche hinter der der exceptio wenig zurückblieb, und es dem Beklagten zu ermöglichen, dem Recht des Klägers ein eigenes, selbständiges Recht gegenüberzustellen.

Der Weg, den sie zu dem Zwecke einschlugen, war ein doppelter; theils der des materiellen Rechts, theils der des Processes.

Dort ward die Berufung des Beklagten auf sein Gegenrecht lediglich durch Sätze des materiellen Rechts ermöglicht, ohne daß das Gegenrecht im geringsten processualisch (d. h. in der Klagformel oder im Urtheil) sichtbar wurde: der Beklagte negirte in jure einfach die Existenz des klägerischen Rechts und begründete diese seine Negation demnächst in judicio einfach mit dem Nachweis seines eigenen (das erstere aufhebenden) Rechts. Der zweite Weg bestand darin, daß man der Klage mit Rücksicht auf den beabsichtigten Einwand des Beklagten eine ganz besondere Fassung gab, welche es ermöglichte, denselben in Form der Negation der Klage gegenüber zu stellen; hier ward das Recht des Beklagten processualisch sichtbar. Für gewisse Verhältnisse reichte auch dieser Weg nicht aus, und hier schlug man den ein, den Streit über die beiderseitigen Rechte als zwei Klagen zu einem einzigen Doppelproceß (judicium duplex) zusammen zu fassen.

I. Der Weg des materiellen Rechts.

Das Gesetz der Scheidung und selbständigen Entwicklung der einzelnen Theile, welches das Gesetz einer jeden Entwicklung überhaupt ist, bethätigt sich auch an dem Verhältniß des materiellen Rechts und Processes. Ursprünglich ganz zusammengewachsen und unlöslich aneinander gekettet, gehen beide im Laufe der Zeit immer weiter auseinander, ihre eigenthümlichen Probleme verfolgend und ihren eigenthümlichen Lebensgesetzen gehorchend. So wird das Band zwischen ihnen immer lockerer, das Verhältniß schließlich ein rein äußerliches. Die processualischen Einrichtungen bilden ausschließlich die Form des Verfahrens aus, ohne zur Unterstützung derselben eine besondere Gestaltung des materiellen Rechts in Anspruch zu nehmen, und das materielle Recht widmet sich seinen Aufgaben, ohne des Processes dabei zu gedenken, ja es kommt endlich der Zeitpunkt, wo man sogar vor der Idee nicht mehr zurückschrickt, eine ganz neue Proceßordnung einzuführen, den Proceß der wesentlichsten Umgestaltung zu unterziehen, ohne am materiellen Recht zu rütteln, und umgekehrt letzteres in eine völlig neue Form zu bringen, ohne den Proceß im mindesten zu alteriren. Von einem solchen Standpunkt der Entwicklung aus, wie es der unserer heutigen Zeit ist, läuft man nur zu sehr Gefahr, das ursprüngliche Verhältniß zwischen beiden Theilen zu verkennen und im Licht der eigenen Zustände zu beurtheilen, und es bedarf erst eines künstlichen Sich-einlebens in die Vergangenheit und ihre eigenthümlichen Zustände, um die Erscheinungen, die sie uns aufweist, wirklich zu verstehen.

Zu dieser Betrachtung haben mir die Rechtssätze Veranlassung gegeben, deren Bedeutung ich im Folgenden zu ermitteln versuchen werde. Sie gehören sämmtlich dem materiellen Recht an, und doch ist ihre Bedeutung eine rein processualische. Ein processualischer Zweck nämlich, die Ermöglichung der Vertheidigung des Beklagten in Form der Negation, hat ihnen das Leben gegeben, aber die spätere Entwicklung des Processes hat den Boden, auf dem sie gewachsen waren, und der ihre eigenthümliche Gestalt bedingte, überfluthet, ohne sie selbst mit hinwegzuschwemmen, und so ragen sie als Ueberbleibsel einer frühern Epoche in eine Zeit hinein, die für ähnliche Zwecke völlig andere Formen zur Anwendung brachte, ganz geeignet, den Unkundigen irre zu führen.

Dahin gehört zunächst die Regel, daß weder ein Kauf oder Miethcontract, noch eine Verpfändung, ein Precarium oder Depositum der eigenen Sache möglich sei. [49]) Der ursprüngliche Sinn und Zweck derselben war in meinen Augen der: dem wahren Eigenthümer, der in Unkenntniß seines Eigenthums einen der genannten Verträge abgeschlossen hatte, gegenüber der Klage seines Gegners auf Rückgabe der Sache oder auf Zahlung des Kaufpreises oder Miethzinses die Berufung auf sein Eigenthum und damit die Abwehr des klägerischen Anspruches zu ermöglichen. In seiner nackten Gestalt als Berufung auf das eigene Eigenthum war dieser Einwand unmöglich, denn in dem Proceß über die Obligation oder

49) L. 45 pr. de R. J. (50. 17). Neque pignus neque depositum neque precarium neque emtio neque locatio rei suae consistere potest. L. 21 de usuc. (41. 3), L. 31 §. 1 Dep. (16. 3) u. a.

über den Besitz [50]) konnte von der andern Seite nicht die Eigenthumsfrage eingemischt werden. Wollte man den Einwand gleichwohl zulassen, so war dies nur in der Form möglich, daß man ihm die Gestalt einer Bestreitung des Klagegrundes gab: der Kauf, die Miethe u. s. w. ist nichtig, denn er hat meine eigene Sache betroffen. Processualisch ward hier das Eigenthum weder in der Klage, noch im Urtheil sichtbar, der Grundsatz der einen Frage war gerettet. [51]).

Der obige Rechtssatz gehört in meinen Augen zur Zahl derjenigen, mittelst welcher das ältere Recht die Berücksichtigung eines wesentlichen Irrthums zu vermitteln versuchte, [52]) die stillschweigende Voraussetzung desselben ist Irrthum über das Eigenthum im Moment des Geschäftsabschlusses. Darum cessirt die Berufung auf das Eigenthum, wenn dasselbe erst später entstanden ist, [53]) oder wenn die Contrahenten bei Abschluß des Geschäfts sich darüber nicht in Unkenntniß befanden, in welchem Fall man ihre Intention

---

50) Auf die von mir (in der zweiten Aufl. meiner Abhandlung über den Grund des Besitzesschutzes S. 97 flg.) bestrittene Natur des interdictum de precario als eines int. recuperandae possessionis gehe ich hier selbstverständlich nicht weiter ein.

51) Als Form, in welcher der Incidentstreit über das Eigenthum zum Austrag gebracht werden konnte, bot sich die sponsio praejudicialis dar (Gaj. IV. §. 93: Si homo, quo de agitur, ex jure Quiritium meus est, sestertios XXV nummos dare spondes?). Möglicherweise erfolgte die Erledigung des Präjudicialpunktes bereits vor der Constituirung des Judiciums über die persönliche Klage, so daß je nach Ausfall des Vorverfahrens das Hauptverfahren entweder unterblieb oder zu Stande kam.

52) Zu diesen Rechtssätzen zähle ich auch den über den Einfluß der Präterition der sui auf die Gültigkeit des Testaments (wer um die Existenz der sui weiß, kann sie durch exheredatio nach älterm Recht einfach beseitigen; wer dies unterlassen hat, von dem kann man annehmen, daß er gar nicht darum gewußt hat), das Erforderniß des Eigenthums des Testators beim Vindicationslegat (s. u.), der Existenz der Schuld beim constitutum u. a.

53) Dies ergibt sich aus dem unten (§. 53) bei der Theorie der Rechtsgeschäfte zu entwickelnden Grundsatz, vermöge dessen nur die bereits vorhandenen Momente bei Abschluß des Rechtsgeschäfts in Betracht gezogen wurden.

in einer Weise interpretirte, die sich mit der Thatsache des Eigenthums vertrug.[54]

Dasselbe Mittel, das die alten Juristen in diesem Fall zur Anwendung bringen, um dem Beklagten dem obligatorischen Anspruch des Klägers gegenüber eine Berufung auf sein Eigenthum zu ermöglichen, kehrt wieder, um in gewissen Fällen ganz dasselbe in Bezug auf eine Gegenforderung zu erreichen; wie jener Fall uns den Conflict der Obligation mit dem Eigenthum repräsentirt, so dieser den der Obligation mit der Obligation.

Es schien den alten Juristen billig, dem Ehemann, der nach Auflösung der Ehe die Dos herausgeben solle, ein Abzugsrecht wegen der von ihm aufgewandten nothwendigen Auslagen einzuräumen. Da die Gegenforderung des Mannes aus dem obigen Grunde in der Formel keinen Platz fand, so ward der Sache die Wendung gegeben, daß sich die Forderung der Frau um den Betrag der Gegenforderung ipso jure vermindert habe. Auf diese Weise kam letztere positiv als solche im Proceß gar nicht zum Vorschein, sie wirkte nur negativ als Subtractionsfactor, indem sie den Betrag der Klage von vornherein um den entsprechenden Antheil verringerte — der Conflict beider Forderungen vollzog sich nicht in und durch, sondern vor und außer dem Proceß, Gegenstand des letzteren ward lediglich die schon vorher um die Gegenforderung verringerte Forderung der Klägerin.

Das ist meiner Ansicht nach[55] die ursprüngliche Bedeutung des Satzes, daß die nothwendigen Auslagen die Dos ipso jure

---

54) Indem man nämlich dem Eigenthum den Besitz substituirt L. 34 §. 4 de cont. emt. (18. 1) . . . ut possessionem emat, L. 28 de poss. (41. 2) . . . specialiter possessionis solius conducendae vel precario rogandae, L. 6 §. 4 de prec. (43. 26) cum possessionis rogetur, non proprietatis precarium.

55) Ich halte an derselben auch fernerhin fest; die abweichenden Ausführungen von Bechmann Dotalrecht II S. 267 fl., Dernburg Compensation Aufl. 2 S. 105 fl., Czyhlarz Dotalrecht S. 277 fl. haben mich in Bezug auf die Zeit und die Proceßform, die ich im Auge habe, nicht überzeugt.

vermindern.[56] Wäre dieses Abzugsrecht erst in späterer Zeit zugelassen worden, als die Exceptionen sich bereits völlig eingebürgert hatten, so würde es schwerlich in diese, sondern wahrscheinlich in dieselbe Form gebracht worden sein, die dem Abzugsrecht des Mannes wegen der nützlichen Verwendungen gegeben ist,[57] nämlich in die des Retentionsrechts (exc. doli). Die Verschiedenheit der Form beider kommt meiner Ansicht nach lediglich auf Rechnung der Verschiedenheit ihrer Entstehungszeit und der damals herrschenden Proceßsysteme; vom praktischen Standpunkte aus könnte man beide als Anwendungsfälle des Retentionsrechts bezeichnen, wie dies die römischen Juristen in der That auch gethan haben.[58]

Das Genauere über die Art und Weise, wie jener Abzug formell in der Klagformel vermittelt wurde, ist uns nicht erhalten. Zur Zeit, als die Klagen mit einer intentio incerta (S. 22) aufgekommen waren, hatte die Sache gar keine Schwierigkeit; die Frau klagte mit der act. rei uxoriae auf „quantum aequius melius sit dari"; in dem „quantum" steckt bereits die Hindeutung auf die Verringerung der Dos durch die Gegenforderung. Allein zur Zeit, als noch das Princip der intentio certa existirte, und als es noch keine eigentliche Dotalklage gab, die Dos vielmehr nur auf Grund der über ihre Rückgabe abgeschlossenen Stipulationen (cautiones

56) Impensae necessariae dotem ipso jure minuunt; L. 5 §. 2 de pact. dot. (23. 4), L. 5 de imp. (25. 1), L. 1 §. 4 L. 2 §. 1 L. 5 de dot. prael. (33. 4). Die Erklärung, die man sonst von dieser Regel gibt (z. B. Dernburg Compensation S. 105 fl.), ist nicht sowohl eine Erklärung, als eine andere Fassung der Regel.

57) L. 7 §. 1 de imp. (25. 1) .. utiles non quidem ipso jure minuunt dotem.

58) Daß Justinian in §. 37 I. de act. (4. 6) dies thut („retentio concessa"), soll nicht schwer in die Wagschale fallen, wohl aber Ulp. VI, 9. 14 (retentio propter impensas), L. 56 §. 3 de J. D. (23. 3) .. retineatur und die vorige Note; ähnlich beim Pekulium (s. u.), für welches die L. 30 pr. de act. emt. (19. 1) das „ipso jure minutum esse peculium" und „retentionem habiturum" ebenfalls identificirt.

rei uxoriae) zurückgefordert werden konnte,[59]) mußte die Klage nicht unbestimmt auf ein „quantum", sondern auf das ganz bestimmte Dotalobject und mithin, wenn letzteres in Geld bestand, auf Geld gerichtet werden. Hier hätte also die Frau, wenn sie sich nicht einer plus-petitio und damit der Gefahr des Verlustes des ganzen Processes aussetzen wollte, die Gegenforderung des Mannes auf Heller und Pfennig genau in Abzug bringen müssen. Durfte man ihr dies zumuthen? Sie kannte weder den Betrag der Gegenforderung aus sich selbst, noch brauchte sie denselben dem Manne ohne Beweis zu glauben. Die Analogie des Argentarius (s. u.), der die Gegenforderung ganz genau kennen konnte und mußte, läßt sich eben aus dem Grunde hier nicht heranziehen. Eben darauf beruht meines Erachtens der Zweck der von Gajus[60]) mitgetheilten Präjudicialklage über den Betrag der Dos. Einen verständigen Grund für die Nothwendigkeit dieser Präjudicialklage soll man noch erst angeben. In das System der intentio incerta paßt sie absolut nicht, denn hier steht ja der Ermittelung und Feststellung des Betrags der Dos in dem Dotalproceß selber nichts im Wege, sie weist also mit Nothwendigkeit auf das System der intentio certa hin. Wie will man sie aber hier einfügen? Etwa so: die Frau hätte, sei es sofort nach Bestellung und Auszahlung der Dos, sei es später zu irgend einem beliebigen Zeitpunkt den Betrag der Dos richterlich feststellen lassen können? Aber wozu das? Konnte die Frau bei Gelegenheit der Präjudicialklage den Betrag nachweisen, und dies mußte sie ja, um den Richter zu überzeugen, so konnte sie es auch bei Gelegenheit der Dotalklage. Wozu also dieser anticipirte Beweis, für den der ältere Proceß sonst gar keine Parallele darbietet? Und wenn er für den Dotalanspruch

---

59) A. Gellius N. A. IV, 3 datirt dieselben von der Ehescheidung des Carvilius Ruga (523 d. St.), zu dieser Zeit aber stand meiner Ansicht nach das Princip der intentio certa noch in vollster Blüthe.

60) Gaj. IV, 44: praejudicialibus formulis, qualis est, qua quaeritur . . . quanta dos sit. Die Erklärung, die O. Bülow de praejudic. form. (Breslau 1859) gibt, befriedigt mich nicht.

möglich war, warum nicht auch für jede andere Forderung? Kurz, jene Präjudicialklage hat gar keinen Sinn, wenn man sie auf die Forderung der Klägerin bezieht. Dagegen gewinnt sie eine ungeahnte Bedeutung, sowie man sie mit der Gegenforderung des Beklagten in Beziehung setzt; denn daß letztere, nachdem die Ehe geschieden war, und die Frau ihren Anspruch auf Rückgabe der Dos geltend machen wollte,[61] einen Gegenstand des Streits unter den Partheien abgeben konnte, und zwar nicht bloß die Frage über den Betrag der Verwendungen, sondern auch die über ihren Charakter als nothwendiger Auslagen[62] liegt ebensosehr auf der Hand, als daß man der Frau nicht zumuthen konnte, diese Frage in Form des gewöhnlichen Processes mit Gefahr der pluspetitio zur Entscheidung zu bringen, zu geschweigen des Falles, wo beide Partheien in Frieden und ohne Proceß die Sache erledigen wollten.[63] Daß die Formel der Klage, wenn Gajus sie sonst richtig mittheilt, nicht direct auf die Höhe der Impensen, sondern auf die der Dos lautete, wird als Gegengrund nicht angeführt werden dürfen; denn der Sache nach steckte in der einen Frage zugleich die andere,[64] und wir sind nicht in der Lage zu bestimmen, ob nicht mit der weitern Fassung noch andere Zwecke sich verbanden.[65]

---

61) Ich weiß nicht, wie Czyhlarz a. a. O. S. 280 dazu gekommen, mir die — allerdings keiner Widerlegung bedürftige — Ansicht zu imputiren, als hätte der Mann, sofort wenn er eine Auslage gemacht hatte, das obige praejudicium gefordert. Während der Ehe wußte man ja noch gar nicht, ob es zur Herausgabe der Dos kommen würde, das praejudicium hatte erst Sinn, wenn dies fest stand, und die Frau den Betrag und die Natur der von dem Manne liquidirten impensae necessariae nicht zugestand.

62) L. 15 de imp. (25. 1) . . . non tam facile in universum definiri possunt.

63) Ebenso, wenn es sich z. B. bei Gelegenheit der Collation der Dos um deren Höhe handelte L. 1 §. 5 de dot. coll. (37. 7) . . . impensarum necessariarum fit detractio.

64) Ebenso wird bei dem Streit über den Betrag der Quarta Falcidia die Frage nicht direct auf diesen Betrag, sondern auf den des Nachlasses gerichtet (s. u.).

65) Wenn der arbiter den Betrag der Verwendungen ermittelt hatte,

Diese so eben entwickelte Ansicht wird durch einen zweiten Conflictsfall in hohem Grade unterstützt, nämlich durch die Art, wie man bei dem Abzug der Quarta Falcidia verfuhr. Aehnlich wie von der Dos heißt es von den Legaten, daß sie durch das Falcidische Gesetz bis zu der dem Erben zuständigen Quart „ipso jure" vermindert würden.[66]) Auch hier handelte es sich um ein Abzugsrecht,[67]) auch hier aber erhob sich im älteren Recht dieselbe Schwierigkeit der processualischen Gestaltung dieses Abzugsrechts. Da nämlich bei einer Ueberbürdung der Erbschaft mit Vermächtnissen letztere sich „ipso jure" um ebenso viel verringerten, als die Quart des Erben betrug, so lag in der Einklagung derselben zum ganzen Betrage eine plus-petitio; wollte der Legatar sich dagegen wahren, so mußte er die Quart abziehen. Aber wie konnte er es? wie konnte man von ihm verlangen,[68]) daß er den Stand des Nachlasses so

so konnte die Klägerin, bevor er erkannte: quanta sit dos, die Auslagen ersetzen und auf diese Weise sich die unverkürzte Restitution der ursprünglichen Dotalobjecte sichern, arg. L. 56 §. 3 de J. D. (23. 3) v. nisi impensa reddatur. Damit erledigen sich die Bedenken, welche Czyhlarz a. a. O. dem Fall entnommen hat, wenn die Dos nicht in Geld, sondern in andern Sachen bestand. Berichtigte die Frau nicht vor Erlaß des praejudicium die vom arbiter festgestellte Impensensumme, so ästimirte er die Sachen in Geld, zog den Betrag der Impensen ab und erkannte schließlich auf Geld. Wollte sie das vermeiden und die Sachen in natura wieder haben, so mochte sie die Impensen ersetzen, ganz so, wie es der Legatar im Fall der L. 5 §. 1 de exc. doli (44. 4) und der Vindicant in Bezug auf die Impensenforderung des Beklagten thun mußte, wenn er nicht wollte, daß es schließlich in der sententia zur Abschätzung der Sache in Geld und Aufrechnung der beiderseitigen Geldforderungen kommen sollte.

66) L. 73 §. 5 ad leg. Falc. (35. 2) . . pro rata portione per legem ipso jure minuuntur. L. 1 §. 5 quod legat. (43. 3).

67) Daher auch bei beiden dieselben Ausdrücke: deducere und deductio s. z. B. L. 15, 16 de imp. (25. 1) . . ex dote deduci . . ex dote deductionem. L. 80 pr. ad leg. Falc. (35. 2) Ulp. XXV, 14 . . quarta deducta; detrahere L. 1 §. 5 de dot. coll. (37. 7), L. 73 §. 5 ad leg. Falc. (35. 2). Ebenso bei dem Pekulium (s. u.), L. 11 §. 7 de pec. (15. 1) . . deducere . . . detrahere.

68) L. 76 §. 1 de R. V. (6. 1) . . justam enim habet ignorantiam legatarius . . quotam partem vindicare debeat.

genau kenne oder in Erfahrung bringe? Der Erbe selber war vielleicht noch gar nicht einmal in der Lage, darüber genaue Auskunft zu geben, oder er verweigerte sie in böser Absicht.

Es gab hier verschiedene Mittel,[69] von denen ich des Zusammenhangs wegen nur der Präjudicialklage gedenke; es ward den Partheien ein Arbiter[70] bestellt, welcher den Stand des Vermögens zu ermitteln hatte und durch seinen Ausspruch es dem Legatar ermöglichte, die Quart selber zu berechnen und dem entsprechend seine Klage auf so viel weniger zu richten.

Der Satz, daß der Anspruch des Klägers sich ipso jure um die Gegenforderung des Beklagten vermindere, oder, wie wir ihn fortan bezeichnen wollen, das Retentions- und Compensationsrecht in seiner ältesten Gestalt, wiederholt sich drittens auch beim Pekulium. Bekanntlich statuirt das römische Recht Naturalobligationen zwischen dem Hausherrn und den ihm untergebenen Personen. Wenn letztere sich in dem Besitz eines Pekuliums befinden, und der Herr auf Zahlung ihrer Schulden aus diesem ihrem Sondervermögen (actio de peculio) oder auf gesammte Ueberlassung desselben aus einem Legat oder einem andern Grunde in Anspruch genommen wird, so ist ihm verstattet, seine Forderungen in Abzug zu bringen. Auch hier aber kann die Gegenforderung der Einrichtung des alten Processes gemäß nicht als solche dem Anspruch des Klägers gegenüber gestellt werden, sondern sie kann wiederum nur negativ, als Subtractionsfactor zur Geltung gelangen; wie die Dos sich um so viel vermindert, als die nothwendigen Impensen, so das Pekulium um so viel, als die Forderungen des Herrn betragen.[71] War die angestellte Klage

---

69) Die Vindicatio mit deductio (s. u.); sodann bei untheilbaren Gegenständen der in L. 80 §. 1 ad leg. Falc. (35. 2) und L. 5 §. 1 de doli exc. (44. 4) angegebene Weg.

70) L. 1 §. 6 si cui plus (35. 3) . . arbiter dari solet ad ineundam quantitatem bonorum. So erklärt sich L. 76 §. 1 de R. V. (6. 1) . . propter incertam detractionem ex legatis, quae vix apud judicem (d. h. nicht im judicium, sondern im prae-judicium) examinatur.

71) L. 30 pr. de act. emt. (19. 1) . . ipso jure . . minutum esse pe-

eine persönliche, so war die Sache ziemlich einfach. Der Kläger gab lediglich den Betrag seiner Forderung an, ohne daß ihm ein gleiches rücksichtlich der Höhe des Pekuliums obgelegen hätte;[72] er stellte vielmehr seinen Antrag nur unbestimmt auf Zahlung „bis zum Betrag des Pekuliums", es bedurfte mithin nicht, wie bei der Dos, erst eines Präjudicialverfahrens über diesen Betrag, sondern dieser Punkt erledigte sich von selbst bei Gelegenheit der Condemnation. Ungleich schwieriger aber stand die Sache, wenn die angestellte Klage eine dingliche war, also z. B. wenn der verstorbene Herr des Sklaven das Pekulium ihm selber oder irgend einem Andern in Vindicationsform legirt hatte. Der Legatar konnte hier seine Klage nicht auf den Betrag oder den Werth des Pekuliums im Ganzen richten, sondern er mußte die einzelnen Sachen vindiciren,[73] von Sachen aber lassen sich Schulden nicht abziehen, denn Eigenthum und Obligation sind irrationale Größen.[74] Der Behauptung des Klägers „die Sachen sind mein" konnte der Beklagte nicht entgegensetzen „ich habe eine Forderung", sondern sein Forderungsrecht mußte, wenn sonst das Abzugsrecht nicht verloren gehen sollte, in diesem Fall in eine Eigenthumsquote umschlagen, das Recht auf einen Werth sich zum Recht an der Substanz verdichten.[75] Damit waren Minuend und Subtra-

---

culium, L. 11 §. 7 de pec. (15. 1) . . non est in peculio, quod domino debetur, L. 9 §. 2 ibid. peculium deducto, quod domino debetur, computandum esse. Auf diese juristische Verminderung, Vermehrung und Aufhebung ist der Ausspruch in L. 40 pr. de pec. (15. 1): peculium nascitur, crescit, decrescit, moritur zu beziehen. Das Gegenstück s. oben Note 31. Die Herbeiziehung des Begriffs der universitas juris (Dernburg Compensation S. 117 fl.) ist zur Erklärung unserer Regel meiner Ansicht nach weder nöthig, noch ausreichend.

72) L. 30 pr. de pec. (15. 1) . . intenditur enim recte, etiamsi nihil sit in peculio.

73) L. 56 de R. V. (6. 1) . . singulas res . . petet.

74) L. 5 pr. de imp. (25. 1) . . etenim absurdum est, deminutionem corporis fieri propter pecuniam. L. 26 §. 4 de cond. ind. (12. 6) non fit confusio partis rei cum pecunia.

75) Dieser Gegensatz ist in der in der vorigen Note citirten L. 5 pr. sehr klar erfaßt.

hend in gleichartige Größen verwandelt, und in demselben Verhältniß, wie sich der Betrag der Forderung des Beklagten zum Gesammtwerth des Pekuliums verhielt, bekam er Miteigenthum an jeder einzelnen Sache: das Recht des Klägers war also auch hier „ipso jure vermindert", auch hier trat das Recht des Beklagten ihm entgegen in der Form einer (partiellen) Negation.[76] Damit ergab sich aber für den Kläger wiederum derselbe Nothstand, wie oben für die Frau bei der Dos: er soll, wenn er sich nicht der Gefahr der plus-petitio aussetzen will, seine Klage nur auf das richten, was übrig bleibt, nachdem der Theil des Beklagten abgezogen ist, und doch kann er ihn nicht abziehen, weil er ihn nicht kennt. Wie hier helfen? Hier wäre ein Präjudicialverfahren ganz am Platz gewesen, und ob das frühere Recht sich dessen nicht wirklich bedient hat, bleibe dahin gestellt. Die römischen Juristen nennen uns zwei andere Mittel, die act. communi dividundo und die vindicatio incertae partis;[77] ob schon der ältere Proceß beide Klagen in Richtung auf einen unbestimmten Theil zugelassen habe, möchte ich bezweifeln.[78]

---

76) Es wird jetzt klar sein, was es heißt, wenn die römischen Juristen sagen: „singula corpora pro rata deminui debebunt" (L. 6 pr. de pec. leg. 33. 8) oder „si crediderit, id ipso jure detrahi et corpora singula per hoc aes alienum deminui" (L. 8 pr. ibid.). Derselbe Gesichtspunkt kehrt aus demselben Grunde bei der Quarta Falcidia wieder, L. 1 §. 5 quod leg. (43. 3) . . ipso jure remanet, et si corporaliter res in solidum translatae sunt und arg. L. 76 §. 1 de R. V. (6. 1), L. 8 §. 1 Comm. div. (10. 3). Hätte die Frau die Dos statt mit einer persönlichen Klage mit einer Vindication zurückfordern müssen, so würde Ulpians Ausführung in L. 5 pr. de imp. (25. 1) gerade entgegengesetzt gelautet haben.

77) L. 8 §. 1 Comm. div. (10. 3); es wird hier auch der Fall des Abzugs der Quarta Falcidia genannt, und er kehrt wieder in der L. 76 §. 1 de R. V. (6. 1).

78) Für die reiv. bedarf dieser Zweifel keiner Rechtfertigung, für die act. comm. div. stütze ich ihn darauf, daß nach dem Separationssystem der Klagen im alten Proceß (§. 51) diese Klage nicht zugleich eine Function haben konnte, für die es eine eigene Klage: die reivindicatio gab, nämlich das Eigenthum der Partheien festzustellen, s. darüber die Analogie der act. fam. ercisc. L. 1

Das Gemeinsame der Fälle, welche wir bisher betrachtet haben, besteht darin, daß der Beklagte dem Kläger einen selbständigen Anspruch gegenüber stellt, ohne daß derselbe processualisch im Mindesten sichtbar wird, und ohne daß es zu dem Zweck eines besondern Zuschnitts der Klagformel bedarf; der Einwand hält sich ganz innerhalb der Gränzen der Negation, und so wenig es sonst für Gründe, welche unter den Gesichtspunkt der Negation fallen, d. i. das Recht des Klägers ipso jure ausschließen, eines besonderen Vermerks in der Klagformel bedarf, so wenig hier.

Der Weg, den die Juristen in diesen Fällen eingeschlagen haben: der einer Appretur des materiellen Rechts zu Gunsten processualischer Zwecke oder, wenn ich so sagen darf, einer in einen Rechtssatz versteckten Einrede wiederholt sich noch in manchen andern Fällen, die nicht unter unsern Gesichtspunkt der Geltendmachung eines Gegenanspruchs fallen. Wer dafür ein Auge hat, wird in manchen Sätzen des materiellen Rechts diesen, ich möchte sagen, processualischen Zug nicht verkennen können. Die römischen Juristen stellen als Erforderniß des Darlehns den Uebergang des Eigenthums auf.[79] Heißt das: Kläger hat dies Erforderniß zu behaupten und zu beweisen? Ein Einfall, über den ich kein Wort zu verlieren brauche. Der Zweck des Erfordernisses war vielmehr der, dem Beklagten einen Ipso-jure-Einwand offen zu halten, nämlich den, daß ihm der Darlehnsgegenstand evincirt worden war, m. a. W. jenes in positiver Gestalt ausgedrückte Erforderniß kam ähnlich wie das der bona fides oder der Usucapionsfähigkeit der Sache bei der Usucapion nur als Negation von Seiten des Beklagten und nur unter ganz besondern Voraussetzungen zur Sprache. Ohne jenen Satz hätte der Beklagte den Einwand nur in Form der exceptio, d. h. im älteren Recht gar nicht vorschützen können — der Satz enthielt also in Form eines absoluten, positiven

§. 2 si pars her. (5. 4) . . aut si controversiam sibi non faciunt hereditatis, familiae erciscundae.

79) L. 2 §. 4 de R. Cr. (12. 1) In mutui datione oportet dominum esse dantem.

Erfordernisses des Thatbestandes den Stoff zu einer eventuellen Einrede. Ganz dieselbe Bewandtniß hatte in meinen Augen das Erforderniß des Eigenthums des Testators am Object des Vindicationslegats.[80] Den Beweis dieses Erfordernisses dem Legatar aufbürden hätte geheißen, den Erfolg des Legats in den meisten Fällen geradezu vereiteln und rücksichtlich des Beweises das natürliche Verhältniß zwischen Erben und Legatar völlig verkehren, denn wenn Beweismittel über das Eigenthum des Erblassers überhaupt existirten, so befanden sie sich im Besitz des Erben, nicht des Legatars; die Meinung, daß der Legatar den Beweis hätte führen müssen, ist in meinen Augen eine Gedankenlosigkeit, gegen die ich jedes weitere Wort für verloren halte.[81] Auch für dieses Erforderniß bleibt als praktischer Zweck nur der übrig, daß es dem Erben den Stoff zu einer Einrede gegen die Gültigkeit des Legats hat geben sollen, deren Grund selbstverständlich er selber zu beweisen hatte, z. B. daß die Sache ihm selber gehöre, oder daß der Testator später d. h. nach errichtetem Testament das Eigenthum auf einen Andern übertragen habe.[82] Dasselbe Sachverhältniß wird sich in manchen andern Fällen wiederholt haben.[83]

---

80) Gaj. II, 196. Ulp. XXIV, 7.

81) Gegen diese Idee s. auch das Zeugniß von Quintil. I. O. IV. 2 §. 6: satis est dixisse: . . . legatum peto ex testamento; diversae partis expositio est, cur ea non debeantur. Es war dies ein Fall, wo die Zweckmäßigkeit des Erfordernisses der Angabe der beiderseitigen causa bei der Vindication (s. u.) recht schlagend hervortritt. Denn da sowohl der Legatar als der Erbe neben dem Legat bez. dem Erbrecht beiderseits das Eigenthum des Testators als causa in Bezug nahmen, in letzterem Punkt also übereinstimmten, so bedurfte es selbstverständlich keines Beweises desselben.

82) Darum das Erforderniß des Eigenthums im Moment des Testaments und des Todes Gaj. II. 196. Unter diesen Gesichtspunkt fiel gewiß auch eine spätere Verpfändung in Form der fiducia, während eine bereits fiduciirte Sache auch in Form des Vindicationslegats gültig legirt werden konnte, Gaj. II, 220.

83) In meiner Schrift über den Grund des Besitzesschutzes (Aufl. 2 S. 50 flg.) habe ich außer den obigen noch folgende namhaft gemacht: Eigenthum am stipulirenden Sklaven als Bedingung der Gültigkeit der Stipulation, Eigenthum an der gestohlenen oder verletzten Sache bei der cond.

Der bisher geschilderte Weg war nicht überall anwendbar, er paßte nur für solche Fälle eines Zusammentreffens verschiedener Rechte, bei denen beide sich gegenseitig ganz oder theilweise vernichten. Dagegen war er ungeeignet für alle Fälle eines friedlichen Nebeneinanderbestehens beider. Mit dem Eigenthum des Klägers verträgt sich ein Nießbrauch in der Person des Beklagten, mit dem Miteigenthum des Einen dasselbe Rechtsverhältniß auf Seiten des Andern. Wenn man hier, wie es ja gar nicht zu umgehen war, dem Beklagten die Berufung auf sein Recht verstatten wollte, wie konnte das geschehen, ohne den Grundsatz der einen Frage zu verletzen? Das Recht des Einen läßt sich hier ja nicht unter den Gesichtspunkt einer Negation des gegnerischen bringen.

Die römischen Juristen haben auch diese Aufgabe trefflich zu lösen verstanden. Der Weg, den sie einschlagen, besteht in der entsprechenden Anpassung der Klage für die Zwecke der bestimmten in

---

furt. und der act. leg. Aquiliae, Sufficienz der Erbschaft für die hinterlassenen Legate. Es ist ein durch unsere heutige Beweistheorie veranlaßter weitverbreiteter Irrthum, als ob im römischen Proceß der Kläger stets die im Edict oder in der Formel bezeichneten Voraussetzungen seines Rechts hätte beweisen müssen. Aber wohin würde dies geführt haben! Man vergleiche einmal L. 1 §. 6 quod falso (27. 6) si id actor ignoravit, L. 1 pr. de his qui (9. 3): insciente domino, L. 7 §. 11 de Publ. (6. 2): qui bona fide emit, L. 1 pr. ibid.: non a domino, L. 16 §. 2 de pec. const. (13. 5): neque solvere, neque fecisse neque per actorem stetit. Gaj. IV. 47 dolo malo redditam non fuisse. Ganz dasselbe galt sicherlich auch von der Clausel der possessorischen Interdicte: nec vi, nec clam, nec precario (die also nicht, wie Rudorff zu Savigny Recht des Besitzes Aufl. 7 S. 691 annimmt, den Kläger zum Beweis des relativ fehlerfreien Besitzes verpflichtete). Den begangenen Fehler sieht man sich dann genöthigt durch Präsumtionen der bona fides u. s. w. wieder unschädlich zu machen. Ob das obige Verhältniß im Text nicht auch beim constitutum und bei der novatio hinsichtlich des Erfordernisses einer vorausgehenden Schuld anzunehmen ist, möchte ich keineswegs so schlechthin verneinen, wie dies Bruns, Zeitschr. f. R. G. I S. 73 thut, ich halte es vielmehr in Hinblick auf die übrigen, von mir beigebrachten Fälle für sehr wohl möglich, daß damit dem Beklagten nur ein Ipso-jure-Einwand hat gewährt werden sollen, derselbe nämlich, der sonst die Gestalt der exc. doli wegen mangelnder causa an sich trägt.

Aussicht genommenen Vertheidigung; der Kläger wird gezwungen, seinen eignen Anspruch in einer Weise zu formuliren, daß der des Beklagten ihm gegenüber unter den Gesichtspunkt der Negation fällt: die Klage kommt so zu sagen der Vertheidigung auf halbem Wege entgegen. Für gewisse Zwecke reicht dieser Weg nicht aus, und hier kommt es dann — sollen wir sagen mit Verläugnung des Grundsatzes der Negation oder des Grundsatzes, daß zwei Klagen nicht zu einem Proceß verbunden werden dürfen? — zu einem Proceß mit positiven Behauptungen beider Partheien: der Doppelklage.

Es ergeben sich daraus für die folgende Betrachtung drei processualische Formen, nämlich:

1) Klage mit Vorbehalt des gegnerischen Rechts;
2) Substituirung einer Klagformel im Interesse des Beklagten an Stelle der vom Kläger gewählten;
3) Doppelklage.

1. Klage mit Vorbehalt des gegnerischen Rechts.

Zwei Anwendungsfälle derselben sind jedem Kenner der römischen Rechtsgeschichte aus Gajus[84]) zur Genüge bekannt, es sind dies die beiden Klagen des argentarius[85]) und des bonorum emtor; jener wird gezwungen, wie Gajus sich ausdrückt, (cogitur) cum compensatione agere, dieser (jubetur) cum deductione agere.[86]) Das Unterscheidende dieser beiden Fälle ist für uns hier ohne Werth und findet sich bei Gajus klar auseinander gesetzt, dagegen ist das, worin sie übereinstimmen, nämlich die

84) Gaj. IV. 64—68.

85) Sie ist oben S. 43 bereits erwähnt.

86) Wie die Compensation des spätern Rechts an diese Form anknüpft (Paulus S. R. II. 5 §. 3 . . compensare ac deducere debes, L. 4 L. 18 §. 1 L. 21 de comp. 16. 2) gehört nicht mehr hierher. Die zweite Klage im Text ist zwar prätorischen Ursprungs, allein ihr Zuschnitt ist ganz im Geist des ältern Processes.

Art, wie sie es erreichen, daß die Gegenforderung des Beklagten zu ihrem Recht gelangt, von um so höherm Interesse für uns. Es geschieht dies in derselben Weise, wie in unsern obigen Beispielen der Dos und des Pekuliums, nämlich durch Subtraction, nur daß letztere, die dort processualisch nicht als solche sichtbar, sondern nur in ihrer Wirkung fühlbar ward, hier in der Klagformel offen zu Tage tritt. Der Kläger fordert in derselben nämlich: „so viel, als ihm nach Abzug der Gegenforderung des Beklagten zukommt". Der Argentarius aber muß dabei die Gegenforderung und sein Saldo bis auf Heller und Pfennig genau angeben; versieht er sich darin, so verliert er den ganzen Proceß. Von ihm kann man mit Fug und Recht die exacteste Genauigkeit verlangen, denn Buch- und Rechnung-führen ist ja sein Geschäft, und dafür wird er bezahlt. In dem andern Fall hingegen ist der Kläger in den meisten Fällen gar nicht in der Lage, den Betrag der Gegenforderung zu kennen, und darum wird ihm auch die Angabe desselben gar nicht zugemuthet, die Ermittlung und Feststellung desselben vielmehr dem Processe überlassen. Hier wie dort erstreckt sich die processualische Verhandlung auch auf die Gegenforderung, allein der Grundsatz der Einheit der Frage ist formell dadurch gewahrt, daß dieselbe nicht als Gegenforderung der Forderung des Klägers entgegen tritt, so daß es sich um zwei selbständige Ansprüche handeln würde, sondern daß sie lediglich unter dem Gesichtspunkt einer Modalität der klägerischen Forderung erscheint, als ein für die Höhe derselben Ausschlag gebendes Moment, m. a. W. der Proceß dreht sich nicht um zwei Forderungen von 100 und von 20, sondern um eine einzige von 80.[87])

Die beiden von Gajus mitgetheilten Fälle waren schwerlich die einzigen, in denen diese eigenthümliche Art der Klagfassung zur Anwendung kam. Zwar für die persönlichen Klagen, also für den Conflict der Forderung mit der Gegenforderung, habe ich keinen

---

87) L. 21 de comp. (16. 2): ab initio minus ab eo petitur. Gaj. IV. 64 ab initio compensatione facta minus intendit sibi dari oportere.

Grund zu dieser Behauptung,[88]) wohl aber für die dingliche Klage, namentlich den Conflict des Eigenthums mit dem Nießbrauch. Setzen wir den Fall, es hätte Jemand in seinem Testament seiner Wittwe den Nießbrauch, einer andern Person aber das Eigenthum an seinem Hause vermacht, die Gültigkeit dieses letzteren Legats aber wäre in Frage gekommen, und der Berechtigte wollte die Frage zur gerichtlichen Entscheidung bringen. Wie gegen jede andere Person, so stand ihm auch gegen die Wittwe die reivindicatio zu, allein während er jener gegenüber nicht nöthig hatte in seiner Klage des Umstandes zu gedenken, daß ihm der Nießbrauch entzogen sei, konnte er es dieser Beklagten gegenüber nicht unterlassen, denn in ihr stand ihm ja gerade die Person gegenüber, welcher der Nießbrauch gehörte. Mochte er denselben anerkennen oder bestreiten — kurz so wie ihm das Mittel, sein Eigenthum, so mußte ihr das Mittel gewährt werden, ihren Nießbrauch zur Anerkennung zu bringen. Dafür bot sich ein ganz einfaches Mittel dar, nämlich die Form der reivind. mit dem Zusatz deducto usufructu. Diese Formel ist in Anwendung auf die freiwillige Gerichtsbarkeit bezeugt,[89]) und bei der Uebereinstimmung zwischen den Formeln der freiwilligen und streitigen Gerichtsbarkeit (II. 609) bei der nothwendigen Deckung, die auch rücksichtlich der Bezeichnung des Umfangs des Rechts bei Gelegenheit der Bestellung und der Geltendmachung des Rechts Statt finden mußte,

88) Ob in Vat. fr. §. 108 . . deductis quintis singulorum liberorum nomine repetere posse eine Klage mit deductio gemeint ist, wozu Ulp. VI, 4: quintis relictis . . stimmen würde, wird sich schwer entscheiden lassen.

89) Die Formeln der mancipatio und in jure cessio mit deductio werden Vat. fr. §. 50 mitgetheilt. Von ihnen ist namentlich die der in jure cessio als einer nachgebildeten Vindicatio (II. 534) besonders wichtig: ajo hunc fundum meum esse deducto usufructu. Statt „deducto" kommen ähnlich wie bei den nothwendigen Impensen der Dos (Note 67) auch retento (Vat. fr. §. 313) detracto (L. 36 §. 1 L. 54 de usufr. 7. 1, L. 19 de usu leg. 33. 2) vor, bei Gaj. II, 33 beide Ausdrücke: detrahere und deducere neben einander.

würde schon von vornherein die größte Wahrscheinlichkeit dafür sprechen, daß die Formel der in jure cessio deducto usufructu sich bei der reivindicatio wiederholt habe. Diese Wahrscheinlichkeit wird fast zur Gewißheit, wenn man einerseits das unläugbare praktische Bedürfniß einer solchen Klagformel und andererseits die beiden oben mitgetheilten Fälle einer persönlichen Klage mit ähnlichem Vorbehalt in Anschlag bringt.[90])

Ob sich mit der Zeit nicht noch andere Fälle einer solchen Klage mit deductio werden entdecken lassen, darüber wäre es voreilig jetzt schon abzusprechen;[91]) uns kann es genügen, daß wir diese Klage als eine bestimmte Klagspecies erkannt haben.

2. Substitution der Klagformel.

Wie wir so eben gesehen haben, ward der Kläger in den beiden oben (Note 86) genannten Fällen gezwungen, einen Vorbehalt zu Gunsten des Beklagten in die Klage aufzunehmen. Dieser Zwang kehrt in verstärktem Maße bei der jetzt zu betrachtenden Form wieder, er richtet sich aber nicht dahin, daß der Kläger sich eine einzelne Modification der Formel gefallen lasse, sondern daß er die von ihm beabsichtigte Klagformel völlig aufgebe und statt deren eine andere wähle, die dem Beklagten für die Verfolgung des von ihm in Anspruch genommenen Rechts den nöthigen Spielraum verstattet. Die Klage kommt hier der Vertheidigung nicht mehr

90) Man wende mir nicht die exceptio rei ususfructus nomine traditae (L. 7 pr. usufr. quemadm. 7. 9) ein, denn diese exc. ist ähnlich wie die exc. rei venditae et traditae auf den Fall zu beziehen, daß das intendirte Recht nicht wirklich bestellt, sondern die Sache nur zu dem Zweck übergeben war (daher „traditae"), kurz auf den ususfructus traditus, der „ipso jure" nicht als bestehend galt. S. auch L. 16 si serv. (8. 5), welche bei einer bloß gekauften d. h. nicht in Form Rechtens bestellten Prädialservitut ebenfalls die exceptio zuläßt.

91) Gehört nicht L. 2 de R. V. (6. 1) hierher: at „detracto alieno" nihilominus gregem vindicaturus sit? Der Zusatz: in restitutionem non veniunt aliena capita scheint ebenfalls dafür zu sprechen.

bloß auf halbem Wege entgegen, sondern sie läßt sich ganz zu ihr hinab.

Dieser Klagezwang ist ein nothwendiges Complement des alten Processes, für den Beklagten ebenso unentbehrlich, wie für den Kläger in gewissen Fällen (S. 70—72) die Präjudicialklage;[91a] beide Einrichtungen geben den Partheien erst das nöthige Maß der freien Bewegung zurück, das ihnen sonst durch die Enge der Proceßformen entzogen sein würde.

Ueberzeugen wir uns davon an dem früher gesetzten Fall eines Rechtsstreits zwischen Eigenthümer und Usufructuar. Angenommen der Eigenthümer hätte einfach gegen letzteren die Vindication angestellt, der Beklagte aber sich auf sein ihm vom Kläger bestrittenes Recht berufen. Wäre hier dem Richter die gewöhnliche Frage im Vindicationsproceß gestellt worden: si paret rem actoris esse, so hätte er den Beklagten mit der Behauptung seines Nießbrauchs gar nicht hören dürfen, denn dieselbe enthält keine Negation des Eigenthums, selbst nicht eine partielle: „der Nießbrauch — lautet die Regel — ist kein Theil des Eigenthums".[92] Anderseits aber konnte man doch auch den Einwand des Beklagten nicht in die Formel aufnehmen, denn Eigenthum und Nießbrauch sind ebenso irrationale Größen und folglich in derselben Formel ebenso unverträglich mit einander, wie Eigenthum und Forderung (Note 74). Man half sich hier in der Weise, daß man eine Formel componirte, die gewissermaßen die Mitte zwischen den Rechten beider Partheien hielt, beiden sowohl die Behauptung

---

91a) Beispiele eines solchen Klagezwanges in den Justinianeischen Quellen s. in L. 7 §. 5 Comm. div. (10. 3), L. 1 §. 2 Si pars her. (5. 4), L. 3 §. 7 de hom. lib. (43. 49), und so wird auch L. 4 Uti poss. (43. 17) zu verstehen sein (Degenkolb, Platzrecht und Miethe S. 75 fl.); ein Beispiel aus dem englischen Proceß s. bei Gundermann, Engl. Privatrecht I S. 339.

92) L. 25 pr. de V. S. (50. 16). Recte dicimus eum fundum totum nostrum esse, etiam cum ususfructus alienus est, quia ususfructus non dominii pars, sed servitutis sit, ut via et iter, nec falso dici totum meum esse, cujus non potest ulla pars dici alterius esse.

des eigenen als die Bestreitung des gegnerischen Rechts verstattete.[93]) Es ist dies die act. negatoria. Der Kläger behauptet dem Beklagten gegenüber: jus tibi non esse me invito utendi fruendi; als Negation dieser Behauptung ist damit dem Beklagten die Entgegnung freigestellt: jus mihi esse te invito utendi fruendi.[94]) Der Grundsatz der Negation ist demnach vollkommen aufrecht erhalten, und nur die Anwendung hat etwas Ueberraschendes, weil dadurch die logische Form der Behauptungen beider Partheien sich geradezu umkehrt, dem Beklagten die positive, dem Kläger die negative Form in den Mund gelegt wird. Die Behauptung des klägerischen Eigenthums ist etwas versteckt, sie liegt in dem: me invito,[95]) denn nur der wahre Eigenthümer hat das Recht, dem angeblichen Usufructuar die fernere Benutzung der Sache zu untersagen. Dieser Zusatz war daher höchst wesentlich, denn ohne ihn hätte jeder Nichteigenthümer mit demselben Erfolg wie der Eigenthümer gegen den Usufructuar die act. negatoria erheben, d. h. die Alternative stellen können, entweder sein Recht zu beweisen oder die Aberkennung desselben zu

---

93) Es ergibt sich daraus, daß es vom Standpunkt des reinen römischen Rechts aus nicht richtig ist, wenn man im vermeintlichen Gegensatz zu der durch die reivindic. aufzuhebenden totalen Verletzung des Eigenthums die Voraussetzung der act. neg. in eine partielle Verletzung desselben setzt; wer dem Eigenthümer wegen eines ihm angeblich zustehenden ususfructus die Sache vorenthält, verletzt das Eigenthum gewiß nicht minder total, als jeder andere Besitzer.

94) Wenn der Usufructuar oder allgemein gesprochen der Servitutberechtigte sich zur Klage genöthigt sieht (act. contraria L. 8 pr. si serv. 8. 5 oder confessoria), so dreht sich das Verhältniß zwischen beiden Formeln um, der Kläger bedient sich der positiven, der Beklagte der negativen Fassung. Nur bei den negativen Servituten, die dem Servitutberechtigten das Recht geben, dem Gegner eine bestimmte Art der Benutzung seines Eigenthums z. B. das Höherbauen zu untersagen, kann der Kläger, statt seine Klage positiv auf sein jus prohibendi zu stellen (act. prohibitoria), sie auch negatorisch fassen; was diese Doppelfassung nothwendig machte, und an welche Voraussetzung sie geknüpft war, ist zur Zeit noch nicht ermittelt.

95) H. Witte in der Zeitschr. für Civilr. und Proceß. Neue Folge. B. 13 S. 386.

gewärtigen.[96]) Dagegen war er bei der act. confessoria nicht erforderlich,[97]) denn diese Klage kann nicht bloß gegen den Eigen-

96) Der Zusatz ist für den Ususfructus bezeugt durch Ulpian in L. 5 pr. si ususfr. (7. 6), für andere Servituten durch manche Stellen, z. B. L. 4 §. 7 L. 6 pr. si serv. (8. 5), L. 17 Comm. praed. (8. 4), L. 15 de O. N. N. (39. 1). Wenn er anderwärts von den römischen Juristen ausgelassen wird und darnach auch in §. 2 I. de act. (4. 6), so wird wohl Niemand darüber in Zweifel sein können, wo die genauere Fassung zu suchen ist. Theophilus IV, 6 §. 2 ersetzt ihn durch das Pronomen possessivum: aedibus meis, per agrum meum, das er ganz verkehrterweise (s. u.) auch für die act. confess. gebraucht. Die Basiliken (XVI, 6. 5) lassen ihn bei Uebertragung der L. 5 cit. aus, dagegen wird er von Stephanus in dem von Zachariä von Lingenthal (Zeitschr. für gesch. R. W. XII S. 260 flg.) mitgetheilten Scholium sehr betont: „indem der Kläger sich jener Formel bedient, heißt es hier, gibt er sich damit als Eigenthümer zu erkennen". In eigenthümlicher Weise construirt Keller (Röm. Civilproc. §. 15) die Formel der act. negatoria für den Legis-Actionen-Proceß „nego tibi jus esse (eundi) utendi fruendi fundo Corneliano" — ihr zufolge hätte auch der Nichteigenthümer des fundus Corn. die Klage mit Erfolg anstellen können, denn das Erforderniß des Eigenthums ist in dieser Formel mit Nichts angedeutet! Den entgegengesetzten Fehler begeht Rudorff (R. Rechts-G. II S. 132) bei seiner Reconstruction der Formel der act. confessoria im L.-A.-Proceß „ajo mihi jus esse utendi fruendi fundo tuo" — diese Klage hätte bloß gegen den Eigenthümer des dienenden Grundstücks gerichtet werden dürfen, und der Kläger hätte das Eigenthum des Beklagten beweisen müssen — — zwei neue Belege für mein früher (II. 604) ausgesprochenes Urtheil über das Mißliche einer Reconstruction römischer Formeln.

97) Wer die Servitut hat, hat sie in rem, schlechthin, und daraus ergibt sich, daß die Betonung des dem bestimmten Beklagten fehlenden Prohibitionsrechts („te invito") völlig überflüssig ist. Nur in dem Fall, wenn Jemand in confessorischer Fassung die Nichtexistenz einer von dem Beklagten in Anspruch genommenen negativen Servitut z. B. der servitus altius non tollendi erstreiten wollte (materiell die Negatorienklage auf Freiheit seines Eigenthums diesem bestimmten Beklagten gegenüber) war der Zusatz nicht zu entbehren. Denn angenommen, der Kläger schuldete zwar nicht dem Beklagten, wohl aber einem andern die Servitut, so hätte er durch absolute Behauptung ihrer Nichtexistenz zu viel behauptet, also den Proceß verlieren müssen. Der Zusatz „te invito" gab der Behauptung die erforderliche Relativität L. 4 §. 7 L. 16 pr. si serv. (8. 5). . . licet enim serviant aedes meae, ei tamen, cum quo agitur, non serviunt. Auch wenn der Gegner confessorisch klagen wollte, durfte er nicht fehlen, denn sonst hätte der Beklagte ihn nicht in seine

thümer, in dessen Person diese Worte allein einen Sinn haben, sondern gegen jeden angestellt werden.

Das bisher Gesagte litt auf die Prädialservituten keine Anwendung, da sie nicht mit dem Besitz der Sache verbunden sind; ihnen gegenüber war die reivindicatio gar nicht denkbar, der Eigenthümer vielmehr von vornherein auf die act. negatoria angewiesen. Dagegen würden die Innehaber eines Faustpfandes, einer Superficies oder Emphyteusis, wenn schon das ältere Recht diese Verhältnisse als jura in re gekannt hätte, nur in derselben Weise sich auf ihr Recht haben berufen können und folglich auch bei klagweiser Verfolgung dasselbe mittelst einer act. confessoria habe verfolgen müssen, denn beides bedingte sich gegenseitig.[98] Eben daraus, daß dies nicht der Fall, der Einwand hier nicht die Form der Negation, sondern der Exception an sich trägt,[98a] geht hervor, daß diese Rechte spätern Ursprungs sind.

Ein anderes Beispiel des Klagezwangs bietet das Verhältniß des Erben dar, der gegen die Besitzer erbschaftlicher Gegenstände auf Herausgabe derselben dringt. Es stehen ihm zu dem Zweck zwei Mittel zu Gebote: die reivindicatio und hereditatis petitio; aber welches von beiden zu wählen ist, darüber entscheidet nicht sein Wille, sondern die Vertheidigung des Beklagten. Setzt letzterer nämlich der Behauptung des klägerischen Eigenthums die des eigenen Erbrechts entgegen, so wird der Kläger angehalten, seinen Anspruch in Form der hereditatis petitio zu verfolgen,[98b]

Verneinung aufnehmen dürfen, da Klage und Negation gleichlautend sein mußten, Comm. praed. L. 17 (8. 4). Wo aber diese Relativität bereits im Inhalt der Servitut lag (z. B. zu gehen über dieses Grundstück) bedurfte es dieses Zusatzes weder bei der act. confess. noch bei der negatoria, s. z. B. L. 9 pr. L. 11, 12, 13, 14 §. 1 ibid., jedoch findet er sich auch hier s. z. B. L. 17 pr. §. 1 ibid.

98) L. 8 §. 5 si serv. (8. 5) verb. ergo per contrarium agi poterit: jus esse.

98a) L. 1 §. 4 de superf. (43. 18).

98b) Dazu dient im Formularproceß die exceptio quod praejudicium hereditati non fiat. Bülow, Die Lehre von den Proceßeinreden, S. 213.

um dadurch dem Beklagten die Möglichkeit zu gewähren, seinen Einwand in die Gestalt einer Negation der Klage zu bringen. In dem entgegengesetzten Fall, wenn der Kläger Erbrecht, der Beklagte Eigenthum beansprucht, muß jener zur reivindicatio greifen.[99] Um zu constatiren, worauf der Beklagte seine Vertheidigung stützen will, wird er bei Beginn des Processes gefragt, wie er besitze. Antwortet er: „als Erbe" oder verweigert er die Auskunft, oder schützt er einen Eigenthumstitel vor, dessen Unwahrheit oder Nichtigkeit der Kläger sich darzuthun getraut,[100] so wird die her. pet. gegen ihn angestellt, entgegengesetzten Falls kommt es zur reivindicatio.[101]

Eine besonders interessante Gestalt nimmt das Verhältniß an, wenn Obligation und Erbrecht in Conflict miteinander gerathen. Dies ist der Fall, wenn einer der erbschaftlichen Schuldner der gegen ihn erhobenen persönlichen Klage die Behauptung des eigenen Erbrechts entgegenstellen will. Auch hier muß der Kläger, um ihm dies zu ermöglichen, zur hered. petitio greifen,[102] und zwar wird der Sache die Wendung gegeben, daß der Beklagte, wenn auch kein Stück, so doch ein Recht (die Forderung) als Erbprätendent in Besitz genommen habe (juris possessor). Wie sehr die Form dieser Klage durch die Rücksicht auf die Vertheidigung des Beklagten bestimmt ist, geht aus den Stellen der Note 102 hervor, denen zufolge der Proceß in dem Fall, wenn der Beklagte, ohne sich selbst ein Erbrecht anzumaßen, bloß das des

99) Hier hat der Kläger einen ungleich schwierigeren Beweis zu führen; zu dem seines Erbrechts gesellt sich nämlich noch der des Eigenthums seines Erblassers hinzu.

100) Dies folgt aus L. 13 §. 1 de her. pet. (5. 3): omnibus titulis hic pro possessore haeret etc. und den beigefügten Beispielen.

101) L. 16 §. 7 ibid.

102) L. 13 §. 15 L. 42 de her. pet. (5. 3), L. 10 i. f. si pars her. (5. 4). Ganz schlagend ist namentlich die zweite Stelle: si debitor hereditarius non ideo nollt solvere, quod se dicat heredem, sed quod neget aut dubitet, an hereditas pertineat ad eum, qui petit hereditatem, non tenetur petitione hereditatis.

Klägers bestreitet, nicht in die Form der Erbschaftsklage gewiesen werden soll.

Die bisher entwickelte Idee des Klagzwangs muß gefaßt darauf sein auf Widerspruch zu stoßen, namentlich bei allen denen, welche glauben, der Legis-Actionen-Proceß habe sofort mit dem Aussprechen der Formel der Legis Actio begonnen. Es kann kaum etwas Verkehrteres geben, als eine solche Vorstellung!

In derselben Weise wie im Formularproceß ging auch im Legis-Actionen-Proceß eine längere formlose Verhandlung, worin beide Partheien den Stand der Sache erzählten, der formellen Constituirung und Fixirung der Streitsache in Gestalt der Legis Actio voraus. Für die reivindicatio ergibt sich dies aus dem Formular derselben, in welchem der Kläger rücksichtlich der Causa seines angeblichen Eigenthums auf vorangegangene Aeußerungen Bezug nimmt,[103] und der Prozeß der Virginia gewährt uns dafür ein interessantes Beispiel. Das Erste, womit dieser Proceß beginnt,

---

103) Gaj. IV. 16.. meum esse ajo secundum suam causam, sicut dixi, ebenso Val. Prob. de notis ant. §. 4. Der Punkt ist bekanntlich außerordentlich bestritten; aus jüngster Zeit nenne ich Karlowa Beiträge zur Gesch. des R. Civilprocesses S. 12—16 („causa" sei auf die in der Vorverhandlung vorangegangene genauere Beschreibung des Gegenstandes zu beziehen) und Bülow a. a. O. S. 202 („sicut dixi" beziehe sich auf die unmittelbar vorher gesprochenen Worte). Das von mir im Text in Bezug genommene Argument, welches der Proceß über die Virginia gewährt, ist bisher noch nicht widerlegt, ja nicht einmal berücksichtigt. Daß dem Aussprechen der Formel der legis act. Verhandlungen vorausgehen mußten, um den unerläßlichen Einfluß, den der Prätor auf die Wahl der richtigen Klage auszuüben hatte, zu ermöglichen, glaube ich im Text nachgewiesen zu haben. Daß diese Verhandlungen einen bestimmenden Einfluß auf den Proceß ausübten, daß also ein Beklagter, der z. B. auf die interrogatio in jure eine bestimmte Antwort ertheilt hatte, sich hinterher nicht damit ausreden konnte: „der Legisactionenproceß beginne erst mit dem Aussprechen der Formel, alles, was vorher gesprochen, sei für nichts zu achten, oder wenn es in Betracht kommen solle, müsse es in die Formel aufgenommen werden" — das, meine ich, sollte man doch nicht erst nöthig haben zu sagen. Mußte etwa auch bei der Aufrufung der Zeugen der Litis contestatio alles, was dieselben bisher gehört hatten, in der Formel des Aufrufs wiederholt werden?

ist die Erzählung des Vindicanten, daß und warum die Virginia ihm gehöre,[104] und erst nach längerer Verhandlung von beiden Seiten[105] kommt es zur eigentlichen solennen Vindication.[106] Für die persönliche Klage ist uns zwar ein solcher positiver Anhaltspunkt nicht gegeben, allein es ist kein Grund abzusehen, warum die vorangehende formlose Verhandlung bei ihr leichter hätte entbehrt werden können, als bei der Vindication.[107]

Für den Formularproceß ist die Sache außer Zweifel,[108] und ich brauche wohl nicht erst auszuführen, daß und warum man von ihm auf die frühere Form des Processes schließen darf.

Eine größere Berechtigung gestehe ich einem andern Einwurf zu,[109] nämlich dem, daß die Stellung, die der Prätor im ältern Proceß einnahm (II. 692), zu jenem selbständigen Eingreifen, wie meine Ansicht es ihm zumuthet, durchaus nicht passe. Allein verdient dieses Eingreifen in Wirklichkeit den Namen eines selbständigen, ist dem Belieben und individuellen Ermessen des Prätors hier etwa ein größerer Spielraum geöffnet, als bei irgend einer andern Procedur des Processes? Wenn der Beklagte der reivindicatio den Einwand des Nießbrauchs oder Erbrechts entgegensetzt, so ist es für den Prätor ein ebensolches Muß, daß er statt des Vindica-

104) Liv. III. c. 44.

105) Liv. III. 46.

106) Ein anderer der Ertheilung der Vindicien entnommener Grund wird unten vorkommen.

107) Bedurfte es ja nicht selten erst einer interrogatio in jure, um überhaupt zu bestimmen, ob und welche Klage anzustellen war; s. z. B. L. 23 §. 10 ad leg. Aq. (9. 2).

108) Wenn es dafür einer einzelnen Stelle bedürfte, so diene dazu: Cicero orat. part. c. 28: Atque etiam ante judicium de constituendo ipso judicio solet esse contentio, quum aut sitne actio illi qui agit aut jamne sit aut num jam esse desierit aut illane lege, hisve verbis sit actio quaeritur.

109) Wer auf solche Aeußerungen überhaupt ein Gewicht legt, könnte die von Cicero pro Caec. c. 3 §. 8 praetor is, qui judicia dat, nunquam petitori praestituit, qua actione illum uti velit gegen mich benutzen; man vergleiche dagegen Note 91a.

tionsprocesses die Negatorienklage oder den Erbschaftsproceß einleitet, als daß er im Vindicationsproceß dem Scheinkampf Einhalt gebietet oder die Vindicien ertheilt, und wenn ich der Sache den Ausdruck gegeben habe: der Kläger werde gezwungen[110]) sich einer andern Klagformel zu bedienen, so ist dieser Zwang wiederum kein anderer, als wenn der Kläger sich im Formularproceß die exceptio gefallen lassen muß. Nur wer noch an dem obigen Irrthum hängt, als sei der Kläger sofort vor dem Prätor mit einer legis actio aufgetreten, die, einmal gesprochen, sich natürlich hinterher nicht mehr ändern ließ, wird meine Ansicht für unmöglich erklären müssen; allein ich meinerseits gebe jenen Vorwurf der Unmöglichkeit zurück und glaube, daß es sich gerade bei der gegenwärtigen Frage so recht schlagend zeigt, wie das ganze alte Proceßsystem nur möglich war, wenn wir annehmen daß die solenne Fixirung der Klage in Form der legis actio das Resultat vorausgegangener Verhandlungen war, bei denen sich herausgestellt hatte, was streitig, was zugegeben war, und in welcher Richtung sich mithin der Proceß zu bewegen habe.

3. Die Doppelklage.

Diese Klagform bezeichnet in meinen Augen den höchsten Elevationspunkt des alten Processes oder richtiger den Punkt, wo er über sich selbst, über den Grundsatz der einen Frage und der bloßen Negation hinausgeht.

Das neuere Recht nennt uns zwei Klassen von Doppelklagen: die Theilungsklagen und die interd. retinendae possessionis[111])

110) Mit Verwendung desselben Ausdrucks, dessen sich Gajus bei der Klage des Argentarius und Bonorum emptor bedient, Note 86.

111) L. 10 fin. reg. (10. 1), L. 2 §. 1 Comm. div. (10. 3.) — L. 37 §. 1 de O. et A. (44. 7), L. 2 pr. de interd (43. 1). Neuerdings ist die systematische Berechtigung dieses Begriffs von Eck, Die sogenannten doppelseitigen Klagen des römischen und gemeinen deutschen Rechts. Berlin 1870 bestritten worden; vom Standpunkt des römischen Processes aus meines Erachtens mit Unrecht. Wenn er die Doppelklage durch Klage und Widerklage ersetzen will, so kann man auch die zweiseitigen Obligationen in zwei einseitige

und setzt das Eigenthümliche darein, daß jeder von beiden Theilen die Rolle des Klägers und Beklagten in sich vereinige.[112]) Schärfer kann man diese Eigenthümlichkeit so ausdrücken, daß zwei denselben Gegenstand, dasselbe Verhältniß betreffende Processe unter denselben Partheien und mit Kreuzung der Partheistellung zu einem Proceß vereinigt sind, daher judicium duplex oder actio mixta. Jeder von beiden Theilen ist rücksichtlich dessen, was er begehrt, Kläger, rücksichtlich dessen, was von ihm begehrt wird, Beklagter.[113])

Im ältern Proceß gehörte zur Klasse dieser Klagen auch die Vindication, wenigstens wenn sonst das angegebene Kriterium, daß jeder der streitenden Theile mit einer positiven Behauptung, einem selbständigen Anspruch auftritt, richtig ist. Während nämlich den Regeln des gewöhnlichen Processes gemäß der Beklagte der Behauptung des Klägers: „daß die Sache sein sei", nur die: „daß sie nicht sein sei", hätte entgegenstellen dürfen, lautete die Erwiderung in Wirklichkeit positiv: „daß sie dem Beklagten gehöre".[114]) Aller-

---

auflösen, aber was dabei verloren geht, ist die Einheit beider, die nicht so gleichgültig ist, wie der Verf. anzunehmen scheint.

112) L. 10 cit. L. 44 §. 4 fam. erc. (10. 2) und Gaj. IV. 160. Wenn Gajus sich außerdem noch so ausdrückt: par utriusque litigatoris in his conditio est nec quisquam praecipue reus vel actor intelligitur, so ist dies ganz geeignet, den einfachen, klaren Gesichtspunkt zu verwischen und der Ansicht Raum zu geben, als greife der Gegensatz der Partheirollen bei diesen Klagen gar nicht Platz (eine ähnliche Aeußerung von ihm s. in L. 13 de jud. (5. 1), während der Gegensatz umgekehrt verdoppelt ist.

113) L. 15 §. 1 de procur. (3. 3), L. 4 pr. de tut. (26. 1).

114) Gaj. IV. 16. S. auch IV. 116: cum ab utraque parte de proprietate alicujus rei controversia est. Plaut. Rud. IV. 3, 86 Hunc meum esse dico. Trach: et ego item esse ajo meum. Daran hält auch Cic. pro Murena c. 12 bei seinem Abkürzungsvorschlag der hergebrachten Formel fest, denn er legt dem Beklagten nicht die nackte Negation: tuus non est, sondern den positiven Widerspruch: immo meus est in den Mund. Anders ad famil. VII. 32: „ut sacramento contendas, mea non esse". Die Worte müßten aus dem Munde eines Juristen kommen, um uns glauben zu machen, daß der Uebergang des judicium duplex bei der Vindication in ein simplex nicht erst, was alle innere Wahrscheinlichkeit für sich hat, im Formularproceß, sondern

dings lag auch in der letzten Behauptung eine Negation des klägerischen Eigenthums, allein eine Bestreitung in positiver Gestalt, eine Behauptung, die nicht schon wie bei den beiden bisher betrachteten Klagformen in der Klage selbst vorgesehen war. Während der Richter bei allen andern Processen (judicia simplicia) nur auf Existenz oder Nichtexistenz des klägerischen Anspruchs erkennen konnte, ward er durch diese Form der Doppelklage in Stand gesetzt, in derselben Weise auch über den des Beklagten seinen Ausspruch zu thun. Daß damit die Möglichkeit, beide Fragen negativ zu beantworten, abgeschnitten gewesen sei, wäre von vornherein kaum zu glauben, denn unmöglich konnte man dem Richter zumuthen, wenn er sich überzeugte, daß keiner von beiden Eigenthümer war, das Gegentheil zu erklären;[114a]) es wird unten für einen speciellen Anwendungsfall der Vindication die hier in Frage gestellte Möglichkeit der negativen Beantwortung beider Fragen für den Formularproceß aus den Quellen nachgewiesen werden. Nun ist richtig, daß die von Manchen und auch von mir angenommene Urtheilsform des Sacramentsprocesses: sacramentum Titii justum oder injustum videri den directen Ausspruch des Richters, daß keiner von beiden Theilen Eigenthümer sei, ausschloß. Allein wenn man ihm sonst nicht verwehren wollte, seine Ueberzeugung zum Ausdruck zu bringen, so fand sich die Form dafür ganz leicht: der Richter brauchte nur das sacramentum einer jeden Parthei für

---

schon im Sacramentsproceß erfolgt sei. — Die altrömische Gestalt des Vindicationsprocesses wiederholt sich übrigens auch in andern Rechten z. B. im altdeutschen, Laband, Die vermögensrechtlichen Klagen der sächsischen Rechtsquellen, Königsberg 1869 S. 156, im dänischen (s. Note 129[a]), im englischen (s. Note 129[d]).

114[a]) Dies nimmt Eck a. a. O. 16 fl. an. Aber ist es nöthig, daß „mindestens eine Parthei zuletzt im redlichen Besitz gewesen sein mußte"? Angenommen, jeder von beiden Theilen beweist, daß der andere die Sache gestohlen hat, soll der Richter hier genöthigt werden positiv zu erkennen, daß der eine von beiden Eigenthümer gewesen sei? Ob er dies mittelbar in der Form thut: sacramentum Titii justum videri, ist gleichgültig, der Sache nach hat er ihn damit als Eigenthümer anerkannt.

injustum zu erklären, was ja, da beide als Kläger aufgetreten waren, durchaus keinen Widerspruch in sich schloß; der Staat zog von beiden das sacramentum ein,[114b] und wer den Besitz hatte, behielt ihn.[115]

Es war eine ganz richtige Erfassung des Verhältnisses, wenn

114b) Bei einem judic. simplex konnte allerdings stets nur das sacram. des einen Theils verfallen, allein da bei einem judic. duplex die Möglichkeit bestand, daß beide Theile mit ihren Klagen abgewiesen wurden, so war der Staat in seinem Recht, in diesem Fall von beiden das Succumbenzgeld einzuziehen. Varro de L. L. V. 180: qui judicio vicerat, suum sacramentum e sacro auferebat, victi ad aerarium redibat steht nicht im Wege, denn bei dem vorausgesetzten Ausgang des Doppelprocesses war Niemand da: qui judicio vicerat.

115) Die Einwendungen von Eck a. a. O. S. 12 fl. haben mich bestimmt, meine in der ersten Aufl. ausgesprochene Ansicht, der zufolge der Contravindicant bei Mißlingen des beiderseitigen Beweises mit ganz anderm Maße gemessen worden wäre, als der Vindicant, in der obigen Weise zu modificiren. Die volle Consequenz des Doppelprocesses verlangte gleiche Behandlung beider Partheien sowohl was die Beweislast, als die Folgen des mißlungenen Beweises anbetrifft, und Eck hat Recht, wenn er mir den Vorwurf macht, daß ich bei meiner frühern Darstellung dem ursprünglichen Besitzverhältniß der Partheien (das ja möglicherweise völlig unklar sein konnte, und über welches auch die Vindicienertheilung unserer beiderseitigen Ansicht zufolge keine Entscheidung enthielt) einen Einfluß eingeräumt habe, den dasselbe im Formularproceß, wo es durch die possessorischen Interdicte zur rechtlichen Feststellung gelangen konnte, allerdings ausübte, der aber zum Sacramentsproceß nicht paßte. Die Möglichkeit, daß der Besitzer der Sache, um sich der Angriffe des Gegners zu erwehren, die vindicatio anstellte, dem Nichtbesitzer also die Rolle des Contravindicanten zufiel, ist durch den alten Proceß keineswegs ausgeschlossen (für das germanische Recht bezeugt sie Laband, Die vermögensrechtlichen Klagen nach den sächsischen Rechtsquellen S. 157). Die vindic. ersetzte hier die meiner Ansicht nach damals noch fehlenden possessorischen Interdicte, sie vereinigte drei Rechtsmittel des späteren Rechts in sich: die reiv., Publiciana (s. u.) und die possessorischen Interdicte. So wenig aber das ursprüngliche Besitzverhältniß auf die nach der Natur des Doppelprocesses beiden Partheien gleichmäßig obliegende Beweislast influirte, eben so wenig die erst nach Anhängigmachung des Processes erfolgende Vindicienertheilung (s. u.), und die einzige Wirkung, die ich letzterer zuerkennen kann, besteht darin, daß in dem oben vorausgesetzten Fall, der aber freilich selten genug vorkommen mochte, wenn nämlich beide Partheien sich als völlig unberechtigt erwiesen hatten, derjenige von beiden, der die Vindicien erhalten hatte, die Sache behielt.

man dem Beklagten, der hier wirklich als Kläger auftrat, bei der solennen Einleitung des Processes auch ganz dieselben Handlungen auferlegte, die der Kläger zu vollziehen hatte. Wie dieser, so hat auch er zu vindiciren (contravindicare),[116] so wird auch er nach der causa seines Eigenthums gefragt, so ruft auch er ihn aufs Grundstück hinaus,[117] so werden beide gleichmäßig vom Prätor zur Ruhe verwiesen, so kann letzterer dem einen oder andern von ihnen die Vindication geben — kurz dieselbe Duplicität, die in moderner Form im interdictum uti possidetis wiederkehrt, findet sich bereits im ältesten Vindicationsproceß aufs vollständigste durchgeführt.

Was mag nun zu dieser eigenthümlichen Gestaltung des Vindicationsprocesses Veranlassung gegeben haben? Daß es die Rücksicht auf die Vertheidigung des Beklagten gewesen, wird von vornherein vermuthet werden dürfen. Man verstatte mir, zum Zweck der Beantwortung dieser Frage zunächst von dem einfacheren Verhältniß der Vindication von Sachen abzusehen und einen complicirteren Anwendungsfall ins Auge zu fassen.

Im römischen Leben konnten die Fälle nicht selten sein, daß die verschiedenen hausherrlichen Gewalten mit einander in Conflict geriethen, z. B. an demselben Individuum von der einen Seite väterliche oder herrschaftliche Gewalt, von der andern Manus oder Mancipium in Anspruch genommen ward. Da nun wenn nicht alle, so doch die meisten dieser Gewaltverhältnisse durch eine Vindication geltend gemacht werden konnten,[118] die Vindication aber

116) Gaj. I. 134, II. 24. Bei Schilderung des Herganges selber IV. 16 wiederholt Gajus den Ausdruck nicht.

117) Cicero pro Murena c. 12.

118) Für die Sklaverei bedarf es keiner Bemerkung; für das Mancipium folgt es aus der Formel seiner Begründung (Gaj. I. 119: hunc ego hominem ex jure Quiritium meum esse ajo I. 123), wenn man sonst an die Correspondenz zwischen den Formeln der Begründung und gerichtlichen Verfolgung des Rechts (II. 609) glaubt; für die väterliche Gewalt Gaj. I. 134 vindicat filium suum esse, L. 1 §. 2 de R. V. (6. 1). Für die Manus liegt kein positives Zeugniß vor.

ein judicium duplex war, so wird man zur Annahme berechtigt sein, daß nicht bloß dann, wenn beide Partheien sich ein und dasselbe, sondern auch wenn sie sich ein verschiedenes Gewaltverhältniß anmaßten, z. B. der Kläger, wie im Proceß der Virginia, die Tochter eines Andern für seine Sklavin ausgab, die beiderseitigen Ansprüche in einem und demselben Proceß zur Verhandlung gelangen konnten. Hätte man hier den Grundsatz: ein Proceß, eine Frage festhalten wollen, so hätte es zweier Processe bedurft, um den Status dieser Person processualisch festzustellen, in dem ersten wäre bloß entschieden, daß sie nicht Sklavin des Einen, in dem zweiten, daß sie Tochter des Andern sei, und zur Ermöglichung dieses zweiten Processes hätte es einer ganz besondern Procedur bedurft, entweder nämlich hätte der Vater einen Kläger aufstellen müssen, welcher die Tochter als die eigene in Anspruch nahm und ihm dadurch Gelegenheit gab, seinerseits in Form der contravindicatio dasselbe Verhältniß für sich in Anspruch zu nehmen, oder er hätte, indem er künstlich für einen Beklagten sorgte, der ihm die Tochter vorenthielt, als Kläger mit jener Behauptung auftreten müssen. Kurzum jeder andere Weg als der von uns angenommene mußte sich als unbrauchbar erweisen.

Haben wir hierin das Richtige getroffen, so ergibt sich daraus, daß die positive Behauptung, die man einer solchen Klage entgegensetzen durfte, eine verschiedenartige sein konnte, so z. B. in dem obigen Fall der Virginia die, welche ihr Verlobter in Wirklichkeit aufstellte: Virginiam liberam esse, sodann die, die der Vater, wenn er anwesend gewesen, hätte entgegensetzen können: filiam suam esse ex jure Quiritium; [119]) in einem andern Fall hätte

---

119) Diese doppelte Möglichkeit nahm App. Claudius im Proceß der Virginia zum Vorwand, um im ersten Termin (Liv. III. 45) die vindiciae secundum libertatem zu verweigern. Die Vertheidiger des Mädchens, sagt er, hätten selbst zugestanden, daß es sich hier um einen Conflict zwischen herrschaftlicher und väterlicher Gewalt handle (Liv. III. c. 45), auf den Fall aber beziehe sich die Bestimmung der XII Tafeln nicht, hier habe vielmehr (wenn der Vater nicht da sei) der Herr Anspruch auf die Vindicien. Eben darum suchte

der Kläger vielleicht noch die Behauptung gewärtigen müssen, daß das Mädchen Sklavin des Beklagten sei oder sich in seinem Mancipium befinde. Im Bisherigen liegt zugleich die Erklärung dafür, warum die Behauptung der Freiheit in die Form einer Vindication (asserere in libertatem — vindex libertatis), nicht eines Präjudiciums gebracht werden mußte, denn nur mittelst dieser Form konnte sie der Vindication eines angeblichen Sklaven gegenüber als contravindicatio auftreten. Der Widerspruch in Form der bloßen Negation hätte nämlich nicht lauten können, daß dies Individuum frei sei, sondern nur: daß es nicht Sklave dieses Klägers sei.[120]

In strenger Durchführung der Idee eines Doppelprocesses konnte das Urtheil seiner materiellen Wirkung nach[120a] dreifach lauten: entweder nämlich dem Antrag des Klägers gemäß (servum esse) oder dem des Beklagten oder seines Vindex gemäß (liberum

---

er das Erscheinen des Vaters um jeden Preis zu verhindern, und erst als dieser wider Erwarten erschien und damit seinen ganzen Plan vereitelte, ließ er sich zu einem Act offener Ungesetzlichkeit verleiten. Neben dem für den Vater in Aussicht genommenen Proceß über die Frage: väterliche Gewalt oder Sklaverei war bereits ein anderer über die Frage: Sklaverei oder Freiheit in der Person des Icilius instruirt (Liv. III. 46 — ita vindicatur Virginia), aber auf diesen Proceß war Appius vorbereitet, auf ihn seine ganze Ausflucht berechnet. Anders erklärt Puntschart (Note 102) die Sache.

120) So erklärt sich auch das „praejudicium" an aliquis libertus sit Gaj. IV. 44. Das Patronat begründete kein jus über die Person, mithin keine vindicatio; entgegengesetzten Falls hätte es zur Bestreitung desselben der contravindicatio bedurft (wenigstens wenn das Urtheil zu Gunsten des Beklagten nicht negativ, sondern positiv auf: ingenuum esse hätte lauten sollen), dann wäre aber, da doch Jemand nicht an sich selbst die Ingenuität vindiciren konnte, auch ein vindex ingenuitatis nöthig gewesen. — Gegen diesen und sonstige vermeintliche Vindicationsfälle s. Eck a. a. O. S. 26, 27, „nur hinsichtlich der Tutel liegt die Annahme nahe, daß zwei angebliche Vormünder gegen einander mit der Vindicationsformel auftreten konnten: in hoc L. Titio pupillo jus tutelae mihi esse ajo", womit zu vergleichen Theophil. IV. 10 und die Stellen über die in jure cessio der Frauentutel bei Gaj. I. 168 und Ulp. XI. 6—8.

120a) Ueber die Form s. oben S. 92.

esse)[121] oder endlich abweisend für beide Theile, wenn nämlich keiner von ihnen seine Behauptung bewiesen hatte, also z. B. das Individuum, um das der Proceß sich drehte, sich zwar nicht als Sklave des Klägers, aber doch als Sklave erwiesen hatte: hier lautete der Spruch auf: servum Titii non videri.[121a)]

Das bisher geschilderte Interesse der Möglichkeit einer selbständigen Intention d. h. der Contravindication für den Beklagten bei Processen über seinen Status war auch für die Vindication von Sachen und Erbschaften vorhanden. Auch rücksichtlich ihrer war es, wie auf der Hand liegt, für den Beklagten nicht gleichgültig, ob der Richter bloß erkennen durfte, daß der Vindicant nicht Eigenthümer oder Erbe sei, oder aber positiv, daß der Beklagte es sei. Man denke z. B. an den Fall, daß zwei Erbprätendenten miteinander im Streit liegen, von denen der eine auf

121) Anders Rudorff R. R. G. II. 131, der bei der petitio in servitutem den Gegensatz der beiderseitigen Behauptungen auf servum esse Titii und non esse stellt; aber der Vindex des Sklaven setzt die positive Behauptung: liberum esse entgegen, s. Plautus Rudens III. 4. 7: Si tuas esse oportet, nive eas oportet esse liberas, I. 4 Cod. de lib. causa (7. 16): liber pronunciatus est, L. 27 ibid.

121a) Dies geht meines Erachtens klar hervor aus L. 27 §. 1 de lib. causa (40. 12), welche die Möglichkeit eines dreifachen Urtheils voraussetzt: servum Titii videri, liberum videri, servum Titii non videri, letzteres für den Fall, daß der Kläger den Proceß fallen läßt. Hier wird ausdrücklich bemerkt, daß der Kläger mit seinem Antrage abgewiesen werden kann (amittit suam causam), ohne daß der Beklagte mit dem seinigen durchdringt (nec enim penuria adversarii ingenuitatem solet tribuere . . . non ingenuus pronunciatur, sed servus non videri). Daß die Stelle von dem spätern praejudicium de libertate spricht (Eck S. 26) ist nicht richtig, der Kläger vindicirt den Sklaven als den seinigen (arg. „servum illius non videri"), und es treten sich ganz wie im alten Vindicationsproceß zwei positive Behauptungen gegenüber (servum meum esse — liberum esse), und jene Stelle lehrt, daß dem Richter nicht bloß die Alternative zustand, die eine oder andere zu bejahen, sondern daß er sich auch rein negativ ausdrücken konnte. Ein zweites Bedenken, das Eck noch hinzufügt, wird er selber wohl nicht ernstlich gemeint haben, es dürfte wenigstens weder ihm selber, noch irgend einem andern Mühe machen, darauf die richtige Antwort zu ertheilen.

Grund eines Testaments, der andere wegen angeblicher Nichtigkeit des Testaments auf Grund seines Intestaterbrechts den Nachlaß in Anspruch nimmt, jeder aber sich in Besitz von Nachlaßgegenständen gesetzt hat. Soll hier etwa der eine, nachdem er im ersten Proceß als Beklagter die Gültigkeit des Testaments nachgewiesen hat, als Kläger auftreten, um den gelieferten Nachweis noch einmal zu führen? [122]

So alt wie die Begriffe des Miteigenthums und des Miterbrechts sind begreiflicherweise auch die Klagen, mit denen sie geltend gemacht werden, nämlich die Theil-Vindication der Sache und der Erbschaft [123] und die Theilungsklagen (act. communi dividundo und familiae erciscundae). Es wirft sich nun die Frage auf, ob in derselben Weise wie die vindicatio, so auch die contravindicatio auf einen Theil habe gerichtet werden können, nicht zwar auf einen körperlichen Theil [124] — denn bei beweglichen Sachen hätte die Trennung des Theiles erst durch die act. ad exhibendum vorbereitet werden müssen, bei unbeweglichen Sachen ist der Theil ein besonderes Ganze für sich, [125] sondern auf einen intellektuellen Theil, auf eine Quote des vom Kläger in Anspruch genommenen Rechts. Ich finde kein Bedenken diese

---

122) Einen Fall der contravindicatio im justinianeischen Recht s. L. 8 §. 13 de inoff. test. 5. 2) . . in modum contradictionis querelam inducat, quemadmodum ageret si non possideret, sed peteret. Wie hier die contravindicatio contradictio, so wird in L. 27 §. 2 de lib. caus. (40. 12) der Contravindicant Contradictor genannt — das vindicare hatte sich zu einem dicere abgeschwächt.

123) Daß das Edict eine neuere Form dafür aufgestellt hat (L. 1 pr. si pars 5. 4), steht dem nicht im Wege.

124) Bei der her. pet. natürlich auch nicht auf einzelne Sachen aus dem Nachlaß, das wäre eine Cumulation der her. pet. und reivind. gewesen. Daß übrigens die contravindic. auch bei ihr Statt fand, ergibt sich daraus, daß sie eine vindicatio war. Gaj. IV. 16, 17. S. auch L. 1 §. 2 si pars (5. 4) . . petere debebunt.

125) L. 6 §. 1 Comm. pr. (8. 4) . . non est pars fundi, sed fundus L. 25 §. 1 de V. S. (50. 16).

Frage zu bejahen, das Bedürfniß einer solchen partiellen contravindic. war ganz dasselbe, wie das einer totalen, ja wo möglich noch höher, und da sie juristisch kein Einwand, sondern eine eigene Klage war, so war kein Grund vorhanden, sie anders zu behandeln, als jede andere. Das Interesse derselben liegt auf der Hand. Wenn zwei Personen das Miteigenthum oder Miterbrecht, das jede von ihnen in Anspruch nimmt, sich gegenseitig bestreiten, so hätte es ohne contravindicatio für die Entscheidung dieses Streits im ältern Recht zweier Processe bedurft, denn in jedem hätte der Richter nur über den Antrag des Klägers erkennen dürfen; die contravind. machte es möglich, die Anträge beider Partheien zuzulassen. Die Duplicität der Theilungsklagen findet mithin in der der Eigenthums- und Erbschaftsklage ihr Vorbild und Seitenstück, und in dieser Anwendung war sie wiederum völlig unentbehrlich.

Wenn der Kläger seine Klage aufs Ganze gerichtet hatte, so bot die Möglichkeit einer contravind. des Theils für den Beklagten ein ungleich geringeres Interesse, denn um die Abweisung der Klage — und zwar zum ganzen Betrage[126] — zu bewirken, dazu reichte schon der Beweis eines ihm zustehenden Theilrechts aus. Dagegen bezweifle ich nicht, daß der Beklagte auch in diesem Fall mit der contravindic. seines Theils zugelassen wurde, da es doch immer einen Unterschied machte, ob bloß der Kläger ihm gegenüber abgewiesen, oder ob umgekehrt er selber ihm gegenüber als Theilberechtigter anerkannt ward. Umgekehrt muß es auch frei gestanden haben, der vindic. eines Theils die contravindic. des Ganzen gegenüberzustellen.

Daß die contravind. bei der act. confess. und negat. weder nöthig noch möglich war,[127] wird sich aus dem Bisherigen zur

---

126) Die Folge der plus-petitio, Gaj. IV. 54.

127) Wenn Rudorff R. R. G. II. S. 131 (und auch jetzt noch Bethmann-Hollweg, Röm. Civilpr. I S. 140) bei ihnen von einer contravindic. spricht, so beruht das auf einem Verkennen des eigenthümlichen Wesens derselben; offenbar meint er, daß der Widerspruch des Beklagten bei in rem

Genüge ergeben. Bei beiden Klagen reichte zur Vertheidigung des Beklagten die Umkehrung der klägerischen Behauptung, also die bloße Negation, vollkommen aus. Nur in einem Fall verhielt es sich anders, nämlich wenn zwei Personen sich über einen Ususfructus stritten, sei es über den ganzen oder über einen Theil; ob die Römer hier die Austragung des Streits in einem Verfahren, wie es das natürlichste war, zugelassen, und ob sie die positive Behauptung des Beklagten hier contravindicatio oder wie sonst immerhin genannt haben mögen, darüber wage ich eine Ansicht nicht zu äußern.

Möglicherweise hatte die contravind. außer der im Bisherigen nachgewiesenen Bedeutung noch eine andere. Bildete sie nämlich, wie man nach der Darstellung von Gajus annehmen muß, einen unerläßlichen Bestandtheil des Verfahrens, war also der Beklagte stets genöthigt zu contravindiciren, so ergab sich daraus für ihn die Alternative, entweder sich selbst das Eigenthum anzumaßen, beziehungsweise sich durch den angeblichen Eigenthümer, auf dessen Namen er besaß, vertreten zu lassen, oder aber die Sache herauszugeben, und diese Annahme wird durch die Analogie der in jure cessio unterstützt.[128] Eine befriedigende Erklärung erhält dieser Contravindicationszwang jedoch erst durch das für beide Theile bestehende Requisit der Angabe der „causa". Bei dem Gewicht, das jedes Wort einer römischen Klagformel hat, und bei dem unverkennbaren Werth, den die causa in den Augen beider Partheien haben mußte, indem sie sogar den Gegenstand einer eigenen Frage von Seiten des Klägers an den Beklagten bildete, kann

actiones schlechthin contravindicatio genannt worden sei, während doch nur die positive Gegenbehauptung, nicht die bloße Negation auf diesen Namen Anspruch hatte. Die Behauptung: jus tibi non esse war eben so gut eine bloße Negation, wie die: me dare non oportere, und eben darum hieß sie ja negatoria, nicht contraconfessoria, wie sie sonst hätte heißen müssen.

128) Gaj. II. 24: praetor interrogat eum, qui cedit, an contra vindicet; quo negante aut tacente tunc ei, qui vindicaverit, eam rem addicit.

ich mich nicht entschließen, darin mit so Manchen eine werthlose Ausschmückung der Formel zu erblicken. Ich bin vielmehr der Ansicht, daß die causa hier wie überall beim Eigenthum den Erwerbungsgrund desselben bedeutet. Dafür finde ich eine Unterstützung in dem Bericht von Livius über den Proceß der Virginia (Note 119), in welchem der Kläger in der That die causa seines Eigenthums vor der solennen Vindication ganz speciell anführt, so wie in der noch für das neuere Recht bestehenden Möglichkeit einer vindicatio „expressa oder adjecta causa". [129]

Warum die Angabe der causa, wenn sie einmal nöthig war, nicht in der Formel selbst erfolgte, falls letzteres sonst richtig (Note 103), darüber will ich mich nicht in Vermuthungen ergehen, dagegen mögen mir einige Worte vergönnt sein über die Gründe, die eine solche Gestaltung der Klage motiviren konnten. [129a]

Nichts hinderte den Beklagten, der sich selbst nicht für den Eigenthümer hielt, sich dennoch dafür auszugeben und einen erdichteten Erwerbungsgrund vorzuschützen. Allein zunächst war doch das Mittel, durch das er sich vorläufig noch in dem Besitz behaupten konnte, kein solches, zu dem ein Jeder sich verstand; die Lage des Beklagten war also von vornherein schon eine ungünstigere, als heutzutage, wo er einfach mit Nichtwissen oder Läugnen auskommen kann. Sodann aber fiel sicherlich schon bei der Vindicienertheilung der verschiedene Charakter der beiderseitigen Aussagen schwer ins Gewicht. Der Lügner wird auch in Rom regelmäßig

---

129) L. 11 §. 2 L. 14 § 2 de exc. rei jud. (44. 2). Die L. 1 §. 3 de R. V. (6. 1), wie immerhin sie auch zu verstehen sein mag, kann jenen klaren Stellen nichts von ihrer Beweiskraft entziehen.

129a) Dieselbe wiederholt sich auch in andern Rechten z. B. im dänischen. Klagt der Kläger mit Angabe einer bestimmten causa, so ist auch der Beklagte verpflichtet, die causa für sein angebliches Eigenthum namhaft zu machen. Friedlieb, Abh. aus dem Schleswig'schen Recht, Kiel 1864 S. 20 Note 2. Uebrigens führt die Consequenz der Doppelvindication im Grunde von selbst dahin, denn wie kann der Beklagte sein Eigenthum anders beweisen, als durch Angabe einer causa?

von einem Unbekannten, Durchreisenden u. s. w. gekauft haben,[129b] der ehrliche Mann gab seinen Autor mit Namen an und brachte ihn vielleicht gleich mit, oder er erschien mit seinen Nachbarn, die den Sklaven, Ochsen u. s. w. als den seinigen sofort recognoscirten. Schreckte dann trotzdem der Beklagte vor dem Proceß nicht zurück, so kam es zur solennen Einleitung desselben, und der Prätor wußte, wem er die Vindicien zu ertheilen hatte.[129c] Eben so

---

129b) Ueber den Werth solcher Angaben s. L. 5 Cod. de furt. (6. 2) ... rei exhibeas venditorem. Nam a transeunte et ignoto te emisse dicere non convenit volenti evitare alienam bono viro suspicionem.

129c) Die gangbare Ansicht, die auch Bethmann-Hollweg Röm. Civilproc. I S. 144, 182 noch festgehalten hat, daß der Prätor stets dem Besitzer die Vindicien ertheilt, und daß der Besitz zugleich die Beweislast bestimmt habe, halte ich für einen Grundirrthum, von dem sich bisher auf Grundlage der Darstellung im Text nur Eck a. a. O. S. 11 frei gemacht hat. Er beruht auf der völlig unberechtigten Uebertragung dessen, was für das spätere judic. simplex galt, auf das völlig anders gestaltete jud. duplex der alten Zeit. In jenem war Einer Kläger, Einer Beklagter, die Entscheidung über die Partheirollen gab der Besitz, der, wenn er zweifelhaft war, durch das int. retin. poss. festgestellt ward. In diesem dagegen waren Beide Kläger, Beide traten mit einer selbständigen Behauptung auf, und die selbstverständliche Folge davon war, daß sie dieselbe zu begründen hatten. Was sollte die dem Contravindikanten durch den alten Proceß zur Pflicht gemachte Behauptung des eigenen Eigenthums, wenn er sich später einfach auf Läugnung des gegnerischen hätte beschränken können? Die Contravindication wäre ein völlig zweckloser Act gewesen, die bloße Negation hätte ausgereicht. Sie hatte aber ihren guten Sinn, sie gab in Verbindung mit dem Erforderniß der causa dem Richter das Mittel an die Hand, der Wahrheit auf den Grund zu kommen (S. 103). Bei dieser Gestalt der Sache war der Besitzstand völlig gleichgültig, und eben darum konnte man auch, von einigen durch das Gesetz bestimmten Fällen abgesehen, die Ertheilung der Vindicien ganz dem Ermessen des Prätors überlassen, wie letzteres durch Gaj. IV. 16 für Jeden, der ihn ohne die Brille des Vorurtheils liest, klar bezeugt wird: interim aliquem (also nicht schlechthin den bisherigen Besitzer) possessorem constituebat eumque jubebat praedes adversario (nicht actori) dare litis et vindiciarum. Diese ihm verstattete Freiheit ermöglichte es dem Prätor dabei nicht bloß auf den Besitz zu sehen und folgeweise bei Zweifelhaftigkeit desselben erst eine Untersuchung darüber anzustellen, sondern nach Maßgabe des Prima-facie-Beweises, der Verdächtigkeit oder Glaubwürdigkeit der Partheien und der mit erschienenen wog aber auch der Richter, der bekanntlich in Rom an eine strenge Beweistheorie nicht gebunden war, sicherlich das Maß der Glaubwürdigkeit beider causae gegeneinander ab, die beiderseitigen Autoren wurden vorgeführt und sie wiederum befragt, wie sie zur Sache gekommen waren — ein Verfahren, bei dem man regelmäßig dem wahren Sachverhalt d. h. demjenigen, der die Sache gestohlen hatte, auf die Spur kam. Aber war es auch dem Kläger nur gelungen, den Beklagten in seinem eigenen Lügengewebe zu verstricken, so mochte schon, um in der Sprache des heutigen Processes zu reden, ein halber Beweis seiner eigenen causa die Wirkung eines ganzen ausüben, der Nachweis, daß Er gekauft, während der Beklagte oder seine Autoren sich über die Sache nicht ausweisen konnten, dem Richter über das Bedenken hinweghelfen, ob denn auch der Autor des Klägers und dessen Autoren wirkliches Eigenthum gehabt hätten.[129d] Mit andern Worten also: die

Autoren sowie der Solvenz der offerirten praedes die Vindicien zu vertheilen, kurz in derselben freien, sicherlich nicht zu mißbilligenden Weise zu verfahren, wie sie uns die L. 3 §. 4 de lib. exh. (43. 30) in so anschaulicher Weise vorführt. Welche Gefahr hätte jene Befugniß des Prätors in sich geschlossen, wenn die Vindicien den nunmehrigen Besitzer vom Beweise befreit hätten, damit wäre ja in vielen Fällen das Schicksal des Gegners schon völlig besiegelt gewesen. Nur in dem einen, gewiß höchst seltenen Fall, wenn der Proceß für beide Theile abweisend endete (Note 115), verschafften die Vindicien dem, der sie erhalten hatte, den Vortheil, daß er die Sache behielt.

129d) So z. B. Sueton Galba c. 7. Cum de proprietate jumenti quaereretur levibus utrimque argumentis et testibus ideoque difficili conjectura veritatis ita decrevit, womit zu vergleichen Gell. XIV. 2, 26. Auch im englischen Proceß lautete nach Gneist Selfgovernment S. 80 die den Geschwornen vorgelegte Frage nicht darauf, ob Kläger Eigenthum habe, sondern: utrum A vel B majus jus habeat in terra illa. Aus der im Text entwickelten Gestalt der Sache ergibt sich die wichtige Rolle, welche in allen Rechten, in denen sie sich wiederholt, den beiderseitigen Autoren zufällt. Beispielsweise nenne ich das altrussische Recht, s. die krit. Zeitschr. für Rechtswissenschaft und Gesetzgebung des Auslandes XII S. 73: „Man fragte den unrechtmäßigen Besitzer, wo er die Sache her habe, d. h. wer sein Bürge sei. Diese alte reiv. des russischen Rechts heißt . . . Reinigung; sie führte immer auf den Dieb hinaus." Derselbe Gedanke bei Plaut. Curc. IV. 2, 12. Nec vobis autor ullus est nec vosmet estis ulli d. h. die Sache ist gestohlen.

reivind. wird schon im ältern Proceß nicht selten die Wirkung der Publiciana act. gehabt haben. Um sie zu haben, um das relative Verhältniß beider Partheien zur Sache zu constatiren, mußten aber beide ihre causae angeben. Als die Publiciana actio eingeführt ward, und der Gedanke der Relativität im Eigenthumsrecht damit eine mehr gesicherte und geregelte Form der Verwirklichung erhielt, als das subjective Gefühl des Richters sie ihm gewährte, fiel der eine Grund hinweg, der die Angabe der causa nöthig machte, mit dem Abkommen der Vindicien der zweite, und so mag es seine Erklärung finden, daß der neuere Proceß jenen Gedanken des ältern Rechts völlig aufgab.[130]) Die Nothwendigkeit der contravindicatio, sei es auch in modernisirter Form, würde fortan keinen Sinn mehr gehabt haben; ohne causa war sie werthlos.[130a])

Wie man nun auch über diesen Versuch, ihre Nothwendigkeit innerlich zu erklären, denken möge, für unsern gegenwärtigen Zweck reicht vollkommen ihre Möglichkeit aus, und nach dieser Seite hin dürfen wir nicht anstehen, sie als ein unentbehrliches Complement des altrömischen Processes, als eine Einrichtung zu bezeichnen, welche gerade dadurch, daß sie sich von dem Grundsatz der einen Frage lossagte, beweist, wie auch hier wiederum die alten Juristen die Interessen des Lebens höher achteten, als eine auf Kosten derselben erkaufte ungesunde Consequenz. Aber die Art, wie sie es thaten, wie sie auch hier trotz der gebotenen Abweichung von jenem Grundsatz die Einheit des Processes zu retten

---

130) Der Besitzer ist nicht mehr gezwungen, seinen Titel anzugeben L. 12 Cod. Theod. de fide test. (11. 30) (womit jedoch zu vergleichen L. 1 ibid.) oder den Theil, zu dem er besitzt L. 73 pr. de reiv. (6. 1).

130a) Daß aber der Beklagte auch im heutigen Proceß, wenn er will, anstatt sich auf einfaches Läugnen zu beschränken, die Behauptung seines eigenen Eigenthums entgegensetzen (contravindiciren), und durch einen darauf gerichteten Antrag den Richter zum Ausspruch darüber veranlassen kann, ist freilich unbestreitbar, und ältere Schriftsteller (z. B. Berger Oecon. jur. II, 2 §. 34 nota 11) unterließen nicht dies hervorzuheben, während dies heutzutage gewöhnlich unterbleibt.

verstanden und dem Richter es ermöglichten, mit einem Spruch den Proceß zu entscheiden, ist wiederum ein sprechendes Zeugniß der Geschicklichkeit, mit der sie die Proceßformen zu handhaben wußten.

Fassen wir das Gesammtresultat unserer ganzen bisherigen Untersuchung über die Möglichkeit eines Conflicts der Rechte beider Partheien in demselben Proceß in wenig Worte zusammen, so glaube ich als solches den oben (S. 62) versprochenen Nachweis bezeichnen zu dürfen, daß das Negationssystem auch in dieser Richtung den Vergleich mit dem Exceptionssystem nicht zu scheuen hat. Was demselben an Elasticität und Weite abging, ersetzten die alten Juristen durch Geschicklichkeit. Die Proben, die wir dafür beigebracht haben — und wie wenige mögen es sein im Vergleich zu denen, die uns vorenthalten sind — werden das Urtheil rechtfertigen, daß die alten Juristen den Proceß vollkommen beherrschten, d. h. daß die Proceßformen für sie kein Hinderniß bildeten, Zwecke, die sie einmal processualisch erreichen wollten, auch wirklich zu erreichen, und daß mithin der Grund, warum so manche Befreiungsgründe des Beklagten die Form der exceptio an sich tragen, d. i. erst der späteren Zeit ihre Einführung verdanken, nicht darin gefunden werden darf, daß die ältere Zeit sie nicht hätte zulassen können, sondern darin, daß sie dieselben nicht zulassen wollte. Wenn der Prätor für sie eine ganz neue Form, die der exceptio wählte, so geschah es nicht, weil die alte nicht mehr ausgereicht, und die neuere einen höhern Grad der Brauchbarkeit besessen hätte, sondern weil er sich für den Zweck der Vertheidigung eben so wenig ihrer bedienen durfte, wie für den Zweck der Klage der civilrechtlichen Form derselben; die Befreiung „ipso jure“ und die actio in jus concepta waren, wie ihr Name angibt, specifisch civilrechtliche Begriffe.

Nur in einer Beziehung scheint die neuere Form die ältere überholt zu haben. Die Wirkung der Negation ist stets eine absolute, d. h. sie negirt das Dasein des vom Kläger in Anspruch genommenen Rechts schlechthin, gleichgültig welcher Art dies Recht ist, ob relativer oder absoluter. Die exc. aber kann die Wirksamkeit des Rechts nicht bloß absolut, sondern auch relativ d. h. bloß dem Beklagten gegenüber bestreiten, und zwar selbst bei der Obligation, wovon die Einreden des Correalschuldners aus einem absolut (in rem) oder relativ (in personam) gefaßten formlosen Nachlaßvertrag ein Beispiel gewähren. Die exceptio schließt mithin die Möglichkeit in sich, daß in einem und demselben Proceß der absolute und relative Gesichtspunkt sich kreuzen, daß z. B. der Käufer, der aus irgend welchen Gründen durch die Tradition nicht Eigenthümer der Sache geworden ist, der an sich gegen ihn zuständigen Vindication des Verkäufers gegenüber zwar das Eigenthum zugibt, aber der Consequenz desselben rücksichtlich seiner durch Berufung auf den Kaufcontract ausweicht. In Form der Negation wäre dies nicht möglich gewesen, denn das Eigenthum läßt sich nicht relativ negiren, der Käufer konnte mithin im alten Proceß, wenn der Verkäufer selber sich anschickte, ihm die Sache zu evinciren, der Klage nicht durch Berufung auf die Obligation ausweichen, denn letztere läßt das Eigenthum unangetastet, sondern er mußte die Sache herausgeben, konnte dann aber den Verkäufer mit der act. autoritatis auf das Doppelte belangen.

Allein daß auch hier wiederum das ältere Recht nicht wegen der Unbeholfenheit der processualischen Form eine Vertheidigung ausschloß, die es im übrigen für zulässig gehalten hätte, geht daraus hervor, daß es bei der Berufung des Beklagten auf einen ihm zustehenden Nießbrauch, die ja in der That ebenfalls nur ein relatives Hinderniß geltend macht, welches lediglich in der Person dieses Beklagten besteht, die dafür erforderliche Form sehr wohl zu finden wußte. Der Grund, warum es in andern Fällen dies nicht that, kann also nur darin gefunden werden, daß es jene Kreuzung absoluter und relativer Elemente in einem Proceß im allgemeinen für bedenklich hielt; wir werden später (§. 55) Gelegenheit erhalten, dies des Näheren nachzuweisen.

Schließlich möge noch das Gesammtergebniß unserer Detailuntersuchungen tabellarisch veranschaulicht werden.

Conflict von Rechten beider Partheien.

Recht des Klägers.	Recht des Beklagten.	Klage.	Mittel der Vertheidigung.
Besitz	Eigenthum	interdict. de precario	Negation d. Klaggrundes . S. 67.
Eigenthum	Eigenthum, Miteigenthum	reivindicatio	contravindicatio. . . S. 91, 98.
	Servitut	Reivind. mit deductio actio negatoria	Formelzwang. . . . . . S. 83.
	Forderung (Quarta Falcidia; Peculiarforderung)	Partis vindicatio	Strafe der plus-petitio. . S. 72.
	Erbrecht	Hereditatis petitio	Formelzwang . . . . . . S. 86.
Erbrecht	Erbrecht, Miterbrecht	Hered. pet.	contravindic. . . . . . S. 97.
	Eigenthum	Reivind.	contrav. Formelzwang . . S. 86.
Forderung	Gegenforderung: Dos	act. rei ux. } auf Ueberschuß	Strafe der plus-petitio. . S. 68.
	Gegenforderung: Quarta Falcidia	act. ex test. } auf Ueberschuß	. . . . S. 72.
	Gegenforderung: Argentarius Bon. emtor	agere cum compensatione agere cum deductione	Formelzwang. . . . . . S. 79.
	Gegenforderung: Dominus	act. de peculio	Stellung d. Condemnat. auf d. Betrag d. pecul. . . S. 73.
Väterliche Gewalt . . .	Väterliche Gewalt Herrschaftliche Gewalt Mancipium	Vindicatio	contravindicatio . . . . S. 94.
Herrschaftliche Gewalt. .	Herrschaftliche Gewalt Väterliche Gewalt Mancipium Freiheit	Vindicatio	contravindicatio . . . . S. 94.

2. Vertheidigung in Form der Klage.

Stellen wir zunächst den Begriff derselben fest.

Von einer Vertheidigung in Form der Klage kann nur da geredet werden, wo der ganze Zweck der Klage gleich dem der restit. in int. aufgeht in der Beseitigung des gegnerischen Anspruchs, die zweite Klage, so zu sagen, bloß die Form ist, in der das Recht den Erfolg der ersten ganz oder zum Theil, absolut oder relativ zurücknimmt. Zu diesen Klagen zählen z. B. die Condictionen wegen mangelnden Grundes, die act. quod met. causa und andere. Dagegen gehören gar nicht hierher alle Klagen aus zweiseitigen Geschäften, durch welche jeder Theil den ihm zustehenden Anspruch verfolgt, wie z. B. der Käufer den auf die Sache, der Verkäufer den auf den Kaufpreis, denn jeder dieser Ansprüche ist seiner selbst wegen da, nicht um den gegnerischen zu vernichten, beide können daher gleichzeitig erhoben werden, und der Umstand, daß sie der Klage des Gegners gegenüber auch in Form der Einrede (durch Retention) geltend gemacht werden können, enthält für sie nichts Charakteristisches. Der Gegensatz beider Fälle läßt sich auch so ausdrücken: Dort haben wir eine Klage mit defensivem, hier eine Einrede mit offensivem Zweck, jene soll eine Einrede nachholen, diese eine Klage anticipiren.

Von jenen Klagen mit ausschließlich defensivem Zweck kennt das römische Recht zwei Klassen: die eine eine Schöpfung des älteren und nicht in das neuere übergegangen, die andere, wenn vielleicht auch in einzelnen Anwendungsfällen bereits dem früheren bekannt, doch erst im neuern völlig entwickelt. Eben aus diesem Grunde hat letztere für uns hier nur einen untergeordneten Werth, und im Interesse der schärferen Abgränzung beider Klassen wollen wir später auf sie einen Blick werfen, während die erstere den eigentlichen Gegenstand unserer Aufgabe bildet.

Als man im Lauf der Jahrhunderte in Rom sich genöthigt sah, die Autonomie der Privaten, wie sie in den XII Tafeln anerkannt war und bis dahin unangetastet bestanden hatte, in manchen Fällen zu beschränken, z. B. dem Testator ein Maß vorzuschreiben, über das hinaus er keine Legate anordnen dürfe, oder gewisse Contracte zu untersagen, schlug man dabei in ächt römischer Weise nicht den Weg ein, der uns heutzutage, ich will nicht sagen: als der natürliche, sondern als der einzig denkbare erscheint, nämlich den des gesetzlichen Verbots bei Strafe der Nichtigkeit (lex perfecta), sondern man bediente sich eines Umwegs, indem man das Geschäft in seiner abstracten juristischen Gültigkeit unangetastet ließ, aber denjenigen, der dasselbe zu verwirklichen versuchte, bestrafte (lex minus quam perfecta).[131] Diesen Weg verfolgte man mit einer solchen Consequenz, daß der Prätor ohne Anstand aus dem Geschäft eine Klage gewährte, den Richter mithin anwies, den Beklagten zu verurtheilen. Allein der Sieg kam dem Kläger theuer zu stehen, denn was er erhalten, mußte er dem Beklagten vierfach zurückgeben! Die Klage, die hier dem Beklagten gegeben ward, ist diejenige, welche wir im Folgenden zu untersuchen haben.

Die regelmäßige[132] Form derselben scheint die der legis actio durch manus injectio gewesen zu sein. Daß sie auf die Strafe des Vierfachen ging, wird für die lex Furia testamentaria und die lex Marcia de usuris ausdrücklich bezeugt,[133] und prägt

131) Ulp. fr. Prooem. §. 2. Minus quam perfecta lex est, quae vetat aliquid fieri, et si factum sit non rescindit, sed poenam injungit ei, qui contra legem fecit, qualis est Furia testamentaria, quae plus quam mille asses legati nomine mortisve causa prohibet capere praeter exceptas personas et adversus eum, qui plus ceperit, quadrupli poenam constituit. Ein bereits früher erwähntes Beispiel (lex Licinia) s. II 144, ein später folgendes §. 55 Note 306, 307. Außerdem kommen noch in den Justinianeischen Quellen manche andere vor z. B. L. 3 de litig. (44. 6), L. 11 pr. de divort. (24. 2).

132) Als solche wird sie wenigstens bei Plautus Persa I. 2, 18: ubi quadruplator (s. u.) quoipiam injexit manum vorausgesetzt. Gaj. IV. 22, 33 erwähnt drei Fälle, den der lex Furia testamentaria, der lex Furia de sponsu und der lex Marcia.

133) Ersteres durch Ulp. fragm. Prooem. §. 2, letzteres durch Cato de re rust. Prooem. . . foeneratorem quadrupli. Pseudo-Ascon. (Orelli p. 110) in Verbindung mit Gaj. IV. 23 adversus foeneratores. Pseudo-Asconius fügt noch den Fall des Spielverlustes (alea) hinzu.

sich, wie unten gezeigt werden wird, auch in dem „quadruplator" aus. Als Handlung, worauf die Strafe gesetzt war, wird bald das „exigere" bald das „capere" bezeichnet;[134]) dürfte man auch den ersten Ausdruck zur Noth ausschließlich auf das gerichtliche Beitreiben beziehen, so läßt doch der letztere Ausdruck dies nicht zu und beweist, daß im Sinne des Gesetzes auch die bloße Annahme des Geschuldeten als Gesetzübertretung gelten sollte — eine Bestimmung, der wir unten versuchen werden den Schein des Unwahrscheinlichen und Widersinnigen zu nehmen.

Die Bestimmung der Klage liegt auf der Hand. Sie soll indirect dasselbe bewirken, was die exceptio direct bewirkt: dem Gläubiger die Ausübung seines Rechts unmöglich, die Klage zu einem Noli me tangere machen, und man wird zugestehen müssen, daß das Mittel zu dem Zwecke gut gewählt war — nur ein Thor hätte das Einfache begehren können, wo er das Vierfache zurückzahlen mußte — und es begreift sich vollkommen, daß man bei ungenauer Redeweise sich so ausdrücken konnte, als habe das Gesetz, wodurch der Anspruch begründet ward, das Geschäft selbst verboten, während das Verbot in Wirklichkeit sich nur auf die Realisirung desselben bezog.

Der fortgeschrittenen und in conservativer Beziehung minder empfindlich gewordenen Anschauungsweise der spätern Zeit widerstrebte die Absonderlichkeit der Form;[135]) an die Stelle des indirecten Zwanges trat wie in so manchen Fällen der directe durch Exception.

Ihrer juristischen Natur nach wird unsere Klage zu den Straf-

134) Gaj. II. 225 capere . . IV. 22 . . exegisset 23 . . exegissent . . cepisset. Ulp. a. a. O. capere.

135) Dieselbe wiederholt sich übrigens in der Geschichte gar nicht selten, so z. B. auch im römischen Staatsrecht (Sulla legte in dieser Weise das Intercessionsrecht der Tribunen lahm) und im kanonischen Recht. Wer eidlich Zinsen versprochen, wird vom geistlichen Gericht gezwungen, sie zu entrichten, aber hinterher wird der Empfänger gezwungen sie zurückzugeben. c. 6 X. de jurej. (2. 24) — eine lex minus quam perfecta des kanonischen Rechts.

klagen zu stellen sein, und zwar möchte ich ihr zur Unterscheidung von andern den Zusatz einer processualischen geben. Ihr Zweck ist nämlich ein rein processualischer, ein reiner Exceptionszweck: Verhinderung der Ausübung eines Klagrechts. Das Delict, das sie strafen soll, läßt sich nach Analogie der Nichtachtung einer exceptio[137] als processualischer dolus bezeichnen, denn dolus, fraus ist es, eine Klage anzustellen, die das Gesetz mißbilligt.[138]

In gewissen Verhältnissen nahm die Klage eine ganz eigenthümliche Gestalt an. Die Erwägung nämlich, daß der Schuldner möglicherweise aus Scheu vor der Rache des Gläubigers Anstand nehmen mochte, sich ihrer zu bedienen, veranlaßte den Gesetzgeber, ihre abschreckende Wirkung für den Gläubiger dadurch zu erhöhen, daß er sie für den Fall, wenn der zunächst Berechtigte keinen Gebrauch von ihr machen wollte, jedem, der Lust hatte, verhieß, m. a. W. daß er sie zu einer Popularklage erhob.[139]

---

137) L. 2 §. 5 de dol. exc. (44. 4) dolo facit, quicunque id, quod quaqua exceptione elidi potest, petit L. 1 §. 1 L. 8 pr. ib.: dolo facit, qui petit quod redditurus est.

138) Eine indirecte Andeutung in der lex Falcidia (in unverkennbarem Hinblick auf die lex Furia): eam pecuniam sine fraude sua capere liceto, L. 1 pr. ad leg. Falc. (35. 2). Rudorff benutzt zur Erklärung der Strafe des Vierfachen den Gesichtspunkt des Diebstahls, so nämlich für die lex Marcia (s. u.) Röm. R. G. I. S. 46 Note 7 und für die lex Furia testamentaria S. 56 („als einen offenbaren Diebstahl an der Familie" —?—). Will man hier überhaupt nach einem Gesichtspunkt suchen, um die Strafe des Vierfachen zu erklären, so bietet sich wohl am ungezwungensten der dar, daß die Römer nach Art des furtum manifestum das Vierfache als Strafe der offenbaren, das Zweifache nach Art des furtum nec manifestum als Strafe der verborgenen, versteckten Widersetzlichkeit gegen das Gesetz betrachteten.

139) Das prätorische Edict nahm diesen uralten Gedanken (die Art, wie Gajus L. 3 de litig. [44. 6] sich ausdrückt, läßt schließen, daß schon die XII Tafeln sich des Mittels bedient hatten) für einige Fälle auf, so z. B. für die act. sepulcri violati, welche zunächst dem Betheiligten und nach ihm Jedem, der Lust hat, versprochen wird L. 3 pr. §. 12 de sep. viol. (47. 12), ebenso

Jetzt erst war der Zweck des Gesetzes vollständig erreicht. Was half es dem Gläubiger, wenn auch die Abhängigkeit, in die er den Schuldner zu versetzen gewußt hatte, ihn gegen seine Klage sicherstellte? Jeder andere konnte ihm das Loos bereiten, welches das Gesetz ihm zugedacht hatte; es war eine Prämie darauf gesetzt, ihn zur Verantwortung zu ziehen. Damit war also der Schuldner gewissermaßen unter öffentlichen Schutz gestellt — in der That ein eben so ingeniöses, als wirksames Mittel, den Druck, den der Gläubiger auf ihn ausübte, zu paralysiren. Daß das Motiv, welches regelmäßig zur Anstellung einer solchen Klage bestimmte, nicht auf jenen Zweck gerichtet war,[140] daß der Kläger sehr häufig, weit entfernt bei Anstellung der Klage das Interesse des Schuldners zu verfolgen, sich lediglich durch die Aussicht auf den von der öffentlichen Moral für nichts weniger als ehrenhaft bezeichneten eigenen Erwerb leiten ließ, that der Wirksamkeit des Mittels nicht im Mindesten Abbruch. Gerade im Gegentheil der Umstand, daß das Gesetz das Motiv so niedrig gegriffen, daß es nicht, wie in so manchen andern ähnlichen Fällen, z. B. der postulatio suspecti tutoris an ein sittliches Motiv, an das Gefühl der Theilnahme für einen Hülflosen, sondern an die schnödeste Art der Erwerbsucht appellirt hatte, gerade dieser Umstand sicherte der Einrichtung den gewünschten Erfolg, denn es rief in ihrem Dienste die ganze Betriebsamkeit, Rührigkeit, Rücksichtslosigkeit wach, über die der Eigennutz gebietet, wenn er das Gefühl der Scham verloren hat. Wer sich einmal zu dem verachteten Gewerbe eines Quadruplator[141] herabgelassen hatte, mußte, um Stoff zu haben, durch

---

L. 5 §. 5 de his qui effud. (9. 3), und selbst Justinian kommt auf denselben bei dem Spielverbot zurück, L. 1 Cod. de aleat. (3. 43).

140) Plautus erkennt denselben in der Note 132 citirten Stelle ausdrücklich an: nam publicae rei causa quicunque id facit magis, quam sui quaesti . . . eum civem et fidelem esse et bonum.

141) Der Quadruplator bemächtigt sich eines fremden Processes (Liv. III. 72 . . interceptor litis alienae): er hat seinen Namen von der poena quadrupli, die das Gesetz für manche Fälle verhängt hat (Festus sub Qua–

Ausspähen und Nachspüren sich ihn selber suchen, mußte, um mit Erfolg Denunciant zu sein, Spion sein, und in der That ward das Gewerbe mit einer Energie betrieben, daß die Gesetzgebung sich genöthigt sah, gegen das Uebel, das sie selbst mit jener Einrichtung ins Leben gerufen hatte, in anderer Weise Abhülfe zu gewähren und durch Androhung schwerer Strafen 142) dafür Sorge zu tragen daß die Gier der Quadruplatoren sich nicht unterschiedslos gegen Schuldige und Unschuldige kehrte.

Das im Bisherigen entworfene Bild unserer Strafklage beruht auf einer Zusammensetzung einzelner Züge, welche die Quellen uns bei Gelegenheit der verschiedenen Fälle aufbewahrt haben, bei dem einen diesen, bei dem andern jenen; die Mittheilung dieser einzelnen Fälle wird uns Gelegenheit geben, die obige Darstellung quellenmäßig zu begründen.

Die einzelnen Fälle sind folgende:

Die lex Furia testamentaria. 143) Das Einzige, was für diesen Fall noch Hervorhebung verdient, ist die Frage: was konnte den Gesetzgeber, wenn er einmal für die Legate oder sonstige mortis causa capiones ein Maß von 1000 As festsetzen wollte, veranlassen, nicht bloß die gerichtliche Beitreibung, sondern sogar die Annahme, das „capere" 144) des Hinterlassenen zu unter-

---

druplatores . . ut eas res persequerentur, quarum ex legibus quadrupli erat actio); es sind dies also Fälle, wo zunächst der Betheiligte eine Klage hatte, z. B. auf Rückgabe gezahlter ungesetzlicher Zinsen. (Pseudo-Ascon [Orelli 110] . . pecuniae gravioribus usuris feneratae, auf Rückgabe deutet auch Seneca de benef. VII. 25: beneficiorum suorum quadruplatores). Von der Quarta pars bei crimina publica (Tac. Ann. IV. 20 Pseudo-Ascon. a. a. O.) kann der Name quadruplatores nicht herstammen; daß er aber auch hier in Uebung war, ist bekannt. Ebenso wird er in den Fällen gebraucht worden sein, wo die act. popularis nicht auf ein quadruplum, sondern auf eine bestimmte Summe gerichtet war, so z. B. L. 3 §. 12 cf. L. 3 pr. de sep. viol. (47. 12).

142) Rudorff R. R. G. II. S. 457 flg.

143) Die Stellen sind bereits im Bisherigen mitgetheilt.

144) Daß dies der Ausdruck des Gesetzes war, dafür sprechen nicht bloß

sagen? Genügte es nicht vollkommen, ihm die Klage zu entziehen? Die Frage muß verneint werden. Mit der Klage würde das Gesetz bloß den rechtlichen Zwang zur Auszahlung der Legate beseitigt haben, nicht den moralischen und socialen, den die Achtung vor dem Willen des Testators und die Rücksichten auf die Legatare und das Urtheil der Welt dem Erben auferlegte. Wollte es diese Einflüsse paralysiren, so blieb nichts übrig, als dem Honorirten die Annahme des Legats bei Strafe zu untersagen.[145] Ein Seitenstück aus unsern Tagen wird dies erläutern. Neuere Gesetzgebungen haben mit Recht den Satz des kanonischen Rechts, daß der promissorische Eid den Rechtsgeschäften, denen er hinzugefügt werde, eine rechtliche Erzwingbarkeit verleihe, aufgehoben. Allein damit ist die gefährliche Tauglichkeit dieses Mittels für Geschäfte, die das Gesetz verhindern will, z. B. das Nehmen wucherischer Zinsen, nur um ein Geringes abgeschwächt, denn der gewissenhafte Mensch erfüllt auch den rechtlich unverbindlichen Eid. Wie dem begegnen und damit den Mißbrauch des Eides steuern? Die Antwort ertheilen einige andere neuere Gesetzgebungen, indem sie dem Gläubiger bei Strafe verbieten, sich einen Eid schwören zu lassen — also derselbe Weg, den die lex Furia einzuschlagen für nöthig hielt, nur mit dem Unterschied, daß statt des Privatklägers die Staatsbehörde die Strafe in Vollzug setzt.

Ob die lex Furia die Klage aufs Vierfache auch als Popularklage gegeben habe, muß dahingestellt bleiben, es läßt sich aber nicht

---

die directen Zeugnisse von Gajus und Ulpian, sondern auch das indirecte der lex Falcidia (Note 138).

145) Besonders nöthig war dies für eine Form der letztwilligen Zuwendung, das s. g. conditionis implendae causa datum („wenn A dem B 10000 As gibt, soll er mein Erbe sein"). Hier hatte der Honorirte weder eine Klage, noch bedurfte er derselben, denn der dem Erben auferlegte indirecte Zwang genügte vollkommen. Wollte er hier nicht dem Gesetz verfallen, so mußte er das Anerbieten der Zahlung der ganzen Summe (zu dem der Erbe, um die Bedingung zu erfüllen, genöthigt war) zurückweisen und sich mit 1000 As begnügen; die Bedingung galt dann trotzdem als erfüllt, II. Note 235.

verkennen, daß sie erst dadurch ihren Zweck vollständig erreicht haben würde.

2. Die lex Furia de sponsu (Gaj. IV. 22) gebietet dem Gläubiger, der mehrere Bürgen[146]) angenommen hat, die Klage zwischen ihnen zu theilen, und gibt im Uebertretungsfall dem Bürgen, der mehr als seinen Theil hat zahlen müssen, eine manus injectio auf Rückforderung des Ueberschusses; ob aufs Vierfache, hat Gajus, dem wir allein die Kunde dieses Gesetzes verdanken, nicht bemerkt, woraus aber ein Schluß auf das Gegentheil umsoweniger berechtigt ist, als Gajus auch bei dem vorhergehenden Gesetz, bei dem doch die Strafe des Vierfachen anderweit bezeugt ist, dieselbe nicht erwähnt.

Daß beide Gesetze verschiedene gewesen seien, wie man gewöhnlich annimmt,[147]) ist nirgends gesagt, und die Bezeichnung als lex Furia „de sponsu" und „testamentaria" gewährt dafür keinen Beweis, da die römischen Juristen bekanntlich sehr oft verschiedene Kapitel eines und desselben Gesetzes als verschiedene leges

---

146) In Form der sponsio oder fidepromissio Gaj. III. 121. Für fidejussores galt weder diese, noch die bei Gajus erwähnte zweite Bestimmung der lex Furia. Wenn man nicht annehmen will, daß das Gesetz selbst eine Hinterthür offen gelassen, um seinen ganzen Zweck zu vereiteln, so wird man zu der Vermuthung genöthigt, daß diese jüngste Form der Verbürgung damals noch nicht existirte, und daß vielleicht gerade die lex Furia sie ins Leben gerufen hat. Auf demselben Wege, auf dem man im Verkehr den unbequemen Rechtssätzen über Legate durch die fidei-commissa entging, mochte man es denen der lex Furia gegenüber durch die fide-jussio zu thun versuchen, nämlich auf dem einer rein auf das Gewissen, die Ehrbarkeit (die fides) gestellten Erwartung. So wie jene Form später klagbar ward, so auch diese, und so wie auf jene die Bestimmungen der Legate ausgedehnt wurden, so auf diese durch die epistola Divi Hadriani das benefic. divisionis; ob auch die andere Bestimmung der lex Furia (jedenfalls erst nach Gajus), hängt davon ab, ob L. 25 de stip. serv. (45. 3) . . ex quo tempus cedat interpolirt ist.

147) So z. B. Rudorff R. R. G. I. S. 51, 57, welcher ohne ausreichenden Grund das eine Gesetz dem fünften, das andere dem sechsten Jahrhundert zuweist.

bezeichnen.[148] Nichts steht im Wege, das letztere Verhältniß auch hier anzunehmen, und dies vorausgesetzt, würde das ganze Gesetz in ein unerwartetes Licht treten. Der Zweck desselben würde dann in der quantitativen Herabsetzung gewisser Ansprüche bestanden haben: desjenigen aus einem Vermächtniß auf 1000 As, desjenigen aus einer Gesammt-Bürgschaft auf den Virilitheil[149] — beides in der damaligen Form statt durch exceptio durch Widerklage.[150] Vielleicht schlossen sich dem noch einige andere uns nicht überlieferte Fälle an.

3. Das Gesetz über verbotene Glücksspiele, über welches wir nichts weiter wissen, als daß es die Strafe des Vierfachen festsetzte.[151]

4. Die lex Marcia de usuris reddendis. Wenn Gajus[152] bei der Erwähnung dieses Gesetzes von Zinsen schlechthin, nicht von ungesetzlichen Zinsen spricht, so läßt sich dies aufrecht erhalten durch Bezugnahme auf die lex Genucia, welche bekanntlich das Zinsennehmen gänzlich verboten hatte. In welcher Weise sie es gethan haben mag, läßt sich nach unsern bisherigen Ausführungen errathen: sie that es in der Form ihrer Zeit: in der einer lex minus quam perfecta, indem sie auf die Uebertretung die Strafe des Vierfachen setzte. Ob sie aber das Nehmen oder bloß das Einklagen der Zinsen verbot, darüber wird sich wohl

---

148) Und zwar bekanntlich auch bei Gesetzen aus älterer Zeit, z. B. der lex Licinia Sextia.

149) So würde es sich vielleicht auch erklären, wie man dazu kam, in beiden Fällen den Zusatz pro judicato zu machen, ungeachtet das Gesetz nur bei Gelegenheit des einen dazu Anlaß gab, Gaj. IV. 23.

150) Im neuern Recht tritt an die Stelle dieser Form: beim Legat das ipso jure minui der lex Falcidia (Note 66), bei der fidejussio die exceptio divisionis (Note 146).

151) Pseudo-Ascon. (Orelli p. 110), bei Plautus Miles glor. II, 2, 9 als lex talaria erwähnt. Justinian (Note 139) hat bloß die act. popularis aufs Einfache beibehalten. In diesem und dem folgenden Fall findet sich die Popularklage auch im englischen Recht, Bruns Zeitschr. für R. G. III. S. 414.

152) Gaj. IV. 23; die übrigen Stellen s. Note 133.

nichts Sicheres ermitteln lassen, und nicht minder wird das Verhältniß der lex Marcia zur lex Genucia nur Gegenstand von Muthmaßungen sein können. Möglich, daß jenes Gesetz bloß die Form der Rückforderungsklage betraf und an Stelle der bisherigen, durch die lex Genucia gewährten Klage die manus injectio setzte; möglich, daß es auch materiell eine Aenderung traf und dem Verbot des Einklagens das des Nehmens substituirte. Kurzum es ist außer Zweifel, daß die älteste Form der Repression des Zinswuchers in der Klage aufs Vierfache bestand, und daß letztere auch als Popularklage gegeben ward.

Eine interessante Bestätigung des Gesagten hat uns Appian[153]) in seiner Erzählung der Ermordung des Prätor Asellio aufbewahrt. Zur Zeit der Bürgerkriege sahen sich manche Schuldner außer Stand, die Zinsen zu zahlen, und einige von ihnen flüchteten sich hinter das Verbot der lex Genucia, welches, obschon gewohnheitsrechtlich längst außer Anwendung gekommen, doch gesetzlich nie aufgehoben war, und drohten ihren Gläubigern mit der Strafe des Gesetzes. Dadurch nicht abgeschreckt erhoben letztere Klage, und der Prätor, nachdem er vergeblich einen Güteversuch gemacht hatte, bestellte ihnen Richter „wechselsweis" (κατ' ἀλλήλων), d. h. er neutralisirte die den Gläubigern zugestandene Klage auf die Zinsen nach Art der geistlichen Gerichtshöfe des Mittelalters (Note 135) durch die den Schuldnern eingeräumte im Gesetz verheißene manus injectio (pura) aufs Vierfache.[153a]) Es ergibt sich also daraus, daß die letztere Klage nicht an die Voraussetzung einer erfolgreichen Einklagung der Forderung d. h. der in Folge der Verurtheilung geleisteten Zahlung, sondern an

---

153) App. de bello civili I. c. 54.

153a) Vielleicht dürfte der Grund der Erbitterung der Gläubiger darin gelegen haben, daß der Prätor beide Gesetze in der Weise combinirte, daß er während die lex Genucia bloß einfach das Zinsennehmen ohne weitere Strafandrohung verboten hatte, die in der lex Marcia auf den Wucher im Sinn dieses Gesetzes gesetzte Strafe des Vierfachen auf jenes Gesetz hinüberzog — ein Verfahren, das allerdings ein völlig ungerechtfertigtes war.

die Erhebung der Klage geknüpft war, daß also das bloße Klagen im Sinne des Gesetzes als „exigere" galt. Beide Processe liefen demnach parallel, sie wurden gleichzeitig instruirt, und, angenommen daß für beide derselbe Richter bestellt worden war, auch gleichzeitig entschieden[154] — ein Umstand, der die von mir behauptete Exceptionsbestimmung unserer Strafklage in ein helles Licht setzt.

5. Die lex Plaetoria über den Schutz der Minderjährigen. Den materiellen Inhalt des Gesetzes genau zu bestimmen ist hier nicht unsere Aufgabe,[155] uns interessirt nur die Form, in der es seinen Zweck zu erreichen suchte. Dieselbe ist bei ihm weniger erkennbar, als bei den vorhergehenden Gesetzen (wovon der Grund in der jüngern Form, durch die später der Prätor den Zweck des Gesetzes auf directem Wege zu realisiren suchte: der restit. in integrum gelegen sein mag), allein durch Combination verschiedener einzelner Spuren kann man sie dennoch, wie ich glaube, bis zu einem gewissen Grade der Wahrscheinlichkeit reconstruiren.

Wer Minderjährige bei Abschluß von Contracten übervortheilt hat, den trifft außer der an die Verurtheilung sich reihenden Infamie ein Vermögensnachtheil, welcher mit der Klage aus dem Gesetz (judicium legis Plaetoriae) verfolgt wird, und der schwerlich bloß in der Restitution des einfachen Betrages bestanden haben wird.[156] Die Klage wird zunächst dem Minderjährigen selbst gewährt und zwar noch ein Jahr lang nach erreichter Volljährigkeit,[157] sodann

---

154) So denkt offenbar auch Plautus Persa I. 2, 18 sich die Sache bei dem Gesetzvorschlag, den er den Saturio machen läßt: Ubi quadruplator quoipiam injexit manum, tantidem ille illi rursus injiciat manum, ut aequa parti (pacti?) prodeant ad trisviros (ed. Ritschl).

155) Ich lasse es also dahin gestellt, ob das Gesetz einzelne Geschäfte (das „credere" bei Pseudol. I. 3. 96, das „stipulari" bei Priscian. Gr. Inst. VIII. 4, XVIII. 19) oder schlechthin die Uebervortheilung der Minderjährigen beim Contrahiren verboten hatte.

156) Plautus (vorige Note) credere metuunt omnes.

157) Das „tempus legitimum" der L. 19 de minor (4. 4); der Ausdruck weist, wie die aetas „legitima", auf die Bestimmung einer lex hin.

aber auch jedem, der Lust hat;[158]) ob erst dann, wenn sie für den Minderjährigen verjährt ist, oder, wie in den Fällen der Note 139, schon vorher, wenn der Minderjährige sich ihrer nicht bedienen will, muß dahin gestellt bleiben. Wenn irgendwo, so war gerade bei diesem Verhältniß die Schärfung der Klage durch Erhebung derselben zu einer Popularklage ganz am Platz, die Schutzklage der Minderjährigen gegen betrügerische Contrahenten ward damit nur derselben Auszeichnung theilhaftig, deren die zum Schutz der Unmündigen gegen ungetreue Vormünder eingeführte postulatio suspecti tutoris von jeher genoß[159]) — beide Klassen von Personen waren unter öffentlichen Schutz gestellt.

Auf diese Klage beschränkte sich meiner Ansicht nach der Schutz des prätorischen Rechts, und er reichte auch hier, wie in allen oben angeführten Fällen, vollkommen aus, eine rein defensive Hülfe (durch Nichtigkeit oder Einrede) überflüssig zu machen. Erst als mit dem Formularproceß die Exceptionen aufkamen, und die Anschauung sich Bahn brach, daß man dem, der eine Klage habe, um so mehr eine Exception geben müsse (Note 39), mochte man davon auch bei der lex Plaetoria Anwendung machen und dem Minderjährigen eine Einrede gewähren. Nach Ansicht mancher Juristen[160]) reicht aber diese Einrede bereits in die Zeit des Legis-

158) Ich schließe dies aus Cic. de nat. deor. III. 30 judicium publicum rei privatae lege Plaetoria. Daß unter diesem Ausdruck kein Criminalverfahren zu verstehen ist, darüber sollte der lex Julia munic. (tab. Heracl.) gegenüber, welche in c. 8 dieses judicium an das über die Injurien und den Dolus anreiht und erst später die Condemnation in einem judicium publicum erwähnt, ein Zweifel nicht möglich sein, und es ist Savigny, Ztſ. für gesch. R. W. B. 10. S. 243 leichter gefallen, ihn zu erheben, als zu begründen. Daß aber der Ausdruck actio publica auch für eine act. popularis vorkommt, zeigen L. 30 §. 3 de jurej. (12. 2) cf. L. 1 de popul. act. (47. 23) und die Stellen der folgenden Note. — Die Vermuthung im Text ist gleichzeitig mit mir auch von Bethmann-Hollweg a. a. O. I. S. 94 ausgesprochen.

159) L. 1 §. 6 de susp. tut. (26. 10) §. 3 I. de susp. tut. (1. 26) . . quasi publicam esse hanc accusationem, hoc est omnibus patere.

160) Die Idee ist zuerst von Savigny Zeitschr. für gesch. R. W. B. 10

Actionen-Processes zurück: der Minderjährige hätte also durch Berufung auf das Gesetz die Klage vereiteln können. Als Form für diesen Einwand hat man sich, da das Zeugniß von Gajus (IV. 108) die eigentliche exceptio für das ältere Verfahren ausschließt, die einer „proceßhindernden Sponsion" gedacht. Es wäre, meint man, über die Frage, ob eine Uebertretung des Gesetzes vorliege, eine Präjudicialsponsion (II. 79) abgeschlossen, sodann darüber ein Richter bestellt und im Fall der Bejahung der Frage die Klage gegen den Minderjährigen versagt worden. Wenn ich diese Ansicht einer genauern Prüfung unterziehe, so geschieht es weniger dieses einzelnen Falles wegen, als weil man die Behauptung aufgestellt hat, daß der ältere Proceß sich überhaupt dieses Mittels bedient habe, um das Exceptionsbedürfniß zu befriedigen.

Meiner Ansicht nach ist diese ganze Idee völlig unhaltbar.[160a] Als einziger Anhaltspunkt muß ihr eine Stelle von Plautus dienen, in der ein Minderjähriger in Hinblick auf die lex Plaetoria die Erfüllung eines von ihm abgelegten Versprechens verweigert und sich erbietet, das Dasein der Voraussetzungen jenes Gesetzes (dolose

---

S. 248 ausgesprochen und hat sodann nur zu bereitwillige Aufnahme gefunden, s. z. B. auch bei Keller Röm. Civilpr. §. 36, Rudorff R. R. G. II. S. 94, und Bethmann-Hollweg Röm. Civilpr. I. S. 125. Als Vertheidiger derselben gegen den zuerst von mir gegen sie erhobenen Widerspruch, dem sich jetzt Demelius, Münch. Krit. Vierteljahrsch. VIII. S. 500 angeschlossen hat, ist inzwischen aufgetreten C. Sell de exceptionum usu, qui legis actionum tempore fuerit. Bonnae 1867 p. 34 seq.

160a) Ich glaube dieses Urtheil jetzt besser begründen zu können, als in der ersten Auflage, wo ich auszuführen versuchte, daß die Worte der folgenden Note aus dem Grunde nicht als Inhalt einer sponsio genommen werden könnten, weil eine sponsio nicht wie hier (ni-ni) zweigliedrig hätte gefaßt werden können, und weil es statt ni der Partikel si bedurft hätte. Ersteres ist zwar richtig, allein offenbar ist hier der der lex Plaetoria entnommene Einwand nur zweigliedrig ausgedrückt, nicht aber zweigliedrig oder alternativ gedacht, wie Sell richtig einwendet, und das Bedenken in Bezug auf ni ziehe ich ebenfalls auf seine Ausführungen hin zurück. Damit bin ich aber in der Anerkennung seines Verdienstes auch am Ende, denn im übrigen dürfte die Frage durch seine Arbeit nicht das mindeste gewonnen haben.

Uebervortheilung eines Minderjährigen) vor einem Richter zu beweisen.[161] Damit soll nun ein Präjudicialverfahren über die exceptio legis Plaetoriae gemeint sein. Aber warum nicht die actio legis Plaetoriae? Letztere ist uns historisch bezeugt, von jenem Präjudicialverfahren wissen wir Nichts. Man wende nicht ein: der Schuldner hatte noch nicht gezahlt, denn in dem obigen Fall des Prätor Asellio war dies ebenfalls nicht geschehen, und so gut wie im letzten Fall konnte auch in unserem der Prätor gleichzeitig beiden Theilen einen Richter bestellen, ja nach der Art, wie einige Stellen (Note 155) sich ausdrücken, sollte man glauben, daß die Klage sofort nach Abschluß des betrügerischen Geschäfts, also ganz unabhängig von dessen Realisirung, möglich gewesen sei. So aufgefaßt, würden also die Worte bei Plautus bedeuten: bestehst Du auf Deiner Forderung, so stelle ich die act. legis Plaetoriae an. Aber mit der Klagerhebung vor Gericht sowohl von der einen als der andern Seite hat es in unserm Fall gute Weile! Denn nicht bloß daß der Gläubiger hier aus dem Grunde keine Klage erheben konnte, weil er Sklave war, und sein Herr sich noch gar nicht zu erkennen gegeben hatte, so war auch der Anspruch selber gar nicht geeignet, Gegenstand einer Klage zu werden. Denn es handelte sich hier gar nicht um ein civilrechtlich bindendes Versprechen, sondern um eidliche, also rechtlich unverbindliche Zusicherung eines Finderlohnes.[162] Und um diesen Nicht-anspruch

---

161) Plautus Rudens V. 3, 24, 25: cedo quicum habeam judicem „ni dolo malo instipulatus sis nive etiam dum siem quinque et viginti natus annos".

162) Es ist unbegreiflich, wie Sell dies zu läugnen wagt. Hätte ihn der Ausdruck: dolo instipulatus sis, irre führen können, so mußte ihn der Vorgang selber, der ja bei Plautus (V. 2, 46 fl.) vor unsern Augen spielt, eines Bessern belehren. Hier wird nur ein Eid geschworen, von Stipulation ist keine Rede, und der Promittent tröstet sich gerade damit, daß ein Eid keine Obligation erzeuge. Auch in den Verhandlungen zwischen beiden Partheien (in Scene 5) ist von Anfang bis zu Ende nur vom Eide die Rede, und eben auf die unverbindliche Kraft desselben stützt hier der Promittent seine Weigerung,

abzuwehren, soll der Prätor einen judex ernennen, der präjudiciell über die except. legis Plaetoriae erkennt! Und zwischen welchen Partheien? Nicht zwischen dem Minderjährigen und seinem Gegner oder dessen Herrn, sondern zwischen ihm und „dem ersten besten" (cedo quicum d. i. siste mihi aliquem, quocum habeam judicem).[163] Wer kann nach alle dem noch daran zweifeln, daß wir es hier nicht mit der proponirten Einleitung eines Processes, sondern mit einem jener Vorschläge zu thun haben, wie sie im römischen Leben so häufig waren, nämlich dem der Einholung schiedsrichterlicher Entscheidung (daher mit „dem ersten besten") über irgend einen Punkt, von dem nach Ansicht der Partheien der Anspruch selber abhing.

Doch es sei: es handle sich hier um ein Präjudicialverfahren über die exceptio legis Plaetoriae. Von wem ist dasselbe eingeführt: von der lex selber oder vom Prätor? Die erstere Annahme hat an sich nichts Widerstrebendes, denn aus Gajus (III. 123) wissen wir, daß man in einem andern Fall in der That diesen Weg eingeschlagen hatte.[163a] Aber hätte die lex Plaetoria sich dieser Form bedient, so hätte die Wirkung des Präjudiciums hier ganz dieselbe sein müssen, wie in jenem Fall, nämlich die einer Befreiung ipso jure. Unter dieser Voraussetzung aber konnte selbstverständlich der Einwand aus dem plätorischen Gesetz in späterer

---

(v. 17, 21) und der Herr befiehlt schließlich dem Sklaven (v. 58) „gratiam jurisjurandi facere". Darauf hatte ich schon in der ersten Auflage aufmerksam gemacht; welche Ausgabe von Plautus hat Sell, wenn er dies nicht hat finden können?

163) Daß dies in Form einer sponsio praejudicialis geschehen solle, ist, wie Demelius a. a. O. mit Recht bemerkt, gar nicht gesagt, vielmehr wird hier das Thema, ganz so wie bei Plaut. Rud. III, 4, 7 und Gaj. III. 123 (folgende Note) direct, bezeichnet; wo sonst eine sponsio in Aussicht genommen wird, „provociren" sich die Partheien zu derselben.

163a) Permittitur sponsoribus et fidepromissoribus intra diem XXX praejudicium postulare, quo quaeratur, an ex ea lege praedictum sit, et si judicatum fuerit, praedictum ita non esse, liberantur.

Zeit nicht, wie es doch geschehen ist,[163b]) statt der civilen die prätorische Form einer exceptio annehmen. So bleibt als Urheber unsererer präjudiciellen except. nur der Prätor übrig und als Zeit ihrer Einführung die Zeit des Plautus, das will sagen: dieselbe Zeit, in der das Gesetz selber erlassen worden ist.[163c]) Nun wird man zugestehen, daß das Gesetz, wenn es diesen Weg, dem Minderjährigen zu helfen, für den angemessenen erachtet hätte, es eben so leicht gehabt hätte, ihn zu wählen als den einer Strafklage aufs Vierfache; ganz dasselbe, was das obige Gesetz für die Bürgschaft, konnte die lex Plaetoria für den Minderjährigen thun. Und nachdem nun das Gesetz mit gutem Bedacht sich für den einen Weg entschieden hatte, hätte kurz darauf ein Prätor auf die Idee kommen sollen, das Gesetz in einem so wesentlichen Punkt umzugestalten? Und wozu das? Reichte die Klage aufs Vierfache nicht aus? Im Gegentheil, sie war wirksamer, als die exceptio, jene Neuerung des Prätors hätte also keine Verbesserung, sondern eine Abschwächung des Gesetzes bewirkt. Und das zu derselben Zeit, wo das Gesetz eben ins Leben getreten war, und wo der Legisactionenproceß in voller Blüthe stand? Nahm der Prätor an der Strafklage Anstoß? Noch ein Jahrhundert später gab der Prätor Asellio in dem entsprechenden Fall der lex Marcia die alte Klage aufs Vierfache; warum gab nicht auch er lieber die präjudicielle exceptio? Und die folgenden Prätoren hätten diesen wunderlichen Einfall billigen, und die Neuerung hätte sich in so kurzer Zeit einbürgern sollen, daß unser Schuldner bei Plautus die Präjudicialeinrede aus dem plätorischen Gesetz als etwas ganz Bekanntes in Bezug nehmen konnte? Dies ist historisch völlig undenkbar! Jene ganze Idee ist nichts als ein handgreiflicher Anachronismus, sie

---

163b) L. 7 §. 1 de exc. (44. 1) **exceptio** . . . pro minore vigintiquinque annis circumscripto.

163c) Die Vertheidiger jener Ansicht selber sind darüber einig, daß das Gesetz „von Plautus im Pseudolus I, 3, 69 als ein neues Gesetz behandelt wird" **Rudorff** R. G. I. S. 97. **Puchta** Cursus der Instit. §. 299, Note f.

verlegt ins sechste Jahrhundert, was ins achte oder in ein noch späteres gehört.

Mit den bisher erörterten Fällen ist meines Wissens das Material, das die Quellen uns für unsere processualische Strafklage darbieten, erschöpft,[164]) und ich will den Eindruck desselben durch leere Vermuthungen über andere mögliche Fälle und Fragen, für deren Beantwortung es an positiven Anhaltspunkten fehlt, nicht abschwächen. So möge denn auch die Frage nur angeregt, nicht beantwortet werden, ob nicht die eventuelle Strafe des Vierfachen bei der prätorischen actio quod metus causa mit der Idee des älteren Rechts zusammenhängt, daß der Strafe des Vierfachen verfällt, wer einen an sich bestehenden, aber vom Gesetz gemißbilligten Anspruch geltend zu machen sucht und damit sich offen gegen das Gesetz auflehnt (s. Note 138).

Die zweite der oben (S. 108) genannten beiden Klassen von Defensionsklagen soll, wie bereits bemerkt, hier nur so weit erörtert werden, um sie von der so eben betrachteten zu unterscheiden.

Ihre Aehnlichkeit liegt in dem angegebenen Moment des Defensionszweckes, ihre Verschiedenheit darin, einmal daß dieser Zweck nicht ihre ausschließliche Bestimmung bildet, ihr Gebiet und ihre Function erstreckt sich vielmehr ungleich weiter, und sodann daß sie auch in jener Richtung die exceptio nicht in der Weise ersetzt und überflüssig macht, wie es die Strafklage that. Dem Kläger, der sich der Rücksicht auf sie entschlägt, droht keine Strafe, die einzige Folge die ihn trifft, ist die Verpflichtung zur Zurückgabe

164) Nicht hierher gehören 1) die bei Plaut. Truc. IV. 2, 47—49 erwähnte act. popularis mit manus injectio aufs Vierfache gegen eine Buhlerin, „quae adversum legem (nach Festus: muneralis, von Plautus an einer andern Stelle „lex lenonia“ genannt) (accepit) a plurimis pecuniam“, 2) die nach Dio Cassius 54, 18 durch August eingeführte Klage aufs Vierfache gegen Redner, welche mit Uebertretung der lex Cincia Geschenke angenommen hatten, 3) die im Edict (L. 1 pr. de calumn. 3. 7) gewährte act. aufs Vierfache wegen calumnia. Denn alle diese Klagen hatten nicht den Zweck, indirect die Ausübung eines an sich zuständigen Forderungsrechts zu verhindern, sondern ein turpiter acceptum zu bestrafen.

— eine Folge, derentwegen er nicht vor Anstellung der Klage zurückzuschrecken braucht, um so weniger, da es immer noch fraglich bleibt, ob der verurtheilte Beklagte sich der Klage wirklich bedienen wird.

In allen den Fällen, in denen sie Statt findet, gibt das neuere Recht dem Beklagten eine exceptio (Note 39), die Klage ist daher in dieser Richtung d. h. als Surrogat für die exceptio überflüssig geworden. Ein Gleiches aber läßt sich für das ältere Recht, insoweit es diese Klage kannte, nicht behaupten, und wenn man sonst nicht von der Voraussetzung ausgeht, die ich nicht theilen kann, daß alle jene Klagen (z. B. auch die Condictionen) erst der späteren Zeit des Formularprocesses angehören, so gelangt man zu dem Schluß, daß der ältere Proceß, solange er noch an dem Grundsatz: ein Proceß, eine Frage festhielt und die Exceptionen ausschloß, denselben Zweck, für den das neuere den Weg der Klage und der Einrede öffnet, lediglich in Form der Klage verfolgt hat. Dieser Weg entspricht ganz dem, was wir im übrigen vom älteren Recht wissen, und zwar nicht etwa bloß insofern, als er im Vergleich zu dem kürzeren Wege der exceptio ein Umweg, letzterer aber historisch überall der frühere ist,[165]) sondern auch insofern, als er in vielen Fällen durch die Idee der strengen processualischen Gerechtigkeit, durch die das ältere Recht sich in so hohem Maße leiten ließ (S. 51 fl.), entschieden geboten ist. Die Tendenz des späteren Rechts, den einen Weg mehr und mehr durch den andern zu ersetzen, gereicht, wie ich schon früher bemerkte, demselben keineswegs zur Ehre, und Justinian oder seine Gehülfen haben ihre ver-

165) Nicht selten stellt man sich das Verhältniß beider Rechtsmittel zu einander gerade entgegengesetzt vor, indem man, mit falschem Schluß von der Stelle in Note 39, in der act. das stärkere, in der except. das schwächere Rechtsmittel erblickt, allein ich gebe mich der Hoffnung hin, daß meine bisherigen Ausführungen über den Mechanismus des altrömischen Processes den Nachweis geliefert haben, daß von seinem Standpunkt aus eine Anfechtung auf dem Wege der Klage ungleich früher möglich war, als auf dem der Einrede. Derselben Ansicht ist auch Bähr Anerkennung S. 94 Note 6 und in den Jahrbüchern für Dogmat. II. S. 376, 378.

meintliche Ueberlegenheit über die ältere Jurisprudenz in sehr zweifelhafter Weise documentirt, wenn sie, befangen von dem Eindruck der Weitläuftigkeit, den dieser Mechanismus auf sie ausübte, dem ältern Recht den Vorwurf machen: 166) dasselbe habe in widersinniger und höchst unzweckmäßiger Weise durch die eine Klage genommen, was es mit der andern gegeben — jeder Jurist aus der alten Zeit würde dem Tadler die Augen haben öffnen können!

Ueberschauen wir jetzt den gesammten Inhalt dieses Paragraphen, so wird der Ausspruch des Gajus, den wir an die Spitze desselben gesetzt haben: „nec omnino ita, ut nunc, usus erat illis temporibus exceptionum", nicht bloß in dem Sinn seine Erklärung gefunden haben, daß das alte Recht keine eigentlichen Exceptionen gekannt, sondern auch in dem, daß es an Stelle derselben etwas anderes besessen, mit dem es ganz dasselbe ausgerichtet hat, wie das neuere mit den Exceptionen.

Wir haben das Ziel, das wir uns früher gesteckt, und das uns von §. 50 an beschäftigt hat: den analytischen Mechanismus des alten Processes zur Anschauung zu bringen, erreicht, und es wird jetzt an der Zeit sein, uns über den Werth und Unwerth der ganzen Einrichtung zu verständigen.

Der erste Eindruck, den dieselbe meines Erachtens in jedem Unbefangenen hervorrufen muß, ist der der Bewunderung über die außerordentliche Gewandtheit und Kunst, von der sie Zeugniß ablegt. In meinen Augen ist sie ein Kunstwerk, dem ich nichts, was die Geschichte des Processes zu irgend einer andern Zeit bietet, an die Seite zu setzen wüßte, und dem gegenüber namentlich der heutige Proceß sehr in den Schatten tritt — ein Kunstwerk, bei dem die höchste Einfachheit des Grundgedankens sich paart mit der bewun-

---

166) L. 2 Cod. de const. pec. (4. 18) . . . . secundum antiquam receptitiam actionem res exigebatur, etiam si quid non fuerat debitum, cum satis absurdum et tam nostris temporibus quam justis legibus contrarium sit permittere per actionem receptitiam res indebitas consequi et iterum multas proponere condictiones, quae et pecunias indebitas et promissiones corrumpi et restitui definiunt.

dernswürdigsten Consequenz seiner Durchführung und einer in Auffindung der richtigen Mittel unerschöpflichen Erfindungskraft, die äußerste Feinheit der Detailarbeit mit der größten Solidität und der klarsten Durchsichtigkeit seiner ganzen Anlage — kurz eine durch ihre Einfachheit wie ihre Kunst gleich ingeniöse Maschine!

Aber was kümmert uns der Kunstwerth beim Proceß, wird man mir einwenden, welchen Werth hat alle Kunst, wo es nur auf einfache Brauchbarkeit und Zweckmäßigkeit ankommt? Hier wird ja die Kunst zur Künstelei. Und ist nicht gerade die Rücksicht der Zweckmäßigkeit und Bequemlichkeit durch die Weitläuftigkeiten, Umwege, Wiederholungen, zu denen der alte Proceß nöthigte, entschieden verläugnet? Der Weg, den das alte Recht den streitenden Theilen öffnete, gleicht dem Geleise der Eisenbahn, es sind eiserne Schienen, in denen die Bewegung unabänderlich in der vorgeschriebenen Richtung sich vorwärts bewegen muß. Keine Abweichung zur Seite, kein Anhalten! Auch an solchen Punkten, wo sich die Möglichkeit böte, die Sache definitiv zu Ende zu bringen, schießt der Zug unaufhaltsam vorbei, und es bedarf, nachdem er am Ziele angelangt ist, einer neuen Fahrt, neuer Kosten, neuen Zeitverlustes, um das Versäumte nachzuholen.

Gewiß! das sind die Nachtheile der Einrichtung; aber es frägt sich nur, ob sie nicht, wie bei der Eisenbahn, durch die Vortheile überwogen werden — oder richtiger gesagt: im alten Rom wurden; denn wir müssen die Einrichtung nicht messen mit dem Maße der heutigen, sondern der altrömischen Zeit. Wo, wie heutzutage, die Führung eines Processes mit großen Kosten verbunden ist, fällt der Kostenpunkt allerdings schwer ins Gewicht, und die Rücksicht der Kostenersparniß scheint dafür zu sprechen, das gesammte Streitmaterial mit einem Male abzuthun.[167] Allein ich möchte auch hier die Frage aufwerfen: wird das Maß der Arbeit, nach dem sich doch die Kosten bestimmen, geringer, wenn dieselben

167) Plank Mehrheit der Rechtsstreitigkeiten S. 70, 90; über die von ihm gleichmäßig betonte Rücksicht auf Zeitersparniß s. u.

Rechtsfragen gemeinschaftlich, als wenn sie isolirt behandelt werden? Ich behaupte: es wird größer, denn je mehr Fragen sich häufen, um so mehr steigt die Schwierigkeit; zu der Arbeit, die jede einzelne erfordert, gesellt sich noch als Zugabe die hinzu, alle diese Fragen auseinander zu halten. Wer zehn Gegenstände mit leichter Mühe hinter einander zu heben vermag, erliegt unter der Last, wenn er sie mit einem Male heben soll. Dazu kommt noch Folgendes. Wo der Häufung des Streitmaterials keine Gränze gesetzt ist, wird, wie die tägliche Erfahrung unseres Processes lehrt, neben den Gründen und Gesichtspunkten, von denen die Parthei sich allein den Sieg verspricht, noch eine Masse anderer völlig nichtiger und haltloser zusammengetragen: Einreden des Zwangs, Betrugs, Irrthums u. s. w., an welche die Parthei selber nicht glaubt, gleich als gelte es, die Gelegenheit zu benutzen, um kostenfrei auch Ballast zu befördern. Aber der Ballast wiegt eben so schwer und kostet eben so viel, als das Werthobject! Wie sehr würde manche Parthei sich besinnen, von diesem Material Gebrauch zu machen, wenn dies nicht mehr in einem und demselben, sondern, wie im alten Rom, nur in Form verschiedener Processe möglich wäre! Wie wenige von allen jenen Einreden, über die täglich auf Kosten der Partheien viel hin und her gestritten wird, würden als Klagen zum Vorschein kommen! Der Mechanismus, den der altrömische Proceß besaß, und den auch der heutige für manche Verhältnisse in Anwendung bringt, verringert mithin die Kosten, anstatt sie zu erhöhen, denn er schneidet eine Menge werthlosen Streitmaterials von vornherein ab. Um den vermeintlichen Vortheil der Kostenersparniß erkaufen wir heutzutage Processe, die einem Lastwagen gleich das ganze Material von möglichen und unmöglichen Klagen und Einreden beider Partheien in sich aufnehmen müssen, und mühsam sich aus der Stelle schleppend und stets in Gefahr, die Ladung durch Unordnung und Verwirrung zu beschädigen, nicht selten erst am Ziele anlangen, nachdem Richter, Rechtsbeistände und Partheien die Uebersicht, Geduld und das Leben verloren haben.

Neben dem Kostenpunkt fällt auch der durch den Proceß veranlaßte Zeitverlust schwer ins Gewicht. Wo der Proceß, wie im alten Rom, auf mündliche Verhandlung und folglich persönliches Erscheinen der interessirten Personen gebaut ist, scheint der Einwand, den Plank (Note 167) gegen das Princip der processualischen Isolirung der Streitsachen erhebt, „daß nämlich getrennte Rechtsstreitigkeiten doppeltes Kommen und doppelte Termine veranlassen", vollkommen begründet. Aber der Werth der Zeit ist nicht überall derselbe; daß Zeit Geld ist, gilt nur für Personen, welche arbeiten, denn nur Arbeit ist Geld. Für den, der arbeitet, ist die Frage von dem durch den Proceß veranlaßten Zeitaufwand nicht eine Frage der bloßen Bequemlichkeit, sondern des materiellen Verlustes, und es wird daher begreiflich, daß die Entwicklung der Industrie, des Handels, kurz der Arbeit nicht umhin gekonnt hat, die Proceßorganisation im Interesse der Zeitersparniß zu beeinflussen. An die Stelle des eigenen Erscheinens der Parthei tritt die Vertretung durch Sachwalter, welche in einem einzigen Termin die Geschäfte von vielen Partheien versehen, an die der Mündlichkeit und des persönlichen Erscheinens vor Gericht die Schriftlichkeit. Das gesammte Streitmaterial von beiden Seiten wird möglichst in ein Verfahren zusammengefaßt.[167a)]

Diese Rücksichten waren jedoch nicht maßgebend in einem Gemeinwesen, wie im alten Rom, wo von der ländlichen Arbeit abgesehen nur die Zeit des Sklaven Geld war, und auch die ländliche Arbeit dem freien Bauern Zeit genug übrig ließ, bei seinem Marktgange nach Rom zugleich seine Rechtsstreitigkeiten zu versehen. Das Interesse einer durch veränderte Proceßorganisation zu erreichenden Zeitersparniß, das Gewicht der Frage, ob Kläger und Beklagter in Form eines oder zweier und mehrerer Processe ihren Streit austragen müssen, würde hier kaum verstanden worden sein.

Aber das Verständniß drängte sich unabweisbar auf, als das

167a) Darauf zielt auch die exceptio litis dividuae und residuae des neuern Processes.

Staatsgebiet von Jahr zu Jahr sich ausdehnte, und die Entfernungen wuchsen. Dieser Umstand, der für das gesammte Recht, soweit es mit dem persönlichen Erscheinen zusammenhängt, einen so fühlbaren Einfluß geäußert hat (II. 650), mußte in Verbindung mit dem in gleichem Schritt mit der Cultur steigenden Werth der Zeit und dem Hang zur Bequemlichkeit auch eine entsprechende Veränderung der Proceßorganisation zur Folge haben. Jetzt war es nicht mehr gleichgültig, ob jeder selbst kommen mußte oder einen Sellvertreter schicken durfte, ob der Beklagte seine Sache mittelst Exceptionen in einem Proceß erledigen konnte, oder nach alter Weise mittelst eines besonderen Processes. Ob das spätere römische Recht dieser Rücksicht aber nicht auf Kosten anderer nicht minder gewichtiger Interessen einen ungebührlichen Einfluß vergönnt hat, das ist eine Frage, auf die ich mir die Antwort für das dritte System vorbehalte.

So schrumpfen also die scheinbaren Gebrechen des alten Processes vom Standpunkt der damaligen Zeit fast auf Nichts zusammen, und wenn einmal der Werth einer Einrichtung sich nach dem Verhältniß ihrer Vortheile und Nachtheile bestimmt, so wird das Urtheil über den Werth des altrömischen Processes — ich meine nicht bloß seinen Kunstwerth, sondern auch seinen praktischen Werth für das römische Leben — nicht lange zweifelhaft sein können.

Die genaue Sonderung der verschiedenen Seiten des Rechtsverhältnisses: der Ansprüche und Gegenansprüche, die größtmöglichste Beschränkung und zugleich die schärfste Präcisirung der Streitfrage, die Fixirung der richterlichen Aufmerksamkeit auf den wesentlichen Punkt, bis zur Unmöglichkeit des Abirrens, die Einfachheit, Raschheit und Sicherheit der Proceßmaschinerie — das sind die Eigenschaften, die den praktischen Werth des altrömischen Processes bestimmen und ihn für immer nicht bloß zu einem höchst anziehenden Gegenstand historischer Untersuchung, sondern zugleich zu einer überaus werthvollen Quelle der Belehrung erheben. Aber freilich wenn irgendwo der Satz gegolten hat: jus civile vigilantibus scriptum est,[168] so war es im alten Proceß. Zum bequemen Sichgehenlassen war die Maschine nicht eingerichtet. So geringe Anforderungen sie an den Richter stellte, dem die Frage zur Beantwortung überwiesen war, so hohe an den Magistrat und die Partheien. Wenn sie sich versahen, wenn die Parthei rechtzeitig eines Umstandes zu gedenken vergaß, der auf die Wahl der Klagformel von Einfluß hätte werden können, oder wenn eine Fragstellung gewählt ward, die dem Stande der Sache nicht adäquat war, kurz wenn der Proceß bei der Instruction vor dem Magistrat, auf der recht eigentlich der Schwerpunkt des ganzen Verfahrens beruhte, durch ungeschickte Hände in eine verkehrte Bahn geleitet ward — dann allerdings rollte er unaufhaltsam fort, und das kleinste Versehen rächte sich durch den Verlust der ganzen Sache. Aber das ist ein Fehler, wenn man ihn einmal so nennen will, der von der Idee des Processes unzertrennlich ist, und der in unserm heutigen Proceß nicht minder wiederkehrt, als im spätern Formularproceß. Gleichwohl genügte er, um die Beschreitung des Rechtswegs ohne einen erfahrenen Führer zu einem höchst mißlichen Unternehmen, m. a. W. um den Juristen unentbehrlich zu machen.[169] Daß seine Hülfe gern gewährt ward, schloß nicht aus, daß nicht der Laie den Druck dieser Nothwendigkeit empfand, und wenn sich die Sage bilden konnte, die Juristen hätten in alter Zeit aus dem Recht ein Geheimniß gemacht, so wird dies jedem, der mir bisher gefolgt ist, vollkommen begreiflich erscheinen.

Wer den hohen Einfluß zu würdigen weiß, den knappe, strenge Formen auf die innere Entwicklung des Rechts ausüben, für den wird es weder einer Ausführung, noch Rechtfertigung bedürfen, wenn ich schließlich mein Urtheil über die historische Bedeutung des altrömischen Processes für die Gesammtentwickelung des römischen Rechts in den Satz zusammenfasse: was der Körper für den Geist, das war die analytische

168) L. 24 i. f. quae in fraud. (42. 8).
169) Darüber habe ich mich schon §. 42 ausgesprochen.

Structur des Processes für die Analytik der Begriffe — ohne den altrömischen Proceß gäbe es muthmaßlich kein heutiges römisches Recht.

B. Das Rechtsgeschäft.

Correspondenzverhältniß in der Structur des Processes und Rechtsgeschäfts. — Der Grundsatz der Einfachheit des Rechtsverhältnisses. — Der Gedanke der Concentration des Rechtsgeschäfts: Simultaneität des Akts, des Thatbestandes und der Wirkungen (Bedingung und dies).

LIII. Das Rechtsgeschäft ist die Form, in welcher der subjective Wille innerhalb der ihm vom Recht angewiesenen Schranken seine rechtschöpferische Thätigkeit entfaltet. Nur insoweit er diese Gränzen innehält, schafft er wirklich; darüber hinaus bleibt sein Handeln entweder jeder Wirkung beraubt, ist ein leerer, nichtiger Akt, oder die Wirkung kehrt sich als negative gegen ihn, nämlich als Verpflichtung, das Geschehene ungeschehen zu machen (Strafe, Schadensersatz), jenes, wenn der Wille sich mit einem Rechtsbegriff, dieses, wenn er sich mit einem Verbot in Widerspruch befindet — über den Rechtsbegriff hinaus gibt es kein rechtliches Können, über das Verbot hinaus kein Dürfen.

Bezeichnen demnach die Rechtsbegriffe das Maß und den Umfang des Könnens, so gewähren sie damit zugleich die Mittel zur analytischen Bestimmung desselben: die Analyse des Rechtsgeschäfts beruht auf der der Begriffe. Nur dadurch, daß das Rechtsgeschäft auf vorhandene Begriffe zurückgeführt werden kann, gewinnt es rechtlichen Bestand, denn was nicht abstract möglich ist, kann auch nicht concret wirklich werden. Das Gebiet des Möglichen aber fällt zusammen mit der Summe der anerkannten Rechtsbegriffe. Die Voraussetzung für das rechtliche Handeln ist eben eine ganz andere, als für das factische; letzteres ist erlaubt, wenn es nicht verboten ist. Aber diese bloß negative und abstracte Voraussetzung der Abwesenheit eines Verbots ist für das Rechtsgeschäft, dessen Wirksamkeit eben nicht wie die des factischen Handelns auf einem körperlichen Druck, sondern auf geistiger Kraft beruht, nicht ausreichend, sondern seine Voraussetzung ist wesentlich positiver Art.

Beruht die Gültigkeit des Rechtsgeschäfts auf seiner Reducirbarkeit auf bekannte Begriffe, seiner analytischen Löslichkeit, versagt m. a. W. der Jurist die Anerkennung jedem Rechtsgeschäft, das er sich nicht denken kann, so scheint damit der Verkehr in höchst bedenklicher Weise von dem „Denken" des Juristen in Abhängigkeit gesetzt worden zu sein. Das Bedürfniß und die Erfindungskraft des Verkehrs reichen stets weiter, als das juristische Denken; letzteres ist stets, so paradox es klingen mag, hinter der Zeit und dem Leben zurück, so wie das Bewußtsein zurück ist hinter dem Gefühl; wie also kann man verlangen, daß erstere sich letzterem unterordnen sollen? In Wirklichkeit ist dies aber auch keineswegs der Fall, denn wo zwischen beiden ein Widerspruch besteht, und die Jurisprudenz nicht etwa schon durch geschickte Benutzung des vorhandenen Materials denselben zu schlichten vermag, wovon uns die juristische Oekonomie des alten Rechts (§. 56) Beispiele in reicher Menge bringen wird, bleibt der Jurisprudenz eben nichts übrig als sich dem Drange des praktischen Lebens zu fügen und ihr Denken, ihren geistigen Horizont entsprechend zu erweitern. Die ersten Regungen, Ansätze und Versuche zur Einführung des Neuen mögen immerhin an dem Widerstande der Jurisprudenz scheitern, dem fortgesetzten Andrängen hält derselbe nirgends Stand.

Das Erforderniß der analytischen Löslichkeit des Rechtsgeschäfts enthält keine Beschränkung in Bezug auf die Zahl und die Art der zu einem und demselben Rechtsgeschäft zu combinirenden Begriffe. Die verschiedenartigsten Rechtsverhältnisse lassen sich, insofern keine besonderen Formvorschriften für sie aufgestellt sind, durch einen und denselben Akt ins Leben rufen, so daß also

z. B. Uebertragung des Eigenthums,[170] Bestellung von Servituten und Hypotheken, Begründung von Obligationsverhältnissen, Cession von Forderungen, Aufgabe von Rechten aller Art zu einem einzigen Rechtsgeschäft zusammengefaßt werden dürfen.

Aber ist ein solches Rechtsgeschäft in der That ein einziges zu nennen? Legt man den obigen Gesichtspunkt, daß die Analytik der Rechtsgeschäfte und folglich ihre Individualität in den Rechtsbegriffen ruht, zu Grunde, so wird man die Frage verneinen und vielmehr sagen müssen: es liegen hier so viel Rechtsgeschäfte als Rechtsverhältnisse vor, jene werden zwar sämmtlich durch einen und denselben äußern Akt vollzogen, allein dies schließt für sie die Möglichkeit und Nothwendigkeit einer Unterscheidung eben so wenig aus, wie die Verbindung mehrerer Klagen zu einer einzigen Klagschrift — es gibt einfache und combinirte Rechtsgeschäfte, der Begriff der Cumulation der Klagen findet sein Seitenstück an der Cumulation mehrerer Rechtsgeschäfte zu einem einzigen.

Die historische Entwickelung beider Begriffe im römischen Recht hat nicht gleichen Schritt gehalten. Während noch die neuere Jurisprudenz im Ganzen und Großen an dem hergebrachten Verbot der Klagencumulation festhält (S. 34), hat sie dagegen für das Rechtsgeschäft, insoweit sie freie Hand hatte d. h. für die formlosen Verträge und Akte des neuern Rechts, dem Gedanken der Cumulation keinen Widerstand entgegengesetzt. Diese Verschiedenheit hängt damit zusammen, daß die Strenge der Disciplin nicht bloß dem Proceß nöthiger ist, als dem Leben, sondern daß sie sich für ihn zugleich leichter erzwingen läßt. Mit dem Verschwinden der meisten römischen Geschäftsformen im justinianeischen und heutigen Recht hat die Möglichkeit einer Cumulation der Rechtsgeschäfte noch beträchtlich an Ausdehnung gewonnen, und es sind fast nur noch das Testament und die modernen Formen des Handels- und Seerechts, welche sich ihr entziehen.

170) Selbst ohne den äußern Akt der Tradition durch die traditio brevi manu und das constitutum possessorium.

Mit welchen Augen die altrömische Jurisprudenz sie betrachten mußte, werden wir nicht erst zu sagen haben. Eine Jurisprudenz, die den Grundsatz der analytischen Einfachheit, den Gedanken, daß das, was begrifflich eins ist, sich auch bei seinem äußern Auftreten in concreter Gestalt als solches erweisen müsse, bei der Organisation des processualischen Verfahrens mit solcher eisernen Consequenz zur Geltung gebracht hatte, wäre auf halbem Wege stehen geblieben, wenn sie sich bei der Gestaltung der Ordnung des Rechtsgeschäfts seiner hätte entschlagen wollen. Wenn man einmal dem Proceß die Einrichtung gab, daß nur ein einfaches Rechtsverhältniß Zutritt zu ihm finden konnte, was lag näher, als den Zersetzungszwang rückwärts über den Proceß hinaus so weit zurückzuerstrecken, als man es in der Hand hatte, d. h. bis zur Begründung des Rechtsverhältnisses durch Rechtsgeschäft? Was im Proceß sich scheiden mußte, warum sollte es im Rechtsgeschäft vereint sein? Erst wenn letzteres demselben Gesetz der Analyse unterworfen war, das für jenen galt, war dem Keim der Unordnung und Verwirrung, die jede Vermischung verschiedener Rechtsverhältnisse in sich schließt, gründlich vorgebeugt. Rechtsbegriff, Rechtsgeschäft und Rechtsverfolgung oder Klage bilden unter dieser Voraussetzung eine fortlaufende Linie, oder richtiger drei sich streng aneinander anschließende und sich deckende Größen: die dialektische Fortbewegung eines und desselben Gedankens.

In der That hat die ältere Jurisprudenz diesen höchst einfachen und nicht minder fruchtbaren und genialen Gedanken mit ihrer bekannten Energie erfaßt und verwirklicht. Rücksichtlich der Klage ist dies früher nachgewiesen, rücksichtlich des Rechtsgeschäfts soll es an dieser Stelle geschehen.

Die Congruenz zwischen der Klage und dem Rechtsgeschäft beschränkt sich aber keineswegs auf diese ihre gemeinsame Uebereinstimmung mit dem Begriff, den sie verwirklichen, so daß sie unter sich nur gleich wären, weil sie mit einem Dritten gleich sind, sondern sie erstreckt sich auch auf das, worin sie durch den Begriff nicht weiter beeinflußt werden: das rein Mechanische ihrer Structur.

Schon bei einer andern Gelegenheit, nämlich in Bezug auf das Formelwesen (II. 609), ist das Correspondenzverhältniß zwischen der Begründung und gerichtlichen Geltendmachung des Rechts von uns nachgewiesen worden. Dieses wiederholt sich nun bei der gegenwärtigen Gelegenheit in einer Weise, daß man über die Absicht und Planmäßigkeit desselben gar nicht im Zweifel sein kann. Die Verwandtschaft der analytischen Structur des Processes und des Rechtsgeschäfts documentirt nicht bloß die Gemeinsamkeit ihrer beiderseitigen Abstammung von denselben Meistern, sondern ungleich mehr als das: die Gemeinsamkeit oder richtiger Gegenseitigkeit ihrer Bestimmung — beide sind gegenseitig auf einander berechnet, es besteht zwischen ihnen kein bloßer Parallelismus, sondern ein Correspondenzverhältniß.

Die Erkenntniß dieses Verhältnisses ist für die Reproduction der Theorie des alten Rechtsgeschäfts von maßgebendem Einfluß; mittelst ihrer wird es uns möglich werden, aus den bloßen Bruchstücken, welche uns überliefert sind, ein Ganzes herzustellen und die Lücken des Materials zu ergänzen, vor allem aber zu scheiden, was von der Theorie des Rechtsgeschäfts der alten, und was der neuen Zeit angehört. In unsern Quellen liegt beides ungeschieden nebeneinander: bei diesem Verhältniß die Einschärfung einer Regel, die bei jenem hintenangesetzt wird, bei demselben Institut Strenge in der einen und Nachgiebigkeit in der andern Richtung. Nur innere Kriterien: die Erkenntniß des Gegensatzes der älteren und neueren Methode, können hier einen Anhaltspunkt liefern, um künstlich diesen Knäul von Rechtssätzen, die ganz verschiedenen Epochen der Jurisprudenz entstammen, zu entwirren.

Die zwei Grundgedanken der processualischen Analytik bestanden, wie früher gezeigt, in dem durch das Actionensystem gesicherten Grundsatz der Einfachheit des Rechtsverhältnisses (§. 51), oder negativ ausgedrückt: in der Unzulässigkeit der Klagencumulation und in dem Gedanken der Concentrirung der gesammten processualischen Action auf den Moment der Litiscontestation (S. 24). Ueberzeugen wir uns, daß beide Grundgedanken mit den eigenthümlichen Modificationen, welche die besondere Natur des Rechtsgeschäfts mit sich brachte, in der Structur des letztern sich wiederholen.

I. Grundsatz der Einfachheit des Rechtsverhältnisses.

Wenn ich früher die römische Actio sowohl in formeller als materieller Beziehung als Individuum bezeichnet habe (II. 38 III. 32), so darf ich denselben Ausdruck auch auf das Rechtsgeschäft anwenden. Das Individualitätsmoment beider beruht auf dem Recht, das sie zum Gegenstande haben; derselbe Grundsatz, den wir für den Proceß nachgewiesen haben: so viel Ansprüche, so viel Klagen, gilt auch für das Rechtsgeschäft: so viel Ansprüche, so viel Rechtsgeschäfte.

Soll diese Behauptung richtig sein, so muß nicht bloß die Cumulation ungleichartiger Geschäfte, z. B. der Eigenthumsübertragung und der Begründung von Servituten und Obligationen, sondern auch die gleichartiger Geschäfte wie z. B. der Uebertragung mehrerer Sachen oder der Bestellung mehrerer Servituten durch einen Mancipationsakt ausgeschlossen gewesen sein. Untersuchen wir, ob dies wirklich der Fall war.

Das neuere römische Recht kennt gewisse Verhältnisse, bei denen die zwei Grundelemente des Rechts, welche sonst so weit auseinander gehen, das dingliche und obligatorische, sich zu einer systematischen Einheit verbinden, nämlich das pignus, die superficies und die emphyteusis. Beide Seiten dieser Verhältnisse, die dingliche (das jus in re) und die obligatorische (der Contract) werden hier durch einen und denselben Akt ins Leben gerufen, können es wenigstens. So das neuere Recht; ganz anders aber das ältere. Das Verhältniß, bei welchem dem ältern Recht die Combination des dinglichen und obligatorischen Elements zuerst entgegentrat, war der Usus fructus. Die Art, wie es diese Combination technisch vollzog, ist von der des neuern Rechts völlig abweichend; anstatt wie letzteres die beiden Elemente zur Einheit des

Akts zusammenschmelzen zu lassen, hält es dieselben, wie sie im Begriff innerlich geschieden waren, so auch im Rechtsgeschäft äußerlich auseinander, d. h. es erfordert für jedes derselben einen besonderen Akt, für das jus in re die in jure cessio, für das Obligationsverhältniß die Stipulation (cautio usufructuaria). Man wende nicht ein, daß die Verbindung des dinglichen und obligatorischen Elements beim Ususfructus eine minder innige sei, als bei den drei andern Verhältnissen. Das obligatorische Band ist dem einen Verhältniß ganz eben so nothwendig und unentbehrlich wie dem andern.[171] Die Verschiedenheit ihrer Structur läßt sich mithin nur auf technische Gründe zurückführen, und sie ist um so bezeichnender für die Methode der Jurisprudenz, als ja das Verhältniß selber der unbefangenen Betrachtung nicht minder den Eindruck der Einheit macht, als die oben genannten Verhältnisse — die Verschiedenheit ihrer Structur hat durchaus keinen innern, sondern lediglich einen historischen Grund, ihr erstes Auftreten und die daran sich reihende technische Gestaltung fällt in zwei ganz verschiedene Perioden der juristischen Technik.

Aber diese Auffassung hat noch erst ihre Probe zu bestehen. Läßt sich aus dem ältern Recht nur ein einziges Beispiel beibringen, in dem ein und derselbe Akt zugleich dingliche und obligatorische Wirkungen hervorbrachte, so ists um die Richtigkeit jener Auffassung geschehen. Und in der That scheint der bekannte, bereits oft erwähnte (II. 515 u. a.) Satz der XII Tafeln über die verbindende Kraft der bei Gelegenheit der Mancipation, also der Eigenthumsübertragung verlautbarten obligatorischen Bestimmungen ein solches Beispiel zu gewähren.

Die einzige quellenmäßig bezeugte obligatorische Wirkung, welche sich an die Mancipation knüpfte, bestand in der actio auctoritatis: der Klage aufs Doppelte im Falle der Entwährung.

---

171) L. 6 pr. ut in poss. (36. 4), L. 1 L. 4 Cod. de usufr. (3. 33), L. 7 Cod. ut in poss. (6. 54). R. Elvers Die römische Servitutenlehre. S. 554 ff.

Wäre diese Klage in Wahrheit eine Wirkung der Mancipation als solcher gewesen, so hätte sie in allen Fällen der Mancipation eintreten müssen, einerlei ob die letztere auf Grund eines Kaufs oder einer Schenkung erfolgt wäre. Dies war aber keineswegs der Fall. Jene Klage nämlich war vielmehr bedingt durch zwei der Mancipation völlig fremde Voraussetzungen, die: daß die Mancipation in Folge eines Kaufcontracts erfolgt und die: daß der Kaufpreis bezahlt war. Demnach bildete die Mancipation für sie nicht den Grund, sondern bloß eine ihrer Voraussetzungen, und so wenig man die Usucapion darum, weil sie unter ihren Voraussetzungen ein obligatorisches Geschäft (titulus) zählt, als Wirkung der Obligation bezeichnen darf, eben so wenig die obige Klage als Wirkung der Mancipation. Am richtigsten dürfte man in ihr wohl eine qualificirte Diebstahlsklage erblicken.[171a]) Der Verkäufer hat durch das Geschäft den Käufer um den Kaufpreis gebracht, ein furtum nec manifestum an ihm begangen und haftet in Folge davon aufs Doppelte.[172]) Wie wenig die Worte der XII Tafeln über die Mancipation, wenn sie wirklich einen obligatorischen Sinn gehabt hätten, von den römischen Juristen in diesem Sinn verstanden worden sind,[173]) geht schlagend daraus

---

171a) Was Leist, Mancipation und Eigenthumstradition, Jena 1865 S. 127 dagegen einwendet, kann auf sich beruhen bleiben.

172) So erklärt sich auch, daß das Doppelte als nothwendige, unabänderliche Folge der Eviction bezeichnet wird, während wenn der Vertrag als Grundlage gegolten hätte, nicht abzusehen wäre, warum die Partheien durch Vereinbarung den Betrag der Evictionsleistung nicht hätten erhöhen oder verringern können. — In welchem Lichte mir die Idee erscheinen muß, den Anspruch auf Evictionsleistung wegen einer mancipirten und tradirten res mancipi als einen Fall einer per aes et libram begründeten Schuld aufzufassen (Huschke: Gajus, Beiträge u. s. w. S. 100) und wie ich demnach über das: secundum „mancipium", das dieser Schriftsteller statt des früher von ihm beliebten „lege mancipii" in den Text von Gaj. III. 174 aufgenommen hat, denke, brauche ich nicht erst zu bemerken.

173) Welcher Sinn für sie außerdem noch erübrigte, habe ich bereits angegeben (II. 531); an Beispielen ähnlicher restrictiver Interpretationen fehlt es bekanntlich dem ältern Recht nicht, s. II. 441 flg.

hervor, daß sie dem Nebenvertrag der fiducia die Aufnahme in die Mancipationsformel versagten und ihn in die Form eines selbständigen, ursprünglich klaglosen Nebenvertrags, ich möchte sagen eines geheimen Artikels (II. 515), wiesen. Hätte er in jener Formel Platz finden können, so würde er, wie alle andern obligatorischen Akte des alten Rechts, eine actio stricti juris erzeugt haben, während die aus ihm entspringende Klage in Wirklichkeit eine act. bonae fidei war, eine Klage, die an dem harten Stamm der mancipatio eben so wenig gewachsen sein kann, wie eine Rose an einem Eichbaum.[174])

Eine interessante Parallele zu der fiducia und damit zugleich einen neuen Beleg für unsere Ansicht gewährt die Form der dem Sklaven bei seiner Freilassung von seinem Herrn auferlegten Verpflichtung zu Dienstleistungen (operarum obligatio). Wenn man erwägt, daß diese Auflage bei dem Akte der Freilassung und vor der Obrigkeit erfolgte,[175]) so wird man den Grund, warum sie nicht als Modus in die Formel der Manumission aufgenommen ward, sondern sich gleich der fiducia mit der Form eines mehr in das Gewissen (fides) geschobenen Nebenvertrages (Eid) begnügen mußte, abermals nur in unserm obigen Princip erblicken können: daß ein und derselbe Akt nicht zwei systematisch verschiedene Wirkungen (Freiheit und Obligation) hervorzubringen vermochte.

Demnach nehme ich keinen Anstand, den Satz aufzustellen, daß kein Akt des älteren Rechts zugleich dingliche und obligatorische Wirkung hervorbrachte, daß vielmehr derselbe scharfe Gegensatz,

---

174) Bei Gelegenheit der Frage von dem Alter der actiones bonae fidei werde ich darauf zurückkommen. — Das Argument, das man aus L. 48 de pact. (2. 14) Gajus ad legem XII tabul. entnehmen könnte, wird keiner Widerlegung bedürfen.

175) Und zwar, wie es scheint, zum Zweck einer im Interesse beider Theile angeordneten Mitwirkung des Magistrats arg. L. 47 de oper. lib. (38. 1) .. Praetorem non pati, Cic. ad Attic. VII, 2 a. E. .. in eo, qui aedem liber non juraret.

der im älteren Recht zwischen den Begriffen eines dinglichen und obligatorischen Rechts bestand, sich auch auf die Begründung derselben durch Rechtsgeschäft erstreckte.

Wie Eigenthum und Obligation, so sind auch Eigenthum und Servitut systematisch verschieden; es müßte mithin unserem Princip zufolge eine Cumulation beider zu einem Rechtsgeschäft unstatthaft gewesen sein. Dem scheint jedoch die Möglichkeit der Deductio von Servituten bei Gelegenheit einer solennen Eigenthumsübertragung zu widersprechen.[176] In Wirklichkeit aber verwandelt sich dieser Schein des Widerspruchs gerade in eine Unterstützung unserer Ansicht, denn die Form, in der jene Servitutbestellung erfolgte, bestätigt unsern Grundsatz gerade durch die Art, wie sie ihm ausweicht. Es wird nämlich der Sache die Gestalt gegeben, als ob bloß ein Akt, nämlich eine Eigenthumsübertragung vor sich gehe, aber an einem mit der gewünschten Servitut belasteten Grundstück. Nicht also ist der Hergang so zu denken, als ob der Mancipant erst Eigenthum übertrüge und sodann der Empfänger auf Grund des so eben erworbenen Eigenthums die Servitut bestellte — dann würden in der That juristisch zwei Rechtsgeschäfte vorliegen, und es würde in Bezug auf die Servitut die Veräußerungsbefugniß in der Person des Empfängers in Frage kommen — sondern der Mancipant behält von dem, was er überträgt, etwas zurück, er zieht etwas ab (deducit) — eine Wendung im Geist der analytischen Methode, zu welcher der Proceß in dem „cum deductione und compensatione agere" (S. 79) ein Seitenstück darbietet, und deren materielle Statthaftigkeit die alten Juristen auf die oben in Bezug genommenen Worte der XII Tafeln über die Mancipation stützen konnten. So wenig wie die Klage des Argentarius juristisch zwei Forderungen, so wenig hatte jener Akt zwei dingliche Rechte zum Gegenstande; das vorbehaltene Recht fungirte hier, wie bei der Subtraction, nur als

---

176) Gaj. II, 33. Vat. fragm. §. 47, 50, 51 und oben Note 89; Dirksen Vermischte Schriften I. S. 110.

Subtractionsfactor. In consequenter Durchführung dieses Gesichtspunktes muß es verstattet gewesen sein, auch mehrere Servituten vorzubehalten z. B. gleichzeitig den Nießbrauch, eine Weggerechtigkeit u. a., während ein Gleiches meiner Meinung nach bei selbständiger Bestellung der Servituten schlechthin ausgeschlossen war, — wo die Einheit bloß auf dem Minuendus beruht, ist die Mehrheit der Subtrahenden gleichgültig. Hätte das ältere Recht bereits die übrigen jura in re gekannt, so würde es rücksichtlich ihrer sich sicherlich ganz desselben Mittels bedient haben, und den Grund, daß dasselbe bei letztern nicht erwähnt wird, vermag ich daher nicht [177]) in einer systematischen Verschiedenheit derselben von den Servituten, sondern nur in rein historischen Verhältnissen zu erblicken.

Das Gegenstück zu dem eben besprochenen Fall liefert die Bestellung von Prädialservituten zu Gunsten des Erwerbers. Der bisherige Eigenthümer führt unter den dem zu übertragenden Grundstücke zustehenden Servituten auch diejenige auf, welche er auf das von ihm zurückbehaltene Grundstück übernehmen will, es erscheint also auch hier wiederum die Servitutbestellung nicht als besonderes Rechtsgeschäft, sondern als eine Modalität der Eigenthumsübertragung. Während das praedium in jenem Fall als serviens, wird es in diesem als dominans übergeben. [178])

Damit ist das dürftige Material, welches unsere Quellen uns meines Wissens für die Frage von der Cumulation mehrerer ungleichartiger Rechtsgeschäfte darbieten, erschöpft. Es verbleibt uns jetzt noch die Frage von der Möglichkeit der Verbindung mehrerer gleichartiger Rechtsgeschäfte zu einem Akt.

Halten wir uns hier an die drei Grundformen des römischen Geschäftslebens (§. 46): die mancipatio, in jure cessio und

---

177) Wie Dirksen a. a. O. S. 119 es thut.

178) L. 3 L. 6 pr. L. 7 pr. Comm. praed. (8. 4). Daß ich, was hier von der traditio gesagt wird, auf die beiden Geschäftsformen im Texte beziehe, wird keiner Rechtfertigung bedürfen.

stipulatio, so darf zunächst für die in jure cessio, wenn sonst der Schluß von der Vindication auf sie ein berechtigter ist, die Unzulässigkeit einer solchen Cumulation unbedenklich behauptet werden. Konnte man nicht mehrere Gegenstände mit einem Male vindiciren, so konnte man sie auch nicht durch Scheinvindication mit einem Male vor Gericht abtreten; dem Satz: so viel Gegenstände, so viel Vindicationen (S. 31), muß der entsprochen haben: so viel Gegenstände, so viel Akte der in jure cessio. So weit, wie das ausschließliche Gebiet der in jure cessio (II. 535) wird sich mithin auch der Grundsatz der Unzulässigkeit der Cumulation der dadurch zu bewerkstelligenden Geschäfte erstreckt haben, so daß also z. B. die Emancipation mehrerer Kinder oder die Freilassung mehrerer Sklaven durch einen Akt ausgeschlossen gewesen sein wird.

Für die mancipatio hat jener Schluß von der rei vindicatio keine Geltung, und von ihr ist wenigstens in einer Anwendung, nämlich hinsichtlich der Eigenthumsübertragung, die Möglichkeit einer Cumulation ausdrücklich bezeugt. Von beweglichen res mancipi, sagt Ulpian (Fragm. XIX, 6), lassen sich mit einem Male so viele mancipiren, als man mit der Hand fassen kann, von unbeweglichen so viel, als man Lust hat. Daß dieser Rechtssatz bereits dem älteren Recht bekannt gewesen, muß ich bezweifeln. Ich will dem Umstande, daß Gajus bei seiner Darstellung der mancipatio (I, 119—122) Nichts von ihm zu melden weiß, keine allzuhohe Beweiskraft beilegen, obgleich er doch immer mit ins Gewicht fällt; allein wer mir bisher gefolgt ist und eine Anschauung gewonnen hat von dem analytischen Geiste, der die ganze alte Jurisprudenz beseelt, von der Strenge und Folgerichtigkeit ihrer Methode, der wird, wie ich glaube, nicht anstehen, meinen Zweifel zu theilen. Man könnte mir den Einwand machen, daß die Beschränkung der Mancipation auf einen einzigen Gegenstand in gewissen Anwendungsfällen z. B. bei der Uebertragung einer Heerde mit zu großen praktischen Unzuträglichkeiten verbunden gewesen sei. Allein abgesehen davon, daß sich für diesen Zweck die in jure cessio darbot (nach dem Vorbild der Vindication einer Heerde) (S. 38), so dürfte die Unbequemlichkeit nicht allzu hoch anzuschlagen sein, indem mit Hülfe einiger Sklaven, die bekanntlich der Mancipation fähig waren,[179] auch die stattlichste Heerde sich stückweis in kürzester Zeit mancipiren ließ.

Die Stipulation kann den verschiedenartigsten Obligations-Stoff: ein Geben, Thun und Unterlassen in beliebiger Häufung und Mischung in sich aufnehmen, es steht also nichts im Wege, die mannigfaltigsten materiellen Verträge: das Darlehn, den Kauf- und Miethcontract, die Societät u. s. w. zusammen in eine einzige Stipulation zu werfen. Daß dies bereits im alten Recht so gewesen, glaube ich ebenfalls in Zweifel ziehen zu sollen. Nicht etwa bloß auf die abstracten Schlußworte der Stipulation: spondesne spondeo legte die alte Zeit das entscheidende Gewicht, so daß die Verschiedenheit des Inhalts gar nicht weiter in Betracht gekommen wäre, sondern jene Worte hatten ursprünglich für die Stipulation keine geringere und höhere Bedeutung, als die: ajo . . meum esse für die in jure cessio und mancipatio, d. h. sie kennzeichneten das Geschäft der Gattung, nicht aber der Art nach, das eigentliche Individualitätsmoment aller dieser Geschäfte aber beruhte auf dem Gegenstand, dem Inhalt, und so wenig man auf den Grund hin die in jure cessio einer körperlichen Sache, einer Erbschaft, Servitut, Tutel hätte verbinden dürfen, weil das Schema ajo . . meum esse bei allen dasselbe war, eben so wenig meiner Ansicht nach auf denselben Grund hin mehrere juristisch verschiedene Obligationsstoffe zu einer Obligation. Eine stipulatio emti, venditi, locati, conducti erschien den alten Juristen sicherlich nicht minder als juristisches Individuum, als nur irgend eines der so eben genannten Geschäfte.[181] Für alle

---

179) Gaj. II, 87.

181) Das Individualitätsmoment fand in gewissen Schlagworten seinen formellen Ausdruck, ohne den schwerlich ein alter Jurist den bestimmten Contract angenommen haben würde, so z. B. die stipulatio emti in den Worten habere recte licere (vergl. die Beispiele bei Varro de re rust. II. 2, 3, 4),

Verträge gab es in alter Zeit bestimmte Formulare, und obgleich der Gebrauch derselben frei war, wie schon aus der Erwähnung mehrerer Formulare für ein und dasselbe Geschäft hervorgeht,[182] so hielt doch der Verkehr aus gutem Grunde (II. 284 fl.) die Bahnen inne, die ihm in den verschiedenen Formularen übereinstimmend vorgezeichnet waren, und gerade dieser Umstand, die Gewöhnung an den Gedanken, daß es für jedes Geschäft eines besonderen Formulars bedürfe, wird den der späteren Zeit so geläufigen Gedanken, verschiedenartige Geschäfte und Formulare zu einem einzigen Stipulations-Ganzen zu verbinden, in alter Zeit gar nicht haben aufkommen lassen. Und wozu auch? Um das spondesne spondeo statt zehn Mal bloß ein Mal auszusprechen? Und um dieses Vortheils willen hätte man die sonst so strenge gehüteten Elementarbegriffe der juristischen Methode verläugnen und sich in die Lage versetzen sollen, aus dieser eine. Stipulation auch eine einzige Klage (S. 40) zu geben?

Nur ein einziges Geschäft gab es, bei dem unser Grundsatz der Einfachheit nicht zur Anwendung kam und kommen konnte: das Testament. Dasselbe war jedoch nicht sowohl ein einziges Rechtsgeschäft, als ein ganzer Complex von Rechtsgeschäften verschiedenster Art: von Erbeseinsetzungen, Vermächtnissen, Freilassungen, Vormundschafts-Ernennungen. Alle diese Verfügungen, im übrigen von höchst verschiedenem juristischem Charakter, trafen nur darin zusammen, daß sie sämmtlich auf die Voraussetzung des Todes des Erblassers gestellt waren. Es ergibt sich daraus, wie verkehrt es sein würde, das Testament mit einem Rechtsgeschäft unter Lebenden auf eine Linie zu stellen. Das richtige Verhältniß ist vielmehr das, daß auf der einen Seite das Testament steht als Inbegriff sämmtlicher letztwilliger Rechtsgeschäfte, auf der andern Seite aber ihm gegenüber die Gesammtsumme aller denkbaren

die stipul. conducti in den Worten: frui licere (Stellen bei Dirksen Manuale unter frui).

182) Varro de re rust. II. 2, 5.

Rechtsgeschäfte unter Lebenden. Das Eigenthümliche der letztwilligen Autonomie im Gegensatz zu der unter Lebenden besteht darin, daß während letztere sich nur in einzelnen Akten äußert, sich aber nicht zu einem einzigen Gesammtakt zusammenzufassen vermag, jene umgekehrt nur in der letztern Form zur Ausübung gelangt — ein Grundsatz, den das neuere römische Recht zwar mittelst der Codicille zum Theil verlassen, dagegen für den wesentlichen Inhalt des Testaments: die Erbesernennung unverändert beibehalten hat. So repräsentirt uns also das Testament gewissermaßen die eine Hälfte der gesammten Autonomie des Subjekts und verhält sich zu den bisher betrachteten Rechtsgeschäften unter Lebenden ungefähr ebenso, wie die Erbschaft zu den einzelnen Vermögensrechten, und wir dürfen dasselbe in Nachbildung der Ausdrücke Universal- und Singularsuccession etwa als Universalgeschäft gegenüber dem Singulargeschäft bezeichnen. Was die Römer veranlaßt hat, im Gegensatz zu dem für das letztere geltenden Grundsatz der nothwendigen Trennung für die letztwilligen Geschäfte umgekehrt den Grundsatz der nothwendigen Concentration aufzustellen, ist nicht schwer abzusehen. Zunächst bietet sich ein historischer Grund dar in der ursprünglichen Form der Testamentserrichtung in der Volksversammlung. Ich habe mich früher (I. 47) dafür ausgesprochen, daß das Volk die Testamente nicht bloß einfach zu vernehmen hatte, sondern daß es sie prüfen und mithin auch verwerfen durfte, und ich bin in der Lage, den dort benutzten Gründen noch einige andere auf die gegenwärtige Veranlassung bezügliche von erheblichem Gewicht hinzufügen zu können. Sollte dem Volke ein wirkliches Urtheil ermöglicht werden, so mußte der Testator ihm den ganzen von ihm entworfenen Plan der Beerbung mittheilen. Nur in diesem Gesammtzusammenhange ließen die einzelnen Bestimmungen sich wahrhaft prüfen und beurtheilen, abgerissen von ihm als einzelne Modificationen der im übrigen eintretenden, dem Volke nicht weiter bekannt gemachten Intestaterbfolge aber eben so wenig, als ein einzelner Paragraph eines Contracts ohne Einsicht des ganzen

Documents. Welche Garantie aber gab es, daß der Testator wirklich den ganzen Plan vorlegte und nicht etwa bloß diejenigen Bestimmungen, welche aus dem Grunde der Sanction von Seiten des Volks bedurften, weil sie eine Abweichung vom Gesetz enthielten, während er sich in Bezug auf die übrigen der Aussicht getröstete, daß die Intestaterbfolge zur Anwendung kommen würde? Antwort: daß man ihm diese Aussicht auf die subsidiär zur Anwendung gelangende Intestaterbfolge völlig abschnitt, und diesen Zweck hatte meines Erachtens die bekannte Regel: nemo pro parte testatus, pro parte intestatus decedere potest. Dieser Satz, über dessen Bedeutung in unserer Literatur so viel völlig Ungesundes und Abentheuerliches zu Tage gefördert ist, enthält meiner Ansicht nach ein so unentbehrliches Complement des alten testamentum in comitiis calatis, daß er unter ähnlichen Verhältnissen anderwärts sofort und unabweisbar wieder in Geltung treten müßte. Ohne ihn hätte jeder Testator das Volk hintergehen und seine Zustimmung zu Anordnungen erschleichen können, die dasselbe bei Vorlegung des gesammten Successionsplans nie gebilligt haben würde, mittelst seiner also war dafür gesorgt, daß ein Testator, der das Volk betrügen wollte, sich selber betrog, sich in seinen eigenen Schlingen fing.[182a] Aber noch einen andern Ausweg gab es, den man ihm versperren mußte. Angenommen, seine Absicht ging darauf, einen seiner Söhne zu enterben, er wagte aber nicht, weil er sich nicht getraute, diese Maßregel vor dem versammelten Volk zu rechtfertigen und darum mit der Verwerfung dieser

182a) Wenn Unger, Verträge zu Gunsten Dritter (in meinen Jahrbüchern B. 10 S. 59) gegen die obige Deutung einwendet, daß „ihr zu Folge der auf die Hälfte eingesetzte Erbe gar nicht hätte zur Erbfolge gelangen, sondern daß die Intestaterbfolge hätte eintreten müssen", so erwidere ich, daß, wenn ein Testator dem Volk einen so absonderlichen Testamentsentwurf eingereicht hätte, ihm sicherlich die Frage nicht erspart geblieben wäre: warum bloß auf die eine Hälfte, was soll mit der andern werden? Ein solcher Entwurf wäre also in der Versammlung entweder sofort rectificirt worden, oder, wenn der Testator sich dazu nicht verstand, vom Volk verworfen worden.

Bestimmung zugleich die des ganzen Testaments fürchten mußte, dem Volk die Sache vorzutragen. In diesem Fall konnte er auf den Gedanken verfallen, das Dasein des Sohnes völlig zu verschweigen; hatte das Volk den Testamentsentwurf genehmigt, so war er völlig sicher, das Volk war hintergangen. Damit haben wir die Erklärung eines andern Satzes des altrömischen Erbrechts, nämlich des bekannten Satzes, daß der Testator seine sui entweder instituiren oder exherediren muß, nicht aber präteriren darf; thut er es dennoch, verheimlicht er also dem Volk das Dasein derselben, so fällt der beabsichtigte Schlag auf ihn selbst zurück, sein Testament wird je nach Umständen ganz oder zum Theil (das bekannte accrescere der Töchter und Enkel) nichtig, es tritt also bei dieser Erschleichung der Genehmigung des Volkes ganz dieselbe Wirkung ein, die das spätere Recht für das Erschleichen kaiserlicher Rescripte vorschreibt.[183]) Auch dieser Satz war vom Standpunkt der Verhältnisse aus, für die er berechnet war, in dem Maße nothwendig, daß er meiner Ueberzeugung nach bei gleichen Verhältnissen überall wieder zum Vorschein kommen mußte. Wenn derselbe auch noch nach der Aenderung der alten Testamentsform beibehalten ward, so hängt dies meiner Ansicht nach damit zusammen, daß er die einzige Handhabe bot, um einem Kinde, das entweder zur Zeit des Testaments noch nicht geboren oder aber vom Vater fälschlich für verstorben gehalten ward, den Zugang zum väterlichen Nachlaß zu verschaffen.

Der im Bisherigen entwickelte historische Grund für die Universalität oder die attractive Kraft des Testaments verlor mit Einführung des Mancipationstestaments seine Bedeutung. Wenn gleichwohl die römische Jurisprudenz noch geraume Zeit an diesem Gedanken festhielt, so vermag ich die Ursache davon nicht lediglich in dem Conservativismus der Römer zu erblicken — hat ja selbst unser heutiges Recht ihn in der Gestalt, die er im spätern römischen angenommen hat, nämlich in seiner Beschränkung auf die Erbes-

183) L. 2 Cod. si cont·· jus (I, 22) . . . . in tacendi fraude.

einsetzung adoptirt. Vielmehr müssen praktische Motive hinzugekommen sein, und sie bieten sich ungesucht dar in der aus einer Zersplitterung der einzelnen letztwilligen Akte leicht sich ergebenden Verwirrung und Unsicherheit und in dem dieser Gefahr begegnenden Bestreben, den Testator durch die vorgeschriebene Simultaneität seiner sämmtlichen letztwilligen Verfügungen zur Klarheit, zur einheitlichen Vergegenwärtigung ihres gegenseitigen Ineinandergreifens, kurz zur Klarheit über seinen ganzen Successionsplan zu zwingen.[183a]

II. Der Gedanke der Concentration des Rechtsgeschäfts.

Die glückliche Idee der Concentrirung des Processes auf den Moment der Litis-Contestation findet an dem alten Rechtsgeschäft ihr Seitenstück. Wie der ganze Proceß sich um diesen einen Punkt dreht (S. 24 flg.), und der Richter bei der Beurtheilung des Streitverhältnisses weder frühere, noch spätere Ereignisse ins Auge zu fassen hat, so bildet in gleicher Weise für alle Fragen, welche sich auf die Voraussetzungen und Wirkungen des *Rechtsgeschäfts* beziehen, der Moment der Vornahme desselben den Normalpunkt ihrer Beurtheilung. Auf diesen einen Punkt wird daher der ganze Thatbestand des Rechtsgeschäfts concentrirt, es versteinert sich in gleicher Weise, wie das Streitverhältniß, in *der* Gestalt, die es in diesem Moment an sich trägt, unempfänglich für alle Einwirkungen der Zukunft oder Nachwirkungen der Vergangenheit, ganz auf sich und seinen in ihm selbst zu Tage liegenden Inhalt beschlossen.

Drei Momente sind es, auf denen der gesammte Bestand des Rechtsgeschäfts beruht: der *Akt der Handlung*, seine *Voraussetzungen* (*der Thatbestand*) und seine *Wirkungen*.

183a) Ueber die Modification, welche dieser Gedanke im neuern Recht durch Zulassung des Codicills erleidet, s. u.

Untersuchen wir, wie der Gedanke der Concentration sich bei ihnen bethätigt.

1. Requisit der Einheit der Handlung.

Der Akt der Handlung muß ein einiger sein, er darf nicht gespalten, getheilt werden. Aber wer wird, kann man fragen, auch wohl auf die Idee kommen, eine Handlung, die er in einem Moment vornehmen kann, zu theilen, den Anfang eines Satzes jetzt, das Ende nach einer Stunde auszusprechen? Gewiß! bei Rechtsgeschäften, welche in einem bloß momentanen Handeln einer einzigen Person bestehen, braucht die Einheit des Akts nicht erst vorgeschrieben zu werden, sie macht sich factisch von selbst, denn es fehlt an jeder Versuchung zum Gegentheil. Ganz anders aber bei Rechtsgeschäften, welche, wie das mündliche Testament, regelmäßig eine längere Dauer in Anspruch nehmen oder ein Handeln mehrerer Personen erfordern, wie z. B. die Verträge. Bei ihnen hat das Recht, wenn es einmal die Einheit des Akts beachtet wissen will, auch allen Grund, sie ausdrücklich zu fordern. Unsere Quellen erwähnen dieses Requisit zwar nur für das Testament, die Stipulation und die tutoris auctoritas,[184] allein es unterliegt für mich nicht dem geringsten Zweifel, daß dasselbe für sämmtliche Geschäfte des älteren Rechts gegolten hat. Für die mancipatio (und mithin auch das nexum) und die in jure cessio erblicke ich eine indirecte Bestätigung desselben in dem Erforderniß der Gegenwart der Partheien. Für das Obligationenrecht hängt die Richtigkeit dieser Behauptung von dem an späterer Stelle zu erbringenden Beweise ab, daß die formlosen Verträge, bei denen der Satz bekanntlich nicht galt, ihre Klagbarkeit erst dem neuern Recht verdanken.

---

184) Für das Testament: L. 21 §. 3 qui test. (28. 1): uno contextu actus, für die Stipulation: L. 137 pr. de V. O. (45. 1) continuus actus (II. 582), für die tutoris auctoritas §. 2 I. de auct. tut. (1. 21) statim in ipso negotio.

Mit dem nackten Aussprechen dieses Grundsatzes ist aber wenig gewonnen; einen wirklichen Werth kann er vielmehr nur dadurch gewinnen, daß wir uns seiner Consequenzen, sowie der Bedingungen seiner praktischen Durchführbarkeit bewußt werden, und das erreichen wir am ersten, wenn wir des Gegensatzes wegen einen Blick auf das spätere Recht werfen.

Bei allen Rechtsgeschäften, welche ein Handeln mehrerer Personen erfordern, ist die Einheit des Akts bedingt durch die Anwesenheit derselben an demselben Ort — Einheit des Aktes oder der Zeit setzt Einheit des Raums voraus, Trennung im Raum bedeutet getrenntes Handeln. Will das Recht den Grundsatz der Einheit des Akts, so muß es zugleich den der Einheit des Raums aufstellen. Letzteres ist aber nur da durchführbar, wo der Raum, auf dem der Verkehr sich bewegt, ein so engbegränzter ist, daß die Contrahenten ohne beträchtlichen Zeitverlust und große Unbequemlichkeiten sich jeder Zeit zu einander verfügen können; in demselben Maße, in dem der Verkehr sich geographisch ausdehnt, wird die Aufrechthaltung jenes Grundsatzes schwieriger und schließlich völlig unmöglich — Boten, Telegramme, Briefe treten an die Stelle des persönlichen Erscheinens. So stellt sich also der Grundsatz der Einheit der Zeit und des Raumes dar als wesentlich bedingt durch den geographischen Umfang der Handels- und Verkehrsbewegung, und es wird jetzt nicht minder begreiflich erscheinen, daß das ältere Rom bei seinem kleinen Stadtgebiet jenen Grundsatz aufstellen und durchführen konnte, als daß das spätere Rom sich von ihm lossagen mußte. Das alte Rechtsgeschäft und das alte Staatsgebiet standen in engster Beziehung; als letzteres sich mehr und mehr erweiterte, mußte das Rechtsgeschäft diesem Vorgange folgen, es hatte in seiner Weise sich ebenso von der Schranke des Raumes frei zu machen, wie dies der Handel in der seinigen gethan hatte. Die althergebrachten Geschäfte des Civilrechts waren aber bereits zu sehr erstarrt, um dem entsprechend ihre ganze Structur ändern zu können; was ihnen abgerungen wurde, bestand nur in einzelnen Concessionen, die ich, weil sie durch ihren Gegensatz das alte Recht zu erläutern vermögen, schon an dieser Stelle mittheilen will.

Eine principielle Anerkennung hingegen fand jene Forderung bei den Verträgen des jus gentium, die uns ja das eigentliche Handelsrecht des römischen internationalen Verkehrs darstellen, und es gehört zu ihrer Signatur im Gegensatz zu denen des eigentlichen jus civile, daß sie den Gedanken der Emancipation vom Raum verwirklicht haben. Ihre Betrachtung liegt jenseits der Gränzen unserer Aufgabe, da ihre Entwickelung zu selbständigen, der Stipulation zu ihrer Klagbarkeit nicht mehr bedürftigen Contracten der dritten Periode anheimfällt: wir beschränken uns daher im Folgenden auf die Geschäfte des eigentlichen Civilrechts.

Wenn mehrere Miteigenthümer eine Prädial-Servitut erwerben oder bestellen wollen, so müssen sie dies nach älterm Recht gemeinsam mittelst eines Aktes thun; nach neuerm können sie einzeln handeln.[185] Wenn mehrere Legatare gemeinschaftlich ein Wahlrecht auszuüben haben, so verstattet das neuere Recht jedem die abgesonderte Vornahme; daß das ältere sich dazu nicht verstanden haben kann, bedarf nicht der Bemerkung. Die Correalobligation begründet zwischen den verschiedenen Theilnehmern ein und dasselbe Obligationsverhältniß, consequenterweise erforderte daher die alte Jurisprudenz Begründung desselben durch einen einzigen Akt,[186])

---

185) L. 11 de S. P. R. (8. 3), L. 18. Comm. praed. (8. 4); über das folgende Beispiel im Text s. L. 8 §. 2 de opt. leg. (33. 5). Sämmtliche Einzel-Akte bleiben aber so lange suspendirt, bis der letzte noch fehlende hinzugekommen ist; über die dabei nach neuerm Recht eintretende Gebundenheit der einzelnen Theilnehmer des Aktes s. meine Abh. über die passiven Wirkungen der Rechte in meinen Jahrbüchern B. 10 S. 466—468.

186) So mit Bezugnahme auf pr. I. de duob. reis (3. 16) und L. 12 pr. D. ibid. (45. 2): Ribbentrop Correalobl. S. 112 (das neuere Recht S. 114 das.) und Schrader ad §. 3 I. de fidejuss. (3. 20), welcher noch auf Plautus Trinummus V. 2, 39 verweist. Wurde von den mehreren Promittenten zuerst der eine, dann der andere mit den Worten: idem spondes? gefragt, so war dieser nur sponsor, also nur accessorisch verpflichtet. Salpius, Novation und Delegation, S. 169.

das neuere Recht hingegen verstattet getrenntes Handeln. Das ältere Recht verlangt, daß die Testamentszeugen gleichzeitig fungiren, das prätorische verstattet die Vornahme des einzigen Akts, von dem es die Bonor. poss. secundum tabulas abhängig macht (Versiegeln), für jeden abgesondert.[186a]) Der Tutor eines Unmündigen muß seine auctoritas sofort ertheilen, also gegenwärtig sein, der Curator eines Minderjährigen kann seine Einwilligung vorher oder nachher erklären, also abwesend sein — eine Verschiedenheit, deren Grund ich nicht in der verschiedenen Auffassung des Wesens der tutoris auctoritas und des consensus curatoris, sondern lediglich darin erblicke, daß erstere dem älteren, letzterer dem neuern Recht angehört.

Der Grundsatz der Einheit der Handlung erlitt meiner Ansicht nach noch eine andere Anwendung, die unserer heutigen Vorstellung ziemlich fern liegt. Sie bestand darin, daß alle Nachträge zum Rechtsgeschäft ausgeschlossen waren. Der alten Jurisprudenz erschienen diese Nebenschößlinge des Rechtsgeschäfts als etwas nicht zu Duldendes, sie verlangte, daß alles, was mit dem Rechtsgeschäft gelten wolle, auch in ihm stecken, mit ihm entstanden sein müsse. Ihrer Theorie nach vermochte das Rechtsgeschäft nur ein Doppeltes: das Verhältniß, das es zum Gegenstand hatte, begründen oder aufheben, nicht aber es modificiren; wer letzteres beabsichtigte, mußte dies in der Weise bewerkstelligen,

---

186a) Das Edict verlangt bloß sieben Siegel, nicht die Siegel der Testamentszeugen. Daher werden testes und obsignatores unterschieden, z. B. Cic. ad Att. XVI. 16, und es wurden oft viel mehr als sieben Personen zum Siegeln zugezogen Cic. ad Att. VII. 2 §. 3. Sueton. Tiberius c. 76, ja der Testator selber drückte sein eigenes Siegel auf, Cic. Ep. ad Quint. III. 9; jedes weitere Siegel auf dem Faden, welcher das Testament verschloß, erschwerte nämlich die Fälschung der Siegel und damit die Möglichkeit der unbemerkten Oeffnung des Testaments. Eben so wenig verlangt das Edict das gleichzeitige Versiegeln, arg. §. 3 Inst. de test. (2. 10); der Vorfall bei Plinius Epist. II. 20 §. 10 ist sicherlich nicht in Gegenwart mehrerer Personen vorgekommen.

daß er das Verhältniß ganz neu begründete,[187]) die alte Jurisprudenz duldete kein Flicken. Wie die lebenden Wesen den Körper, den sie bei der Geburt mit auf die Welt bringen, bis an ihr Ende beibehalten, so auch die Rechtsverhältnisse.

Daß darin eine Anwendung des Grundsatzes der Einheit der Handlung liegt, wird keines Nachweises bedürfen. Jeder Nachtrag enthält ein vergessenes Stück Handeln, die Totalität des Handelns, die sich sonst in dem einen Akt des Rechtsgeschäfts concentrirt, zersplittert und zerstreut sich, wenn man Nachträge zuläßt, in einzelne Akte und Zeitmomente, dieses Stück des Rechtsverhältnisses entsteht in diesem, jenes in jenem Moment — die Einheit der Zeit ist preisgegeben.

Auch nach dieser Richtung hin hat die neuere Jurisprudenz sich bis zu einem gewissen Grade von dem Grundsatz der Einheit der Handlung losgesagt, wie folgende Fälle zeigen werden.

Nach älterm Recht mußte der Testator des unbedeutendsten Nachtrages wegen das ganze Testament von neuem machen, das neuere überhebt ihn dieser Mühe, indem es ihm zu dem Zweck die Form des Fideicommisses und Codicills zur Verfügung stellt. Der Fortschritt, den die Idee des Codicills für die Geschichte des römischen Erbrechts bezeichnet, besteht nicht in der Einführung der Formlosigkeit — das war im Gegentheil eine Verschlechterung, und das spätere Recht ist mit gutem Grunde zur Form zurückgekehrt — sondern in der theilweisen Losreißung von dem Grundsatz der Concentrirung des letzten Willens zu einem Akt (S. 47), kurz in der Ermöglichung eines Singulargeschäfts auf dem Gebiet des Erbrechts.

Nach Abschluß des Vertrages werden die Partheien noch über einige Abänderungen einig: welche Kraft haben dieselben?

---

187) So beim Testament: L. 21 §. 1 Qui test. (28. 1) Si quid post factum testamentum mutari placuit, omnia ex integro facienda sunt. Ebenso bei der Obligation durch Novation; eine Modification der Obligation durch Zusätze, wie sie später das prätorische Edict in Form des constitutum zuließ, ist dem ältern Recht fremd.

Nach älterm Recht gar keine, denn wenn einmal die Worte der Stipulation gesprochen sind, so ist letztere für immer fixirt, und es hätte, um jene Bestimmungen nachzutragen, eines neuen Stipulationsaktes bedurft.[187a] Nach neuerm dagegen muß man unterscheiden, ob sie sofort d. h. im unmittelbaren Anschluß an den Akt, oder ob sie erst später getroffen sind. Im ersten Fall fügen sie sich noch als integrirende Bestandtheile dem Rechtsgeschäft selber ein und zwar sowohl bei den bonae fidei Contracten als der Stipulation,[188] im letztern Fall haben sie eine positive (d. h. Klage erzeugende) Wirkung nur dann, wenn sie sich unter den Gesichtspunkt eines neuen Contractsabschlusses bringen lassen, sonst d. h. also in ihrer Gestalt als Zusätze haben sie nur eine negative (Exceptions-) Wirkung.[189] Zu dem Gedanken einer positiven Kraft des Nachtrages wollte selbst die spätere Jurisprudenz trotz ihrer sonstigen Freiheit von den Traditionen der alten Methode sich nicht verstehen — sicherlich nicht darum, weil derselbe ihrem juristischen Auffassungsvermögen als etwas Unmögliches erschienen wäre (wie etwa die Idee eines Nachzeugens), sondern weil sie eine solche Zersplitterung für praktisch bedenklich hielt. Den einzigen mir bekannten Ausnahmsfall enthält die act. de pecunia constituta des prätorischen Edicts; die

---

187a) Eine solche Frage, wie die von Pomponius und Ulpian in L. 7 §. 6 de pact. (2. 14): si igitur in totum (abiri ab emtione) potest, cur non et pars ejus pactione mutari potest? wäre im Munde eines *alten* Juristen undenkbar gewesen.

188) Für jene L. 7 §. 5 de pact. (2. 14) . . ex continenti . . in ingressu contractus. L. 72 de cont. emt. (18. 1), für diese L. 40 de R. Cr. (12. 1).

189) L. 72 cit. L. 7 §. 6 de pact. L. 13 Cod. ibid. (2. 3), L. 44 §. 2 de O. et A. (44. 7). Die Exceptionsform zeigt, daß der Zusatz kein Stück des ursprünglichen Vertrages wird, ihm vielmehr als etwas Selbständiges äußerliche gegenübertritt. Auch wenn die ältere Jurisprudenz die Form der Exception gekannt hätte, würde sie doch des obigen Grundsatzes wegen solchen spätern Verträgen, welche die ursprüngliche Obligation nicht völlig aufheben, sondern bloß modificiren sollten, die Exceptionswirkung abgesprochen haben.

Ausnahme bestand aber nicht darin, daß das Constitutum die ursprüngliche Schuld selbst modificirt hätte — unter dieser Voraussetzung hätte es verstattet sein müssen, den Inhalt des Constitutums mit der ursprünglichen Contractsklage geltend zu machen — sondern darin, daß hier ein dem Hauptvertrag hinzukommender accessorischer Vertrag als selbständiger Verpflichtungsgrund anerkannt ward. Das Constitutum bietet uns demnach ein Seitenstück zu dem Codicill; beide überheben den Urheber des Rechtsgeschäfts der Nothwendigkeit, eines einzelnen späteren Zusatzes wegen das ganze Geschäft von neuem vorzunehmen.

Zwei Rechtsgeschäfte scheint aber das ältere Recht gekannt zu haben, welche unserm Princip der Einheit des Akts spotteten: die Emancipation und Adoption. Beide erforderten nämlich statt eines einzigen Aktes bei Söhnen sechs oder sieben, bei Töchtern und Enkeln zwei Akte (II. 174), und diese einzelnen Akte konnten wiederum durch einen längeren Zwischenraum getrennt sein (II. 516). In der That handelte es sich bei ihnen nicht um ein in mehrere Stücke zerfallendes einiges Rechtsgeschäft, sondern um einen Complex einzelner selbständiger Rechtsgeschäfte; jedes derselben erzeugte sofort seine bestimmte Wirkung; wenn inzwischen die Handelnden andern Sinnes wurden, konnten sie abbrechen, wo sie wollten, das Kind in der väterlichen Gewalt oder im Mancipium lassen, sowie bei abermaliger Willensänderung die Sache aufnehmen, wo dieselbe zuletzt stehen geblieben war — ein Verfahren, das bei einem einheitlichen Rechtsgeschäft z. B. dem Testament schlechterdings undenkbar war.

So galt denn der Grundsatz der Einheit der Handlung für das ältere Recht ganz ausnahmslos — ein zerstückeltes Handeln, es bestehe darin, daß mehrere Personen, die gemeinsam ein Verhältniß zu errichten haben, abgesondert die einzelnen Akte vornehmen, oder darin, daß die Handelnden dem Rechtsgeschäft spätere Zusätze hinzufügen — ein solches Handeln hatte für das ältere Recht gar keine Wirkung.

2. Präsenz des Thatbestandes.

Zu dem Akt der Handlung gesellen sich noch verschiedene Erfordernisse hinzu, welche theils die persönliche Fähigkeit des Handelnden, theils den Gegenstand und den Inhalt des Rechtsgeschäfts, theils gewisse durch den Zweck desselben gebotene Voraussetzungen betreffen. In welchem Moment müssen dieselben vorhanden sein? Darauf ertheilt das ältere Recht die Antwort: im Moment der Handlung, und man möchte glauben, daß eine andere Antwort kaum möglich sei, denn wie kann das Dasein jener Voraussetzungen in einem früheren oder spätern Moment ihren Mangel in demjenigen Moment, wo sie alle zusammentreffen müssen, um die an sie geknüpfte Wirkung hervorzurufen: im Moment der Handlung ersetzen? Was nützt es dem Jäger, der im Moment, wo er schießen soll, zwar ein Gewehr, aber kein Pulver hat, daß er früher Pulver gehabt hat oder es später bekommen wird?

Schwerlich werde ich nöthig haben, den Schein logischer Nothwendigkeit, den dieser Vergleich eines juristischen Vorganges mit einem natürlichen hervorrufen mag, zu zerstören, und schwerlich ist es eine solche falsche naturhistorische Anschauung, sondern sicherlich sind es praktische Gründe gewesen und zwar dieselben, die wir bereits bei dem Grundsatz der Einheit der Handlung hervorgehoben haben, welche die alte Jurisprudenz bestimmten, das obige Erforderniß aufzustellen. War dieselbe aber wirklich von dem Vorurtheil beseelt, als ob sich ein Handeln nicht anders als in jener Weise denken lasse, so ist wenigstens die spätere Jurisprudenz durch den Fortschritt des Verkehrs und den Drang der Verhältnisse gezwungen worden, sich des Vorurtheils zu entschlagen und sich bewußt zu werden, daß ein Handeln in Erwartung und unter Voraussetzung des künftigen Eintritts seiner Erfordernisse, oder kurz ausgedrückt: ein anticipirtes Handeln durchaus nichts Widersinniges hat. Man vergleiche einmal das spätere Pfandrecht. Die bis an die äußerste Gränze der Möglichkeit getriebene Ausnutzung des Realcredits im spätern römischen Verkehr und die damit gleichen Schritt haltende civilistische Toleranz der römischen Jurisprudenz verstieg sich bis zu dem Punkt, daß man den Akt der Verpfändung vornehmen konnte zu einer Zeit, wo noch alle und jede Voraussetzungen zum Pfandrecht fehlten: die Forderung, der Gegenstand, das Eigenthum des Verpfänders — ein nackter, abstracter Akt, ein leerer Beutel, ein Rechtsgeschäft „in blanco"!

Vergleicht man den Entstehungsproceß eines solchen erst nach seiner formellen Vornahme sich inhaltlich ergänzenden und füllenden Rechtsgeschäfts mit dem eines von Anfang an in sich fertigen, so besteht die Verschiedenheit darin, daß dieser Entstehungsproceß sich dort über einen ganzen Zeitraum hinzieht, hier hingegen in einen Zeitpunkt fällt, daß dort die einzelnen Erfordernisse hinter einander, hier neben einander auftreten — ein Gegensatz, den wir passend als successive und simultane Entstehungsweise der Rechtsgeschäfte bezeichnen können.

Es liegt auf der Hand, daß derselbe von eingreifender Bedeutung ist. Verstattet man einmal die Anticipation des Rechtsgeschäfts, so drängt die Consequenz mit Nothwendigkeit auch zur Zulassung der Ratihabition und Convalescenz desselben. Denn wenn einmal das Gesetz der Gleichzeitigkeit in der Richtung aufgegeben ist, daß der constitutive Wille, der sich in der Handlung ausspricht, dem sonstigen Thatbestand des Rechtsgeschäfts voraneilen kann (Anticipation), warum sollte er ihm nicht umgekehrt auch nachfolgen können (Ratihabition), und wenn das Rechtsgeschäft durch ausdrückliche Willenserklärung ergänzt werden kann, was läßt sich gegen die Idee einwenden, daß es auch ohne solche Erklärung durch bloßes objectives Eintreten seines Thatbestandes nachreifen könne (Convalescenz)? Alle diese drei Begriffe sind aufs Engste mit einander verwandt; sie beruhen sämmtlich auf dem Gedanken der successiven Entstehungsweise.

Solche langgestreckte Rechtsgeschäfte, wie sie bei dieser Entstehungsweise zu Tage treten, wären dem älteren Recht wahrscheinlich als civilistische Mißgeburten erschienen. Der Typus des

Rechtsgeschäfts der alten Zeit ist ein völlig anderer. Dasselbe hat ein bloß punktuelles Dasein, die Minute oder Sekunde, in die seine Vornahme fällt, entscheidet bei ihm über Sein und Nichtsein; von der Zeit hat es nichts zu hoffen und nichts zu fürchten; was ihm fehlt, kann die Zukunft ihm nicht geben, was es einmal hat, ihm nicht entziehen, es ist von vornherein absolut fest und unabänderlich. Nur zwei Ausnahmen läßt das ältere Recht zu: das Testament und die bedingte Obligation (s. u.); beide erwarten die Entscheidung über ihre Existenz erst von der Zukunft, befinden sich also bis dahin im Zustande objectiver Unentschiedenheit, des Werdens (der Pendenz). Wir wenden uns zunächst der Regel zu.

Sie wird in unsern Quellen in einer doppelten Fassung anerkannt, in der positiven: über die Existenz des Rechtsgeschäfts entscheide die Zeit des Abschlusses,[191] in der negativen: was von Anfang an ungültig sei, könne durch spätere Ereignisse nicht zu Kräften kommen.[192] Außer diesen allgemeinen Aussprüchen enthalten unsere Quellen noch eine Reihe einzelner Anwendungsfälle, welche der folgenden Darstellung als Grundlage dienen.

Die erste Voraussetzung der Gültigkeit einer jeden Handlung ist die persönliche Fähigkeit der handelnden Personen, und auf dieses Requisit hält auch noch das neuere Recht so streng, daß es die Umgehung desselben sei es in Form der Anticipation sei es in der der Ratihabition oder der Convalescenz fast ausnahmslos

---

191) Für die Stipulation: L. 26 de stip. serv. (45. 3): ex praesenti vires accipit. L. 78 pr. de V. O. (45,1): id tempus spectatur, quo contrahimus. L. 83 §. 5 L. 137 §. 6 ibid., L. 144 §. 1 de R. J. (50. 17); für Vermächtnisse die regula Catoniana L. 1 pr. de reg. cat. (34. 7), L. 41 §. 2 de leg. I. (30). Neueres Recht: L. 5 ibid. reg. caton. ad novas leges non pertinet; für letztwillige Bestimmungen überhaupt L. 201 de R. J. (50. 17) . . si initium sine vitio ceperint.

192) L. 210 de R. J. (50. 17) . . ex postfacto convalescere non potest. L. 41 § 2 de leg. I. (30).

verwirft.[139]) Eine eigenthümliche Gestalt nahm dieses Erforderniß beim Testament an, insofern es nämlich nicht auf die dabei thätigen Personen: den Testator und die Zeugen beschränkt, sondern auch auf die honorirten Personen, gleich als ob dieselben dabei ebenfalls wenigstens geistig in Thätigkeit träten, erweitert ward. Eine Consequenz davon war, daß sie selbst nicht auf den Fall der künftigen Fähigkeit bedacht werden konnten — ein Gesichtspunkt, aus dem sich auch die Unzulässigkeit der Einsetzung von postumi erklärt.[194])

Die persönliche Fähigkeit, sowohl die Rechts= als Handlungsfähigkeit, braucht nur im Moment der Handlung vorhanden zu sein,[195]) der spätere Wegfall derselben ist für das Rechtsgeschäft, welches als Akt keine Dauer hat, völlig gleichgültig; inwieweit das Rechtsverhältniß dadurch betroffen werden kann, gehört nicht hierher. Daß und warum bei pendenten Rechtsgeschäften die Fortdauer der persönlichen Rechtsfähigkeit erforderlich ist, kann erst unten entwickelt werden.

Die zweite Voraussetzung des Rechtsgeschäfts ist die juristische Möglichkeit seines Inhalts. Die neuere Jurisprudenz läßt in manchen Fällen Verträge auf den Fall der künftigen Möglichkeit zu,[196]) von der ältern haben wir kein Beispiel.

Die dritte Voraussetzung ist das Vorhandensein der concreten Verhältnisse, durch welche die Wirksamkeit der Disposition bedingt ist, z. B. des Eigenthums, wenn es sich um eine Verfügung

193) Wo der Schein des Gegentheils besteht, verbirgt sich regelmäßig unter dem Gewand der Convalescenz oder Ratihabition eine neue, formlose Wiederholung des Rechtsgeschäfts, s. z. B. L. 1 §. 1 de leg. III. (32), L. 65 §. 1 de R. N. (23. 2), s. jedoch L. 7 §. 18 de pact. (2. 14).

194) Neueres Recht: Einsetzung der postumi und unfähiger Personen auf den Fall der Fähigkeit L. 62 pr. de her. inst. (28. 5), L. 51 pr. de leg. II. (31).

195) L. 2 qui test. (28. 1) . . ejus temporis, quo testamentum facit.

196) z. B. L. 61 de cont. emt. (18. 1), L. 31 L. 98 de V. O. (45. 1), L. 41 §. 2 de leg. I. (30), L. 98 de cond. (35. 1), s. jedoch L. 34 §. 2 de cont. emt. (18. 1), L. 83 §. 5 de V. O. (45. 1).

handelt, die nur der Eigenthümer mit Erfolg treffen kann, der Delation des Erbrechts, wenn die Erbschaft angetreten oder ausgeschlagen werden soll. Gerade nach dieser Seite hin hat das neuere Recht sich weit von den Traditionen der alten Theorie entfernt, wie die folgende Darstellung zeigen wird.

„Was man selber nicht hat, kann man auch nicht auf einen Andern übertragen" — folglich, fügt das ältere Recht hinzu, auch nicht vorher, bevor man es hat; das neuere setzt sich über diese vermeintliche Consequenz hinweg.[197]

„Was man nicht hat, kann man nicht aufgeben" — folglich, sagt das ältere Recht, auch keine Erbschaft ausschlagen, bevor sie deferirt ist[198] — ein Satz, an dem auch noch das neuere römische Recht festgehalten hat, der aber heutzutage seit Aufkommen der Erbverzichte ebenfalls nicht mehr gilt.

„Was Einem nicht angeboten, kann man auch nicht annehmen" — folglich, sagt das ältere Recht, keine Erbschaft, bevor sie deferirt ist, aber das neuere Recht setzt sich bei der Bonorum possessio darüber hinweg, indem es eine Agnoscirung derselben schon vorher verstattet (intra alienam vicem), bevor der Betreffende berufen ist.

Dispositionen, welche zu ihrer Wirksamkeit das Eigenthum voraussetzen, z. B. die Freilassung des Sklaven,[199] das Vindicationslegat,[200] erfordern nach älterem Recht das Dasein desselben

---

197) L. 4 §. 6 de off. proc. (1. 16) .. est enim perquam absurdum, antequam ipse jurisdictionem nanciscatur ... alii eam mandare, quam non habet, gleichwohl läßt der Jurist die eventuelle Uebertragung der Jurisdiction zu. Andere Beispiele: die Verpfändung zukünftiger Sachen, die Cession betagter (L. 43 Mand. 17. 1) und bedingter (L. 73 §. 1 ad leg. Falc. 35. 2) Forderungen.

198) L. 18 de acq. her. (29. 2). Is potest repudiare, qui et acquirere potest. In allgemeiner Fassung: L. 174 §. 1 de R. J. (50. 17): quod quis, si velit, habere non potest, id repudiare non potest.

199) L. 20 qui man. (40. 9); Convalescenz nach neuerm Recht in dem Fall der L. 20 §. 1 de cond. inst. (28. 7).

200) Bei fungiblen Sachen genügte das Eigenthum im Moment des

im Moment ihrer Vornahme. Ganz dasselbe wird auch für die Obligation gegolten haben, wo ihr Dasein die Voraussetzung eines andern Rechtsgeschäfts bildet, wie dies z. B. bei der Novation, der Bürgschaft der Fall ist. Ganz anders das neuere Recht, dasselbe verstattet anstandslos die Novation, Delegation, Acceptilation einer bedingten, und die Verbürgung für eine zukünftige Schuld.[201]

An letzterer würde das alte Recht ganz besonders Anstoß genommen haben,[202] denn es erblickt in der Bürgschaft ein Accessorium der Hauptschuld;[202a] daß aber das Accessorium der Hauptsache vorangehen sollte, ist dem Geist des ältern Rechts völlig zuwider.[203]

Das vierte Erforderniß eines jeden Rechtsgeschäfts ist die Angabe des concreten Willensinhalts, also die des Gegenstandes, der Summe, des Rechts, der gegenüberstehenden Person. Daß auch diese Momente ins Ungewisse gestellt werden können, lehrt das spätere und (rücksichtlich der Personen) das heutige Recht. Der Testator legirt „so viel, als der Legatar den Gesetzen nach von der Masse bekommen kann",[204] der Promittent verspricht „so viel, als

---

Todes, bei nicht fungiblen mußte es außerdem im Moment der Testamentserrichtung vorhanden sein. Gaj. II. 196.

201) Novation L. 8 §. 1 de novat. (46. 2), s. jedoch L. 41 de cond. (35. 1), Delegation L. 8 §. 2 ibid., Acceptilation L. 12 de acc. (46. 4), Bürgschaft in Form der fidejussio §. 3 I. de fidej. (3. 20), L. 6 §. 2 de fidej. (46. 1), Constitutum L. 19 pr. de pec. const. (13. 5).

202) Daß eine Verbürgung für eine zukünftige Schuld in Form der sponsio und fidepromissio nicht möglich gewesen, nimmt auch Schrader ad §. 3 I. cit. an.

202a) Gaj. III. 119 „accedere".

203) Einen Beleg gewährt der Satz, daß der testirende Vater das Pupillartestament nach dem seinigen errichten muß; dieses ist das „principale", jenes die „sequela", die secundae tabulae L. 2 §. 2 de vulg. subst. (28. 6), §. 5 I. ibid. (2. 16), der Testator darf aber nicht „convertere ordinem scripturae" L. 2 §. 4 L. cit. S. auch II. 602.

204) L. 51 pr. de leg. II. (31).

das Urtheil erkennen oder als ein Anderer schuldig werden werde".[205]) Der Arrogator eines Unmündigen verheißt dessen Nachlaß, im Fall derselbe während der Unmündigkeit versterben sollte, „denen, welchen er gebührt",[206]) der Auslobende heutzutage den Lohn „dem, der die Leistung vornimmt", der Wechsel wird indossirt ohne Angabe des Indossatars (in blanco) — kurz dieser Gedanke der Erstreckung des Rechtsgeschäfts auf unbestimmte Verhältnisse und Personen hat im spätern römischen und im heutigen Recht eine sehr weite Ausdehnung erhalten. Daß das ältere Recht ihm keinen Zutritt gewähren konnte und gewährt hat, braucht nicht erst gesagt zu werden.[207]) Es war ein Gedanke, dem die Jurisprudenz ohne die größte Gefahr für die Ordnung und Festigkeit des Rechts erst sich hingeben durfte, als sie, im sichern Besitz der technischen Meisterschaft, der engen Formen und strengen Regeln entrathen konnte, durch welche die ältere sich die technische Beherrschung des Rechts hatte sichern müssen. Daß jene völlig elastische, nach allen Seiten hin offene Structur des Rechtsgeschäfts eine große Gefahr in sich schließt, wer könnte sich das verhehlen? Von der höchsten Freiheit bis zur Ungebundenheit und Anarchie ist auch hier nur ein Schritt, und es war ein richtiges Gefühl, welches die alte Jurisprudenz leitete, hier, wie so oft, der größern Sicherheit des Rechts vor der größern Bequemlichkeit den Vorzug zu geben.

Oder war jene etwa zu theuer erkauft? Waren die knappen Formen, in die man das Rechtsgeschäft wies, vielleicht zu eng, verkümmerten sie dem Verkehr das nöthige Maß der freien Bewegung? Die folgende Betrachtung soll uns Antwort auf diese Frage geben.

---

205) L. 9 Jud. solv. (46. 7), L. 55 de fidej. (46. 1), L. 89 de V. O. (45. 1), L. 8 §. 2 de novat. (46. 2).

206) Ueber den Kunstgriff, den die Juristen dabei anwendeten, nämlich die Vertretung der künftigen Interessen durch den servus publicus, s. §. 56.

207) Beispiele der entgegengesetzten Behandlungsweise: L. 20 pr. de test. tut. (26. 2), L. 6 §. 1 quod. cuj. (3. 4) cf. L. 3 de proc. (3. 3). Daß der cognitor ursprünglich unbestimmt und generell hätte ernannt werden können (Keller Civilpr. §. 52), halte ich für völlig unmöglich.

Kein Verkehr, und wäre er noch so niedrig entwickelt, vermag sich ausschließlich auf die Verhältnisse in der Gegenwart zu beschränken; schon die einfachsten Bedürfnisse treiben den Menschen in die Zukunft, und das Recht muß ihm die Formen gewähren, um sich für seine Zwecke die Zukunft zu sichern. Wer könnte, wenn er für das von ihm zu bauende Haus einer Servitut bedarf, warten, bis dasselbe gebaut ist, oder wenn er über ein halbes Jahr eine Wohnung nöthig hat, bis dahin den Miethcontract aufschieben? Daraus ergibt sich für den Rechtsverkehr die Nothwendigkeit des dies ex quo. Allein der dies reicht nicht aus. Die Dispositionen für die Zukunft hängen in ihrer Zweckmäßigkeit und Nothwendigkeit oft noch von zukünftigen Verhältnissen ab; dürfte man sie nur schlechthin treffen, so müßte man sich in manchen Fällen ihrer gänzlich enthalten. Darauf beruht das Verkehrsbedürfniß der Bedingung. Erst sie verleiht der Idee der rechtlichen Beherrschung der Zukunft ihren vollständigen praktischen Abschluß, indem sie uns das Mittel gewährt, Combinationen, Berechnungen, Erwartungen, kurz das bloß Mögliche mit derselben Sicherheit, als wäre es bereits wirklich, in den Kreis unserer Operationen zu ziehen — sie emancipirt von der Schranke der Gegenwart und ermöglicht es, die Zukunft von sich, ohne sich von ihr abhängig zu machen.[208]

---

208) Die im Text entwickelte Bedeutung der Bedingung ist von den römischen Juristen mit gewohntem Takt vollkommen richtig erfaßt, indem sie das Moment des Zukünftigen in die Definition der Bedingung aufnehmen und als Kriterium der ächten Bedingung den Zustand der objectiven Unentschiedenheit oder Pendenz d. h. des Werdens bezeichnen; ein bedingtes Geschäft ist ihnen ein werdendes, aber ein solches, welches die gesetzlichen Bedingungen seines Werdens bereits vollständig in sich trägt und nur noch ein seinem abstracten Thatbestand fremdes, aber für den concreten Entschluß wesentliches Moment zu überwinden hat. Es gereicht unserer Jurisprudenz nicht zur Ehre, daß sie diesen so einfachen und doch so grandiosen, tiefen und wahren Gesichtspunkt bisher so gänzlich übersehen konnte, während sie nicht müde ward, in ächt scholastischer und meines Erachtens recht unergiebiger Weise den logischen Mechanismus der Bedingung zu erörtern und mit

Für den Verkehr unter Lebenden verweist das ältere Recht jenen Gedanken der freien Disposition über die Zukunft ausschließlich in die Form der bedingten und betagten Obligation, für das Testament realisirt es ihn theils durch den Grundsatz der freien Widerruflichkeit desselben, theils durch Zulassung des dies und der conditio.

Alle Rechtsgeschäfte unter Lebenden mit Ausnahme der Obligation sind auf die Gegenwart beschränkt; der zunächst für die Klagformen des alten Processes und die in jure cessio ausgesprochene Satz: daß sie sämmtlich auf die Gegenwart lauten,[209] gilt auch für die Formeln der Rechtsgeschäfte. Darin liegt die Ausschließung sowohl des dies als der conditio.

Von der Bedingung kennt das alte Recht nur eine Art: die Suspensivbedingung; die Resolutivbedingung ist ganz jungen Datums.[210] Wenn es jene ausschließlich auf die Obligation beschränkt,[211] den Verkehr also überall, wo der Entschluß zu

---

ameisenartiger Geschäftigkeit das Detail der Lehre von den Bedingungen zu durchwühlen. Die obige Auffassung, in der meines Erachtens der ganze Zweck und damit das praktische Wesen der Bedingungen beschlossen liegt, ist neuerdings angenommen worden von Scheurl, Zur Lehre von den Nebenbestimmungen bei den Bedingungen, Erlangen 1871 S. 4.

209) Vat. fr. §. 49 nulla legis actio prodita est de futuro.

210) Sie verstößt nämlich gegen den Grundsatz der Einfachheit des Rechtsgeschäfts (S. 131), denn in ihrer ursprünglichen Gestalt war sie nichts als eine dem Hauptgeschäft hinzugefügte, auf Rückgabe gerichtete Nebenobligation unter einer Suspensivbedingung, ihre Betrachtung fällt daher dem dritten System anheim. — Dieser Gedanke ist seit Erscheinen der ersten Auflage von mir des Weitern ausgeführt in meinen Jahrbüchern B. 10 S. 527 flg.

211) Die Vat. fr. §. 329 erwähnen als Fälle der Unzulässigkeit der Hinzufügung einer Bedingung: die Bestellung eines cognitor, die mancipatio, acceptilatio (L. 4 de accept. 46. 4) und expensilatio; zu ihnen fügt L. 77 de R. J. (50. 17) hinzu: die hereditatis aditio, servi optio und datio tutoris (L. 6 §. 1 de tut. 26. 1) und L. 8 de auct. (26. 8) die tutoris auctoritas. Ueber die in jure cessio s. Note 208; die manumissio vindicta braucht nicht erst erwähnt zu werden. Wenn Adolf Schmidt (Bekker Jahrbuch III. S. 263) für die persönlichen Servituten die Zulässigkeit der Bestellung unter einer Bedingung nach jus civile behauptet, so enthalten die

irgend einem Geschäft noch von zukünftigen Umständen abhängt, auf die indirecte Anticipirung desselben in Form des bedingten Versprechens verweist, so dürfen wir diesem Gedanken den Ausdruck geben: das ältere Recht proklamirt für alle Geschäfte den Grundsatz der Reife. Wie sie im Moment ihrer Vornahme reif sein sollen rücksichtlich des Thatbestandes, so auch rücksichtlich des Entschlusses; wo zu letzterem etwas fehlt, soll man mit der Vornahme des Geschäfts selbst noch warten und sich vorläufig mit der Form, die das Recht für diesen Zweck in Bereitschaft hält: der Obligation, begnügen.

Für gewisse Geschäfte ist aber auch der Gebrauch dieses Mittels ausgeschlossen, sie dulden also weder die directe, noch die indirecte Anticipation, insbesondere die des Familienrechts. Zur Eingehung einer Ehe soll man nach römischer Auffassung sich nicht im voraus verpflichten (die Sponsalien sind rechtlich unverbindlich), eben so wenig zur Aufhebung derselben. Dasselbe gilt von der Emancipation, Adoption und Arrogation. Alle diese Akte haben nach Ansicht des Rechts nur Werth, wenn sie im Moment ihrer Vornahme frei gewollt werden. Ganz dasselbe nimmt das römische Recht auch für die beiden erbrechtlichen Akte: die Errichtung des Testaments und die Antretung der Erbschaft (II. 212) an, und es beschränkt sich demnach die Möglichkeit der Benutzung der Obligation (mit und ohne Zusatz von dies und conditio) als eines Sicherungsmittels der demnächstigen Vornahme des Rechtsgeschäfts oder um es mit einem Wort auszudrücken: der indirecten Anticipirung (obligatorischen Discontirung) des Rechtsgeschäfts lediglich auf den vermögensrechtlichen Verkehr unter Lebenden.

Werfen wir jetzt die Frage auf, ob die alte Jurisprudenz da-

---

von ihm beigebrachten Stellen dafür keinen Beweis, sie sprechen theils nämlich bloß vom dies ad quem, theils von der deductio servitutis; daß von beiden ein Schluß auf den dies ex quo und die Bedingung beziehungsweise die in jure cessio nicht statthaft ist, zeigt der Vergleich von Vat. fr. §. 49 u. 50.

mit das Richtige getroffen, so möchte es schwer sein, dies in Abrede zu stellen. Allerdings würde es für den Betheiligten ungleich vortheilhafter sein, wenn er sich das künftige Recht anstatt auf obligatorischem auf dinglichem Wege sichern könnte d. h. mit der Wirkung, daß dasselbe mit Eintritt des Tages oder der Bedingung von selbst ihm anfiele. Und in der That hat das spätere römische Recht diesen Weg eingeschlagen, theils nämlich beim Eigenthum durch Zulassung der bedingten Tradition — hier ankert das Verhältniß aber doch noch mit dem Erforderniß des gegenwärtigen Eigenthums des Bestellers und dem äußern Akt der Besitzübertragung in dem festen Grunde der Gegenwart; theils durch Zulassung der Verpfändung zukünftiger Sachen — hier treibt es, so zu sagen, ohne allen Halt und ohne feste Richtung auf hoher See umher. Diese letztere Form wäre der bloßen juristischen Idee nach die vollkommenste, aber vom ökonomischen, legislativ-politischen Standpunkte aus ruft sie die gewichtigsten Bedenken wach, und der Umstand, daß unsere modernen Hypothekengesetze mit Aufstellung des Grundsatzes der Specialität sich zum großen Theil wiederum von ihr losgesagt haben, kann uns lehren, daß sie dem wirklichen Interesse des Verkehrs eher schädlich, als förderlich ist. Durch die Idee der privatrechtlichen Autonomie (II. 33) ist sie keineswegs geboten. Wie ließe sich auch der Anspruch rechtfertigen bei Verhältnissen, die ganz auf die Zukunft gestellt sind, derselben Sicherheit theilhaftig zu werden, die das Recht für diejenigen von ihnen bietet, welche auf dem realen Grunde der Gegenwart ruhen, worauf ließe sich die Berechtigung gründen, statt der Person des Versprechenden die künftigen Verhältnisse, bevor sie noch existiren, in Banden zu schlagen? So kann ich also mein Gesammturtheil nur dahin abgeben, daß die alte Jurisprudenz im Wesentlichen das völlig Richtige traf, wenn sie die Dispositionen über künftige Verhältnisse in die Form der bedingten und betagten Obligation verwies.

Vom Standpunkt der Technik aus knüpft sich an die bedingte Obligation ein eigenthümliches Interesse, nämlich das einer Erscheinung, zu der uns das alte Recht sonst kein Gegenstück darbietet: der successiven Entstehung des Rechtsgeschäfts. Denn während die betagte Obligation sofort zur Existenz gelangt, indem der Tag nur ihre Erfüllung hinausschiebt (s. u.), befindet sich die bedingte bis zum Eintritt der Bedingung in dem Zustand des Werdens, der Bildung — ein Zustand, den das Recht (ich möchte fast sagen: ähnlich wie beim nasciturus!) durch das Verbot aller störenden Eingriffe in den ruhigen Verlauf des Entwicklungsprocesses in Schutz nimmt.[212] Wie beim nasciturus von der Conception bis zur Geburt zieht sich hier der Entstehungsproceß des Rechtsgeschäfts von dem Akt seiner Vornahme bis zum Eintritt der Bedingung hin, er füllt einen Zeitraum, keinen bloßen Zeitpunkt. Consequenterweise verlangen daher die römischen Juristen, daß die Erfordernisse der Möglichkeit der Entstehung des Rechtsgeschäfts von Anfang bis zu Ende fortdauern müssen[213] — ein Satz, zu dem uns sofort das Testament eine Parallele liefern wird. Daß der Entstehungsproceß des Rechts mit Eintritt der Bedingung abgeschlossen ist, schließt zwar nach logischen Gesetzen die Datirung desselben von einem früheren Zeitpunkt aus, nicht aber die durch praktische Gründe erforderte Durchführung des Satzes, daß der Grund zu demselben durch das Rechtsgeschäft gelegt ist, und daß es sich schon vor seiner Entstehung im Zustande des Werdens befunden hat[215] — etwas weiteres haben die

---

212) Die bekannte Regel der L. 161 de R. J. (50. 17). Die weitere Ausführung dieses Gesichtspunkts in meiner Abh. über die passiven Wirkungen der Rechte, Jahrbücher X. S. 462 fl.

213) z. B. die Existenz der verkauften Sache; ihr Untergang hebt den Vertrag auf, L. 8 pr. de peric. (18. 6). Dagegen ist die Willensänderung des Handelnden unschädlich, denn der Wille hat sich mit und in dem Moment des Rechtsgeschäfts erschöpft.

215) Man beachte z. B. folgende Fälle: 1) Die Bedingung tritt erst nach dem Tode des Promittenten oder Promissars ein — ohne jenen Gesichtspunkt hätte man nicht bloß die Entstehung der Obligation theoretisch beanstanden können (arg. L. un. Cod. Ut actiones [4. 11] . . ab heredibus non incipere actiones), sondern es hätte das Schuldverhältniß überhaupt nicht zur Erbmasse gehört. 2) Die Bedingung tritt erst ein, nachdem der Sohn oder Sklave,

Aeußerungen und Entscheidungen der römischen Juristen, denen man den künstlichen Gesichtspunkt der s. g. rückwirkenden Kraft der Bedingung entnommen hat, nicht zu bedeuten.[216]

Dasselbe Bedürfniß, das die Obligationen im Verein mit dem dies und der conditio für Rechtsgeschäfte unter Lebenden zu befriedigen bestimmt sind, wiederholt sich in verstärktem Maße für die letztwilligen Dispositionen. Denn während jene Geschäfte sich gleichmäßig in der Gegenwart und Zukunft bewegen, ist das Gebiet der letzteren ausschließlich die Zukunft: die Zeit nach dem Tode des Testators. Eben darum ist das Testament stets und nothwendig das, was die Obligation nur dadurch, daß sie die Bedingung aufnimmt, sein kann: ein schwebendes, unfertiges Geschäft. Um dem Testator völlig freie Herrschaft über die Zukunft zu sichern, ist dem Testament gerade die Eigenschaft beigelegt, welche das Rechtsgeschäft unter Lebenden völlig aufheben würde: die absolute Widerruflichkeit. Gewährt sie dem Testator die Macht über das Stück Zukunft, das er selbst noch erlebt, so verschafft die Bedingung und der dies ihm die Macht über die Zeit nach seinem Tode. In welche Gränzen letztere eingeschlossen ist, hat für den vorliegenden Zweck kein Interesse.

Aus dem Zustand der Pendenz, in welchem sowohl das Testament im Ganzen wie alle seine einzelnen Bestimmungen bis zu ihrer Realisirung sich befinden, folgt in gleicher Weise wie bei der Obligation, daß diejenigen Requisite, welche sich nicht mit dem Akt der Testamentserrichtung erschöpfen, (Fähigkeit der zugezogenen

---

die sich bedingt haben versprechen lassen, von der Gewalt befreit sind: L. 18 de R. J. (50. 17), L. 78 pr. de V. O. (45. 1), L. 40 de stip. serv. (45. 3); ohne jenen Gesichtspunkt würden sie selber den Erwerb haben beanspruchen können, während man ihn doch zweifellos dem Vater oder Herrn zusprechen mußte. Die Bedingung tritt erst ein, 3) nachdem der Promittent oder Promissar aus dem Societätsverhältniß geschieden ist (L. 27 pro soc.) (17. 2); ohne jenen Gesichtspunkt wäre die Forderung bez. die Schuld ihm persönlich zugefallen.

216) Meine Abh. S. 402, S. 528.

Zeugen und factisches Willensvermögen des Testators,) sondern in dauernder Beziehung zu dem Zweck des Testaments stehen, (testamenti factio des Testators und der eingesetzten Personen,) auch nachher fortdauern müssen. Und zwar die des Testators unausgesetzt bis zu seinem Tode, denn das Testament repräsentirt nicht einen Willensakt von ihm, sondern ein fortdauerndes Wollen, dieses Wollen aber hört auf, nicht bloß wenn dies in der gehörigen Form erklärt wird, sondern auch wenn der Testator die Fähigkeit rechtlich zu wollen (testamenti factio) einbüßt.[217] Etwas anders wird die testamenti factio der honorirten Personen bestimmt, eben weil ihre Stellung zum Testament eine andere ist. Sie wird nämlich zuerst verlangt in dem Moment, wo der Testator beginnt in Beziehung zu ihnen zu treten: dem der Testamentserrichtung. Von da an aber hört ihre Beziehung zum Testament bis zum Moment der Delation auf, und folgeweise ist der vorübergehende Mangel der testamenti factio während dieser Zeit unschädlich.[218] Im Moment der Delation muß sie wieder da sein und natürlich bis zum Moment der Acquisition fortdauern.[219]

So hätten wir denn in den beiden bisher betrachteten Verhältnissen: der bedingten Obligation und dem Testament zwei Fälle gefunden, in denen ausnahmsweise schon das ältere Recht ein Werden des Rechtsverhältnisses zuläßt, wo also der Richter die Frage von der Gültigkeit des Rechtsgeschäfts nicht wie sonst einfach nach dem kurzen Moment beurtheilen konnte, in den seine Vornahme fiel, sondern wo er zu dem Zweck den ganzen Zeitraum ins Auge fassen mußte, der sich über dessen Bildung hinzog. Wie wenig aber diese beiden Fälle geeignet sind, unsere Lehre von der Bedeutung des Zeitpunktes im älteren Rechte (der „punktualisirenden Methode" S. 24) zu erschüttern, dafür möge es mir noch verstattet sein, zwei

---

217) §. 4. 6 I. quib. mod. (2. 17), L. 6 §. 5 de inj. (28. 3).

218) L. 59 §. 4 de her. inst. (28. 5), §. 4 I. de her. qual. (2. 19), L. 52 de leg. II. (31).

219) §. 4 I. cit.

Erscheinungen in Bezug zu nehmen, von denen die eine noch in das Gebiet des Rechtsgeschäfts hineinreicht, die andere aber wenigstens an dasselbe anstreift. Wenn der Testator eine Capitis deminutio erleidet, späterhin aber die dadurch verlorene Rechtsstellung wiedererlangt, so bleibt das Testament gleichwohl nach Civilrecht ungültig (irritum); ebenso wenn ihm ein Kind geboren wird, das im Testament nicht berücksichtigt war, aber vor ihm stirbt (ruptum). In beiden Fällen — und da zeigt sich wiederum der principielle Gegensatz in der Methode und Auffassung — hält das prätorische Recht das Testament in Form der Bon. Poss. secundum tabulas aufrecht. Der Gegensatz beider Behandlungsweisen reducirt sich vom Standpunkt der Technik aus auf den bisher von uns entwickelten. Das alte Civilrecht beschränkt sich in der Würdigung jener Ereignisse lediglich auf den Moment ihres Eintritts, auf die Nachgeschichte derselben nimmt es keine weitere Rücksicht.[220] Das prätorische Recht hingegen verfolgt dieselben bis zum Moment des Todes. Das zweite Beispiel bietet die Usucapion. Das römische Recht erfordert die bona fides nur im Moment des Beginns derselben (in initio), das kanonische während der ganzen Dauer (continua), der Einfluß der Besitzunterbrechung erschöpft sich nach römischem Recht in und mit dem Moment, d. h. es ist gleichgültig, ob sie sofort wieder aufgehoben wird oder fortdauert, neuere Rechte knüpfen umgekehrt den nachtheiligen Einfluß dieses Usucapionshindernisses an seine Dauer (II. Note 592).

3. Simultaneität der Wirkungen.

Wenn der Thatbestand des Rechtsgeschäfts vorliegt, so existirt es, und daß es existirt, äußert es dadurch, daß es wirkt — ein Aufschub der Existenz oder der Wirkungen des Rechtsgeschäfts enthält demgemäß eine logische Unmöglichkeit. Freilich auf die Ausübung des erlangten Rechts kann der Berechtigte vorerst

---

220) Ulpian bezeichnet dies in L. 12 pr. de inj. (28. 3) als juris scrupulositas nimiaque subtilitas.

noch verzichten, er kann die Sache, an der er durch Mancipation oder Tradition das Eigenthum erlangt hat, vorläufig im Besitz des Gebers lassen, allein daß ungeachtet der Vornahme jener Akte das Eigenthum selbst nicht auf ihn übergehen soll, das kann kein Vertrag festsetzen, denn das würde den Willen mit sich selber in Widerspruch setzen. Wo dieser Erfolg dennoch beabsichtigt ist, d. h. wo bis zu einem bestimmten Zeitpunkt der Eine, und von da an der Andere das Eigenthum haben soll, müssen die Partheien die Form der Obligation wählen — eine Eigenthumsbestellung ex die, ein der Zeit nach im voraus hintereinander geschichtetes Eigenthum mehrerer Personen ist nach älterem römischen Recht eine Unmöglichkeit.[220a]

Der Satz, den ich hier für das Eigenthum aufgestellt habe, gilt für sämmtliche Rechtsbegriffe. Ein leerer Zwischenraum zwischen dem Rechtsgeschäft und der Entstehung des Rechts ist eben so unmöglich, wie eine Trennung von Ursache und Wirkung, oder eine Geburt, bei der das Leben erst nach einiger Zeit beginnen soll. Bei allen Rechtsgeschäften unter Lebenden[221] ist demgemäß die Vertagung der Existenz des Rechts (dies ex quo)[222] unmöglich. Davon macht auch die Obligation keine Ausnahme; sie entsteht bekanntlich sofort, auch wenn die Erfüllung bis zu einem bestimmten Termin hinaus geschoben ist.[223]

220a) Ueber den Fortschritt, den unser heutiges und zum Theil bereits das neuere römische Recht in dieser Beziehung gemacht hat, s. die citirte Abh. von mir, S. 509 fl.

221) Dies erkennt Paulus auch für den Usufructus an, Vat. fr. §. 49; L. 4 de usufr. (7. 1) von demselben kann also nicht das Gegentheil sagen. Dagegen konnte der Richter im Theilungsproceß eben so wie der Erblasser den Usufructus ex die bestellen, L. 16 §. 2 fam. erc. (10. 2), nicht aber einen Tutor ex die; vergleiche L. 77 de R. J. (50. 17) mit §. 3 I. Qui test. (1. 14).

222) Die Unzulässigkeit des dies ad quem hat meiner Ansicht nach mit der Theorie des Rechtsgeschäfts nichts zu schaffen, sie kann vielmehr nur aus der Theorie der Rechte befriedigend erklärt werden.

223) L. 46 pr. de V. O. (45. 1) . . praesens obligatio est, in diem autem dilata solutio.

Nur beim Testament begründet auch hier wiederum der Gesichtspunkt, daß dasselbe die Zukunft zu seinem Gebiet hat, insofern eine Abweichung, als der Testator, wenn auch nicht die Erbeseinsetzung, so doch das Legat an einen beliebigen Anfangstermin knüpfen kann.

So bewährt sich denn der Gesichtspunkt der Concentration auch für die Wirkungen des Rechtsgeschäfts, es gilt für sie dasselbe Gesetz der Gleichzeitigkeit, wie für die Voraussetzungen desselben. Alle Momente des Rechtsgeschäfts: der äußere Akt der Handlung, der Thatbestand, die Existenz und die Wirksamkeit desselben fallen in einen Fokus zusammen, das gesammte Rechtsgeschäft in ein einziges untheilbares Ganzes.

Mit dieser Untheilbarkeit des Rechtsgeschäfts steht in Einklang die Regel des ältern Rechts über die Unzulässigkeit der Stellvertretung.[224] Die wahre, ächte Stellvertretung beruht auf einer Trennung der Ursache und Wirkung beim Rechtsgeschäft; die Ursache: die Handlung fällt auf die Person des Stellvertreters, die Wirkung: das Recht auf die des Repräsentirten, sie schließt also eine künstliche Spaltung dessen in sich, was bei der natürlichen Gestalt des Verhältnisses eins ist.[225] Ich bin zwar nicht gemeint, in einem formal technischen Gedanken den letzten Grund der Ausschließung der Stellvertretung zu erblicken, allein gleichwohl ist es höchst beachtenswerth, daß auch dieses Stück der Theorie des alten Rechtsgeschäfts sich einem Gesichtspunkt fügt, den wir im übrigen für die ganze Structur des alten Rechtsgeschäfts bewährt gefunden haben.

---

224) Der Ausspruch der L. 123 pr. de R. J. (50. 17): nemo alieno nomine lege agere potest galt auch für die Rechtsgeschäfte; auch in dieser Richtung wiederholte sich die Gleichheit der Structur des Processes und des Rechtsgeschäfts.

225) Diesen Gedanken der nothwendigen Einheit der Ursache und Wirkung in derselben Person deutet auch die bekannte L. 11 de O. et A. (44. 7) an: quaecunque gerimus, cum ex nostro contractu originem trahunt (Ursache) nisi ex nostra persona obligationis initium sumant (Wirkung) inanem actum nostrum efficiunt.

Dieser Satz, daß das Rechtsgeschäft in der Person des Handelnden seine Wirkungen äußern müsse, gilt auch in Bezug auf das Verhältniß des Erblassers zum Erben. Die letztwilligen Verpflichtungen, die jener diesem auferlegt, entstehen erst in der Person des letztern, die durch Rechtsgeschäft unter Lebenden begründeten Verpflichtungen und Forderungen dagegen müssen ihren Ursprung umgekehrt noch in der Person des Erblassers nehmen, lassen sich also nicht auf die Zeit nach seinem Tode stellen.[226]

Hiermit ist das Ziel, das wir uns gesteckt haben, erreicht, und es ist jetzt an der Zeit, die einzelnen zerstreuten Züge, die uns theils die gegenwärtige, theils frühere Darstellungen zu dem Bilde des alten Rechtsgeschäfts geliefert haben, zu einem Totaleindruck zusammen zu fassen. Wie alles, was aus den Händen der alten Jurisprudenz hervorgegangen ist, so trägt auch das Rechtsgeschäft den Charakter schärfst ausgeprägter Individualität an sich. Ein altrömisches Rechtsgeschäft ist nicht, wie so manches heutige, eine formlose Willensmasse, die das souveräne Belieben der Partheien zusammen gegossen hat, und die erst der Kunst des Richters harrt, um in seine Bestandtheile aufgelöst und bestimmt zu werden: Kauf, Miethe, Eigenthum, Servituten, Pfandrecht, Verzicht u. s. w. in wildem Gemenge durcheinander, sondern das sind Individuen, wie die alten Actionen, äußerlich und innerlich, genau begränzt nach Seiten des Inhalts, dem sie zugänglich sind, unfähig etwas anderes in sich aufzunehmen, als was ihr Begriff gestattet. Mit dem Moment, mit dem sie ins Dasein treten, fertig und vollendet, schließen sie sich eben so streng gegen die Vergangenheit wie die Zukunft ab; gegen jene, indem sie alles, was diesseits von ihnen liegt, durch die Form, die das Rechts-

---

226) Gaj. III. 100 . . . inelegans visum est, ex heredis persona incipere obligationem. L. 36 §. 1 ad leg. Aq. (9. 2). Wie diese Regel später durch ein pactum de non petendo in personam und eine darauf gegründete exceptio umgangen ward (L. 33 de pact. 2. 14, L. 10 de pact. dot. 23. 4) und darum ganz verständigerweise von Justinian in der L. un. Cod. Ut actiones (4. 11) völlig aufgehoben ward, gehört nicht mehr hierher.

geschäft von der Vorverhandlung scheidet, für immer abschütteln und sich ganz auf sich selbst und das, was in ihnen offensichtlich zu Tage tritt, beschränken — gegen die Zukunft, indem sie in dem Moment ihres Auftretens auch sofort in allen ihren Theilen erstarren und unabänderlich werden, keine spätern Zusätze und Nachträge dulden, keine Unentschiedenheit und Unbestimmtheit, keine Frage, die ihre Lösung erst von der Zukunft zu erwarten hätte, keinen Aufschub der Wirkung, sondern ganz und ausschließlich gestellt auf den sichern, realen Boden der Gegenwart und ihre Kraft sofort bethätigend.

Das die Structur und Physiognomie des alten Rechtsgeschäfts! Gewiß ein würdiges Seitenstück zur alten Actio, beide würdig der Bezeichnung von Individuen und plastischen Gestalten; der Zug eiserner juristischer Disciplin geht durch beide hindurch. Ob diese Disciplin beim Rechtsgeschäft schwerer vom Leben empfunden, ob die knappen Formen und streng abgemessenen Bahnen, in die sie den Verkehr zwang, die freie Regung und Bewegung desselben mehr gehindert, als die entsprechenden Einrichtungen des Processes — diese Frage glaube ich nach dem, was ich über sie schon öfter (II. 401, 488) bemerkt habe, nicht erst noch aufwerfen zu sollen.

C. Die abstracte Analyse.

1. Grundsatz der elementaren Einfachheit der Rechtskörper.

Gegensatz des ältern und neuern Rechts — zusammengesetzte und einfache Rechtskörper. — Maßstab der Einfachheit — juristische Gestaltung des Obligationselements in nicht-obligatorischen Verhältnissen (analytische Composition der alten rei vindicatio). — Prüfung der Rechte vom analytischen Standpunkt. — Gedanke der Einseitigkeit der Rechtsverhältnisse.

Nihil admixtum, nihil concretum, nihil copulatum, nihil coagmentatum, nihil duplex.
Cic. Tusc. disp. I. c. 29.

LIV. Die bisher behandelte concrete Analyse hatte die Rechtsverhältnisse zum Gegenstande, sie hat uns gezeigt, wie bei der Begründung und gerichtlichen Geltendmachung derselben, d. i. im Mechanismus des Rechtsgeschäftes und Processes der Gedanke der Zersetzung zur Geltung gelangte. Die folgende Untersuchung beschäftigt sich mit den Rechtsbegriffen, sie soll ermitteln, welchen Antheil der Gedanke der Zersetzung an der Bildung des abstracten Rechts, an der Gestaltung und Structur der materiellen Rechtsbegriffe gehabt hat. Einer richtigen logischen Anordnung zufolge, scheint es, hätte diese letztere Untersuchung der ersten vorangehen sollen, denn vorher müssen die Begriffe doch erst da sein, bevor sie angewandt werden können. Allein dies ist nur in der Idee wahr; in der Wirklichkeit bilden sich die Rechtsbegriffe und die Formen ihrer Anwendung, das materielle Recht, der Proceß und das Rechtsgeschäft, nicht eins nach dem andern aus, sondern gleichzeitig, wie die verschiedenen Theile des menschlichen Körpers. Der Grund, der jene Anordnung empfahl, hängt mit dem eigenthümlichen Verhältniß zusammen, welches in der Jugendperiode des Rechts zwischen dem materiellen Recht und Proceß obwaltet (S. 18 fl.). Während in der abstracten Periode des Rechts, in der wir uns heute befinden, die Begriffe des materiellen Rechts sich bis zu einem gewissen Grade ganz für sich allein behandeln lassen — ich möchte hinzufügen: leider nur zu oft selbst über diese Gränze hinaus so behandelt werden! —, Proceß und materielles Recht sich hier fast fremd gegenüber stehen, sind diese beiden Theile auf jener Entwickelungsstufe des Rechts in dem Maße verbunden und verwachsen, daß die meisten Begriffe des materiellen Rechts, wenn ich so sagen darf, überhaupt nur existiren als processualische Begriffe: die Forderung als actio in personam, das Nexum als manus injectio, gewisse andere Ansprüche als pignoris capio u. s. w., und es empfahl sich daher, sich von dieser Seite ihnen zuerst zu nähern. Die Schwierigkeiten einer jeden Darstellung steigern sich in demselben Maße, in dem sie vom Aeußern ins Innere vordringt. Im Proceß, im Rechtsgeschäft spielt der Gedanke der Zersetzung noch auf der Oberfläche, es ist eine Maschinerie, ein äußerer Mechanismus, den man sehen, ja den selbst ein blödes Auge sehen kann, im materiellen Rechte dagegen, wo er ein mehr innerliches Dasein führt, bedarf es aller Kunst des geübten Blicks und aller Anstrengung des erfahrenen Denkens, um inne zu werden, daß und wie er auch hier sich betheiligt. Dazu kommt noch, daß er auf dieser inneren Seite des Rechts nicht denselben Spielraum vorfindet, wie dort auf der äußeren Seite desselben. Der Mechanismus des Processes und Rechtsgeschäftes ist etwas rein Formales, bei ihm hat ein formaler Gedanke, wie es der der Zersetzung ist, völlig freies Spiel, auf dem Gebiete des materiellen Rechts dagegen gesellen sich ihm als gestaltende Motive noch Gedanken anderer, materieller Art hinzu, mit denen er sich in die Herrschaft zu theilen hat. Während daher bei jenen beiden der Gesichtspunkt der Analyse ausreichte, um das specifisch juristische Interesse derselben, soweit es nicht schon früher bei Gelegenheit des Formalismus berührt ward (§. 45—47), vollständig zu erschöpfen, so daß wir also fortan in diesem System uns mit ihnen nicht mehr werden zu beschäftigen haben, ist dies für die Begriffe des materiellen Rechts keineswegs der Fall, wir werden vielmehr genöthigt sein, auf sie später (Theorie der Rechte) noch ausführlich zurückzukommen, um den Reichthum der Gedanken, den sie in sich bergen, zu erschließen.

Aber hat denn jener Gedanke überhaupt einen Antheil an der Bildung der Begriffe? Was hat die Analyse gemein mit dem Eigenthum, der väterlichen Gewalt, dem Erbrecht? Was hätte die Jurisprudenz an diesen Begriffen, die sie ihrer Substanz nach fertig aus den Händen des Lebens überkam, noch zersetzen können? Was ihr erübrigte, scheint nichts weiter gewesen zu sein, als die realen Thatsachen und Verhältnisse der Sitte und des Verkehrs in die Form des Begriffs zu bringen. In gewissem Sinn kann man zwar auch diese Thätigkeit eine analytische und jeden Begriff ein Zersetzungsproduct nennen, insofern nämlich die Bildung der Begriffe darauf beruht, daß der denkende Geist aus der flüssigen Gedankensubstanz einen Stoff nach dem andern herausgreift, ihn abgränzt und abscheidet und zur Selbständigkeit des individuellen logischen Seins erhebt. Aber in diesem Sinn ist die Analyse, die hier zur Frage steht, nicht gemeint, in diesem Sinn ist sie das Denken selber, eine allgemein logische, keine specifisch juristische Operation.

Der so eben aufgeworfene Zweifel wurzelt in einer Anschauung, die, ohne je wissenschaftlich begründet, in Frage gestellt oder überhaupt nur einmal ausgesprochen zu sein, doch als stillschweigendes Axiom allgemein verbreitet ist. Ich fasse sie in die Formel zusammen: die Rechtsbegriffe gelten unserer Wissenschaft nicht als Kunst-, sondern als Naturproducte, als gegebene Thatsachen des Rechtslebens, welche der Begriff nur zur Einheit der Vorstellung und Klarheit des Denkens zusammengefaßt hat. Diese Anschauungsweise ist meines Dafürhaltens aber eine völlig irrige. Ohne den Ausführungen vor zu greifen, welche ich der Theorie der Rechte (Abschn. 2. Abth. 1) vorbehalten muß, kann ich schon an dieser Stelle, indem ich mich rein auf unsern Gesichtspunkt der Analyse beschränke, so viel behaupten und getraue mir es zu beweisen: die Begriffe des ältern Rechts sind nicht einfache Formulirungen der Verhältnisse, wie sie thatsächlich im Leben vorkamen, sondern sie sind nach den Gesetzen der Analyse in eine specifisch-juristische, dem naiven Denken des Laien fremde Form gebracht — ihre Structur, d. h. ihre begriffliche Abgränzung, Gestaltung, Individualität, verdanken sie nicht den realen Motiven, Zwecken, Impulsen des Lebens, sondern der Kunst.

Zwei Richtungen sind es, in denen sich die Kunst in der analytischen Gestaltung der Rechtsbegriffe thätig erwiesen, zwei Gesetze sind es, vermittelst deren sie dieselbe erzielt hat. Das eine bezeichne ich als Gesetz der elementaren Einfachheit der Rechtskörper, das zweite als Gesetz der analytischen Vereinfachung des Thatbestandes. Beide kennzeichnen sich sofort als ächt juristische Ideen, als Producte der Reflexion und eigenthümliche Kunstgriffe, beide reichen offenbar in jene Zeit hinauf, wo von einer Jurisprudenz im spätern Sinn noch keine Rede war, sie gehören zu dem ältesten Stück römischer Jurisprudenz, das uns überliefert ist. In ihren Nachwirkungen, in den Instituten, in denen sie einmal fixirt waren, erhielten sie sich allerdings noch bis in die spätere Zeit hinein, nicht aber als productive Principien — die positiv neuen Bildungen des spätern Rechts athmen einen andern Charakter, sind in einem ganz andern Styl angelegt. Eben darum weise ich beide ausschließlich dem ältern Recht zu, dem die Ehre ihrer Erfindung gebührt, und werde daher im dritten System nicht nochmals auf sie zurückkommen.

Das erste Gesetz, das der elementaren Einfachheit der Rechtskörper, dem ich mich jetzt zuwende, beschränkt sich auf die structuelle Gestaltung der von mir früher (II. 328) so genannten selbständigen oder concreten Rechtskörper, d. h. derjenigen, welche im Gegensatz zu den abstracten, die nur in und an andern vorkommen, sich selbständig verwirklichen, sich zu concreten Rechtsverhältnissen gestalten können, wie z. B. die Obligation, das Eigenthum. Eine Vergleichung derjenigen dieser Begriffe, die dem neuern Recht ihren Ursprung verdanken, mit denen des ältern führt zu dem überraschenden Resultat, daß erstere fast ausnahmslos aus zwei systematisch verschiedenen Begriffen zusammengesetzt sind, während letztere nicht bloß kein einziges derartiges Beispiel aufzuweisen haben, sondern umgekehrt in allen Fällen, wo der natürliche Thatbestand des Verhältnisses einen Zwang dazu in sich zu schließen scheint, demselben in einer Weise ausweichen, die über die Absichtlichkeit dieser Wendung und das ihm zu Grunde liegende Motiv keinen Zweifel aufkommen läßt. Die erstere Behauptung möge durch eine tabellarische Uebersicht, bei der ich auch Beispiele aus dem heutigen Recht aufgenommen habe, veranschaulicht werden.

Es verbinden sich im spätern römischen oder in unserm heutigen Recht zur Einheit des Rechtsbegriffes: [226a]

	die Begriffe		Combinationsbildung
1.	Eigenthum	Obligation:	Superficies, Emphyteusis,[227] Servituten am Provincialboden.[228]
2.	—	Ehe	Gütergemeinschaft.
3.	Grundeigenthum	Macht über die Person	Colonat, Leibeigenschaft.
4.	—	publicistische Rechte	Lehnrecht, Patrimonialgerichtsbarkeit, Steuerfreiheit, Landstandschaft u. s. w.
5.	—	gewerbliche Rechte	Realgerechtigkeiten, Bannrechte u. s. w.

226a) Ich habe mich bei der folgenden Tabelle auf die materiellen Rechtsinstitute beschränkt; in welchem Maße die bei ihnen constatirte Erscheinung sich auch bei den Klagen des neuern Rechts wiederholt, wird aus dem Verlauf der Darstellung erhellen.

227) Der Eigenthümer des Grundstücks als solcher hat den Anspruch auf den Kanon, letzterer ist also hier activ an das Eigenthum geknüpft.

228) Der Servitutzweck ward hier erreicht in Form einer activ wie passiv auf die Nachfolger beider Grundstücke übergehenden Obligation; dies ist inzwischen von mir nachgewiesen in der öfters angeführten Abh. Jahrb. X. S. 554—562.

6.	Besitz	Obligation	Verbindung der Obligation mit dem Besitz einer Sache.[228a]
7.	Jus in re	väterliche Gewalt	Nießbrauch an den bona adventitia.
8.	—	Obligation	Superficies, Emphyteusis, Pfandrecht.[229]

Wenn nun das ältere Recht, wie sofort gezeigt werden soll, kein einziges derartiges Beispiel darbietet, so könnte dies möglicherweise darin seinen Grund haben, daß es der älteren Zeit an der Substanz dafür gefehlt habe. Man könnte meinen, jene complicirten Bildungen seien das Kennzeichen und das Product einer höhern Stufe der wirthschaftlichen Entwicklung, die einfacheren Verhältnisse der früheren Zeit dagegen hätten auch ungesucht zu einfachen Begriffsbildungen geführt. Diese Vorstellung ist eine irrige, sie widerlegt sich vollständig durch den Hinweis auf solche Verhältnisse des ältern Rechts, die das Material zu einer derartigen Begriffsbildung in sich schlossen wie z. B. den Ususfructus (S. 137) und die unten zu erörternden Verhältnisse. Die Art und Form ihrer juristischen Gestaltung besteht nicht, wie im neuern Recht, in einer Verschmelzung der heterogenen Elemente zur Einheit des Begriffs, sondern in einem äußerlichen Nebeneinanderstellen der verschiedenen einfachen Begriffe, in einem separaten, successiven Operiren mit jedem einzelnen von ihnen. Das ganze Verhältniß wird

---

228a) Passiv: Uebergang der Verpflichtung zur Leistung der fideicommissaria libertas auf den jedesmaligen Besitzer des Sklaven (Jahrb. X. S. 519—522), was eben so hinsichtlich der obligatorischen Vereinbarungen zu Gunsten des Sklaven galt (daselbst S. 546), der Verpflichtung aus der Provincialservitut (vorige Note) aus der Reallast; activ: Uebergang des Forderungsrechts bei den Papieren auf den Inhaber.

229) Der Erwerber der beiden ersten Rechte succedirt activ und passiv in die Obligation. Der Besitzer als solcher hat keinen obligatorischen Anspruch gegen den Eigenthümer und dieser nicht gegen ihn, letzterem bleibt nichts übrig, als die Sache von ihm vindiciren. Mit der Forderung geht auch zugleich das Pfandrecht auf den Nachfolger über, in unserer heutigen Rechtsentwicklung ist auch das Gegenstück: Uebergang der Schuld mit dem Eigenthum (Grundschuld) zum Vorschein gekommen.

stückweise errichtet, es ist nicht Ein juristisches Ganze, sondern eine Combination von verschiedenen, ökonomisch zwar durch den gemeinsamen Zweck verbundenen und um ihn als ihren Mittelpunkt gravitirenden, juristisch aber völlig selbständigen Begriffen.

Das Gesetz, welches hier zur Anwendung gelangt, liegt offen vor: die ältere Jurisprudenz duldet nur einfache, keine zusammengesetzten Körper. Aber was heißt: einfache und zusammengesetzte Körper, nach welchem Maßstabe bestimmte die Jurisprudenz den Begriff der Einfachheit? Die Antwort lautet: nicht darnach, ob ein Verhältniß des Lebens seinem Zweck, seiner Bestimmung nach ein für sich abgeschlossenes Ganze bildete (ökonomische Einheit), sondern darnach, ob dasselbe mit Hülfe der von ihr angenommenen juristischen Grundbegriffe sich noch weiter zerlegen ließ. Der Maßstab war also kein absoluter, sondern ein relativer, ein historischer, aber gleichwohl ein ganz faßbarer, bestimmter. Zusammengesetzt war ein Verhältniß, das einen Begriff, der als solcher im Leben vorkommen konnte, als Element seiner Substanz in sich schloß. Darum war z. B. der Kaufcontract ein zusammengesetzter Körper, denn die einfachste Form, in der die Obligation im Leben vorkommt, ist die einseitige Obligation, der Kaufcontract aber erzeugt zwei Obligationen, er läßt sich also auflösen in zwei einseitige. Soll unsere Behauptung richtig sein, so muß mithin das ältere Recht keine zweiseitigen Obligationen gekannt haben. Die einfachste Form des Rechtsverhältnisses, wie es z. B. im Eigenthum zu Tage tritt, ist die des einseitigen Rechts, d. h. des Rechts ohne alle Verpflichtung. Soll unser obiger Satz aufrecht bestehen, so darf die ältere Jurisprudenz keine mit Pflichten gemischte Rechte geduldet haben, so dürfen die verschiedenen Rechte nie zur Einheit eines dritten selbständigen Rechts verschmolzen worden sein.

Untersuchen wir, ob unser Grundsatz die Probe besteht. Ich wende mich zu dem Zweck zuerst einer Erscheinung zu, die meines Erachtens mehr als irgend eine andere den Leser sofort auf die Höhe der Aufgabe hebt und ihm das innerste Geheimniß der Analytik des alten Rechts erschließt.

Der Gedanke der **Verpflichtung** beschränkt seine Herrschaft keineswegs auf dasjenige Gebiet, in dem er seinen eigentlichen Sitz hat und seine feste Ausprägung und Verkörperung gefunden hat: das Obligationenrecht; als unsichtbares, individuell nicht ausgeprägtes, unkörperliches Element durchdringt er die ganze Rechtswelt, alle Verhältnisse belebend und erhaltend, gleich dem Sauerstoff der atmosphärischen Luft. Nicht das ist mit dieser Behauptung gemeint, daß es auf allen Gebieten des Rechts Obligationen gibt, wie z. B. auf dem des Familienrechts die Dotations-, Alimentations-Verbindlichkeit, die Dotalklage, auf dem des Erbrechts die Vermächtnißobligation — hier tritt der Gedanke der Verpflichtung in seiner specifischen, im Obligationenrecht ausgeprägten Form auf: in der einer mit einer actio in personam zu verfolgenden obligatio. Sondern gemeint ist, daß er auch in **nicht**-obligatorischen Rechtsverhältnissen als bloßer Obligations**stoff** anwesend sein kann, ohne die Form der Obligation anzunehmen. Es gibt kaum einen der Obligation antagonistischeren Rechtsbegriff, als den der in rem actio, und doch in welchem Maße sind manche in rem actiones des neuern Rechts mit obligatorischem Element versetzt! Die moderne reivind. ist fast mehr obligatorischer, als dinglicher Art, wie dies die unten folgende Analyse derselben darthun wird, und doch wird sie in dieser Beziehung noch überboten durch die hereditatis petitio. Aeußerlich aber wird bei beiden das obligatorische Element gar nicht sichtbar, es ist nur vorhanden in Form von Regeln und Grundsätzen obligatorischer **Art** — der Unkundige, der das Dasein des Stoffs nur nach der äußern Form beurtheilt, und dem das Auge fehlt, um die Elemente zu erkennen, auch wo sie in bloß substantieller Art anwesend sind, merkt von jenem Stoff Nichts und glaubt daher in den beiden Klagen rein **dingliche** Klagen vor sich zu haben.

Diese Versetzung nicht-obligatorischer Verhältnisse mit obligatorischen Elementen steigert sich in eben dem Maße, wie sie selber im Lauf der Zeit sich vervollkommnen — der Grad der Vollkommenheit eines Rechts bemißt sich nach seiner Sättigung mit obligatorischem Stoff. Im entwickelten Recht führt der Gedanke der Obligation das Regiment, es gibt keinen Fleck, keinen noch so verborgenen Winkel, wohin diese flüchtige Substanz nicht dränge. Es muß dem dritten System vorbehalten bleiben, diese Thatsache des Nähern zu begründen,[229a] an der gegenwärtigen Stelle gilt es nur festzustellen, in welcher Form das ältere Recht diesen accessorischen Obligationsstoff zur Wirksamkeit gebracht hat. Wenn es in gleicher Weise geschehen ist, wie im spätern Recht, so ist unser Grundsatz der elementaren Einfachheit der Rechtskörper nicht begründet, denn unter dieser Voraussetzung würde dasselbe zusammengesetzte Rechtskörper gekannt haben. Soll unser Grundsatz wahr sein, so muß das ältere Recht entweder bei jenen Verhältnissen die Beihülfe der obligatorischen Principien völlig verschmäht haben — und dies war unmöglich und ist nicht der Fall gewesen, wenn gleich das Maß, in dem es sich derselben bediente, ungleich geringer war, als im spätern Recht —; oder aber es muß dieser Stoff in die ihm adäquate Form der Obligation gebracht d. h. also neben dem Verhältniß, um dessen obligatorischen Ausbau es sich handelte, besondere, ihrem Zweck nach um letzteres als um ihren Mittelpunkt gravitirende, juristisch aber völlig selbständige Obligationen geschaffen haben. Und so verhält es sich in der That. Wo das alte Recht in irgend einem Verhältniß, sei es in, sei es außer dem Proceß der Verpflichtung zu einem Thun bedarf, da bringt es dieselbe regelmäßig in die Form einer eigenen durch einen besondern Akt zwischen beiden Partheien ins Leben gerufenen Obligation; unsere moderne Idee, daß das Verhältniß als solches eine obligatorische Kraft in sich schließe, ist ihm völlig fremd, selbst für den Proceß. Was heutzutage die nothwendige Folge irgend eines processualischen Aktes ist, sich für unsere Auffassung aus dem Getriebe des Verfahrens mit Nothwendig-

---

229a) In Bezug auf die obligatorische Gestaltung des neuern Processes ist dies inzwischen bereits von Kuntze Institutionen und Geschichte des R. R. B. 2 S. 218 geschehen.

keit ergibt, wird im alten Proceß erst durch eine (indirect erzwungene) Obligation von der betreffenden Parthei speciell und ausdrücklich übernommen, letztere ist nur verpflichtet, wenn sie sich verpflichtet hat, aber es wird dafür gesorgt, daß sie sich verpflichten muß.

Es liegt nicht in meiner Absicht, diese für die Signatur des ältern Rechts so höchst bezeichnende Erscheinung in ihrer ganzen Ausdehnung zu verfolgen, es genügt, sie an einigen Hauptanwendungsfällen klar zu machen.

Unter ihnen nimmt die erste Stelle ein die Behandlung des obligatorischen Elements in der alten reivindicatio. In der Reinheit ihrer Idee bildet die reivind. den schärfsten Gegensatz zur actio in personam und zur Obligation, „non personam obligat, sed rem persequitur“,[230] wie es noch in späterer Zeit von ihr heißt, wo freilich diese Bezeichnung ihre Wahrheit bereits zum größten Theil eingebüßt hatte, d. h. sie verfolgt lediglich die Sache (agitur in rem), sie folgt ihr, wohin sie gelangt, und begehrt Nichts von ihr, als was sie selber ohne vermittelnde Thätigkeit des Beklagten zu gewähren vermag, die Sache haftet, die Sache leistet, die Person des Beklagten hat nur die Bedeutung, daß sie zwischen dem Kläger und dem Object seines Anspruches in der Mitte steht und darum durch den Proceß erst hinweggeschoben werden muß.

Diese ursprüngliche Idee der reivind. ist freilich im neuern Recht bis zur Unkenntlichkeit entstellt. Die moderne reivind. ist durch und durch mit obligatorischen Elementen versetzt, ja man könnte sagen: sie ist eine persönliche Klage geworden, die nur, was sie ja mit manchen actiones in personam (s. g. in rem scriptae) theilt, passiv durch den Besitz bestimmt wird. Ihr obligatorischer Charakter bethätigt sich nach drei Seiten: sie umfaßt obligatorische Ansprüche aus der Zeit vor Beginn des Processes, aus der Zeit während des Processes und solche, die erst mit Beendigung des Processes entstehen. In der ersten Richtung kann sie für den Kläger zwei, für den Beklagten einen Anspruch verfolgen,

---

230) L. 2 Cod. si unus (8. 32).

für jenen nämlich den wegen dolus praeteritus und den wegen der Früchte, für diesen den wegen der Impensen. Will man sie in Richtung auf den erstgenannten klägerischen Anspruch beim rechten Namen nennen, so muß man sagen: sie übt hier die Function einer Pönalklage, einer etwas modificirten[231]) act. de dolo aus. In Richtung auf den zweiten Anspruch des Klägers hält sie sich innerhalb der reinen Vindicationsidee nur da, wo sie die von einem malae fidei possessor gezogenen und bei ihm noch vorhandenen Früchte verfolgt, — denn an ihnen hat Kläger das Eigenthum —, in den beiden andern möglichen Fällen dagegen, wenn nämlich diese Früchte nicht mehr vorhanden, oder wenn der Beklagte bonae fidei possessor ist, schlägt sie in eine condictio um, denn hier hat sie nicht Eigenthum in der Person des Klägers, sondern Bereicherung aus dessen Vermögen in der Person des Beklagten, also ein obligatorisches Motiv, zu ihrem Fundamente.[232]) Für den Anspruch des Beklagten auf Ersatz der Impensen bedarf die obige Behauptung keiner Bemerkung, er stützt sich ebenfalls auf Bereicherung.

Während des Processes äußert sich die obligatorische Kraft der reivind. darin, daß sie den Beklagten zur diligentia und in gewissem Grade zur Prästation des Zufalls verpflichtet,[232a]) am Ende desselben darin, daß auch sie, ganz wie die act. in perso-

231) Modificirt: insofern sie keinen Beweis des Schadens erfordert und keine Infamie zur Folge hat. Die pönale Natur bewährt sich darin, daß sie passiv vom Uebergang auf die Erben ausgeschlossen ist. L. 52 de R. V. (6. 1).

232) Für die m. f. p. spricht die L. 15 de usuris (22. 1) ausdrücklich diesen Gesichtspunkt aus: qui prius percepti quasi malae fidei possessori condicuntur, ebenso L. 3 Cod. de cond. (4. 9) . . de extantibus fructibus vindicatione, de consumtis vero condictione conventus L. 22 §. 2 de pign. act. (13. 7), L. 18 de exc. (44. 1), für den b. f. p. folgt es daraus, daß er als solcher Eigenthum an den Früchten erwirbt.

232a) Ulpian rechtfertigt dies in L. 15 §. 3 de R. V. (6. 1) durch Heranziehung des dem Obligationenrecht angehörigen Begriffs der mora — ein schlagender Beweis, wie sehr den spätern römischen Juristen die Betrachtung des Verhältnisses unter dem Gesichtspunkt der Obligation zur zweiten Natur geworden war.

nam, mit einer Geldcondemnation, also einer Verpflichtung endet.

Von alle dem kennt die reivind. in ihrer ursprünglichen Gestalt Nichts. Zunächst nicht die Haftung wegen dolus praeteritus (S. 29). Sodann nicht den Anspruch wegen der Früchte, was in meinen Augen wenigstens keinem Zweifel unterliegt. Die von einem b. f. p. gezogenen Früchte fielen in sein Eigenthum, konnten also nicht vindicirt werden. Eben so wenig die vom m. f. p. bereits consumirten, denn das zu vindicirende Object muß noch existiren, schon darum weil es mit vor Gericht gebracht werden muß. Diese beiden Kategorien von Früchten hätten also nur mit der Formel der persönlichen Klage: dare oportere d. h. selbständig und unabhängig von der reivind. verfolgt werden können; denn daß die Combination des dare oportere und rem meam esse zu einer Klage nach Grundsätzen des älteren Processes eine Unmöglichkeit, ein Unding war, wird nach den Ausführungen des §. 51 keiner Bemerkung bedürfen. Bleiben also nur die beim m. f. p. noch in Natur existirenden Früchte. Daß auch sie im alten Proceß weder selbständig noch mit der Hauptsache vindicirt werden konnten, ist eine Behauptung, für die ich den Beweis zunächst noch schuldig bleiben muß.[233] Die wirkliche Klage, deren sich der Eigenthümer rücksichtlich ihrer zu bedienen hatte, ist bereits S. 31 angegeben, es war die Diebstahlsklage.[234]

Daß der Gegenanspruch des Beklagten auf Ersatz seiner Im-

233) Ich habe sie schon S. 31 ausgesprochen. Ich stütze sie nicht darauf, daß die Früchte einzeln hätten vindicirt werden müssen — dies Bedenken wäre ein grundloses, V. Göppert, Ueber einheitliche, zusammengesetzte und Gesammtsachen, Halle 1871 S. 100 u. fl. — sondern darauf, daß die res nec mancipi in alter Zeit überhaupt nicht Gegenstand der Vindication sein konnten. Das Weitere im folgenden Bande.

234) S. außer den Note 232 citirten Stellen, welche bloß die condictio überhaupt (nicht die furtiva) nennen, die auf die beim furtum nec manifestum Statt findende Strafe des duplum hinweisende L. 1 Cod. Theod. de usur. rei jud. (4. 19) . . ex prisci juris formulis . . malae fidei possessores in duplum conveniuntur.

pensen der spätern Zeit angehört, lehrt schon die Form seiner Geltendmachung (exceptio doli), und der enge Zusammenhang, in dem er mit dem so eben erwähnten Anspruch des Klägers steht, gibt ein neues Argument für das relativ späte Alter des letztern. So lange dem b. f. p. die Impensen nicht vergütet wurden, durfte man ihn ohne die größte Unbilligkeit nicht zur Herausgabe der vorhandenen Früchte nöthigen. Die Aenderung des einen Satzes schloß nothwendigerweise die des andern in sich. An die Stelle der rohen Aufrechnung in Bausch und Bogen zwischen Früchten und Impensen trat jetzt der Fuß einer genaueren Abrechnung nach beiden Seiten, denn derselbe Grund, auf den der eine Theil seinen Anspruch stützte, der der Bereicherung, bot auch dem Gegner das Fundament zu dem seinigen. Beide Ansprüche sind Ausflüsse desselben Gedankens: der Uebertragung der dem Obligationenrecht angehörigen Idee der Bereicherung auf die Eigenthumsklage.

Daß der Besitzer während des Vindicationsprocesses, wenn ich so sagen darf, unter die Zucht des Obligationenrechts gestellt werden mußte, konnte auch im ältern Recht nicht zweifelhaft sein. Die Art, wie dies geschah, bezeugt wiederum die Strenge, mit der die alte Jurisprudenz an ihren technischen Grundgesetzen festhielt, denn sie ließ diese Obligation nicht einfach aus der reiv. herauswachsen, noch auch im Urtheil sichtbar werden, sondern sie schlug denselben Weg ein, wie bei dem usus fructus, d. h. den der Begründung eines selbständigen Obligationsverhältnisses neben dem dinglichen Recht. Um die Verpflichtung zur Herausgabe der vom Besitzer (einerlei ob b. f. p. oder m. f. p.) während des Processes gezogenen Früchte zu begründen, dazu reichte schon der Gesichtspunkt des Diebstahls (furtum nec manifestum) vollkommen aus, mochte man nun in der Erlangung der Vindicien von Seiten des unterliegenden Theils („si vindiciam falsam tulit")[235]) ein fur-

235) Worte der XII Tafeln bei Festus s. v. Vindiciae: si vindiciam falsam tulit, si velit is . . (Cujacius: rei sive litis, Müller: stlitis et vindiciarum Prae) . . tor arbitros III dato eorum arbitrio . . . (Müller: possessor, reus) fructus duplione damnum decidito.

tum (possessionis) des Grundstücks[236]) oder ein furtum (rei) der Früchte erblicken;[237]) jedenfalls geht daraus, daß wegen dieser Früchte nach beendigtem Hauptproceß[238]) ein besonderes Schätzungsgericht von drei Sachverständigen (tres arbitri) bestellt wurde, soviel hervor, daß dieser Posten nicht der Cognition des Richters in der Hauptsache unterlag, auf den Gesichtspunkt des furtum nec manifestum aber weisen sowohl die Strafe des Doppelten als die beim Diebstahl technischen Worte „damnum decidere" hin.

Gegen positive Beschädigungen der Sache von Seiten des Besitzers wäre der Gegner zwar durch andere Delictsklagen geschützt gewesen,[239]) nicht aber gegen Deteriorationen durch Unterlassen. In dieser Richtung bedurfte es daher jedenfalls der Begründung eines besonderen Obligationsverhältnisses. Sie erfolgte durch Bestellung von Bürgen (praedes litis et vindiciarum), welche dafür aufzukommen hatten, daß der Besitzer die Sache in ordnungsmäßigem Stand halte und dem Urtheil Folge leiste;[240]) wer sie nicht stellen konnte, hatte auf die Vindicien keinen Anspruch. Die Realisirung dieses Obligationsanspruchs geschah separat in einem besondern, ausschließlich gegen den Bürgen (der Beklagte war, wie ich an anderer Stelle darzuthun hoffe, juristisch gar

---

236) Gellius XI. 18 §. 13 . . fundi quoque et aedium fieri furtum. L. 1 §. 3 de furt. (47. 2) furtum . . . possessionisve.

237) Gegen den etwaigen Einwand, daß doch der b. f. p. nicht als fur hätte behandelt werden können, verweise ich auf mein „Schuldmoment im römischen Privatrecht, Gießen 1867. S. 11 fl.

238) Denn bevor nicht das Haupturtheil gesprochen, ließ sich nicht von einem: vindiciam falsam tulisse reden.

239) z. B. durch die act. arborum furtim caesarum. Ebenso im spätern Recht durch die actio legis Aquiliae: L. 27 §. 2 de R. V. (6. 1) . . . act. legis Aquiliae durat.

240) Auf ersteres beschränkt ihre Haftung Pseudo-Asc. (Orelli p. 191): ne interea possessionem deteriorem faciat, tecta dissipet, excidat arbores et culta deserat, während Gajus IV. 16. 94 die Bürgen schlechthin „litis et vindiciarum i. e. rei et fructuum nomine" wegen haften läßt.

nicht verpflichtet) gerichteten Verfahren, hatte also mit der reivind. Nichts gemein.

Die **Beendigung** des Processes durch Urtheil und Execution blieb ebenfalls dem Charakter der rein dinglichen Klage treu. Im neuern Recht haben beide die Form der persönlichen Klage angenommen. Die Verurtheilung erfolgt bei der petitoria formula auf Geld, also auf ein dare (nicht auf rem ejus esse) — eine Veränderung, die durch die vielerlei obligatorischen Zusätze, welche die Klage aufgenommen hatte, unabweisbar geworden war. Daß das Urtheil im ältern Vindicationsproceß nicht auf Geld lauten konnte, wird keiner Bemerkung bedürfen, der Richter durfte nur so sprechen, wie die Formel es ihm vorgezeichnet hatte, also im Sacramentsproceß auf sacramentum justum esse (I. 173).[241] Auch daß hinterher in einem besondern Nachverfahren das zuerkannte Eigenthum in eine Geldschuld verwandelt worden sei, so daß also der alte Proceß gleich dem spätern seinem schließlichen Verlauf nach mit einer Obligation geendet hätte, muß ich entschieden bestreiten.[241a] Das für den Legisactionenproceß erwähnte arbitrium liti aestimandae[242] findet bei den persönlichen Klagen, bei denen ursprünglich die Condemnation auf die Sache selbst, nicht auf Geld lautete,[243] seine ausreichende Erklärung. Der arbiter konnte nur **schätzen**, nicht condemniren, d. h. keine Obligationen **begründen**, sondern nur den Betrag einer bereits vorhandenen **feststellen**, in der Person des Beklagten bestand aber rücksichtlich des Vindicationsobjects selber keine **Verpflichtung**. Nur rücksichtlich der obigen obligatorischen Nebenansprüche wegen der Früchte und wegen Deterioration oder Vernichtung der Sache konnte, eben weil es sich hier lediglich um den **Betrag** handelte, ein solches Schätzungsverfahren eintreten und ausreichen.

---

241) Bei der sponsio praejudicialis auf sponsionis summam dari oportere Gaj. IV. 93.

241a) So auch **Bethmann-Hollweg** Röm. Civilpr. I. S. 193.

242) Val. Probus de notis antiq. §. 4.

243) Gaj. IV. 48.

Aber, wird man mir einwenden, das Urtheil im Vindicationsproceß muß doch jedenfalls eine Verpflichtung des Beklagten zur Herausgabe der Sache begründet haben. Eine Verpflichtung in dem unbestimmten Sinn des Wortes, in dem man auch wohl von einer Verpflichtung spricht, die Gesetze und Anordnungen der Obrigkeit zu befolgen, allerdings, aber keine Verpflichtung im juristisch-technischen Sinn: keine obligatio. Die alte reivind. ging selbst nicht einmal im Moment ihrer Verwirklichung durch den Begriff der Obligation hindurch, denn der Beklagte hat die Sache nicht zu geben, sondern der Kläger nimmt sie sich,[244]) das Dulden von Seiten des Beklagten ist Nichts als das Unterlassen der Auflehnung gegen die Rechtsordnung und die Obrigkeit.[245]) Auch wenn der Beklagte nach dem Urtheil gestorben wäre, hätte die Execution keinen Aufschub zu erleiden brauchen, zum besten Beweise, daß jenes Dulden kein Handeln war, denn Handeln setzt eine Person voraus. So wenig es eines Gebens bedurft hätte, wenn der Beklagte von vorn herein einen Widerstand überhaupt nicht entgegengesetzt hätte, sondern wie hier der Kläger nach erfolgter addictio von Seiten des Prätors[246]) einfach den vor Gericht gebrachten Gegenstand mit sich hinweggenommen hätte,[247]) ganz ebenso stand die Sache, wenn dieser Widerstand durch das Urtheil gebrochen war.

Als Resultat unserer bisherigen Ausführungen werden wir den Satz aussprechen dürfen: die reivind. des neuern Rechts ist ein Conglomerat verschiedener um das Eigenthum sich drehender Ansprüche, dinglicher und persönlicher, nicht sowohl eine einzelne

---

244) L. 57 pr. de evict. (21. 2) . . ante ablatam vel abductam rem L. 67 ibid., L. 30 de lib. causa (40. 12) . . duci servum debere ab eo, qui vicisset. Uebereinstimmend Bethmann-Hollweg a. a. O. S. 191.

245) L. un. §. 1 si quis jus (2. 3).

246) Gaj. II. 24 (in jure cessio).

247) Ebenso wenn durch Ertheilung der Vindicien der Besitz von dem Einen auf den Andern übertragen worden war. Liv. III. 48: I Lictor, submove turbam et da viam domino ad prehendendum mancipium.

Klage, als ein ganzer Complex von Klagen, kurz in analytischer Hinsicht ein Compositum. Die reivind. des ältern Rechts dagegen bleibt dem Gesichtspunkt eines Verfahrens gegen die Sache von Anfang bis zu Ende treu; ihrer ursprünglichen Richtung und Voraussetzung nach lediglich durch die Sache bestimmt, nimmt sie Nichts in sich auf, was über das rein Sachliche hinausginge und die Person träfe, sie entsteht und endet im Gebiet des reinen Sachenrechts, die adminikulirenden obligatorischen Ansprüche, deren sie bedarf, schlagen, wie sie es nach unserem Gesetz der Analyse sollen, die Bahn der act. in personam ein. Die alte reivind. ist also ein analytisch einfacher Körper, denn sie schließt keinen Bestandtheil in sich, der anderwärts als selbständiger Rechtsbegriff vorkommt.

Die bisherige Ausführung sollte den Grundsatz der elementaren Einfachheit der Rechtskörper zunächst nur an einem besonders lehrreichen Musterfall veranschaulichen.[248]) Um denselben aber als allgemeines, ausnahmsloses Gesetz aufstellen zu können, dazu bedarf es noch eines Weitern: einer Prüfung sämmtlicher Rechte des ältern Systems unter diesem Gesichtspunkt. Soll letzterer seine Probe bestehen, so darf sich unter der Zahl derselben kein einziges befinden, welches aus zwei systematisch einfachen Elementen: aus zwei verschiedenartigen Rechten oder aus Recht und Verpflichtung gemischt ist, es muß vielmehr, wo irgend ein Verhältniß seiner Natur nach ein solches Zusammenwirken mehrerer Elemente mit sich bringt, der so eben geschilderte Weg separater Nebeneinanderstellung eingeschlagen worden sein.

Nach solchen Mischbegriffen wird man nun, wie bereits

---

248) Ein anderes Beispiel haben wir schon oben S. 137 an dem Ususfructus kennen lernen. Das in der ersten Auflage noch herangezogene Verhältniß der cautio damni infecti als eines Falles, in dem das ältere Recht den Schutz des Grundeigenthums ebenfalls in Form einer besondern Obligation vermittelte, ist richtiger einem anderen Gesichtspunkt zu unterstellen, der uns an späterer Stelle begegnen wird.

bemerkt, im älteren Recht vergebens suchen. Nicht darin aber hat dies seinen Grund, weil es der ältern Zeit an der Substanz dafür d. h. den Verhältnissen selber gefehlt hätte, denn wenn auch manche der obigen Beispiele einer höhern Stufe wirthschaftlicher Entwicklung angehören, so kannte doch auch das ältere Recht Fälle genug, in denen es, wenn es sonst nur gewollt hätte, eine solche Verschmelzung zweier Begriffe zur Einheit hätte eintreten lassen können.

Fragen wir also zuerst: gibt es im ältern Recht ein Verhältniß, welches wie die oben S. 180 angeführten des neuern und des heutigen Rechts, zwei systematisch verschiedene Rechte in sich schließt? Ich wüßte keins zu nennen. [249] Ebenso wenig kennt das ältere Recht jene Combination der beiden Grundformen der Klagen: der actio in rem und der actio in personam für ein und dasselbe Verhältniß. Im ältern Recht ist jedes Verhältniß nur mit einer dieser beiden Klagen ausgestattet, entweder der einen oder der andern, nie mit beiden zusammen. Des Gegensatzes wegen vergleiche man damit einmal die mancherlei Fälle, in denen das neuere Recht für einen und denselben Anspruch sowohl eine persönliche Klage als eine reivindicatio utilis gewährt, [249a] oder das moderne Legat, für das dem Legatar, wo der Gegenstand darnach geartet ist, eben so wohl die persönliche als dingliche Klage zur Verfügung steht. In dem alten Recht waren die beiden Klagen, wie bei allen Verhältnissen, so auch beim Legat streng geschieden, das Vindicationslegat ward ausschließlich mit der einen, das Damnationslegat ausschließlich mit der andern geltend gemacht, eine

249) Ich muß abwarten, ob meine Behauptung auf Widerspruch stößt. Die Einwendungen, die ich zur Zeit absehe, sind zu unstichhaltig, als daß ich sie widerlegen möchte. So z. B. die Prädialservitut sei mit dem Eigenthum verbunden. Antwort: darauf beruht eben ihr Begriff, eine einfachere Form für sie ist gar nicht denkbar. Dieselbe Antwort auf den Einwand: die hereditas übertrage Rechte aller Art, die hausherrliche Gewalt gewähre zugleich die Macht über die Person und über alle Sachen, welche dieselbe erwerbe.

249a) S. dieselben in meiner Abh. über die reiv. utilis in meinen Jahrbüchern B. 1 S. 120 fl.

Combination beider Klagen, bez. beider Legatsformen zu einer Doppelform wäre einem Juristen der alten Schule als eine Ungeheuerlichkeit erschienen, und es gehörte der gänzliche Bruch mit den alten technischen Ueberlieferungen dazu, um solche Schöpfungen zu Tage zu fördern. [249b)]

Wir fragen zweitens: kennt das ältere Recht Verhältnisse, in denen sich Recht und Pflicht oder Gegenrecht zur begrifflichen Einheit verbinden? Auch diese Frage ist schlechthin zu verneinen. Alle Verhältnisse des älteren Rechts sind wesentlich einseitiger Art, sie gewähren dem Berechtigten nur ein Recht, ohne ihm zugleich eine Pflicht aufzuerlegen oder dem Gegner ein Gegenrecht zu verschaffen.

Dieser Gesichtspunkt der Einseitigkeit als ein die Structur sämmtlicher Verhältnisse des alten Rechts bestimmender Gesichtspunkt ist vor mir bereits von Stahl ausgesprochen worden. [250)] Ohne das Verdienst dieses Mannes, dessen tiefen, ins Innere der Dinge dringenden Blick Niemand so hoch anerkennen kann, wie ich, zu schmälern, darf ich doch die Bemerkung nicht unterdrücken, daß seine Ausführungen Manches zu wünschen übrig lassen. Um von Einzelnheiten völlig zu schweigen, so kann ich ihm in Bezug auf die Bedeutung, die er diesem Gesichtspunkt beilegt, in keiner Weise beistimmen. Weder darin, daß in diesem einzigen Gedanken das eigenthümliche Wesen des römischen Rechts völlig beschlossen liegen, noch darin, daß derselbe in der ethischen Lebensanschauung der Römer seinen letzten Grund gehabt haben soll. Was Stahl irre geführt hat, darüber habe ich mich schon bei Gelegenheit des allgemeinen Wesens der Analyse (II. 334, 335) des Weitern

---

249b) Damit soll denselben aber im übrigen nicht ihr Urtheil gesprochen sein, im Gegentheil erblicke ich in ihnen einen Fortschritt des Rechts zur größeren Vollkommenheit und Vielseitigkeit, s. die öfters angeführte Abh. von mir Jahrb. X. S. 517—519.

250) Philosophie des Rechts. Aufl. 2 B. 2 S. 392 fl. (Anhang über den Werth des römischen Privatrechts.)

ausgesprochen, und es mag hier genügen darauf einfach Bezug zu nehmen.

Das Verhältniß des Mannes zu seiner Frau hat im neuesten Recht den Charakter eines gegenseitigen angenommen, ebenso das des Vormundes zu seinem Mündel, und dasselbe kann man bis zu einem gewissen Grade auch von der väterlichen Gewalt sagen, insofern auch sie dem Vater Pflichten (z. B. die Alimentationspflicht) auferlegt. Ganz anders im ältern Recht. Denn wie immerhin diese Verhältnisse im Leben und durch die Sitte auch thatsächlich gestaltet sein mochten, juristisch waren sie sämmtlich einseitige Machtverhältnisse, die einen Gegenanspruch des Untergebenen nicht zuließen. Für die Kinder bedarf dies keiner Bemerkung, für die Ehefrau in der manus könnte man höchstens eine Ausnahme rücksichtlich der Dos statuiren. Allein nach der richtigen Ansicht[251]) hatte die Frau, wie überhaupt keinen Anspruch gegen den Mann, so auch nicht rücksichtlich der Dos, es wäre bei der Manusehe ein Anspruch des Mannes gegen sich selber gewesen. Die Vormundschaft, in ihrer ursprünglichen Gestalt von den Römern ausdrücklich als „Machtverhältniß" definirt,[252]) gehörte in der ältern Zeit zur Zahl derjenigen Pflichtverhältnisse (officia),[253]) die zwar eine höchst innige, durch Infamie geschützte, sittliche Verpflichtung, aber keine juristische Verbindlichkeit begründeten. Unterschlagung erzeugte hier, wie überall, die Diebstahlsklage aufs Doppelte (act. rationibus distrahendis), dagegen war der Gedanke eines specifisch obligatorischen Anspruches des Pupillen gegen den Vormund auf treue und sorgfältige Führung seines

251) Ich freue mich dieser Ansicht, auf die ich von einer andern Seite gekommen war, jetzt bei Bechmann, Das römische Dotalrecht. Erste Abth. Erlangen 1863. S. 105 zu begegnen, der zuerst der herrschenden Auffassung, als ob die Dos zwischen Mann und Frau ursprünglich ein wirkliches Obligationsverhältniß begründet habe, entgegengetreten ist.

252) „Jus ac potestas in capite libero" Cic. de invent. II. 50. L. 1 pr. de tut. (26. 1).

253) Gell. V. 13.

Amtes, wie er späterhin in dem judicium tutelae zum Ausdruck gelangt, dem ältern Recht fremd.[254])

Das Eigenthum ließ sich durch Servituten beschränken, und der Eigenthümer selber konnte sich persönlich verpflichten, allein mit dem Eigenthum als solchem (d. h. so, daß sie auf den Nachfolger übergegangen wäre) ließ sich nach altem Recht eine Obligation nicht verbinden.[255]) Durch den Satz: servitus in faciendo consistere nequit war dafür gesorgt, daß die Servitut nicht in das Gebiet der Obligation hinübergriff. Die Last, die sie dem Eigenthümer auferlegte, fiel nicht unter den Gesichtspunkt einer Verbindlichkeit, sie bestand fort, auch wenn gar kein Eigenthümer, oder ein handlungsunfähiger da war, zum besten Beweise, daß das rein negative Verhalten von seiner Seite kein Handeln in sich schloß. Darum erfolgte ihre Geltendmachung auch nicht mit einer act. in personam, sondern einer act. in rem. Ueber die Structur des ususfructus ist bereits das Nöthige gesagt.

Am ergiebigsten für unsere Betrachtung ist das Obligationenrecht. Bei weitem die meisten Verhältnisse des obligatorischen Verkehrs sind zweiseitiger Art, und es wird Niemand daran zweifeln, daß auch sie dem altrömischen Leben bekannt gewesen sind. Um so lehrreicher ist daher die Thatsache, daß alle Obligationsformen, welche mit Sicherheit auf das ältere Recht zurückzuführen sind, wesentlich einseitiger Art sind, nämlich das Nexum, das Darlehn, der Literalcontract und die Stipulation. Unter den zweiseitigen Verträgen des spätern Rechts gibt es keinen, den die Römer dem jus civile zuweisen, sie gehören sämmtlich dem jus gentium an, das heißt aber m. a. W.: der Gedanke der Gegenseitigkeit ist kein ursprünglicher Gedanke des römischen Civilrechts, das specifisch Römische ist die Einseitigkeit.

---

254) Das Nähere bei den Verhältnissen der bona fides im letzten Abschnitt dieses Theils.

255) Der Aenderung, die sich mit diesem Satz in den Provinzen vollzog, ist bereits oben Note 228 gedacht.

Es wird nicht der Angabe bedürfen, wie die Römer mit diesem Grundsatz der Einseitigkeit auszureichen vermochten — sie lösten einfach das zweiseitige Verhältniß in zwei einseitige Stipulationen auf (z. B. stipulationes emti venditi, locati conducti). Wollte der Promittent sicher gehen, daß der Gegner die Einseitigkeit seines Anspruches nicht mißbrauche d. h. denselben nicht geltend mache, bevor er seinerseits erfüllt hatte, so fügte er seinem Versprechen eine darauf gerichtete Bedingung hinzu (centum dare spondes, si equum dederim? equum dare spondes, si centum dederim?). Ebenso wenig werden wir darüber ein Wort zu verlieren haben, daß der Grund dieser Manipulation nicht mit Stahl in der Beschränktheit der ethischen, der Verbindung der Pflicht mit dem Recht widerstrebenden Auffassung der Römer, sondern in denselben Zweckmäßigkeitsgründen zu suchen ist, denen die Analytik des Rechts überhaupt ihren Ursprung verdankt. Die einseitige Obligation ist nicht bloß die einfachste Obligationsform im analytischen Sinn, sondern auch im praktischen Sinn, d. h. die am leichtesten zu handhabende (§. 55).

Jahrhunderte lang hindurch hatten die Römer keine andere Obligation gekannt, als die einseitige, Jahrhunderte lang waren sie gewohnt, die substantiell zweiseitigen Geschäfte des Lebens, wie Kauf, Miethe, Societät in die Form von zwei einseitigen Verträgen zu bringen, in ihnen juristisch nicht einen einzigen, sondern zwei Contracte zu erblicken. Aenderte sich dies nun mit einem Mal, als das Erforderniß der besondern Form dieser Verträge: die Stipulationsform hinwegfiel, sahen sie diese Geschäfte jetzt mit völlig andern Augen an? Jene Aenderung in der Form schloß diese Folge keineswegs in sich, es war vielmehr die Frage nach der juristischen Structur des Geschäfts von der Formfrage völlig unabhängig; ein solcher totaler Umschwung in der ganzen Vorstellungs- und Auffassungsweise ohne zwingende Gründe würde durchaus der Weise der römischen Juristen, dem Continuitätsgesetz der römischen Rechtsentwickelung widersprochen haben. In der That ist er denn auch nicht erfolgt. An die Stelle der stipulatio emti und venditi, locati und conducti trat nicht ein solches zweiseitiges Geschäft, wie wir Neuern es unter dem Kauf- und Miethcontract uns vorzustellen pflegen, sondern die emtio und venditio, die locatio und conductio; m. a. W. jene beiden Geschäfte behielten ihre alte Structur bei, sie blieben was sie waren: zwei einseitige über einander geschobene Geschäfte. Darum ist es nicht Zufall, nicht eine bloße Reminiscenz an die ehemalige Structur derselben, daß die Römer zu deren Bezeichnung stets den Doppelnamen: emtio venditio, locatio conductio gebrauchen, sondern es prägt sich darin das wahre Wesen, die juristische Structur dieser Geschäfte auch vom Standpunkt des neuern Rechts aus. Erst in unserer Zeit hat die richtige Erkenntniß davon zu tagen begonnen,[256] aber es fehlt noch viel, daß man mit den Irrthümern, welche die bisher herrschende Auffassung mit Nothwendigkeit in ihrem Gefolge haben mußte, aufgeräumt hätte.[257]

Auch für diejenigen wesentlich oder zufällig zweiseitigen Geschäfte, welche die Römer mit einem Namen bezeichneten, wie z. B. die societas, das mandatum u. a. wiederholt sich derselbe Mechanismus, dieselben können für den einen Theil von vornherein ungültig, für den andern gültig sein, für den einen fortdauern, für den andern nicht. Bei diesem partiellen Bestehen nimmt der nicht zur juristischen Existenz gelangte Gegenanspruch des andern Theils den Charakter einer Bedingung der Realisirung des gegnerischen Anspruchs an — eine Art der indirecten Verpflichtung

256) Brandis, Zeitschr. f. Civilr. u. Proc. B. 7 S. 138 fl. Dernburg, Compensation S. 70 ff.

257) So z. B. in der Lehre von dem Irrthum, für welche Savigny System B. 3 S. 294 die Behauptung aufstellt, daß auch der Verkäufer wegen Irrthums des Käufers von seiner Verbindlichkeit frei werde. Bei der Ehe würde dies richtig sein, denn eine Ehe kann nicht für den einen Theil nichtig, für den andern gültig sein, die Eingehung der Ehe enthält einen wirklich zweiseitigen Vertrag, bei dem die Wirkungen für beide Theile sich gegenseitig bedingen. Dies gilt aber für den Kauf- und Miethcontract nicht, eben weil beide nur ein Compositum von zwei Verträgen sind, es kann eine emtio ohne venditio, eine venditio ohne emtio geben.

des Gegners, auf welche die römischen Juristen den Begriff und Ausdruck der obligatio naturalis angewandt haben. Das Verhältniß ist aber in Wirklichkeit kein anderes, als bei der oben angegebenen bedingten stipulatio emti, aus der es sich historisch entwickelt hat. Ein Pupill, der mittelst der stipulatio emti „spondesne equum dare, si centum dederim?" sich das ohne Tutor gekaufte Pferd hatte versprechen lassen und dafür seinerseits: centum dare, si equum dederis spondirt hatte, haftete für den Kaufpreis nicht anders, als wenn er ohne Stipulation die Sache gekauft hatte — wollte er das Pferd, so mußte er die Bedingung erfüllen.

In unserm heutigen Recht sind zur Zahl der zweiseitigen Verträge noch die s. g. Innominatcontracte hinzugekommen,[258] in ihrer reinen römischen Gestalt gehören sie bekanntlich zur Zahl der einseitigen — ein neuer Beleg für die Ausdehnung, in welcher der Gedanke der Einseitigkeit noch das neuere Obligationenrecht beherrscht, für die Zähigkeit, mit der noch die spätere Zeit an diesem alt- und ächtrömischen Gedanken festhielt.

Das Erbrecht bot diesem Gesichtspunkt nur bei dem Legat Raum, denn die Erbschaft schließt mit Nothwendigkeit den Uebergang von Rechten und Verbindlichkeiten in sich, darauf beruht ja der Begriff der Universalsuccession. Es hieße das wahre Verhältniß mehr verdecken als aufklären, wollte man es dadurch mit unserem Gesichtspunkt in Uebereinstimmung bringen, daß man sagte: der Erbe werde lediglich berechtigt, denn er überkomme nicht unmittelbar die einzelnen Rechte und Verbindlichkeiten, sondern das ideale Object der hereditas, den ökonomischen Niederschlag der Persönlichkeit des Erblassers.

Beim Legat dagegen ist unser Gesichtspunkt wiederum streng

258) Aber wohlgemerkt: sie können zweiseitig sein, brauchen es aber nicht zu sein (selbst der Tauschcontract nicht); die Möglichkeit, daß nach Absicht der Contrahenten bloß der eine Theil verpflichtet sein solle, wenn der andere geleistet habe, nicht aber letzterer, ist auch im heutigen Recht nicht hinweggefallen.

durchgeführt. Das Legat so wie das ihm correspondirende Geschäft unter Lebenden: die Schenkung, sind nach älterer Auffassung rein einseitige Zuwendungen, mit deren Begriff die Auflage einer Verpflichtung[259] nicht vereinbar ist; einem Legatar konnte kein Legat, dem Donatar keine Obligation auferlegt werden. Im neuern Recht ist beides möglich geworden, beim Legat dadurch, daß der Legatar mit einem Fideicommiß belastet werden kann, bei der Schenkung durch die directe Erzwingbarkeit des Modus.

Ist die ältere Jurisprudenz, wie so eben angenommen, wirklich von dem Satz ausgegangen, daß liberale Zuwendungen sich nicht mit obligatorischen Auflagen verbinden lassen, so wird sie es auch nicht geduldet haben, daß der Vater bei der Emancipation des Sohnes oder der Herr bei Freilassung des Sklaven sich etwas ausbedang. Rücksichtlich des ersteren Falles wird Niemand Zweifel hegen, rücksichtlich des letzteren möchte es daraus hervorgehen, daß zu dem Zweck der Eid benutzt ward (jurata operarum promissio), was darauf zu deuten scheint, daß man diesen Zweck in juristischer Form ursprünglich nicht zu erreichen vermochte.

Hiermit habe ich meine Uebersicht geschlossen, und wenn ich sonst kein Verhältniß übergangen habe,[260] so glaube ich das Resultat derselben in den Satz zusammenfassen zu dürfen: das ältere Recht kannte kein Verhältniß, welches aus Recht und Verbindlichkeit gemischt ist. Gesellen wir dazu unsern frühern Satz, daß dasselbe ebenso wenig ein Verhältniß kannte, bei dem zwei systematisch verschiedene Rechte zur begrifflichen Einheit zusammengefügt waren, so möchte damit der an die Spitze dieses Paragraphen

---

259) Die Auflage eines modus fiel nicht unter den Gesichtspunkt einer Verpflichtung; erst das neuere Recht hat in paralleler Entwickelung mit dem bei den Innominatcontracten Statt gefundenen Fortschritt von der condictio ob causam datorum zur act. praescriptis verbis auch bei jenen beiden lucrativen Geschäften die indirect verpflichtende Kraft des modus zur direct verpflichtenden gesteigert.

260) Auf das öffentliche Recht, das Stahl a. a. O. ebenfalls in den Kreis seiner Betrachtung gezogen hat, lasse ich mich hier nicht ein.

gestellte Gesichtspunkt der elementaren Einfachheit der Rechtskörper seine Erläuterung und Rechtfertigung gefunden haben.

2. Analytische Vereinfachung des Thatbestandes.

Vereinfachung des Thatbestandes im Interesse des Beweises. — Ausscheidung lösbarer Elemente in Form selbständiger Begriffe und Verhältnisse — die abstracte Eigenthumsübertragung (doppelte Beurtheilung desselben Aktes vom Standpunkt des Eigenthums und der Obligation aus) — die abstracte Obligation (die act. receptitia) — der abstracte Rechtsträger (die juristische Person). — Anwendung des Grundsatzes in den Verhältnissen des öffentlichen und des Privatrechts. — System der politischen Vitiosität. — Verfassungsmäßigkeit der Gesetze.

Denique sit quodvis simplex duntaxat et unum.
Hor. ep. ad Pisones. v. 23.

LV. Die erfolgreiche Geltendmachung der Rechte hängt ab von dem Beweis ihres Thatbestandes, d. h. des Inbegriffs der Voraussetzungen, an welche das Gesetz die Entstehung derselben geknüpft hat. Der Beweis ist der Preis, um den die Rechte processualisch zu haben sind; je höher dieser Preis, d. h. je umständlicher, schwieriger der Beweis, um so mehr verringert sich der praktische Werth der Rechte, denn letzterer bestimmt sich, wie bei allen Dingen, nicht bloß nach ihrem Inhalt, ihrem Werth und ihrer Brauchbarkeit, sondern zugleich darnach, welcher Aufwand von Zeit, Mühe und Kosten erforderlich ist, um sich ihrer zu versichern. Möglichste Erleichterung des Beweises ist daher eine der wichtigsten Rücksichten, die der Gesetzgeber und die Wissenschaft bei der Gestaltung der Rechte zu nehmen haben; ein Beitrag zur Lösung dieser Aufgabe wiegt für den Verkehr mehr, als die feinste innere Ausbildung und Zuspitzung der Rechtsbegriffe — die kostbarsten Güter sind werthlos, wenn die Kosten ihrer Erlangung den Gewinn verschlingen.

So einleuchtend diese Wahrheit ist, so viel fehlt doch, daß sie überall von der modernen Gesetzgebung und Wissenschaft in gebührender Weise berücksichtigt worden wäre, und man kann geradezu behaupten, daß der Fortschritt in Bezug auf die innere Seite des Rechts nicht selten durch einen Rückschritt in Bezug auf jene äußere Seite desselben erkauft worden ist. Unser heutiges gemeines Recht steht in dieser Beziehung tief unter dem reinen römischen — eine Behauptung, die ich hier ebenso wenig weiter ausführen darf, als ich nöthig haben werde, die ziemlich nahe liegenden Gründe anzudeuten, in denen diese Erscheinung ihre Erklärung findet.

Die glückliche Lösung des obigen Problems hängt ab theils von einem allgemeinen Moment: der zweckmäßigen Gestaltung des Beweisverfahrens und der Beweislehre überhaupt, — theils von einem besondern, der Theorie der einzelnen Rechte angehörigen Moment: dem richtigen Zuschnitt ihres Thatbestandes (II. 311). Je complicirter, umfänglicher der Thatbestand, je unbestimmter, vager die Erfordernisse, aus denen er zusammengesetzt ist, um so umständlicher, schwieriger der Beweis. Jedes dieser Erfordernisse leistet dem Gegner den Dienst einer offenen Schanze, die er durch bloßes Läugnen in Besitz nehmen kann, und aus der der Angreifende ihn erst mit vieler Mühe vertreiben muß. Durch ungeschickte Formulirung des Thatbestandes kann daher die Verfolgung der Rechte in bedenklichster Weise erschwert, durch geschickte in höchst wirksamer Weise erleichtert werden. Wer unser positives Recht unter diesem Gesichtspunkt prüfen will, wird eine reiche Ausbeute finden, reich genug, um eine höchst interessante und lehrreiche Abhandlung über die Kunst der zweckmäßigen Gestaltung des Thatbestandes zu schreiben. Daß sie bisher nicht geschrieben ist, gehört mit zur Signatur unserer modernen Rechtswissenschaft.

Ueberschlage ich im Geist die verschiedenen Hülfsmittel und Kunstgriffe, welche das römische Recht zum Zweck der Vereinfachung des Thatbestandes in Anwendung gebracht hat, so sind vorzugsweise zwei unter ihnen von principieller Bedeutung: die Veräußerlichung des Thatbestandes, d. h. die Substituirung äußerer Kriterien und Erfordernisse an Stelle der innern — davon ist bereits früher (I. 53, II. 311) gehandelt — und die analytische Vereinfachung desselben — davon ist hier zu reden.

Das Wesen dieser letztern Operation besteht darin, daß von den zu irgend einem Verhältniß erforderlichen Momenten gewisse aus dem Thatbestand desselben ausgeschieden und in die Form besonderer selbständig wirkender Begriffe und Rechtsmittel gebracht werden. Die Gestalt, die das Rechtsverhältniß schließlich erhält, ist folgeweise nicht das Werk einer einzigen, sondern zweier Kräfte, von denen die eine sich in dieser, die andere in jener Richtung bewegt; die eine setzt und schafft, die andere beschränkt, negirt, ergänzt — ein Zusammenwirken von Kräften nach Art des Parallelogramms der Kräfte, bei dem jede Kraft in einer besonderen Richtung thätig ist, die Gesammtwirkung aber in der Diagonale Statt findet.

Man sieht, es ist dasselbe Verfahren, wie das im vorigen Paragraphen geschilderte, und in einigen Fällen, z. B. bei der abstracten Obligation, trifft es sogar ganz zusammen. Aber Zweck und Motiv ist in beiden Verhältnissen ein verschiedenes. Daß z. B. eine wegen mangelhafter Causa ungültige Eigenthumsübertragung mit einer besondern Klage angefochten werden muß, daß ein im Widerspruch mit den Auspicien erlassenes Gesetz bis zu seiner Aufhebung gültig blieb — das hat mit dem Grundsatz der elementaren Einfachheit der Rechtsbegriffe Nichts gemein.

Die Idee der analytischen Vereinfachung des Thatbestandes beschränkte sich keineswegs auf das Privatrecht, ihre interessanteste, jedenfalls aber ihre wichtigste Anwendung fand sie auf dem Gebiete des geistlichen und öffentlichen Rechts, und es wird, um ein vollständiges Verständniß von ihr zu erlangen, nöthig sein, sie auch in der letztern Richtung zu verfolgen. Wir beginnen mit dem Privatrecht.

Der Beweis eines auf derivativem Wege d. i. durch Succession erlangten Eigenthums löst sich auf in zwei: den des Eigenthums des Autors und den der Succession (Universal- oder Singularsuccession). Ist die Sache durch mehrere Hände hindurchgegangen, so vervielfacht sich der zweite Beweis in demselben Maße, als Successionsfälle Statt gefunden haben. Der erste ist stets nur dadurch zu erbringen, daß in der Person des nähern oder entfernteren Vorgängers eine Entstehung des Eigenthums auf originärem Wege dargethan wird. In der ersten Beziehung genügt es nicht, nachzuweisen, daß der Eine dem Andern die Sache tradirt habe — denn die Tradition als solche überträgt bloß Besitz — es muß vielmehr dargethan werden, daß sie zum Zweck der Eigenthumsübertragung erfolgt ist; das Geschäft, aus dem sich dies ergibt, muß also angegeben und bewiesen werden; war dasselbe ein Kaufcontract, außerdem noch die Zahlung oder Creditirung des Kaufpreises, da letztere bei diesem Geschäft die Voraussetzung des Eigenthumsübergangs bildet. Welche Schwierigkeit des Beweises! Ist es dem Beweisführer auch gelungen, alle die früheren Innehaber bis zum originären Eigenthümer: dem Fabrikanten, Producenten, Occupanten, Usucapienten, ausfindig zu machen und das Successionsverhältniß zu constatiren, so hat er bei jedem erst noch zu ermitteln, wie hoch der Kaufpreis sich belief, und ob er bezahlt oder creditirt worden ist. Ein einziges mangelndes Glied in dieser Kette, und die ganze Kette ist unterbrochen.

So hat also der Beweisführer die Sache bei allen ihren Irrfahrten und Sprüngen zu begleiten, ihren Lauf rückwärts bis zum ersten Ausgangspunkt zu verfolgen, kurz ihre ganze Geschichte zu schreiben. Welche Zumuthung! Wer gäbe nicht häufig lieber die Sache selber Preis, als sich dieser Mühe zu unterziehen. Dazu gesellt sich noch ein anderer erschwerender Umstand. Steht einmal die Eigenthumsübertragung in Abhängigkeit von dem Geschäft, dessen Ausführung sie enthält, so muß nothwendigerweise ein Ungültigkeitsgrund, der letzteres betrifft, z. B. Betrug, Zwang, Irrthum, seinen Einfluß auch auf sie erstrecken, d. h. so lange nicht die Usucapion diesen Mangel in der Person irgend eines Innehabers geheilt hat, bis in die entferntesten Hände hinein nachwirken.

Welche unpraktische Gestalt des Eigenthums, welcher Aufwand von Mühe und Kosten, und trotzdem oder gerade darum wie naheliegend die Gefahr, daß das Eigenthum sich in dieser langen Schleppe, die es nach sich zieht, verwickele und zu Falle komme.

Es ist nicht dieses Orts zu zeigen, welche verschiedenen Mittel das römische Recht in Anwendung gebracht hat, um jene Schwierigkeiten zu verringern.[261] Wir beschränken uns auf ein einziges, aber allerdings sehr ausgiebiges: die analytische Ausscheidung des Causalmoments bei der Eigenthumsübertragung, und zwar lassen wir dabei die Tradition ganz außer Acht aus Gründen, die seiner Zeit erhellen werden,[262] so daß also nur die mancipatio und in jure cessio zur Betrachtung übrig bleiben.

Das juristische Wesen beider Geschäfte läßt sich mit dem Begriff der abstracten Eigenthumsübertragung wiedergeben — einer Eigenthumsübertragung, die von ihrem Causalmoment sich frei gemacht, abstrahirt hat. Das Causalmoment hat eine große Aehnlichkeit mit dem Motiv, unterscheidet sich aber wesentlich von demselben. Das Motiv ist etwas für die juristische Charakteristik des Geschäftes völlig Unwesentliches. Ob Jemand kauft, weil er die Sache nöthig hat, oder weil er dem Verkäufer einen Verdienst zuwenden will, ob er schenkt aus Eitelkeit oder aus Wohlwollen, ist völlig gleichgültig, der Kaufcontract, die Schenkung als solche ist eine juristisch völlig verständliche Thatsache, welche die Frage nach dem Warum in einem Juristen gar nicht hervorruft. Ganz anders bei der Eigenthumsübertragung. Der Zweck oder Grund, dessentwegen sie erfolgt, ist nicht bloßes Motiv, etwas in der subjectiven Innerlichkeit Beschlossenes, was jede Parthei für sich behalten kann, sondern es ist ein Element des Geschäfts selbst, über das beide Partheien einverstanden sind, eine gemeinsame Vor-

---

261) Usucapion, act. Publiciana, interd. utrubi, Erforderniß der Angabe der causa von Seiten des Beklagten im ältern Vindicationsproceß (III. 96).

262) S. die Theorie der Rechte, wo der Nachweis versucht werden wird, daß das Vindicationseigenthum, von dem hier allein die Rede ist (dominium ex jure Quiritium) ursprünglich auf res mancipi beschränkt war. Die Structur der Tradition, die ihre Kraft als Eigenthumsübertragungsform für res nec mancipi erst im neuern Recht erhalten hat, weicht von der mancipatio und in jure cessio nicht unerheblich ab.

aussetzung desselben, ein Moment, welches diesem Akt erst seinen specifischen vermögensrechtlichen Charakter als Zahlung, Schenkung, Zweckgabe u. s. w. aufdrückt, kurz ein zur vollständigen juristischen Charakteristik dieses Akts völlig unentbehrliches Merkmal. Wird dieses Moment uns vorenthalten oder richtiger einer separaten Untersuchung überwiesen, so fehlt uns etwas zum vollen Verständniß des Akts; auf die Frage: Warum? gibt er uns keine Antwort, unser Urtheil über ihn kann daher nur ein einseitiges sein. Eben diese Einseitigkeit ist aber der Zweck dieser ganzen Manipulation, die Eigenthumsübertragung soll lediglich darnach beurtheilt werden, ob ganz abgesehen von all dem andern, was die Partheien sonst noch wollten, eine Eigenthumsübertragung beabsichtigt war, m. a. W. es soll lediglich der abstracte Eigenthumsübertragungswille ermittelt werden. Jene beiden Akte stellen uns demnach den Eigenthumswillen dar in seiner absoluten Isolirung, seiner auf dem Wege der juristischen Analyse beschafften Reinigung von allem obligatorischen Beiwerk — um dieselbe zu beurtheilen, braucht man Nichts vom Obligationenrecht zu verstehen! — sie sind Vorgänge, die sich ausschließlich auf dem Gebiete der Eigenthumstheorie bewegen: reine Eigenthumserwerbungsarten.

Das hohe Alter der mancipatio beweist, daß die Römer sich zu jener Höhe der Abstraction, von der sie Zeugniß ablegt, schon früh aufgeschwungen haben. Der Form nach hält die mancipatio noch an dem Gedanken der Nothwendigkeit des Causalmoments bei der Eigenthumsübertragung fest, denn sie motivirt dieselbe mittelst eines von der andern Seite sofort erfüllten Scheinkaufs (eaque mihi emta est hoc aere aeneaque libra) — eine Erscheinung, die sich bei der abstracten Obligation, dem nexum und dem Literalcontract und bei unserem Wechsel in der früher üblich gewesenen Valutaclausel („Valuta erhalten") wiederholt. So legt also die mancipatio gewissermaßen durch ihre eigene Form das Geständniß ihrer Künstlichkeit ab, indem sie das Moment, von dem sie sich thatsächlich losreißt, ausdrücklich als berechtigtes anerkennt.

In der in jure cessio ist selbst diese rein äußerliche Reminiscenz an das Causalmoment überwunden, sie ist auch der Form nach, was sie der Sache nach ist: ein reiner Eigenthumsübertragungsakt, und bekundet auch dadurch ihr relativ jüngeres Alter (II. 534). Der Umstand, daß sie auch auf res nec mancipi, seitdem an ihnen ein dominium ex jure Quiritium zugelassen war, Anwendung fand, gab das Mittel an die Hand, das die traditio versagte, um nämlich auch bei ihnen eine abstracte Eigenthumsübertragung vorzunehmen.[263])

Fragen wir nun, worin der praktische Nutzen der Ausscheidung des Causalmoments bei jenen beiden Geschäften bestanden habe, so traf derselbe zunächst die Vereinfachung des Beweises bei der reivindicatio. Der Kläger war der Mühe überhoben, den Geschäften nachzuforschen, vermittelst deren die Sache aus der einen Hand in die andere gegangen war, und auch dem Beklagten waren alle Einwendungen, die er der etwaigen Ungültigkeit derselben hätte entnehmen können, abgeschnitten, m. a. W. das Causalmoment der Eigenthumsübertragung bildete kein Streitmaterial für die reivind., weder für den Hauptbeweis, noch für den indirecten Gegenbeweis.

Der zweite Vortheil lag in Folgendem. Die Form, in der das Causalmoment seine Verwendung fand, war die einer auf die beiden, unmittelbar durch das betreffende Geschäft in Verbindung gesetzten Personen beschränkten d. h. persönlichen Klage (der Contracts-Klage oder der Condictionen wegen mangelhafter oder nicht erfolgter causa). War also das Eigenthum z. B. unter einer Voraussetzung übertragen worden, die von Anfang nicht vorhanden gewesen oder späterhin nicht eingetreten war, so gewährte dieser Umstand zwar dem Geber eine condictio ob causam datorum, um damit den erfolgten Eigenthumsübergang wieder rückgängig zu

---

263) Ein zur Erklärung der Thatsache, daß man sich bei res nec mancipi statt der bequemeren Tradition der Abtretung vor Gericht bediente, nicht unwichtiger Umstand.

machen, aber wohl zu beachten: nur gegen den Empfänger — das Eigenthum selber ward dadurch nicht berührt, es ging frei aus der einen Hand in die andere. Dieser Mechanismus, den das spätere Recht im Wesentlichen auch für die Eigenthumsübertragung durch Tradition beibehalten hat, ist vielleicht einer der glücklichsten Gedanken des römischen Rechts, jedenfalls einer der festesten Anker für die Sicherheit des Eigenthums. Man würde sich irren, wenn man die Gestalt der Sache als etwas sich von selbst Verstehendes betrachten wollte; das spätere Recht lehrt das Gegentheil. Letzteres hat nämlich in einigen Ausnahmsfällen den entgegengesetzten Weg eingeschlagen, so z. B. bei der act. quod metus causa, bei der restitutio in integrum der Minderjährigen,[264]) bei der Resolutivbedingung, wenigstens in gewissen Verhältnissen.[265]) Der Fehler, der dem Eigenthum von seiner Geburt her anhaftet, wird hier nie überwunden, das Eigenthum ist als ein krankes, sieches zur Welt gekommen; in dem durch seine mangelhafte Begründung bewirkten Fehler trägt es den Todeskeim in sich, der, wie spät und wo er sich auch entfaltet, dem Eigenthum den Untergang bereitet und damit den Unschuldigen, den spätesten Nachmann mit in die Verwickelung und den Schaden hineinzieht.

Solche dem Eigenthum auf allen seinen Wegen nachschleichende

---

264) L. 13 §. 1 de minor. (4. 4) .. adversus rei possessorem, licet cum eo non sit contractum. L. 14 ibid. — L. 9 pr. ibid. L. 1 Cod. si adv. vend. (2. 29). (Nicht bei der rest. majorum, wie man aus L. 30 §. 1 ex q. c. maj. [4. 6] abnehmen will.) — L. 58 de re jud. (42. 1).

265) Dazu würden sich noch manche Fälle der reivind. utilis gesellen, wenn die herrschende Lehre richtig wäre. In meinen Augen ist die Resolutivbedingung in ihrer modern römischen Gestalt (Jahrb. X. S. 570 fl.) d. h. als dinglich geschützter Vertrag vom legislativen Standpunkt aus einer der verwerflichsten Rechtsmechanismen, die es gibt; die Form, die ihr gebührt, und die sie stets hätte behalten sollen, ist die des persönlichen Anspruchs (Contractsklage oder cond. causa data causa non secuta). In ihrer modern-römischen Gestalt schließt sie eine große Gefahr für das Eigenthum und eine ergiebige Quelle bedenklichster Verwirrung in sich. Freilich wiederholt sie sich, wie es scheint, unabhängig vom römischen Recht auch im englischen, s. Gundermann Engl. Privatr. I. S. 241.

Rückforderungs- und Anfechtungsklagen waren dem ältern Recht völlig fremd. Das altrömische Eigenthum ist gesund und kräftig, wie alle Institute des ältern Rechts, und gegen jede Beeinflussung durch irgend einen bei seiner Begründung vorgekommenen Fehler gesichert. All der Ansteckungsstoff, der ihm auf seinem Wege und bei seiner Berührung mit der Obligation gefährlich werden könnte, entweicht in die Form der persönlichen Klagen, d. h. das Anfechtungsmaterial, das aus der Art, wie das Eigenthum im einzelnen Fall entsteht, sich ergibt, bleibt bei den zwei sich unmittelbar gegenüberstehenden Personen zurück, das Eigenthum selber aber wandelt unversehrt und intakt von einer Hand in die andere. Der Eigenthümer leidet nicht unter dem, was der Käufer verschuldet hat. Den Condictionen wegen Mangels in der causa, die den Krankheitsstoff in sich aufnehmen, verdankt das altrömische Eigenthum seine Kraft, Gesundheit, Sicherheit.

Diese Selbständigkeit der Eigenthumsfrage verläugnete sich selbst für das Verhältniß der unmittelbar gegenüberstehenden Partheien nicht, d. h. auch in dem zwischen ihnen obschwebenden Vindicationsproceß fand nach den in §. 52 entwickelten Grundsätzen das auf die Eigenthumsübertragung bezügliche Anfechtungsmaterial keine Berücksichtigung. Gleichzeitig mit dem einen Proceß konnte freilich zugleich der andere instruirt und möglicherweise dafür derselbe Richter bestellt werden. In beiden Processen handelte es sich um denselben äußern Akt, aber der Standpunkt der Betrachtung war hier und dort ein völlig verschiedener, in dem einen war es der des Eigenthums, in dem andern der der Obligation, und es war daher durchaus nichts widersprechendes, daß der Richter einen und denselben Akt der Eigenthumsübertragung vom ersteren Standpunkt aus für vollkommen wirksam, vom letzteren aus für anfechtbar erklärte. Diese Möglichkeit der Duplicität der Beurtheilung eines und desselben Aktes von verschiedenen rechtlichen Standpunkten involvirt für den Akt selber eine Duplicität seines juristischen Charakters, und der Jurist kann diese Anschauung vom möglichen Doppelcharakter der juristischen Thatsachen nicht genug in sich ausbilden.

Jedes Geben — und dasselbe gilt von jeder Vermögenszuwendung (z. B. der Bestellung einer Servitut, der Cession, Novation ꝛc.) — trägt einen doppelten juristischen Charakter an sich und ist daher von dem, der genau sprechen will, auch mit verschiedenen Namen zu bezeichnen. Derselbe Akt, der in der einen Qualität den Namen: mancipatio, traditio führt, heißt in der andern solutio, indebiti solutio, donatio, mutuum u. s. w. In der einen Richtung kann er bestehen, in der andern nicht; derselbe Richter, der den Akt als gültige Eigenthumsübertragung anerkannt und geschützt hat, kann ihn als ungültige solutio rescindiren d. h. die Verpflichtung zur Rückübertragung des Eigenthums aussprechen (nicht das Eigenthum selbst aufheben), so wie er umgekehrt auch zu dem Resultat gelangen kann, daß der Schuldner alles, was ihm oblag, gethan hat, obschon der Uebergang des Eigenthums noch nicht bewerkstelligt ist.[265a])

Der Gedanke der Ausscheidung des Causalmoments, den wir so eben für das Eigenthum entwickelt haben, wiederholte sich auch für das alte Obligationenrecht; die abstracte Eigenthumsübertragung fand in der abstracten Obligation ihr würdiges Seitenstück.[265b]) Auch sie war ein Kunstproduct, kein Mensch verspricht

---

265a) Beispiele des ersteren Falles bieten unsere Quellen in Menge; außer den bekannten der condictio indebiti, sine causa u. s. w. s. Gaj. II. 84: si debitor pecuniam pupillo solvat, facit quidem pecuniam pupilli, sed ipse non liberatur. Ueber den zweiten Fall s. L. 55 de cond. (35. 1), welche eine als Bedingung des Legats gesetzte Zahlung an einen Unfähigen zum Gegenstand hat: conditioni parere debet et ducenta dare . . . licet nummos non faciat accipientis. Das Auseinanderhalten der Tradition und Zahlung im letzteren Fall ist insbesondere wichtig für die richtige Beurtheilung des Falls, wenn der Schuldner auftragsmäßig die Sache abgesandt hat, ohne daß dieselbe schon in den Besitz des Gläubigers gelangt ist; gewöhnlich wirft man hier beide Begriffe durcheinander, s. dagegen meine Ausführung in meinen Jahrbüchern IV. S. 419 fl.

265b) Im heutigen Recht ist noch das abstracte Pfandrecht hinzugekommen, welches in derselben Weise von dem Erforderniß der Schuld abstrahirt (bez. die Geltendmachung desselben in die Form der condictio verweist), wie die abstracte Obligation von dem des Schuldgrundes; ein solches ein „dare oportere", ohne sich darüber klar zu sein, ob er dies thut, um zu schenken, zu noviren, eine Gegenleistung hervorzurufen u. s. w., und auch bei ihr fiel dieser Grund oder Zweck des Versprechens nicht unter den Gesichtspunkt eines bloßen Motivs, sondern unter den oben entwickelten Begriff des Causalmoments d. h. eines zum vollen Verständniß des Vorgangs unentbehrlichen Elements. Die Ausscheidung desselben hat daher bei ihr ganz dieselbe Bedeutung, wie bei der Eigenthumsübertragung; indem sie die Fäden, mit denen das Verhältniß am Boden festhängt, löst, hebt sie dasselbe auf eine künstliche Höhe abstracter Existenz und verweist das Zurückgebliebene in die Form besonderer Klagen.

Bei der Obligation ist dies Verfahren noch um einen Grad künstlicher, als beim Eigenthum. Bei letzterem sind die beiden Elemente, die sich trennen, systematisch verschiedener Art: Eigenthum und Obligation, bei der Obligation sind sie von einer und derselben Art. In welchem Maße übrigens auch bei ihr diese Trennung indicirt ist und durch die Macht der Dinge gefordert wird, lehrt der Umstand, daß die abstracte Obligation sich zu allen Zeiten und auf allen Stufen der Rechtsentwickelung wiederholt, im ältesten Rom wie im Mittelalter und in der Gegenwart, trotz des Widerstandes, den Gesetzgebung und Theorie — meiner Ueberzeugung nach aus unzureichenden Gründen — ihr nicht selten entgegengesetzt haben.[266] Ich werde nicht nöthig haben, das, was oben (S. 207) über den praktischen Nutzen dieser Operation beim Eigenthum gesagt ist, in specieller Anwendung auf die Obligation zu wiederholen. Nur eine Bemerkung kann ich nicht unterdrücken. Es könnte nämlich scheinen, als ob der dort hervorgehobene zweite Vortheil

---

Pfandrecht ist eine (negativ durch Nichtablösung bedingte) Realanweisung auf den ganzen oder theilweisen Werth einer Sache und kann eben sowohl credendi als donandi als solvendi causa ertheilt worden sein.

266) z. B. Justinian (Note 166). Ein Beispiel aus neuester Zeit bietet der Begriff der Anerkennung, dessen Ausbreitung und Einbürgerung in unserer Praxis schwerlich durch theoretische Bedenken aufgehalten werden wird.

auf die Obligation keine Anwendung fände, indem letztere sich nicht gleich dem Eigenthum, um mich so auszudrücken, auf die Wanderschaft begeben kann, vielmehr stets auf die ursprünglich sich gegenüberstehenden Personen beschränkt bleiben müßte. Diese Vorstellung ist eine irrige. Das Gegentheil lehrt nicht bloß unser moderner Wechsel, dessen Circulationsfähigkeit der des Eigenthums Nichts nachgibt, sondern auch die römische Obligation bei Gelegenheit der Delegation. Wie das Causalmoment des Eigenthums bei dem Uebergang desselben in eine zweite Hand zurückbleibt in dem Rechtsverhältniß des Gebers und Empfängers, so in gleichem Fall das des Wechsels in dem des Ausstellers und ersten Nehmers, das der ursprünglichen Obligation in dem des Deleganten und Delegaten — Eigenthum, Wechsel, Obligation gehen frei und rein in die zweite und folgende Hand über![267]

Die Formen, in denen der Begriff der abstracten Obligation im römischen Recht sich verwirklicht hat, sind das Nexum, der Literalcontract, die Stipulation und eine vierte problematische Form. Die beiden ersten correspondiren der mancipatio, sie tragen das Causalmoment, das sie der Sache nach ausgeschieden haben, als Formelement noch in sich, indem sie nämlich die Verpflichtung des Schuldners durch die Fiction eines Darlehns motiviren. Beim Nexum geschieht dies nach Art der mancipatio in plastischer Weise mittelst scheinbaren Zuwägens des Geldes, beim Literalcontract hat sich die Imitation des Darlehns nach Art der Valutaclausel beim Wechsel zu einer bloßen schriftlichen Beurkundung desselben in den

267) Ueber die Delegation s. L. 12 de novat. (46. 2) . . Sed si per ignorantiam promiserit creditori, nulla quidem exceptione adversus creditorem uti poterit, quia ille suum recepit, sed is qui delegavit, tenetur condictione caet. L. 19 ibid. Doli exceptio, quae poterat deleganti opponi, cessat in persona creditoris, cui quis delegatus est, idemque est in ceteris similibus exceptionibus. L. 78 §. 5 de J. D. (23. 3). Die neueren Juristen ließen eine Ausnahme zu, die sich aber auch beim Eigenthum wiederholt, nämlich wenn der Uebergang in die zweite Hand auf Grund einer Schenkung erfolgt war. Vergl. L. 7 pr. de doli exc. (44. 4) mit L. 4 §. 29 ibid.

Hausbüchern (acceptum und expensum ferre) abgeschwächt. Erst in der Stipulation erreicht die abstracte Obligation die Höhe, welche die abstracte Eigenthumsübertragung in der in jure cessio erstiegen hat, d. h. auch die rein nominelle Anknüpfung an das ihr unterliegende Geschäft ist verschwunden — ein Fortschritt in der Form, wie bei unserm Wechsel der durch die deutsche Wechselordnung stillschweigend angeordnete Wegfall der Valutaclausel. Nur bei der Aufhebung der Stipulationsschuld durch acceptilatio repetirt der obige Gedanke, von dem die Stipulation selber sich bereits frei gemacht hat; Frage und Antwort lauten nicht auf dare non oportere, sondern gleich dem heutigen Schulderlaß mittelst Quittirung auf „acceptum habere".

Zu den bisher genannten Formen der abstracten Obligation, von denen die beiden erstern im neuern Recht völlig verschwunden, die dritte aber, wenn auch äußerlich beibehalten, doch durch Zulassung des Causalmoments in Form der exceptio doli ihren ursprünglichen Charakter gänzlich eingebüßt hat, zu ihnen gesellte sich noch im neuern Recht oder richtiger löste die früheren völlig ab eine andere, über die wir aber allerdings wenig wissen. Aus der Constitution, in der Justinian die actio receptitia für den gewöhnlichen Verkehr außer Anwendung setzte und passiv auf Banquiers und Kaufleute beschränkte,[267a] geht so viel mit aller Sicherheit hervor, daß die Idee der abstracten Obligation in ihr zur vollsten Verwirklichung gelangt war, denn das, was er ihr zum Vorwurf macht, daß nämlich der Schuldner, trotz der Einwendungen und Gegenansprüche, die ihm zu Gebote standen, vorläufig habe zahlen und, um zu seinem Recht zu kommen, den Weg der Klage habe einschlagen müssen,[268] gerade das enthält das

---

267a) In Anwendung auf ihre Schuldbekenntnisse (si indefense constituerint) soll es nämlich beim Alten bleiben, d. h. es sollen, auch wenn man die Klage gegen sie als act. de constituto bezeichnen will, die Grundsätze der act. receptitia zur Anwendung kommen.

268) Die entscheidenden Worte der L. 2 Cod. de const. pec. (4. 18)

charakteristische Merkmal der abstracten Obligation. Das Aufkommen dieser jüngsten Form liefert einen abermaligen Beweis für die Unentbehrlichkeit der abstracten Obligation. Seiner bisherigen Formen theils schlechthin, theils durch gänzliche Abschwächung derselben beraubt, schuf der Gedanke der abstracten Obligation sich eine neue, bis Justinian auch diese dem allgemeinen Gebrauch verschloß und damit den modernen Verkehr nöthigte, im Wechsel abermals eine andere an die Stelle zu setzen. Welcher Art jene Form war, ob bloß schriftlich oder auch mündlich,[269]) ob es dabei solenner Worte bedurfte,[270]) ob sie auf Geldschulden beschränkt war oder sich auch auf andere Sachen erstreckte,[270a]) darüber will ich mich aller Hypothesen enthalten. Dagegen kann ich es mir nicht versagen,

---

sind bereits in Note 166 mitgetheilt. Das einzige Zeugniß außer dieser Constitution hat uns Theophilus IV. 6 §. 8 erhalten. S. auch oben Note 28.

269) Theophilus l. c.: τραπεζίτου ἀντιφωνήσαντος (constituente) L. 2 §. 2 Cod. cit. indefense (ohne Vertheidigung d. h. mit Aufgebung aller Einreden, schlechthin, abstract) constituerint geben darüber keine Auskunft.

270) So Manche z. B. Bruns, Zeitschr. f. R. G. I. S. 86, Kuntze, Excurse S. 496, und es hat die Wahrscheinlichkeit für sich. Ob auch diese Form auf den Gesichtspunkt der Zurückforderung eines Gegebenen gebaut war, dafür möchte der Ausdruck: recipere kein Argument gewähren, denn das recipere ist hier nicht vom Gläubiger gebraucht, der das Gegebene zurücknimmt, wie bei der dos receptitia, sondern vom Schuldner, der die Verpflichtung auf sich genommen hat. Recipere kommt bei nicht-juristischen Schriftstellern theils allein (in se, ad se oder recipere schlechthin), theils in Verbindung mit promitto, polliceor, dico, spondeo gar nicht selten für Uebernahme einer Verpflichtung vor (vorzugsweise einer fremden, so auch in L. 8 §. 1 ad SC. Vell. 16. 1. jedoch auch für originäre Verpflichtung, z. B. Cic. ad fam. V. 8, 5 u. a. St.) auch substantivisch: receptum et promissum. Plaut. mil. glor. II. 2, 74. Terent. Heaut. V. 5, 12. Liv. XXXIII. 13 i. f. Cic. ad fam. XI. 1, 4. XIII. 10, 3. XIII. 17, 50. ad Att. XIII. 1, 1. Cic. Phil. II. 32, 79. V. 18, 51. Ein technischer Ausdruck scheint es nie gewesen zu sein.

270a) Rudorff, De jurisdictione edictum p. 107 stellt seinen Formelentwurf der Klage auf einen fundus, allein in L. un. Cod. cit. pr. folgt auf das „res exigebatur“ res indebitas consequi“ hinterher „pecunias indebitas“.

über das ökonomische Motiv und die praktische Bestimmung dieser eigenthümlichen Obligationsart eine Vermuthung zu äußern. Das Bedürfniß, das im Mittelalter den Wechsel hervorrief: die Beschaffung von auswärtigen Geldzahlungen in der Landesmünze mußte sich in der Zeit des Welthandels auch im Rom fühlbar machen.[271]) Die Verbindungen, welche die Publikanen, die Banquiers der römischen Welt, auf allen Plätzen der Erde unterhielten, boten zu dem Zweck ein vielleicht noch bequemeres und zuverlässigeres Mittel, als die der Campsadoren des Mittelalters. So vermittelte z. B. Attikus für Cicero die Uebermachung einer Summe, die letzterer seinem in Athen studirenden Sohn zugedacht hatte; das Geld ward in Rom eingezahlt und in Athen in Landesmünze ausgezahlt.[272]) Daß die praktischen Römer für diesen Zweck auch das richtige Mittel gefunden haben werden, d. h. eine Form, die nicht bloß dem Einzahler des Geldes, sondern auch dem Destinatär ein Klagerecht verschaffte, darüber bin ich wenigstens nicht zweifelhaft. Ohne nun andere mögliche Formen abzuweisen, wie z. B. die chirografa und syngrafa der Peregrinen,[273]) so möchte ich die Vermuthung aufstellen, daß die act. receptitia in dem angegebenen Zweck oder sagen wir geradezu in den Bedürfnissen des römischen Wechselverkehrs ihre eigentliche Entstehung und Bestimmung gefunden habe. So würde es sich erklären, daß Justinian, um unsern Vergleich mit dem Wechsel weiter fortzuführen, die passive Wechselfähigkeit auf diejenigen Personen beschränkte, welche durch ihr Geschäft und ihre Verbindungen die geeigneten Vermittler des Wechselverkehrs waren: Geldwechsler (argenti distractores) und Handelsleute (alii negotiatores). So ferner die Erscheinung, daß gerade in diesem Verhältniß, für welches die strenge Durch-

271) Verschiedenheit des Wechselcurses nach Verschiedenheit der Plätze: L. 3 de eo, quod certo (13. 4); Ausgleichung mittelst der act. arbitraria de eo quod certo loco.

272) Cic. ad Att. XV. 15, 4 Cures, ut permutetur Athenas, quod sit in annuum sumptum ei. Scilicet Eros numerabit.

273) Gaj. III. 134: quod genus proprium peregrinorum est.

führung des Begriffs der abstracten Obligation allerdings eine Lebensfrage ist, eine Strenge sich zu erhalten vermochte, die das römische Recht für den gewöhnlichen Verkehr verworfen hatte. Der formelle Charakter der Klage (solennibus verbis composita) erhöht die Aehnlichkeit mit unserem modernen Wechsel. In unserer heutigen Sprache ausgedrückt würde darnach der Inhalt der justinianeischen Verfügung sich dahin angeben lassen: die passive Wechselfähigkeit ist auf Wechsler und Kaufleute beschränkt, die Schuldverschreibungen des gewöhnlichen Lebens sollen nicht in die Form von Wechseln gebracht werden.

Die beiden bisher betrachteten Verhältnisse: die abstracte Eigenthumsübertragung und die abstracte Obligation enthalten die Hauptfälle, in denen der Gedanke der analytischen Vereinfachung des Thatbestandes im ältern Recht zur Verwirklichung gelangt, aber keineswegs die einzigen. Es möge mir erlaubt sein, noch einen dritten Fall hervorzuheben, bei dem die Beziehung zu unserem Gesichtspunkt ungleich versteckter ist.

In Verhältnissen gemeinschaftlicher Berechtigung und Verpflichtung wird die Verfolgung der Rechte und Verbindlichkeiten in eben dem Maße erschwert, als die Zahl der Interessenten wächst,[273a] doppelt, wenn gar der Kreis dieser Personen dem beständigen Wechsel ausgesetzt, oder das Theilverhältniß, in dem sie an den Rechten und Pflichten participiren, ein unsicheres, schwankendes ist. Für sie selber zwar, wenn sie klagend auftreten wollen, ist die Schwierigkeit nicht so erheblich, theils weil sie selber ihr inneres Verhältniß kennen, theils weil sie sich durch einen gemeinsamen Stellvertreter vertreten lassen können. Anders aber für den Dritten, der sie belangen will. Für ihn, den außen Stehenden, ist es ungleich mühsamer und oft geradezu unmöglich, das Theilverhältniß, das er ja bei jedem Beklagten in der Klage angeben

---

273a) Aequum enim Aedilibus visum est vel in unum ex his . . . actiones competere, ne cogeretur emtor *cum multis litigare*, L. 44 §. 1 de aed. act. (21. 1).

muß, zu ermitteln, und der beste, unzweifelhafteste Anspruch würde, wenn dieser Schwierigkeit nicht abzuhelfen wäre, nur zu oft an dieser Klippe zerschellen. Das Mittel dieser Schwierigkeit zu begegnen, ist durch die Sache selber in dem Maße vorgezeichnet, daß es sich überall unter den verschiedensten Verhältnissen und zu den verschiedensten Zeiten wiederholt. Es besteht einfach in einer Anwendung unseres obigen Gesichtspunktes der analytischen Vereinfachung des Thatbestandes, nämlich in der Ausscheidung jener unbequemen Frage: wie das der Gesammtgemeinschaft an sich zustehende Recht oder die auf ihr lastende Verbindlichkeit im Innern derselben sich unter die Mitglieder vertheile? kurz in der Ausscheidung der innern Seite des Verhältnisses und der Beschränkung auf die äußere Seite, d. h. der Frage von der Existenz des Anspruchs zwischen der Gemeinschaft auf der einen und dem Dritten auf der andern Seite. Technisch wird diese Ausscheidung der subjectiven Seite des Verhältnisses dadurch vermittelt, daß ein künstlicher Träger desselben aufgestellt wird, der nach außen als Subject figurirt. In Wirklichkeit ist dieser Rechtsträger nichts als ein Figurant, ein bloßer Mechanismus, um in bequemer Weise die Beziehungen der Gemeinschaft nach a u ß e n hin zu vermitteln; nach i n n e n hin ist nicht Er der Berechtigte, sondern die Gemeinschaftsinteressenten, die hinter ihm stehen, und denen er bloß als Leitapparat dient. Nach außen hin aber nimmt er durchaus die Stellung des wirklich Berechtigten und Verpflichteten ein, Er ist es, der klagt und beklagt wird, der die Rechtsgeschäfte abschließt und ausführt. Seine Stellung ist also keineswegs die eines gewöhnlichen Bevollmächtigten, damit würden die obigen Schwierigkeiten nicht umgangen, denn der Bevollmächtigte, der nicht das eigene, sondern das Recht seiner Mandanten geltend macht, wird durch den ihm obliegenden Nachweis seiner Vollmacht stets auf das innere Theilhaberverhältniß zurückgeworfen, ganz abgesehen von der prekären, durch Tod und Widerruf jeder Zeit löslichen Natur dieser Form. Wirklich abgeschnitten werden diese

Schwierigkeiten nur dadurch, daß man diese Mittelsperson nach außen hin zum Subject des Rechts stempelt.

Diese Figur des Rechtsträgers wiederholt sich theils zu dem angegebenen, theils zu andern Zwecken fast überall.[274] Das Interesse, das sie der juristischen Betrachtung darbietet, ist mit dem Gesichtspunkt, unter dem wir sie hier zu betrachten haben, keineswegs erschöpft;[275] an dieser Stelle haben wir uns auf letzteren zu beschränken.

Die Form, in der der Rechtsträger in Anwendung auf den obigen Zweck im altrömischen Recht auftritt, ist eine doppelte. Die eine besteht darin, daß jeder Theilhaber nach außen hin die Rolle des Rechtsträgers auf sich nimmt, was nur bei obligatorischen Verhältnissen möglich ist, indem nur die Obligation sich activ und passiv beliebig in solidum vervielfältigen läßt. Dies war, wie es scheint, die eigentliche Bestimmung der Correalobligation. Die mehreren Gemeinschaftsinteressenten schlossen den Contract in solidum ab, im Fall einer Stipulation promittirte und stipulirte Jeder (correi stipulandi, promittendi), oder sie bedienten sich zu dem Zweck eines gemeinsamen Sklaven.[276] So ward Jeder von ihnen Schuldner und Gläubiger, und wie auch ihr Verhältniß im Innern beschaffen war oder sich im Lauf der Zeit gestalten mochte, für das Verhältniß nach außen hin verschlug dies Nichts. An diese im Verkehr vorgefundene Gewohnheit knüpfte der Prätor bei Aufstellung der act. institoria und exercitoria an, indem er diese Klagen gegen jeden Gesellschafter in solidum gab.

Die geschilderte Form reichte bei einer kleinen Zahl der Theil-

---

274) Man denke z. B. an den Prodominus, Provasallen im Lehnrecht, den Lehnsträger bei der Gesammtbelehnung; L. 4 §. 9 de fid. lib. (40. 5) . . unum ex creditoribus constitui, cui caveatur omnium nomine.

275) Das Weitere s. in der Theorie der Rechte bei Gelegenheit des Verhältnisses des Rechts zum Interesse.

276) Sowohl activ: L. 29 de stip. serv. (45. 3) als passiv, indem sie ihm einen Auftrag ertheilten (act. quod jussu) oder bei einem Handelsgeschäft ihn als institor bestellten.

nehmer aus, bei ganzen Gemeinden, bei Corporationen, bei den Gesellschaften der Publikanen enthielt sie eine Unmöglichkeit. Hier bedurfte es einer andern Form, und dies ist der bekannte Mechanismus der juristischen Person. In welcher Weise sich die Römer diesen Begriff juristisch gedacht haben, ob bereits in jener ganz abstracten, über das Praktische des Verhältnisses so leicht irre führenden Weise, die uns heutzutage zur zweiten Natur geworden ist, mag hier dahin gestellt bleiben; für unsern Zweck genügt es, zwei Sätze auszusprechen, in denen das eigentlich praktische Wesen dieses Begriffs, das über jener rein doctrinären Frage nur zu oft übersehen wird, beschlossen liegt.[276a)] Das ist erstens der Satz, daß nach innen hin die einzelnen Mitglieder der juristischen Person die Berechtigten sind — eine Behauptung, die ich zwar erst an anderer Stelle (§. 61 Note 466 fl.) rationell begründen kann, für die aber hier schon die Verweisung auf die Publikanenvereine, von denen schwerlich Jemand das Gegentheil annehmen wird, als Illustration dienen mag. Zweitens der Satz, daß nach außen hin nicht die einzelnen Mitglieder nach Maßgabe ihres Antheilsverhältnisses als Subjecte des Rechts auftreten, sondern die als Trägerin aller Theilrechte, als Inbegriff aller berechtigten Personen gedachte Gesammtheit. Faßt man beide Sätze zusammen, so gelangt man zu dem Resultat, daß der hier zur Anwendung gelangende Mechanismus technisch ganz derselbe ist, wie in dem obigen Verhältniß eines physischen Rechtsträgers, nur daß der Rechtsträger in dem einen Fall eine leibliche, in dem andern eine bloß begriffliche Existenz hat. Entkleidet man das Verhältniß von dieser seiner technischen Form, so bleibt als realer Kern übrig: Geltendmachung von Ansprüchen gewisser berechtigter Personen ohne Nennung ihres Namens, mit Vorenthaltung des internen Verhältnisses der Berechtigten, der subjectiven

---

276a) In der jüngsten Zeit ist freilich das wahre Wesen der juristischen Personen gegenüber den ungesunden Abstractionen der frühern Doctrin mehr und mehr erkannt, s. vor allem Unger in der Krit. Ueberschau IV. S. 147 fl. Bähr, Der Rechtsstaat S. 28—30 und Brinz, Lehrbuch der Pandekten §. 226 fl.

Seite des Rechts; die Klage wird erhoben für die „Berechtigten", wer sie auch seien (persona incerta), für diejenigen, „welche es angeht", juristische Person ist nur ein anderer Ausdruck für die zeitweiligen, des Nähern nicht angegebenen „Interessenten".

So reducirt sich demnach der Kunstgriff, der bei der juristischen Person zur Anwendung gelangt, auf denselben Gedanken, wie bei der abstracten Eigenthumsübertragung und Obligation: Vereinfachung des Thatbestandes auf analytischem Wege durch Ausscheidung eines für diesen bestimmten Zweck zu entbehrenden, im übrigen in der natürlichen Erscheinung des Verhältnisses aber nicht bloß stets vorhandenen, sondern für seine definitive juristische Gestaltung zugleich völlig unerläßlichen Moments. Alle drei Begriffe sind nichts als Kunstproducte, Mechanismen zum Zweck der Erleichterung der Rechtsverfolgung. 277)

Die Frage vom Thatbestande ist keine ausschließlich privatrechtliche, sie wiederholt sich für alle Theile des Rechts, auch für das öffentliche Recht. Wie das Rechtsgeschäft, so ist auch das Gesetz, wie die Handlungen der Privatpersonen, so sind auch die der öffentlichen Behörden an gewisse Bedingungen geknüpft, deren Nichtdasein ihre verpflichtende Kraft ausschließt. Um so viel höher die Sicherheit und Ordnung der öffentlichen Verhältnisse, das Interesse der gesammten Rechtsordnung über den Verhältnissen des Privatlebens steht, um so viel höher die Bedeutung, welche die richtige Lösung der Frage für das Staatsrecht hat, gegenüber der, die ihr für das Privatrecht zukommt. Sind die Erfordernisse, an welche der Thatbestand der politischen Akte und Einrichtungen geknüpft ist, nicht der Art, daß sich ihr Dasein oder Nichtdasein auf den ersten Blick erkennen läßt, fordern sie den Zweifel heraus,

277) Was die juristischen Personen im übrigen sind, geht uns hier, wo es sich bloß um ihre Structur vom Standpunkt der juristischen **Technik** aus handelt, Nichts an.

setzen sie eine Untersuchung voraus, so schließt dies die größte Gefahr für die bürgerliche Gesellschaft, eine Quelle von Versuchungen und Gewissensconflicten und vor allem einen Fluch für den seiner Stellung nach am meisten dadurch betroffenen Richter in sich. Die richtige Gestaltung des Thatbestandes für diese Verhältnisse ist daher eine politische Lebensfrage ersten Ranges. Untersuchen wir, wie das altrömische Staatsrecht dies Problem gelöst hat.

Wir knüpfen an einen bekannten historischen Fall an. Clodius hatte während seines Tribunats den Cicero in die Verbannung getrieben und dessen Haus consecrirt, beides in den dafür vorgeschriebenen Formen. Nachdem Cicero durch Volksbeschluß zurückgerufen war, bemühte er sich diese Consecration rückgängig zu machen, indem er vor dem Pontificalcollegium, welches darüber zu entscheiden hatte, die Nichtigkeit dieses Akts auszuführen versuchte. Der Weg, den er dabei einschlug, war folgender. Clodius, ein geborener Patricier, hatte sich, um das nur den Plebejern zugängliche Tribunat zu erlangen, von einem Plebejer arrogiren und sodann wieder emancipiren lassen. Cicero bestreitet nun die Gültigkeit dieses Akts aus verschiedenen Gründen. An dem Tage, wo die lex curiata über diese Arrogation erlassen, seien Himmelsbeobachtungen angestellt (servatum de coelo) — ein Hinderniß für das agere cum populo —, das Altersverhältniß zwischen Clodius und dem Adoptivvater sei nicht das im Pontificalrecht vorgeschriebene gewesen u. s. w. Nachdem er dadurch die Nichtigkeit der Arrogation dargethan zu haben glaubt, schließt er weiter: war letztere nicht gültig, so ist Clodius nicht Plebejer, folglich auch nicht Volkstribun geworden, war er letzteres nicht, so sind alle Akte, die er in dieser Eigenschaft vorgenommen, mithin auch die durch ihn vollzogene Consecration nichtig.[278]

Die stillschweigende Voraussetzung, auf der diese ganze Deduction beruht, ist eine doppelte, erstens: jeder Verstoß gegen das

---

278) Cic. de domo. Kurz zusammengefaßt findet sich die obige Deduction wiederholt in seiner Rede de provinciis consularibus XIX. 45.

geistliche oder weltliche Recht begründet Nichtigkeit des Akts; zweitens: diese Nichtigkeit theilt sich allem mit, was auf Grundlage dieses Akts fernerhin vorgenommen wird. Es läßt sich nicht läugnen, daß diese Betrachtungsweise, die man als System der absoluten politischen Nichtigkeit bezeichnen könnte, einen gewissen doctrinären Schein hat, namentlich der zweite Satz, denn wie kann sich — möchte man sagen — Leben entwickeln aus einem todten Keim? Andererseits aber liegt es auf der Hand, daß sie mit dem Interesse der öffentlichen Ordnung und Sicherheit völlig unverträglich ist, und es bedarf nicht der Bemerkung, daß die Römer am wenigsten das Volk waren, um die realen Zwecke und Anforderungen des Lebens dem Streben nach theoretischer Correctheit zu opfern. Und nicht einmal das letztere Lob läßt sich jenem System nachrühmen; der Schein logischer Nothwendigkeit, mit dem es sich umgibt, ist leerer Schein, wie denn überhaupt alles praktisch Verkehrte und Unbrauchbare nie das theoretisch Richtige sein kann.

Der Weg, den das altrömische Staatsrecht eingeschlagen hat, ist in der That ein ganz anderer — ein eben so einfacher, wie logisch untadelhafter und praktisch richtiger.

Das geistliche Recht, das Fas, stellte bekanntlich für die Vornahme aller Akte des öffentlichen Lebens eine Menge von Erfordernissen auf: sie sollten nur vollzogen werden an gewissen Tagen, nur, wenn die Auspicien günstig ausgefallen, wenn keine drohenden Himmelserscheinungen vorgekommen u. s. w. Wer würde nicht erwarten, daß wenn irgendwo, so gerade bei diesen mit der Weihe göttlicher Sanction bekleideten Vorschriften die Nichtbeachtung Nichtigkeit nach sich gezogen hätte? Aber auch das göttliche Gebot fügte sich in Rom den Rücksichten der praktischen Zweckmäßigkeit! Ein Augur oder im Felde der Pullarius hatte sich bei Einholung der Zeichen ein Versehen zu Schulden kommen lassen oder gar absichtlich, um den Akt nicht zu verhindern, die Wahrheit entstellt, der Beamte, der ihn zugezogen, wußte dies, nahm aber gleichwohl den beabsichtigten Akt vor. War derselbe nichtig? Nein! Die Beobachtung der Auspicien ist Sache des Augurn, seine

Verpflichtung ist es dabei nach den Gesetzen seiner Kunst zu verfahren, handelt er denselben zuwider, so ladet er die Schuld auf sein Haupt und leidet Strafe,[279] aber den Magistrat kümmert dies nicht, er hält sich einfach an den Ausspruch des Technikers, ohne denselben einer weitern Prüfung zu unterziehen, dazu hat er weder das Recht,[280] noch die Pflicht.[281] Das Erforderniß günstiger Auspicien reducirt sich also juristisch lediglich auf die Verkündigung derselben. Nicht aber, als ob die Römer das Wort an die Stelle der Sache gesetzt hätten[282] — mit welchem Grunde hätte dies geschehen können? — sondern weil der Magistrat, der dem Augurn die Prüfung der Auspicien übertragen hatte, das Urtheil desselben ebenso zu respectiren hatte, wie der Prätor, der den judex bestellt hatte, das des letztern. Mit andern Worten: das Erforderniß der richtigen Beobachtung der Auspicien ist in die Form einer dem Augurn auferlegten Verpflichtung gebracht, es ist keine Anforderung für den Akt, durch den er das Dasein günstiger Auspicien constatirt, sondern eine Anforderung an seine Person.

Ein Prätor hatte an einem dies nefastus eine legis actio vornehmen lassen; war dieselbe nichtig? Die Beobachtung der richti-

---

279) Wenn er unvorsätzlich gehandelt hatte (piaculum commissum), so mußte er durch eine piacularis hostia expiirt werden (Varro de L. L. VI. 30), sonst traf ihn außer der Strafe des Himmels (Liv. X. 40) die nota censoria (Cic. de divin. I. 16, 19), die auch die politischen Beamten in ähnlichen Fällen traf (Gell. XIV. 7, 8), und sicherlich noch sonstige Strafe, die wenigstens für weltliche Beamte bei Verletzung dieser Vorschriften bezeugt ist, Cic. de div. II. 33, Val. Max. I. 4, 3.

280) Cic. Phil. II. 35, 88: ementita auspicia, quibus tamen parere necesse erat.

281) Liv. X. 40 . . si quid falsi nuntiat, in semet ipsum religionem recipit, mihi quidem tripudium nuntiatum, populo Romano exercituique egregium auspicium est; nicht entgegen Liv. XLI. 18 a. E.

282) So Danz Sacraler Schutz S. 238 und Demelius, Die Rechtsfiction S. 15. Schwegler Röm. Gesch. I. S. 772 Note 1 erblickt darin einen eigenthümlichen Grundsatz der etruscisch-römischen Disciplin.

gen Zeiten und Tage war eins der Grundgesetze des heiligen Rechts, aber diese Vorschrift bestand nicht für die Partheien, denen man die genaue Kenntniß und Beobachtung des Kalenders nicht zumuthen konnte,[283] sondern lediglich für den Magistrat![284] Eine Nichtbeachtung derselben begründete also zwar von seiner Seite eine Pflichtverletzung und zog Strafe für ihn nach sich, aber auf den Akt erstreckten sich die Wirkungen seiner Pflichtverletzung ebensowenig als die der Verletzung der Obligation von Seiten eines Verkäufers, der die Sache zum zweiten Mal verkauft und sie dem zweiten Käufer tradirt, auf die Tradition — der Akt war gültig.[285]

Die beiden bisher betrachteten Verhältnisse lassen bereits den Weg, den das ältere Recht zur Lösung des obigen Problems eingeschlagen hat, mit ziemlicher Deutlichkeit erkennen, aber zu der Ueberzeugung, daß wir es hier mit einem vollständig ausgebildeten, durchdachten politischen System zu thun haben, gelangen wir erst, wenn wir noch zwei andere Verhältnisse von ungleich höherer politischer Tragweite: die Wahl der Magistrate und den Erlaß der Gesetze zur Vergleichung heranziehen.

Das erste dieser beiden Verhältnisse ist ganz besonders geeignet, jenes System ins hellste Licht zu setzen, theils wegen des relativ reichen bis in die ältesten Zeiten hinaufreichenden Quellenmate-

283) Darum fand das Erforderniß bei der legis actio per pignoris capionem keine Anwendung, indem diese eine Mitwirkung des Prätors überhaupt nicht erforderte.

284) Alle Stellen, die davon handeln, drücken sich in dieser Weise aus; z. B. Varro de L. L. VI. 29, 30. VII. 53: Praetoribus licet fari, Praetorem nefas fari. Ovid. Fasti I. 51: Praetor verba libera habet. Auf diesen nicht selten verkannten Punkt (z. B. Puchta: „Tage, an denen eine legis act. nicht möglich war") habe ich bereits (II. 560) aufmerksam gemacht, s. jetzt auch O. E. Hartmann, Der Ordo Judiciorum. S. 16.

285) Varro l. c. si . . quem manumisit, ille nihilo minus est liber, sed vitio. Die Vitiosität hatte hier aber sicherlich nicht die Folge, wie im öffentlichen Recht (s. u.) d. h. die der Rescission des Akts; das hätte sich mit dem Grundsatz, daß eine einmal ertheilte Freiheit nicht zurückgenommen werden kann, nicht vertragen und würde namentlich auch für die Legis-Actionen in keiner Weise gepaßt haben.

rials, das uns dafür zu Gebote steht, theils weil uns in specieller Anwendung auf diesen Fall ein Satz aufbewahrt ist, der die Formulirung des ganzen Systems enthält. Dieser Satz lautet: magistratus vitio creatus nihilo secius magistratus.[286]) Mit diesem der Auguraldisciplin angehörigen Ausdruck vitium[287]) ist das System selbst in einer so prägnanten Weise charakterisirt, daß wir darnach dasselbe als System der politischen Vitiosität bezeichnen werden.

Mit der Wahl der Magistrate verhielt es sich kurz gesagt in folgender Weise. Alle Erfordernisse, die für dieselbe aufgestellt sind, sei es durch Gesetze oder durch Gewohnheitsrecht, seien sie positiver oder negativer Art, sind in die Form von Anforderungen an den die Wahlcomitien leitenden Magistrat gebracht. Er ist für die Beobachtung verantwortlich, und sein Amtseid und die Aussicht auf die nach Niederlegung seines Amts ihn treffende Anklage und Strafe bürgen für die Erfüllung seiner Pflicht. Aber wagt er es darauf, setzt er sich über jene Vorschriften hinweg, indem er beim Schluß der Comitien Jemand als gewählt proklamirt (renuntiatio), dessen Wahl er als ungültig hätte zurückweisen sollen, so ist der Verkündete, wenn die Zeit zum Antritt seines Amts gekommen, Magistrat, und Niemand darf ihm den amtlichen Gehorsam vorenthalten, denn wenn auch „vitio creatus", so ist er doch „nihilo secius magistratus". Nur die höchste Oberaufsichtsbehörde: der Senat kann ihn, sei es aus eigener oder fremder An-

286) Varro de L. L. VI. 30.

287) Unverarbeitetes Quellenmaterial für diesen Begriff bei Brissonius de voc. ac form. I. c. 205. Der Ausdruck ruft unwillkührlich die Parallele mit dem vitium possesionis hervor, und wer dieselbe bei der folgenden Darstellung im Text vor Augen behalten will, wird sich überzeugen, daß der Begriff in beiden Richtungen ganz derselbe ist — man könnte in der obigen Formel den Ausdruck magistratus mit possessor vertauschen — nämlich der der Relativität des Fehlers, ein schlagender Beleg für die wunderbar scharfe und in die früheste Zeit hinaufreichende Terminologie der Römer. Wie der possessor injustus zu jedem Dritten steht, so der magistratus vitiosus zum Volk, wie jener zum justus, so dieser zum Senat.

regung, nachdem das Vitium in richtiger Form (z. B. durch Ausspruch des Augurncollegiums) constatirt ist, removiren, und zwar geschieht dies nicht etwa durch Nichtigkeitserklärung seiner Wahl — damit wären alle seine Amtshandlungen ebenfalls für nichtig erklärt[288]) — sondern indem er genöthigt wird, sein Amt nieder zu legen (se abdicare magistratu).[289]) Indem man ihn damit noch im Moment des Scheidens als legitimen Träger des Amts anerkannte, rettete man seine Vergangenheit, schnitt den unheilvollen Einfluß, den jeder Zweifel an der Gültigkeit seiner Amtshandlungen oder gar die Hinfälligkeit derselben hätte ausüben müssen, in bestimmtester Weise ab. Ich muß sogar bestreiten, daß der Senat lediglich auf Grund der Vitiosität seiner Wahl auch nur eine einzige seiner Amtshandlungen hätte rescindiren können, damit wäre er mit sich selbst in Widerspruch gerathen, denn unter dieser Voraussetzung hätte er sie sämmtlich cassiren müssen. Wollte er einzelne herausgreifen, so mußten Ungültigkeitsgründe vorgebracht

288) Siehe dagegen die Erwägungen, die Ulpian in L. 3 de off. praet. (1. 14) geltend macht. Nach Marquardt in Beckers Handbuch der römischen Alterth. IV. S. 349 wären „mit dem Abtreten des Magistrats vom Amt alle von ihm vollzogenen Verfügungen und unter seinem Vorsitz gegebenen Gesetze für ungültig erklärt worden". Warum nicht auch die Senatsbeschlüsse, an denen er mitgewirkt, die judicia publica, privata u. s. w.? Die Stellen, auf die er sich beruft, enthalten von einem solchen praktisch geradezu unmöglichen Satz nicht das Geringste. Man vergleiche dagegen Plutarch Cato min. 40 und Plut. Cicero c. 34 — zwei Stellen, auf die mich inzwischen mein Freund Ludw. Lange aufmerksam gemacht hat. Plutarch berichtet hier von dem gewaltthätigen und ungesetzlichen Verfahren Cicero's, der nach seiner Zurückkunft aus dem Exil die Akte des Clodius auf den Grund hin, daß letzterer auf ungesetzliche Weise das Tribunat erhalten hatte, cassiren wollte, wogegen aber Cato im Senat energische Verwahrung einlegte, indem er ausführte, daß es unerhört und gewaltthätig sei, wenn der Senat die Aufhebung so vieler Beschlüsse und Handlungen decretiren wolle — man könne den Beamten zur Verantwortung ziehen, aber damit falle noch nicht seine ganze Geschäftsführung.

289) Cic. de nat. deor. II. 4, 11: augures ad senatum, senatus: ut abdicarent consules; abdicaverunt. id. de legib. II. 12, 13; II. 35. Liv. IV. 7. V. 17. VIII. 15; 23. XXII. 33.

werden, die sich speciell auf sie bezogen,[290]) die sich aber, wenn's Noth that, leicht fanden.

Man wird zugestehen, daß die bisher geschilderte Gestaltung des Verhältnisses eine ungemein glückliche war, sie vereinigte in sich die höchste Einfachheit mit der größten Klarheit und Sicherheit. Es ist ein interessanter Beweis für das hohe Alter fester staatsrechtlicher Grundsätze in Rom und zugleich für den conservativen Sinn der Römer, daß die ältesten und jüngsten Gesetze aus der Republik sich auf dem von uns bezeichneten Wege begegnen. Dieselbe Form, in die die leges Valeriae (305) das Verbot der Wahl eines magistratus sine provocatione bringen, nämlich die einer (in diesem Fall durch Todesstrafe verschärften) Instruction an den die Wahlcomitien leitenden Magistrat,[291]) dieselbe Form wiederholt sich noch in der lex Julia municipalis (709).[292]) Wer die juristische Sprache der Römer einigermaßen kennt, weiß, daß mit dieser Form alles oben Ausgeführte implicirt ist, daß also die Uebertretung nicht Nichtigkeit, sondern bloß Strafe nach sich zog, oder um den Gegensatz mit einem römischen Kunstausdruck zu bezeichnen, daß jene Gesetze nicht leges perfectae, sondern minus quam perfectae waren.[293]) Der Kaiserzeit kamen die staatsrechtlichen Traditionen der Republik sehr bald abhanden. Schon im ersten Jahrhundert nehmen die Gesetze über die Wahl der Beamten Bestimmungen auf, die man in denen der Republik vergebens suchen

---

290) z. B. Cic. Phil. XIII. 3: leges refixistis, per vim et contra auspicia latas decrevistis. In diesem Sinn dürfte die diesen Worten vorausgehende allgemeine Wendung: acta Antonii rescidistis zu beschränken sein. Cic. de domo 15, 40. 16, 41.

291) Liv. III. 55: ne quis ullum magistratum sine provocatione crearet; qui creasset, eum jus fasque esset occidi. Eine Uebertretung dieser Vorschrift mußte kenntlich werden an der Formulirung der Rogations-, vielleicht auch der Renuntiationsformel. Das dicere dictatorem fiel dem Wortlaut nach nicht unter das Gesetz.

292) S. die Kapitel 5—10 dieses Gesetzes.

293) Ulp. Fr. Prooem. §. 2.

würde,[294] und in dem Zeitalter der klassischen Juristen war die Erinnerung an die staatsrechtliche Doctrin der Republik bereits in dem Maße verschwunden, daß zwei dieser Juristen sich abmühen mußten, eine Entscheidung, die ihre Vorgänger zur Zeit der Republik einfach auf den Satz: magistratus vitio creatus nihilo secius magistratus gestützt hätten, als eine zweifelhafte und fragliche erst noch mit allerhand Gründen zu motiviren.[295]

Bei der untergeordneten Bedeutung, welche der Gegenstand für meine Zwecke hat, muß ich es mir versagen, den obigen für die richtige Auffassung der römischen Magistratur höchst fruchtbaren Gesichtspunkt ausführlicher zu verfolgen. Aber in einer Richtung möge man mir dies wenigstens verstatten.

Wer den eben geschilderten Mechanismus in juristisch prägnanter Weise ausdrücken wollte, durfte in Hinblick darauf, daß das durch die Abstimmung des Volks herbeigeführte Resultat der Wahl erst durch die Renuntiation von Seiten des Vorsitzenden seinen formellen, bindenden Abschluß erhielt, diesen letzten Akt als den entscheidenden bezeichnen und geradezu sagen: der Vorsitzende creire den Magistrat. Diese in den Quellen nicht selten vorkommende Wendung hat die Ansicht hervorgerufen,[296] als ob die Magistratur nicht in der Souveränität des Volks, sondern in sich selber gewurzelt habe, nicht durch den Willen des Volks vergeben und besetzt worden sei, sondern sich durch und aus sich selber fortgepflanzt

---

294) z. B. die Tabula Malacitana c. 61 de patrono cooptando. Nachdem hier zuerst die althergebrachte Form benutzt ist (a, ne quis cooptato etc. b, qui . . cooptaverit, . . dare damnas esto) folgt der moderne Zusatz: is, qui . . cooptatus erit, ne magis ob eam rem patronus municipum municipii Flavi Malacitani esto.

295) Sie betraf die Frage von der Gültigkeit der Amtshandlungen des Prätor Barbarius Philippus, von dem erst hinterher bekannt geworden war, daß er ein entlaufener Sklave gewesen war. In der späteren Kaiserzeit ist begreiflicherweise noch viel weniger ein Anknüpfen an die alte Theorie zu gewärtigen. S. den Titel des Codex Theod. XV. 14 de infirmandis his quae sub tyrannis aut barbaris gesta sunt.

296) Rubino Untersuchungen über römische Verf. S. 13 fl.

habe, wonach das Wahlrecht des Volks sich staatsrechtlich auf ein bloßes Präsentations- oder Petitionsrecht reducirt haben würde. Man kann zugestehen, daß hie und da die Beamten factisch sich in dieser Weise gerirten; — in der Zeit des Umsturzes ging dies sogar soweit, daß zwei ohne allen vorhergegangenen Wahlakt sich selber renuntiirten.[297] Allein dem Geist der Verfassung widersprach das meiner Ansicht nach in eben dem Maße, als wenn heutigen Tags der Landesherr ein mit den Ständen vereinbartes Gesetz nicht verkünden wollte. Gesetz wird es erst durch Verkündigung von seiner Seite, aber daraus folgt keineswegs, daß dieselbe lediglich seinem Ermessen und Belieben anheimgestellt ist — er ist verpflichtet, sie vorzunehmen. In derselben Weise war der römische Magistrat verpflichtet, das Wahlergebniß, insofern dasselbe nicht rechtlich[298] zu bemängeln war, zu respectiren und zu verkünden. Daß er thatsächlich sich dieser Pflicht entziehen konnte, und daß es an Beispielen nicht fehlt, wo dies zum Heil des Staats geschah, sollte über seine Stellung nicht irre führen. Hatte doch auch der Augur es in der Hand, die wirklich beobachteten Auspicien zu unterschlagen, erlangte der Wille der Götter doch auch nur durch seine Nuntiation und nur in der Gestalt, wie er sie vorgenommen, seine bindende Kraft. Wie aber er gleichwohl nichts war als Organ und Verkünder des göttlichen Willens, so waren es auch die Beamten in Bezug auf den Willen des Volks — auch wenn sie sich thatsächlich zu Herren desselben machten, waren sie doch staatsrechtlich Diener desselben.

Das bisher entwickelte System erreichte seinen Culminationspunkt bei der Frage von der Gültigkeit der Gesetze. Das in gehöriger Form[299] verkündigte Gesetz ist Gesetz, auch wenn es an noch so

297) Liv. epit. Lib. 80.

298) z. B. Liv. XXIV. 8. Val. Max. III. 8, 3. Der Umstand, daß die Wahlgrundsätze zum Theil auf dem Usus beruhten und an Unbestimmtheit litten (Liv. XXXIX. 39 u. a.), gab dem Widerstand gewiß nicht selten den Schein formeller Berechtigung.

299) Dieselbe muß jedenfalls in mündlicher Verkündigung der Annahme bestanden haben.

vielen Fehlern leidet. Möge es also z. B. durch Zwang oder Gewalt durchgesetzt,[300] möge es gegen die Auspicien[301] oder mit Vernachlässigung der üblichen Vorbereitungsformen[302] erlassen sein — so lange der Senat nicht die Aufhebung desselben verfügt hat, ist es für Jedermann verbindlich. Die Aufhebung erfolgte in derselben Weise, wie die der fehlerhaften Wahl des Magistrats, d. h. das Gesetz ward nicht für nichtig erklärt, sondern es ward aufgehoben,[303] m. a. W. dieser Akt hatte keine rückwirkende Kraft, sondern er wirkte erst von jetzt an, alle Verfügungen, Maßregeln, Urtheile u. s. w., die auf Grund des Gesetzes getroffen und gesprochen waren, blieben demnach gültig; der Schuldige ward zur Verantwortung gezogen.

Von besondrem Interesse ist die Frage von der Gültigkeit der im materiellen Sinn verfassungswidrigen Gesetze d. h. derjenigen, durch welche ein Fundamentalgrundsatz der römischen Verfassung sei es schlechthin aufgehoben, sei es bloß im einzelnen Fall verletzt worden war. Dürfte man der Autorität des Cicero trauen, der aber gerade für die vorliegende Frage ein mehr als bedenklicher Gewährsmann ist (s. u.), so würde ein solches Gesetz gar keine Kraft gehabt haben.[304] Wie sehr eine solche Gestaltung des Verhältnisses, welche jeden Bürger zum Richter über die Verfassungsmäßigkeit der Gesetze machte, mit dem ganzen bisher geschilderten System in Widerspruch gestanden, wie sehr sie alle

---

300) z. B. Livius epit. lib. 69. Cic. Phil. XIII. 3: per vim et contra auspicia latas decrevistis.

301) Cic. Phil. III. 5, 9. id. de harusp. resp. XXIII. 48 Augures interrogabat, quae ita lata essent, rectene lata essent. Illi vitio lata esse dicebant.

302) Lex Caecilia Didia über die promulgatio trinûm nundinûm. Cic. de domo XVI. 41 Decrevit senatus, M. Drusi legibus, quae contra legem Caeciliam et Didiam latae essent, populum non teneri.

303) Cic. de leg. II. 12, 31: legem, si non jure rogata est, tollere. Was „tollere" involvirt, wird jeder Jurist wissen. S. auch die vorige Note: non teneri (d. h. von jetzt an) und vitio lata, Note 301.

304) Cic. pro Caec. 33. de republ. III. 22.

die Gefahren heraufbeschworen haben würde, denen das alte Staatsrecht im übrigen in so planmäßiger und umsichtiger Weise zu begegnen bemüht war — darüber würde jedes Wort ein verlorenes sein. Aber andererseits gab es doch Gesetze und Einrichtungen, die durch das Fas und Jus den Charakter unverletzlicher, unantastbarer Normen erhalten hatten, so z. B. die mit der Plebs vereinbarten leges sacratae. Unstreitig! Allein auch hier bewährt sich wiederum der feine Sinn für die Correctheit der juristischen Form. Ein Gesetz, das sich nicht aufheben läßt, selbst wenn es noch so sehr mit dem Stempel göttlicher Weihe versehen ist, ist in den Augen der Römer ein Unding. Das spätere Gesetz hebt das frühere auf — das hatten schon die XII Tafeln bestimmt.[305] Die beabsichtigte Unantastbarkeit des Gesetzes ward daher nicht in der Weise vermittelt, daß man seine Aufhebung für unmöglich erklärt hätte, sondern daß man sie bloß verbot,[306] und zwar mittelst Androhung von Strafen,[307]

---

305) Liv. VII. 17, IX. 33, 34.

306) Cic. ad Att. III. 22 . . eam abrogari non oporteat und die Formel in Note 311. Diese Strafandrohung (die sanctio legis im prägnanten Sinn) war eine gewöhnliche Schlußclausel aller Gesetze, Cicero daselbst: neque enim ulla est, quae non ipsa se saepiat difficultate abrogationis.

307) Unter den Begriff des „contra oder adversus eas facere" (Cic. pro Balbo 14, Festus s. v. sacratae) fiel auch und zwar ganz vorzugsweise der Antrag auf Aufhebung des Gesetzes, s. die Formel in der Note 308: „contra alias leges ejus legis ergo (des neuen Gesetzes wegen d. h. um es durchzusetzen) factum sit". — Die Einrichtung wiederholt sich auch anderwärts, so z. B. bei den Lokriern, wo Zaleukos verordnet hatte, daß jeder, der einen Gesetzvorschlag stellte, den Hals in einer Schlinge haben und erdrosselt werden sollte, wenn der Vorschlag durchfiel (Belege bei K. F. Hermann, Ueber Gesetz, Gesetzgebung und gesetzgebende Gewalt im griech. Alterthum. Göttingen 1849 S. 57) und in Florenz in Bezug auf die Aufhebung der gegen die Magnaten erlassenen „Ordnungen der Gerechtigkeit", K. Hegel, Die Ordnungen der Gerechtigkeit in der Florentinischen Republik (Universitätsprogramm) Erlangen 1867 S. 20: „Der Podesta oder Capitan, welcher eine derartige Berathung in der Rathsversammlung, wo er den Vorsitz hat, gestattet, soll des Amts entsetzt sein und in Geldstrafe verfallen; desgleichen werden die Räthe mit hohen Geldstrafen bedroht."

die sich bei den leges sacratae bis zur sacratio capitis et familiae steigerten. Die im Gesetz vorgesehene Strafe traf den, der einen Antrag auf Aufhebung desselben gestellt hatte, selbst dann, wenn das Volk seinen Antrag angenommen hatte, denn die Einbringung desselben fiel noch unter die Herrschaft des alten Gesetzes, das neue wirkte erst von dem Moment, wo es erlassen war. Um sich gegen diese Gefahr zu sichern, fügte der Antragsteller dem Gesetzentwurf eine Clausel hinzu, durch die ihm Straflosigkeit zugesichert ward.[308] Aber dies Mittel war kein völlig sicheres. Lehnte das Volk den Antrag ab, so war damit auch die Indemnitätsclausel verworfen, und die erste neue Lebensäußerung des leichtfertig angetasteten Gesetzes bestand in der Strafe, mit der es das Attentat auf sich an dem Schuldigen rächte. So war es also nichts weniger als ein gefahrloses Unternehmen, an den bestehenden Gesetzen und Einrichtungen zu rütteln; wenigstens wer seiner Sache nicht völlig sicher war — und wie vielerlei konnte den Erfolg in Frage stellen: die Stimmung des Volks, das Getreibe der Partheien, Wankelmuth eines einflußreichen Beamten, Chikane oder Bestechung der Augurn u. s. w. —, kurz wer nicht auf alle die vielen Voraussetzungen zählen konnte, von deren Eintritt die definitive Annahme seines Gesetzentwurfes abhing, der spielte ein gewagtes Spiel, ein Spiel, das ihn möglicherweise um Leib und Leben und sein ganzes Vermögen bringen konnte. Es war die Ministerverantwortlichkeit des römischen Alterthums,[309] der Schutz gegen Verfassungsveränderungen. Daß die Aufhebung der Gesetze, wenn die Zeit dazu gekommen war, nicht ausgeschlossen war, bedarf nicht der Bemerkung.[310] Eine andere Clausel zu demselben Zweck war die, daß

---

308) Caput tralatitium de impunitate, si quid contra alias leges ejus legis ergo factum sit. Cic. ad Att. III. 22. Die Wirksamkeit der Formel beschränkte sich übrigens nicht bloß auf diese Voraussetzung, s. B. die sanctio der lex de imperio Vespasiani.

309) Bekanntlich konnten die Gesetzvorschläge nur von den Innehabern der höchsten Staatsämter gestellt werden. Mit der römischen Ministerverantwortlichkeit hatte es übrigens etwas mehr auf sich, als mit der heutigen.

310) Cicero l. c. Sed vides nunquam esse observatas sanctiones

der Antrag nur insoweit gestellt sein solle, als dies gesetzlich erlaubt sei — eine Clausel, die Sinn hatte, wo es zweifelhaft, nicht aber, wo es klar war, daß der Antrag gegen die Straffanction eines früheren Gesetzes verstieß.[311]

Ueberschaut man die bisher von mir angeführten Fälle, so wird Jeder mein obiges Urtheil, daß wir es hier mit einem wohldurchdachten, ausgebildeten System zu thun haben, gerechtfertigt finden, und man wird es mir gern ersparen, dasselbe noch weiter in seine Einzelheiten zu verfolgen.[312] Der Grundgedanke desselben besteht darin, daß die Erfordernisse der öffentlichen Akte und Maßregeln in zwei Classen gebracht werden.[313] Die der einen Classe bilden die constitutiven Momente des Akts; soweit ich beurtheilen kann, sind sie lediglich formeller Art, die Vornahme des Akts muß von Seiten der competenten Behörde und in der dafür vorgeschriebenen Form erfolgt sein. Alle Erfordernisse, die das Sachliche

---

earum legum, quae abrogarentur (ist wohl zu emendiren: abrogari vetentur?).

311) Nach Cicero a. a. O. wäre sie zuerst in dem von ihm berichteten Gesetzentwurf vorgekommen; er widerlegt sich jedoch selber in pro Caecina c. 33: adscripsisse Sullam in eandem legem: si quid jus non esset rogari, ejus ea lege nihilum rogatum. An der andern Stelle theilt er die vollständige Formel mit: Si quid in hac rogatione scriptum est, quod per leges plebisvescita promulgare, abrogare, derogare, obrogare sine fraude sua non liceat, non licuerit, quodve ei qui promulgarit etc. ob eam rem poenae multaeve sit, E. H. L. N. R. (ejus hac lege nihil rogatur). Bei Val. Prob. de notis ant. §. 3 kommt eine etwas andere Fassung vor: si quid sacri sancti est, quod non jure sit rogatum, ejus hac lege nihil rogatur, s. auch Cic. pro Balbo 14.

312) z. B. in Bezug auf die Gültigkeit der Senatsbeschlüsse, s. z. B. Gellius XIV. 7 §. 7, 8.

313) Zur allgemeinen Bezeichnung dieses Gegensatzes dienen die Ausdrücke: necesse est auf der einen und oportet, opus, fas est oder non est auf der andern Seite, s. z. B. Macrob. Sat. I. 16 §. 25: praefari necesse est, quos nominari atro die non oportet. Varro de L. L. VI. 30 nefas fari . . necesse enim aliquo eorum uti verbo. Cic. ad fam. I. 9 §. 25: legem curiatam consuli ferri opus esse, necesse non esse.

des Akts betreffen, sind der zweiten Classe zugewiesen, d. h. sie tragen die schwächere Form von Geboten, Verboten, kurz von Vorschriften an sich, die lediglich an den gerichtet sind, der den Akt vornimmt. Die Garantie ihrer Beobachtung beruht auf seiner Pflichttreue, seinem Amtseid, der angedrohten Strafe; setzt er sich darüber hinweg, so ist der Akt an sich gültig. Die Garantie für die Erfordernisse der ersten Classe beruht auf der Nichtigkeit des Akts. Sie sind solcher Art, daß Jeder sie beurtheilen kann, man hört, man sieht sie; Zweifel sind nicht möglich, die Anordnung der Nichtigkeit hat hier nicht den geringsten Anstand. Ein Wahlcandidat, der von allen Centurien gewählt, aber nicht renuntiirt war, galt nicht als Magistrat, dagegen mochten, wenn die Renuntiation gefolgt war, alle gedenkbaren Verstöße gegen das geistliche und weltliche Recht bei seiner Wahl zusammengetroffen sein — er war und blieb Magistrat, bis er auf Befehl des Senats sich dieser seiner Würde begeben hatte.

Wer von der im Bisherigen gewonnenen Grundlage des positiven römischen Staatsrechts aus die Deduction von Cicero, die den Ausgangspunkt unserer Untersuchung gebildet hat (S. 221), einer Beurtheilung unterziehen will, wird darüber kaum ein anderes Urtheil fällen können, als daß sie eine Kette von lauter Unrichtigkeiten enthält, sich nicht darüber wundern können, daß sie, wie er selber die Naivität hat einzugestehen,[314]) vor den Augen der im Staatsrecht besser unterrichteten im Uebrigen ganz mit ihm sympathisirenden Autoritäten (z. B. auch Cato, Note 288) keine Gnade fand. Mochten die Pontifices bei der Arrogation des Clodius immerhin alle Regeln ihres Rechts außer Acht gelassen haben, daraus folgte im Mindesten nicht der Schluß, den Cicero zieht, daß sie nichtig war;[315]) die Beobachtung jener Regeln war Sache der Pflichterfüllung der Pontifices. Mochten an jenem Tage Himmelsbeobachtungen angestellt sein die lex curiata über die Adop-

314) Cic. de domo c. 16, 42.

315) Cic. de domo 14, 38 . . contra omne pontificium jus factam pro nihilo esse habendam.

tion ward dadurch vitiös, aber nicht nichtig. Mochte endlich Clodius ebenfalls in vitiöser Weise Plebejer und Volkstribun geworden sein, die Akte, die er in der letzteren Eigenschaft vorgenommen hatte, waren und blieben gültig.

Werfen wir jetzt einen Blick zurück auf den Gedanken der analytischen Vereinfachung des Thatbestandes, so wird es nicht überflüssig sein darauf aufmerksam zu machen, daß das bisher geschilderte politische System nur eine Anwendung dieses Gedankens enthielt. Derselbe Mechanismus, den das Privatrecht bei der mancipatio, in jure cessio und den abstracten Obligationen zur Anwendung brachte, wiederholte sich beim Gesetz, bei der Wahl der Magistrate und bei allen Amtsverrichtungen der politischen und geistlichen Gewalten: der Gesammtbestand des Verhältnisses spaltet sich in zwei Theile, ein Theil bleibt zurück als absolut wesentlich, als Thatbestand — er beschränkt sich bei jenen politischen Akten, so zu sagen, auf die abstracte That, auf das nackte Wort, die einfache Verkündigung — der andere aber scheidet aus und nimmt die Form der Verpflichtung an, im Privatrecht die der Obligation, im Staatsrecht die einer durch Gesetz, Gewohnheitsrecht und religiöse Satzung normirten Amtspflicht und wird damit des nachtheiligen Einflusses auf das Verhältniß selber beraubt. Was die mangelhafte oder fehlende causa bei dem Eigenthum und der abstracten Obligation, das ist das Vitium bei den öffentlich rechtlichen Verhältnissen. Die Condictionen wegen mangelhafter causa repräsentiren für das Privatrecht dieselbe Erscheinung, wie die Rescission der Gesetze, Wahlen und Handlungen der Magistrate durch den Senat für das öffentliche Recht; indem das Gesetz die Befugniß zur Anfechtung auf eine bestimmte Person beschränkt, schützt es das Verhältniß gegen die Gefahr, bei jedem Versuch seiner Lebensäußerung von Jedermann in Frage gestellt und gelähmt zu werden — kurz das Verhältniß verdankt seine Gesundheit und Kraft der Ausscheidung des Krankheitstoffes: des Causalmoments und des Vitiums.

II. Die juristische Oekonomie.

1. Bestreitung der Bedürfnisse auf einfachem Wege.

Das Gesetz der Sparsamkeit. — Die Kunst sich zu behelfen. — Der einfache und künstliche Weg. — Exemplification des erstern an einer Reihe von Beispielen.

LVI. Das Gesetz der logischen Sparsamkeit ist eins der Fundamentalgesetze der juristischen Technik (II. 315), gleichmäßig geltend für alle Epochen der Jurisprudenz, nur die Art und die Formen, in denen es zur Anwendung gelangt, wechseln mit der Bildungsstufe der Jurisprudenz. In anderer Weise handhabt der Meister, in anderer der Anfänger die Regeln der Kunst, jener mit der Freiheit, welche die Frucht der Sicherheit, dieser mit der Unfreiheit, welche die Begleiterin der Unsicherheit ist; der Weg zur Freiheit in der Kunst geht durch die Schule d. h. durch eine Periode sklavischer Unterordnung unter die Regel hindurch (S. 8, 9). Davon haben wir im Bisherigen in dem Abschnitt über die Analyse reichliche Gelegenheit gehabt uns zu überzeugen, einen neuen Beitrag wird uns die folgende Ausführung geben.

Dieselbe hat zum Gegenstand den Nachweis, wie das obige Gesetz der Sparsamkeit von der alten Jurisprudenz verstanden und gehandhabt ist. Dasselbe lautet: was die Jurisprudenz mit den gegebenen Mitteln und Begriffen zu Wege bringen kann, dafür soll sie keine neuen schaffen. In unserer heutigen Wissenschaft vollzieht sich diese Regel in einer so wenig auffälligen, kaum sichtbaren Weise, so sehr auf rein negativem Wege durch bloße Unterlassung der Uebertretung, daß man sich ihrer Wahrnehmung leicht verschließen kann. Ein Blick auf die altrömische Jurisprudenz dagegen muß das Dasein und die hohe Bedeutung derselben sofort zum Bewußtsein bringen. Denn die Anstrengungen, die letztere macht, um diese Regel zu befolgen, sind so gewaltsam, die Mittel, die sie anwendet, so künstlich und verzwickt, die Wege, die sie einschlägt, so gewunden und weitläufig, daß Niemand, der überhaupt das Bedürfniß fühlt, sich über die äußern Erscheinungen Rechenschaft zu geben, unaufmerksam an ihnen vorübergehen kann, sie leiten ihn mit Nothwendigkeit auf die richtige Spur.

Die Erscheinungen, die durch dies Bestreben, die vorhandenen Mittel bis zum äußersten Grad ihrer Verwendbarkeit auszunutzen, hervorgerufen sind, fasse ich zusammen unter den Gesichtspunkt der juristischen Oekonomie oder der Kunst sich in geschickter Weise mit dem Gegebenen zu behelfen.

Die Kunst sich zu behelfen ist das Erbtheil der Armen, im Haushalt des Reichen gedeiht sie nicht. Unsere heutige Wissenschaft genügt dem Gesetz der Sparsamkeit schon, indem sie nicht verschwendet, d. h. nichts Ueberflüssiges postulirt, Nichts, was sie auf andere Weise auf dem Wege der Combination und Deduction gewinnen kann, sie hat aber nicht nöthig, sich etwas Nothwendiges zu versagen. Wenn also das Leben ihr neue Verhältnisse zuführt, wie z. B. die Inhaberpapiere, die Auslobungen, die sie mit den bisherigen römisch-rechtlichen Begriffen nicht genügend construiren kann, so braucht sie kein Bedenken zu tragen, die zu dem Zweck nöthigen Begriffe aufzustellen. Denn die gereifte Wissenschaft soll und darf sich des Neuen in seiner wahren, ureigenen Gestalt bemächtigen, und dazu muß sie die Kraft besitzen; für sie haben daher jene Nothbehelfe, mittelst deren die Jurisprudenz der Kindheitszeit dieser Aufgabe auswich, eben so wenig einen Werth mehr, als die unvollkommenen Geräthschaften und Werkzeuge der Vorzeit für unsere heutige Zeit der entwickelten Technik und Industrie.

Für die unausgewachsene Jurisprudenz dagegen sind diese Nothbehelfe eine durch ihre Entwicklungsstufe gegebene Nothwendigkeit, die sich ebendarum auch überall bei ihr wiederholen, so z. B. in besonders ausgeprägter Gestalt im englischen Recht. Für sie ist die Kunst sich mit wenigem zu behelfen eine Lebensfrage; unter der Ueberfülle des Materials würde sie zu Grunde gehen. Die Herrschaft über den Stoff kann sie sich nur dadurch sichern, daß sie die Ordnung, in die sie ihn einmal gebracht hat, ängstlich hütet, und an Grundlagen und Formen, auf denen diese Ordnung beruht, nicht leichtsinnig rüttelt. Ein neuer Gedanke, der Aufnahme begehrt, ist ihr daher nicht ein willkommener Gast, wie er es der wissenschaftlich gereiften Jurisprudenz sein *sollte*, wenn auch nichts weniger als immer ist, sie erblickt in ihm nicht eine werthvolle Erweiterung des Wissens, sondern einen unbequemen Eindringling, der den Bestand der bisherigen Ordnung in Frage stellt. Gezwungen ihn zuzulassen, thut sie dies in einer Weise, die diesen Bestand möglichst wenig alterirt, sie bereitet ihm, wenn ich so sagen darf, kein besonderes Bett, wo er sich frei strecken, ausdehnen, rühren kann, sondern sie bringt ihn unter, wo es eben geht, sie bettet ihn bei einem andern bereits recipirten Begriff, dem er sich fügen, anschmiegen und unterordnen muß.

Dies Bestreben, die neuen Gedanken oder sagen wir besser: die neuen Zwecke und Bedürfnisse, die der Fortschritt der Bildung und die Entwicklung des Verkehrs mit sich bringen, möglichst mit den gegebenen Mitteln zu bestreiten, führte nothwendigerweise in manchen Fällen zu einer höchst gewaltsamen Spannung, um nicht zu sagen: Verrenkung des vorhandenen Rechts. Das schlagendste Beispiel dafür liefert das testamentum per aes et libram, bei dem die mancipatio in ihrer ursprünglichen Gestalt fast bis zur Unkenntlichkeit entstellt ist — es giebt kaum größere Gegensätze im ganzen Recht, als den Begriff des Kaufs und der Eigenthumsübertragung auf der einen und den des Testaments und der Universalsuccession auf der andern Seite.

Nicht immer aber bedurfte es für den angegebenen Zweck so künstlicher Mittel, nicht selten reichten auch ganz einfache aus.

Der römische Scharfsinn war in Entdeckung derselben ungemein erfinderisch und hat in dieser Richtung Probestücke zu Tage gefördert, die durch ihre Feinheit und geniale Einfachheit überraschen — glückliche Würfe des juristischen Genies, die uns heutzutage noch als Muster dienen können.

Für das richtige Verständniß des ältern Rechts ist die Kenntniß der juristischen Oekonomie von nicht geringerer Erheblichkeit, als die der juristischen Analyse. An der Bildung und Gestaltung der juristischen Seite des ältern Rechts haben beide den gleichen Antheil. Dagegen liegt allerdings der geistige Höhepunkt, zu dem sich die juristische Kunst in diesem zweiten Zweige erhebt, tiefer, als bei dem ersten. Nicht etwa, als ob sie hier hinter ihrer Aufgabe zurückgeblieben wäre; aber die Aufgabe selber verstattete ihr nicht denselben Spielraum zur Entfaltung geistiger Kraft, nicht jene Versenkung in das Feinste und das Tiefste der Begriffswelt, zu der das Problem der Zersetzung Anlaß bot. Die Leistungen, die sie hier aufzuweisen hat, bestehen mehr in Lösung von Aufgaben, als in Lösung einer Aufgabe. Von der Analyse waren wir im Stande eine Theorie zu entwerfen d. h. ein System von Regeln aufzustellen, die in einem obersten Gesichtspunkt ihren letzten Grund hatten und unter sich in engster Wechselwirkung standen. Das ist uns bei der juristischen Oekonomie nicht möglich. Für die logische Durchbildung eines Princips, die Dialektik eines und desselben Gedankens, der von Regel zu Regel fortschreitend das ganze Recht umspannt und beherrscht, bot sie keinen Raum. Unsere Darstellung nimmt dadurch einen wesentlich andern Charakter an, sie hat sich zu bescheiden, eine Reihe von Fällen und Verhältnissen namhaft zu machen, an denen unser obiger Gesichtspunkt wahrnehmbar wird. Ich werde so viel Material heranziehen als nöthig ist, um auch dem minder Kundigen ein anschauliches Bild jener Methode zu gewähren und ihn damit in Stand zu setzen, die Anwendung auf andere Fälle selber zu machen. Dabei werde ich mich derselben Freiheit bedienen, wie bei früheren Gelegenheiten, indem ich meine Beispiele nicht bloß dem ältern, sondern auch dem neuern

Recht entlehne, weil es in meinen Augen nicht darauf ankommt, ob gerade alles Einzelne, sondern ob das Princip oder der Gesichtspunkt, zu dessen Illustration dasselbe dienen soll, der ältern Periode angehört. Daß aber der hier zu schildernde Zweig der juristischen Kunst in diesem Sinne dem alten Recht zuzuweisen ist, darüber wird der Verfolg der Darstellung hoffentlich keinen Zweifel übrig lassen.

Nur ein einziger Gegensatz hat sich mir dargeboten, um die Masse des Materials wenigstens in zwei größere Gruppen zu scheiden. Es ist der oben angedeutete der Einfachheit oder Künstlichkeit der aufgebotenen Mittel. Aber auch er hat nur einen relativen Werth, indem der Maßstab darüber: was künstlich, was einfach sei, ein ziemlich schwankender ist, ein Uebelstand, der übrigens hier, wo es sich nicht um begriffliche Scheidung, sondern lediglich um Gruppirung des Stoffs handelt, gar nicht ins Gewicht fällt. Einfach nenne ich diejenige Art der Verwendung von Rechtssätzen oder Rechtsinstituten, welche dieselben einem Zwecke dienstbar macht, für den sie zwar ihrer Intention nach nicht bestimmt sind, der ihnen aber doch nicht widerstrebt. Künstlich nenne ich diejenige, bei der Rechtssätze und Rechtsinstitute Dienste leisten sollen, die über ihr natürliches Leistungsvermögen, ihren eigentlichen Sinn und Zweck hinausgehen, wo ihnen also zu dem Behuf Gewalt angethan werden muß. Die fiduciarische Eigenthumsübertragung an den Stellvertreter (s. unten Note 327) als Surrogat der dem ältern Recht fehlenden directen Stellvertretung war ein einfaches Mittel, denn dem Begriff der Eigenthumsübertragung geschah, indem er einem solchen Zweck dienen mußte, keine Gewalt; ebenso die Verwandlung der Consensual- oder Realcontracte in Stipulationen, um dadurch auf erstere die Acceptilation anwendbar zu machen. Die Verwendung der Ehe dagegen lediglich zu dem Zweck, der Frau andere Tutoren oder die Befreiung von den sacris zu verschaffen (§ 58), war ein künstliches Mittel, denn eine derartige Verwendung der Ehe widerstritt dem innersten Wesen derselben, sie ward dadurch zum reinen Scheinakt herabgewürdigt. Diese letztere Art der Benutzung: die Spannung, Vergewaltigung der Begriffe, Formen u. s. w. des Rechts setzte stets eine Connivenz in der rechtlichen Beurtheilung voraus, wie dies die nähere Betrachtung dieser Mittel (§. 58) des Weitern nachweisen wird.

Ich wende mich der ersten Gruppe von Mitteln zu. Im Interesse ihres wahren Verständnisses halte ich es für förderlich, den Zweck, soweit dies möglich, mit heutigen Namen zu bezeichnen, um ihn dadurch unserer heutigen Anschauungsweise näher zu rücken. Wir stellen vom Standpunkt des heutigen Rechts und Lebens uns die Aufgabe, ein altrömischer Jurist soll uns vom Standpunkt seines Rechts und seiner Technik aus die Antwort ertheilen.

1. Testamentsexecutoren.

Der Zweck dieses modernen Instituts ist bekanntlich ein doppelter: einmal dem Erben die mit der Regulirung des Nachlaßwesens verbundenen Mühen und Lasten abzunehmen — eine Erleichterung, die für den altrömischen Verkehr bei der principiellen Ausschließung der Stellvertretung besonders werthvoll gewesen wäre — und sodann die liberale und glatte Ausführung der testamentarischen Anordnungen dadurch zu sichern, daß sie aus den Händen des interessirten Erben in die einer uninteressirten Person gelegt wird. Gab das altrömische Recht ein Mittel für diesen Zweck an die Hand? Ein altrömischer Jurist würde geantwortet haben: setze denjenigen, den Du als Testamentsexecutor haben möchtest, etwa einen Freund, auf den Du Dich völlig verlassen kannst, zum alleinigen Erben ein — dadurch erlangt er die Befugniß und die Pflicht, alles allein zu besorgen — alle letztwilligen Zuwendungen aber, um die es Dir zu thun ist, bringe in die Form von Legaten; wenn Du es für nöthig hältst, laß Deinem Freunde so viel von der Erbschaft, daß er etwas für seine Mühe hat. Letzteres geschieht am zweckmäßigsten in Form des legatum partitionis,[316] wobei Du sicher bist, daß, wie immerhin auch Dein Vermögen vor Deinem Tode sich vermehre oder vermindere, das diesem Erben zugedachte Aequivalent für seine Mühwaltung sich entsprechend verändert. Die Wirksamkeit dieses Mittels beruhte freilich ganz auf der Zuverlässigkeit der gewählten Mittelsperson; ein Mißgriff in der Wahl derselben beschwor ganz dieselbe Gefahr herauf, der man durch Benutzung dieses Mittels entgehen wollte: die Gefährdung der Legatare durch Habgier des Erben. Und als die lex Furia das Maß der Legate auf 1000 As herabgesetzt und die Annahme höherer Legate sogar zu einer höchst gefährlichen Sache gemacht hatte (S. 113), war es um die Brauchbarkeit jenes Mittels völlig geschehen. Wie jetzt helfen? Die Antwort unseres Juristen lautet: entweder durch Einsetzung des Freundes unter der Bedingung, daß er den Nettobetrag der Erbschaft an die genannten Personen in den und den Beträgen entrichtet haben würde, oder durch Anordnung eines Universal-Fideicommisses, dessen Wirksamkeit ursprünglich freilich ganz von der Treue und Ehrlichkeit des gewählten Fiduciars abhing. Aus dem Bisherigen wird klar, was die Römer zu dem scheinbaren Widerspruch veranlassen konnte, dem Erben mit der einen Hand etwas zuzuwenden und es ihm mit der andern völlig wiederum zu entziehen. Die Absicht war gar nicht darauf gerichtet, ihm effectiv die Erbschaft, sondern lediglich darauf, ihm die Stellung eines Rechtsträgers[317] einzuräumen. Sollten diese Mittel bei Kindern in der Gewalt angewandt werden, was namentlich im Fall ihrer Unmündigkeit ganz

---

316) Ulp. XXIV. 25. Die obige Ansicht geht von der Voraussetzung aus, daß die Anordnung der Theile dem Erblasser völlig freigestanden habe. Ulpian nimmt als Beispiel die dimidia pars und fügt dann hinzu: potest autem et alia pars velut tertia vel quarta legari. Ist es Zufall, daß er keine Theile über die Hälfte nennt?

317) S. oben S. 218 und die Theorie der Rechte. Dem entsprechend heißt es in L. 46 i. f. ad SC. Trebell. (36. 1) von einer solchen Verfügung: tutelam heredi fiduciario permisisse videtur. Hat der Rechtsträger selber gar keinen Vortheil von der Zuwendung, so haftet er nur für culpa lata, L. 108 §. 12 de leg. I. (30).

angemessen sein konnte, so bedurfte es zu diesem Zweck erst noch einer Exheredation derselben, — eine Anwendung der Exheredation, die den Unkundigen leicht irre führen kann. Allein so wenig wie die obige Erbeseinsetzung den Zweck der effectiven Zuwendung des Nachlasses, so wenig hatte diese Enterbung den der effectiven Entziehung desselben, sie war weit entfernt ein Akt der Lieblosigkeit zu sein, umgekehrt eine durch die umsichtigste, wohlwollendste Fürsorge dictirte Maßregel. 318)

2. Uebertragbarkeit des testamentarischen Erbrechts.

Der Testator wünscht den Erben in die Lage zu versetzen, daß er je nach Gutbefinden die Erbschaft auf einen Andern übertragen oder sie selber antreten kann; wie hat er es anzufangen?

Nicht in der Weise, daß er dies direct verfügt, eine solche Uebertragung war zwar bei der hereditas legitima, nicht aber bei der testamentarischen Erbschaft zulässig. 319) Vielmehr in der Weise, daß er einen dem intendirten Erben gehörigen Sklaven oder, da dieser sterben kann, der Sicherheit wegen sämmtliche Sklaven desselben sei es neben sei es hintereinander zu Erben einsetzt. Nach seinem Tode hat dann der Eigenthümer des Sklaven die Wahl, ob er die Erbschaft durch letztern antreten lassen oder das Antretungsrecht mittelst Mancipation des Sklaven auf einen Andern übertragen will; will er letzteren zurückhaben, so fügt er einen darauf gerichteten Fiduciarvertrag hinzu. 320) Auf diese Weise erhält er den

318) L. 18 de lib. exh. (28. 2) . . ut eis consulant ut puta impuberibus. Daß die sacra gleichwohl auf die Kinder übergingen, dafür hatten die Pontifices gesorgt. Cic. de leg. II. 20, 21.

319) Ulp. XIX. 14. Der Grund dieser Verschiedenheit mag darin liegen, daß dem Testator, wenn er dem Erben die obige Befugniß einräumen wollte, der im Text bezeichnete Weg offen stand, die Nichteinschlagung desselben mithin in den meisten Fällen als Beweis der entgegengesetzten Absicht gelten konnte.

320) L. 6 §. 5 quae in fr. cred. (42. 8) Gai. II. 189. L. 58 Sol. matr. (24. 3) . . . reddendus est . . . servus . . . ea conditione, ut, cum jussu

Nettowerth der Erbschaft, der Käufer aber berechnet sich die Provision für seine Mühwaltung implicite im Kaufpreis.[321])

3. Erstreckung des Erbrechts auf die Erben des Eingesetzten.

Wenn der Eingesetzte den Anfall der Erbschaft nicht erlebt, so ist dieselbe für seine Erben verloren. Nun kann es aber der Wille des Testators sein, diesen Verlust abzuwenden. Wie ist dies zu erreichen? Auf directem Wege ebenfalls nicht. Der Testator kann allerdings dem Eingesetzten andere Personen substituiren, also auch dessen jetzige nächste Intestaterben, allein die jetzigen sind nicht immer auch die zukünftigen, eine Substitution der „zukünftigen Erben desselben" aber als zur Zeit noch ungewisser Personen (personae incertae) ist unstatthaft. Die Antwort auf die obige Frage wird der Leser sich nunmehr selber geben. Der Testator setzt wiederum die Sklaven der beabsichtigten Person zu Erben ein; wenn letztere stirbt, so geht mit ihrer Erbschaft auch des Eigenthum der Sklaven und damit die seinige auf diejenigen Personen über, die zu jener berufen sind.[321a])

---

ejus adierit, rursum marito retradatur. L. 1 §. 14 de succ. ed. (38.9). Vermöge dieses Mittels konnte die Erbschaft als Speculationsobject von einer Hand in die andere wandeln, L. 2 §. 9 de B. P. (37. 11) . . si per multos dominos transierit servus . . . novissimo dabimus B. P.

321) Die obige Erklärung des praktischen Zwecks der Einsetzung der Sklaven, die ich bei Frühern nicht gefunden (selbst nicht in der ausführlichen Darstellung von Mühlenbruch in Glücks Pandekten B. 39 S. 211—229) ist von mir bereits früher in meinen Jahrbüchern für die Dogmatik u. s. w. B. 1 S. 49 Note (1856) und damit gleichzeitig von Köppen die Erbschaft, S. 93 Note 7 (1856) aufgestellt worden.

321a) Für das Legat bestand das obige Hinderniß nicht, denn dasselbe ging, insofern nur der Legatar den Tag des Anfalls erlebte, auf dessen Erben über. Wollte der Testator den Anfall des Legats selbst von dem Tode des Legatars vor diesem Zeitpunkt unabhängig machen, so vermachte er es alternativ ihm oder einem seiner Sklaven; wollte er, das es nicht in seine Hände komme, sondern erst seinen Erben ausgezahlt wurde, so lautete die Formel: heres meus, cum morietur Titius, centum ei dato, L. 79 pr. de cond. (35. 1).

4. Versprechen an unbestimmte Personen.

Nach römischem Recht ist ein Versprechen an eine unbestimmte Person (z. B. das der Restitution des Vermögens des arrogirten Unmündigen an seine „demnächstigen“ Erben, oder einer Prämie an „den, der die Sache wiederbringt“) ebenso wenig zu Recht beständig, als die Erbeinsetzung unbestimmter Personen, gleichwohl bot aber das römische Leben zur Leistung derartiger Versprechungen manche Veranlassung dar.[322] Das erste der beiden so eben erwähnten Beispiele belehrt uns darüber, wie man sich hier half, ohne einen der obersten Grundsätze des Obligationenrechts darüber zu verläugnen. Wer einen Unmündigen arrogiren will, soll sich verpflichten, das Vermögen desselben für den Fall, daß er während der Unmündigkeit sterben sollte, dessen „demnächstigen Intestaterben“ herauszugeben. Aber wem leistet er das Versprechen? Man weiß ja noch nicht, welche von seinen jetzigen Verwandten demnächst die nächstberechtigten sein werden, möglicherweise können sie auch durch später erst Geborne ausgeschlossen werden. Was ist hier zu machen? Der Arrogator leistet das Versprechen dem servus publicus d. i. der Commune, also einer bereits jetzt genau bestimmten Person.[323] Bei Eintritt der Bedingung cedirt letztere

322) Außer dem Fall im Text namentlich bei der Auslobung, die auch in Rom in ihrer thatsächlichen Gestalt bekannt war, s. z. B. Petron. Sat. c. 97, Apulej. Met. VI. (ed. Bip. p. 123).

323) L. 18, 19 de adopt. (1. 7), L. 2 Cod. ibid. (8. 48), im justinianeischen Recht (seitdem durch L. 3 Cod. de tabul. 10. 69 die Anstellung der Sklaven im öffentlichen Dienst untersagt war) der persona publica d. i. dem Magistrat oder Notar §. 3 I. ibid. (1. 11) cf. L. 32 Cod. de episc. (1. 3) Schrader ad §. 3 I. cit. Daran knüpfte die Doctrin des Mittelalters die Benutzung des Notars für ähnliche Zwecke einer Ableistung eines Versprechens zu Gunsten künftiger Personen an. Buchka Stellvertretung bei Verträgen S. 125, 133, 138, 140, 145 und anderwärts. Bei dem Versprechen, welches der curator furiosi wegen der demselben ertheilten Bon. Poss. zu leisten hatte, erhob sich dieselbe Schwierigkeit — wem sollte es geleistet werden? Wahrscheinlich bediente man sich hier desselben Umweges, arg. L. 7 §. 4 Cod. de cur. fur. (5. 70) . . multas ambages und §. 11 cautione vel satisdatione, quae antiquitus fuerat introducta.

ihre Klage den betreffenden Personen oder stellt sie selber an und gibt das Empfangene heraus.[324]

Einen ähnlichen Weg schlug man in solchen Verhältnissen ein, wo zwar die Personen selber bestimmt, die Zahl derselben aber zu groß war, um in der Person jedes Einzelnen das Forderungsverhältniß zu begründen.[325]

5. Stellvertretung.

Das Bedürfniß, sich bei rechtlichen Handlungen durch Andere vertreten zu lassen, ist von einem einigermaßen entwickelten Verkehr gar nicht zu trennen. Wenn gleichwohl das römische Recht sich, wie es scheint, erst verhältnißmäßig spät zu den Formen erhoben hat, in denen dies Bedürfniß in der klassischen Zeit befriedigt erscheint, so hat dies nur darin seinen Grund, daß es sich bereits von Altersher in Besitz zweier Formen befand, die sich auch noch im neuern Recht erhalten haben. Die eine war die Benutzung der hausunterthänigen Personen für den angegebenen Zweck, sie stützte sich auf den Satz, daß alles, was diese Personen erwerben, dem Gewaltinhaber zufällt. Vor allem waren es die Sklaven, deren man sich zu dem Ende in ausgedehntester Weise bediente, und dieser ihr juristischer Beruf gehört wesentlich mit zur vollständigen Charakteristik der Stellung, die sie in der römischen Welt einnahmen. In welchem Maße die Römer sich daran gewöhnt hatten, in ihnen bloße Instrumente zum Abschluß von Rechtsgeschäften zu erblicken, geht schlagend daraus hervor, daß die Juristen in dem Fall, wo der Abschluß der cautio rem pupilli salvam fore zwischen Tutor und Mündel durch das Kindheitsalter des letztern ausgeschlossen war, dem Tutor das Mittel an die Hand geben, demselben einen

---

324) Ohne Zustimmung jener Personen durfte dem servus publicus nicht geleistet werden. L. 19 de comp. (16. 2).

325) So z. B. im Fall der L. 4 §. 9 de fid. lib. (40. 5) . . convenire creditores unumque creare, cui caveatur omnium nomine.

Sklaven zu kaufen, der statt seiner jene cautio mit dem Tutor abzuschließen habe.[326])

Diese Form litt jedoch an einem Mangel, sie erstreckte sich nicht auf die processualische Stellvertretung. Diesem Mangel half die zweite Form ab, die jedoch keineswegs auf diesen Zweck beschränkt war. Sie bestand darin, daß der Beauftragte das Geschäft in eigenem Namen abschloß und hinterher die Wirkungen desselben auf den Mandanten übertrug. Wo die Vornahme des gewünschten Aktes an Voraussetzungen geknüpft war, die sich nur in der Person des Mandanten, nicht in seiner eigenen vorfanden, mußten dieselben erst auf ihn übertragen werden, so z. B. das Eigenthum des Grundstücks, für das er eine Servitut erwerben oder an dem er sie bestellen sollte.[327]) Dieser Weg war namentlich geboten im Proceß. Um hier einen Andern an die eigene Stelle zu setzen, blieb in alter Zeit nichts übrig, als das Verhältniß, welches den Gegenstand des Streites bildete, auf ihn fiduciarisch zu übertragen, also bei Eigenthums- und Servitutenstreitigkeiten das Grundstück. Selbst bei einem Streit über eins der Gewaltverhältnisse war dieser Weg nicht ausgeschlossen, man mancipirte den Sklaven, das Kind, die Frau, ohne daß dieselben darum das Haus zu verlassen brauchten, und der jetzige Innehaber der Gewalt über sie führte in

---

326) War dies wegen Armuth des Pupillen nicht möglich, so ward wiederum der servus publicus oder auch die Obrigkeit herangezogen. L. 2—4 Rem pub. (46. 6), L. 1 §. 15 de mag. conv. (27. 8).

327) L. 4 §. 3 de alien. jud. (4. 7) . . dominio in eos (procuratores) plerumque ex justa causa translato (im Sinn der im justinianeischen Recht ausschließlich geltenden Traditionstheorie interpolirt). Zu einem solchen Hin- und Herübertragen des Grundstücks bot gerade die Servitutentheorie mehrfache Veranlassung, so z. B. im Fall der L. 15 §. 7 de usufr. (7. 1) (darüber meine Abh. in meinen Jahrbüchern für Dogmatik u. s. w. I. S. 34) und in dem der Vat. fr. §. 51. Auch für die Freilassung eines Sklaven konnte ein solcher Umweg nöthig werden, so z. B. um des Falles der Verhinderung des Herrn am Erscheinen in Rom zu geschweigen, in dem der L. 13 de man. (40. 1) . . dubitationis tollendae causa ab agnato (curatore furiosi) tradendum servum, ut ab eo, cui traditus esset, manumittatur, Octavenus ait.

dieser Eigenschaft den Proceß, dessen Verhandlung und Entscheidung sich auch in dieser Gestalt lediglich um das Recht des Autors drehte. Ich kann mir denken, daß ein Mann, der auf längere Zeit sich von seinem Hause entfernen mußte, ebenfalls diesen Weg einschlug, um den Seinigen, denen der Zutritt zu Gericht versperrt war, für die Zeit seiner Abwesenheit einen Vertreter zu sichern. Nur bei der Erbschaft und der Forderung war aus bekannten Gründen eine solche Uebertragung ausgeschlossen. Wie bei der ersteren der Testator gleichwohl es erreichen konnte, dem eingesetzten Erben die Last, selber die Processe zu führen, zu ersparen und sie auf andere Schultern zu legen, ist oben mitgetheilt. Für die Forderungsverhältnisse blieb nichts anderes übrig, als sofort bei Begründung derselben den eventuellen Stellvertreter als Mitgläubiger (adstipulator) oder als Mitschuldner (adpromissor) heranzuziehen,[328] wenn nicht etwa der Gegner selber die Hand zur Novation der streitigen Forderung bot. Dagegen ließ sich die Acceptilation durch Mittelspersonen sehr leicht bewerkstelligen, dadurch nämlich, daß sie die Forderung zunächst in eigener Person erwarben und sie dann erließen.[329]

6. Erstreckung des Urtheils auf die Zukunft.

Das Urtheil des Richters kann nicht bedingt und nicht auf die Zukunft lauten,[330] also auch keinen zur Zeit noch nicht existenten

---

328) Mit Recht erblickt man in diesem Stellvertretungszweck das ursprüngliche historische Motiv der adpromissio und adstipulatio. Puchta Cursus der Institutionen II. §. 156 Note c, III. §. 277 Note z (Rudorff). Brinz Kritische Blätter Nr. IV. S. 19—22.

329) L. 13 §. 10 de accept. — (46. 4) . . nam et in absentium persona hoc remedio uti solemus: stipulamur ab aliquo id novandi causa, quod nobis absens debet, et ita accepto liberamus a quo stipulati sumus: ita fiet, ut absens novatione, praesens acceptilatione liberetur. Desselben Umwegs hat sich nach dieser Stelle der Vormund zu bedienen, wenn eine Forderung oder Schuld seines Pflegbefohlenen durch Acceptilation getilgt werden soll.

330) L. 35 de jud. (5. 1) Non quemadmodum fidejussoris obligatio

Anspruch für den Fall seiner demnächstigen Existenz eventuell vorbehalten; der Kläger, der ihn gleichwohl vorher geltend macht, verliert ihn, denn der spätern Erhebung der Klage steht die exc. rei judicatae entgegen. Dieser Grundsatz konnte in manchen Verhältnissen höchst drückend werden. Ich setze z. B. den Fall der act. pro socio, die der Gesellschafter schon sofort nach aufgehobener Societät genöthigt ist zu erheben, während noch bedingte Forderungs- oder Schuldverhältnisse schweben. Wie hier helfen? Der Richter legt den streitenden Theilen auf, sich gegenseitig die demnächstige active und passive Theilhaberschaft an den zur Zeit noch schwebenden Schuldverhältnissen zuzusichern, aus dieser cautio entsteht ein neuer, selbständiger Anspruch, dem seiner Zeit, wenn die Bedingung desselben in Erfüllung gegangen, die exc. rei judicatae nicht im Wege steht.[331] In derselben Weise half man sich überall, wo es wegen schwebender Verhältnisse, deren Berücksichtigung man dem Kläger billigerweise nicht zumuthen konnte, eines eventuellen Urtheils bedurft hätte. Man beendete den Proceß in gewöhnlicher Weise durch Condemnation oder Absolution, aber sorgte dafür, daß das Fundament für eine eventuelle zukünftige Klage gelegt wurde.[332]

7. Indirecte Erzwingung der Naturalrestitution im Proceß.

Das Urtheil im Formularproceß lautete bekanntlich immer auf Geld. Mit dem Geldwerth der Sache war aber dem Kläger

---

in pendenti potest esse vel in futurum concipi, ita judicium in pendenti potest esse vel de his rebus, quae postea in obligationem adventurae sunt.

331) L. 27, 38 pro soc. (17. 2).

332) L. 12 §. 5 ad exhib. (10. 4), L. 13 §. 5 de pign. (20. 1), L. 63 §. 4 pro soc. (17. 2), L. 47 §. 2 de pec. (15. 1), L. 9 §. 5 quod met. (4. 2) (doli repromissio), L. 15 de O. N. N. (39. 1), L. un. §. 7 Cod. Rei ux. (5. 13) u. a.

in allen solchen Fällen, wo dieselbe für ihn nicht bloß als Werthobject in Betracht kam, sondern ein individuelles, specifisches Interesse hatte, wenig gedient; es war ihm um die Sache selber, nicht um das Geld zu thun. Wie ihm dazu verhelfen? Man vermittelte dies, ohne das Princip der Geldcondemnation aufzugeben, in allen derartigen Fällen in der Art, daß der Richter angewiesen ward, nachdem er sich von dem Recht des Klägers überzeugt hatte, zunächst auf Naturalrestitution zu erkennen (arbitrium de re restituenda). Diese Auflage war freilich nicht direct erzwingbar, es hing ganz vom Beklagten ab, ob er ihr Folge leisten wollte oder nicht; allein that er es nicht, so ward der Kläger zum juramentum in litem zugelassen, bei dem er den Betrag seines Interesses so hoch greifen konnte, als er nur wollte, d. h. also der Beklagte war jetzt der Discretion des Klägers überlassen, und die sententia lautete auf den vom Kläger selbst festgestellten Betrag — eine Aussicht, der nur ein Wahnwitziger spotten konnte, denn der Kläger hatte es dabei ja ganz in seiner Hand, den trotzigen Beklagten möglicherweise an den Bettelstab zu bringen.

8. Indirecte Erwirkung eines richterlichen Ausspruches.

Sollte über irgend ein Factum ein richterlicher Ausspruch erwirkt werden, so geschah dies in der Weise, daß von den Personen, unter denen dasselbe streitig war, die eine sich von der andern irgend eine beliebige unbedeutende Summe für den Fall versprechen ließ, daß dasselbe wahr sei, und dann auf Zahlung der Summe Klage erhob. Um über letztere zu entscheiden, war der Richter genöthigt, sich über das Dasein der Bedingung ein Urtheil zu bilden, er erkannte also mittelbar über die streitige Thatsache. Die Anwendung dieses Mittels im römischen Verkehr war ganz Sache der freien Vereinbarung der Partheien, aber seine Brauchbarkeit bewirkte, daß es auch im Proceß als processualische Einrichtung Aufnahme fand, so daß also die streitenden Theile gezwungen werden konnten, über einen streitigen Punkt eine solche „sponsio praejudicialis" einzugehen.

9. Indirecte Erzwingung eines facere.

Die Obligation des ältern Rechts hat die Sache d. h. das dare zu ihrem Grunde und zu ihrem Zweck oder Gegenstand,[334] ein facere kann nicht wirksam versprochen werden. Andererseits ist aber doch für einen einigermaßen entwickelten Verkehr die juristische Erzwingbarkeit eines versprochenen facere ein unabweisbares Bedürfniß. Der Weg, auf dem der ältere Verkehr dasselbe befriedigte, ist ganz derselbe, wie in dem vorhergehenden Fall: der der indirecten Erzwingung. Der Promittent verspricht für den Fall, daß er die zugesicherte Handlung nicht vornimmt, eine Geldsumme, hoch genug gegriffen, um den gewünschten Zwang auf ihn auszuüben (Conventionalpön).

10. Uebertragbarkeit der Forderungen.

Die Obligation ist nach römischer Auffassung unlöslich mit der Person des Gläubigers und Schuldners verknüpft, ein Wechsel der Personen, wie er bei der Delegation Statt findet, ist Aufhebung der bisherigen Obligation und Errichtung einer neuen. Der Umstand, daß die active Delegation Einwilligung und Mitwirkung des Schuldners voraussetzte, machte die Benutzung dieser Form für den Zweck der Uebertragung der Obligation zu einer höchst lästigen und unsicheren, es bedurfte für den regen Handels- und Geldverkehr der spätern Zeit einer andern Form, die nicht an diese Voraussetzung gebunden war. Dies ist bekanntlich die Cession. Die Form, in der sie das Problem der Uebertragung der Obligation löste, ohne mit dem einmal adoptirten obigen Dogma in Widerspruch zu gerathen, bestand in der Verwendung der zu jener Zeit

---

334) Diese Ansicht, die in dem Abschnitt über die Rechte des ältern Systems näher ausgeführt werden soll, ist bereits II. S. 425 angedeutet.

bereits zugelassenen processualischen Stellvertretung. Dem Cessionar ward die Vollmacht zur Aufstellung der Klage (mandatum ad agendum) ertheilt, er führte den Proceß wie ein gewöhnlicher Proceßprocurator, nur daß er das Beigetriebene für sich selber behielt (procurator in rem suam).

11. Indirecte Zweiseitigkeit der einseitigen Obligationen.

Das ältere Recht kannte nur einseitige Obligationen (S. 197 fl.), aber die Bedingung bot das Mittel, ihnen den Erfolg zweiseitiger zu verschaffen. Wünschten z. B. die Contrahenten bei einem Kaufcontract, der nach altem Recht in die Form zweier einseitiger Stipulationen gekleidet werden mußte, sich gegen die daraus resultirende Gefahr, daß der eine Theil auf Erfüllung klage, ohne seinerseits bereits geleistet zu haben, zu sichern, wollten sie m. a. W. den Erfolg des zweiseitigen Vertrages, daß die Leistung nur Zug um Zug geschehe, herbeiführen, so nahm jeder in sein Versprechen die entsprechende Bedingung der Gegenleistung auf (spondesne centum dare, si equum dederim? equum dare, si centum dederim?). Ebenso verfuhr der Testator, der, was in directer Weise nicht zu beschaffen war (S. 199), dem Legatar eine Leistung an einen Andern auferlegen wollte (heres damnas esto Maevio centum dare, si Maevius Titio equum dederit). Die Bedingung hat für das ältere Recht die historische Bedeutung eines Surrogats für die mangelnde Zweiseitigkeit.

Die bisher mitgetheilten Beispiele werden zur Genüge erwiesen haben, wie sehr die römischen Juristen es verstanden, durch geschickte Benutzung der vorhandenen Mittel den Anforderungen des praktischen Lebens gerecht zu werden. Es war nicht ihre Weise, ein begründetes Verlangen achselzuckend damit abzuweisen, daß es sich mit der Theorie nicht vertrage, sie hielten es für eine wesentliche Seite ihres Berufes, selber die Mittel aufzufinden, um demselben zu entsprechen und dem Verkehr die juristischen Wege zu ebenen und bahnen, die er postulirte, kurz ihre Kunst war zugleich eine praktische Rechtsheuristik, Cautelarjurisprudenz im weitesten Sinne des Worts. Diese Seite ihrer Kunst bildete nicht etwa einen besondern Zweig für sich, sondern ein untrennbares, allgegenwärtiges Element der Rechtstheorie, d. h. auch bei ihren rein theoretischen Untersuchungen stellen die römischen Juristen sich nie auf den Standpunkt einer mit rein wissenschaftlicher Unbefangenheit sich hingebenden naturhistorischen Betrachtung der Rechtswelt, sondern sie halten stets die praktische Bestimmung der Rechtssätze und Begriffe: das Zweckmoment fest im Auge, geben daher auch hier überall die Mittel und Wege an, um den Verlegenheiten, die aus der strengen Durchführung der Theoreme sich für das Leben ergeben können, zu entgehen,[335]) während wir heutzutage dasselbe nur zu oft ruhig in der Sackgasse stecken lassen, in die es durch unsere eigene Schuld gerathen ist. Der Umstand, daß unser heutiges Recht die Ausbildung dieser heuristischen Geschicklichkeit in ungleich geringerem Maße beansprucht und fördert, als das altrömische, indem es der rechtlichen Bewegung von vornherein einen weit größeren Spielraum öffnet, als letzteres, dieser Umstand hat zur Folge gehabt, daß wir für die vielfachen Proben derselben in unsern Quellen ein ungleich geringeres Wahrnehmungsvermögen besitzen, als wir es sonst haben würden. Uns genügt regelmäßig die Constatirung des Rechtssatzes; welcher Rechtszweck durch denselben gefördert werden soll, kümmert uns wenig. Wir registriren den Satz, daß auch Sklaven zu Erben eingesetzt werden konnten, ohne dabei die so nahe liegende Frage aufzuwerfen, was denn den Testator veranlassen konnte, statt des Herrn selber seinen Sklaven einzusetzen (S. 243). Es genügt uns zu wissen, daß die Tradition einer res mancipi kein Eigenthum übertrug, auf die Frage aber, was denn die Partheien veranlassen konnte, die Sache, anstatt zu mancipiren, bloß zu

335) S. z. B. die Stellen in Note 320, 324—327, 329; viele sonstige Beispiele in den justinianeischen Pandekten.

tradiren, bleiben wir entweder die Antwort völlig schuldig, oder wir geben eine solche, die unmöglich befriedigen kann, wie z. B. daß sie sich die Weitläuftigkeit der Mancipation hätten ersparen wollen — als wenn fünf Zeugen und eine Wagschaale in Rom schwer zu haben gewesen wären! — oder daß die Mancipation nur unter Gegenwärtigen hätte beschafft werden können — als ob dem Sklaven oder Stellvertreter [335a]) des Abwesenden nicht eben so gut hätte mancipirt, als tradirt werden können! Läßt sich denn nicht ein ganz verständiger praktischer Zweck dafür denken? Ich sollte es meinen! Was unser heutiges pactum reservati dominii oder pactum displicentiae bezweckt, dazu diente in Rom bei res mancipi die Tradition derselben mit Aufschub der Mancipation bis zur Abtragung des Kaufpreises oder zum Ablauf der Kauffrist.

Ein anderes, allerdings erst der spätern Kaiserzeit angehöriges, aber ungemein feines Probestück römischer Cautelarjurisprudenz, das ebenfalls regelmäßig ganz übersehen wird, bietet die Verbindung des Vorkaufsrechts und des Anspruchs auf Alienationsgebühr [336]) (s. g. quinquagesima) bei der Emphyteusis. Zu welchem Zweck diese Verbindung? Beide Rechte stützen und sichern sich gegenseitig. Gibt der Emphyteuta, um den Eigenthümer von der Ausübung seines Vorkaufsrechts abzuschrecken, den ihm gebotenen Kaufpreis beträchtlich höher an, als er wirklich ist, so berechnet ihm letzterer von diesem Preise die Alienationsgebühr; gibt er umgekehrt, um ihn in Bezug auf letztern zu verkürzen, den Kaufpreis niedriger an, so wählt der Eigenthümer das Vorkaufsrecht. Die Verbindung beider Rechte bewirkt mithin, daß der Emphyteuta sich nicht nach der einen Seite von der Wahrheit entfernen kann,

---

335a) Bei Benutzung eines Stellvertreters natürlich mittelst doppelter Mancipation: der des Gebers an ihn, und seiner eigenen an den Auftraggeber.

336) Dieselbe war bereits vor Justinian üblich, L. 3 Cod. de jure emph. (4. 66) quod usque ad praesens tempus praestari cognovimus. Justinian hat nur ihren Betrag auf $^1/_{50}$ fixirt.

ohne sich nach der andern in seiner eigenen Schlinge zu fangen — es ist eine Schraube ohne Ende, eine juristische Zwickmühle![337]

2. Die Schleichwege des Lebens.

Die Verwendung der Rechtsverhältnisse im Leben. — Mißbrauch der Familienverhältnisse. — Mittel zur Vereitelung der erbrechtlichen Beschränkungen.

LVII. Dieselbe Kunst, die, wie wir so eben gesehen haben, bemüht war, das Recht zu stützen, zu fördern und zu vervollkommnen, diente dazu, seinen Bestimmungen auszuweichen, sie zu umgehen und zu vereiteln. Den Umwegen, welche die Wissenschaft einschlug, um erlaubte Zwecke zu errreichen, correspondirten die Schleichwege, deren das Leben sich bediente, um unerlaubte Zwecke zu verfolgen. Mögen es Juristen oder Nichtjuristen gewesen sein, deren Schlauheit diese Schleichwege ausgefunden hatte, jedenfalls bilden letztere selber kein Stück der römischen Jurisprudenz, denn die Wissenschaft lehrt die Wege des Rechts, nicht die des Unrechts. Sie würden daher ganz außerhalb der Gränzen unserer Aufgabe fallen, wenn nicht ein doppelter Grund uns nöthigte, auch ihnen einen Blick zuzuwerfen. Einmal nämlich die Thatsache, daß manche von ihnen im Laufe der Zeit als Scheingeschäfte, d. h. als vom Recht und von der Jurisprudenz adoptirte Geschäftsformen (§. 58) eine gewohnheitsrechtliche Geltung erlangten, und sodann der Umstand, daß sie, indem sie das Recht

337) Ein würdiges Seitenstück dazu aus älterer Zeit war die fructus licitatio beim interdictum uti possidetis, erinnernd an den Salomonischen Richterspruch; sie diente als Probirstein, als Sonde zur Entdeckung des wahren Berechtigten. Der provisorische Besitz während des Processes ward zwischen beiden Partheien versteigert, der wirkliche Besitzer hatte es also in seiner Hand den Preis so hoch zu treiben, daß der Nichtberechtigte von Sinnen hätte sein müssen, um ihn zu überbieten, oder daß er, wenn er es dennoch gethan hätte, ihm den größten Gefallen damit erwiesen haben würde. Wie unvollkommen erscheint dagegen unser heutiges Summariissimum!

und die Jurisprudenz in die Lage versetzten, ihnen entgegenzutreten, dadurch die Veranlassung und Quelle mancher nur von diesem Gesichtspunkt aus zu erklärender Rechtssätze wurden. Die römische Schlauheit war in der Entdeckung solcher Schleichwege ungemein erfinderisch, kaum war ihr der eine abgeschnitten, so war bald ein anderer wiederum da, kaum aus diesem Schlupfwinkel durch das Gesetz vertrieben, hatte sie sofort wiederum einen andern in Besitz genommen — ein Schauspiel, das unwillkührlich den Vergleich eines in seinem Bau umstellten und angegriffenen Fuchses heraufbeschwört. Wem es gelänge, diesen Kampf bis in seine Einzelnheiten zu verfolgen und zu schildern, dem römischen Fuchse in alle seine gewundenen Gänge und Wege nachzuschleichen, würde damit ein Blatt römischer Rechtsgeschichte ausgefüllt haben, das zur Zeit fast noch unbeschrieben ist, und das uns doch zweifellos sehr interessante Aufschlüsse geben, uns den Sinn so mancher Rechtssätze enthüllen würde, die für uns, so lange wir gewohnt sind, den Zugang zu ihnen, statt *unter* der Erde, mit Hülfe des Luftballons [338]) von oben her, wohl gar von den Wolken her zu suchen, ewige Räthsel bleiben werden. Ich hatte mir vorgenommen, an dieser Stelle das Material, das ich mir für diesen Zweck gesammelt habe, vollständig zu verwerthen, dasselbe ist jedoch so angewachsen, und der Versuch der Verarbeitung desselben hat mich so sehr in Einzelnheiten und ins Weite geführt, daß ich Anstand nehme, ihn hier einzufügen und mich lieber auf eine kurze Skizze beschränke.

Wenn ich zunächst den Gesammteindruck, mit dem meine Untersuchungen abgeschlossen haben, in *ein* Wort zusammenfassen

338) Ein celebres Beispiel einer solchen Luftballonserklärung in einem Fall, in dem der Zugang allein *unter* der Erde zu suchen war, liefert der oben S. 147 besprochene Satz: nemo pro parte testatus u. s. w. Für gewisse Naturen wird freilich der Luftballon immer seinen Reiz behalten, es hat etwas ungleich Verführerisches in den Wolken zu schweben und auf die Welt herabzusehen, als unter der Erde um den Dachsbau herumzuschleichen und nach dem verborgenen Eingang zu suchen.

soll, so besteht er in der Ueberzeugung, daß eins der schwierigsten Probleme, die an den Gesetzgeber überhaupt herantreten können, darin besteht, sein Gesetz gegen Umgehungen sicher zu stellen, und daß alle Kunst, die Er aufbietet, es zu schützen, derjenigen, die das Leben anwendet, es zu durchlöchern, zu untergraben, zu stürzen, kaum gewachsen ist. Wer noch den Glauben theilt, — ein Glaube, von dem die Gesetzgeber selber nicht selten nichts weniger als frei gewesen sind — daß es einfach genüge, etwas zu gebieten oder zu verbieten, um den gewünschten Erfolg zu erreichen, gleich als ob bloß die Schärfe des Schwertes genüge, um zu treffen, und nicht auch der wuchtigste Schlag dadurch, daß der Gegner ihm ausweicht, zu einem bloßen Lufthieb werden kann — wer also diesen Wahn noch theilt, der lese das Blatt Geschichte, das ich ihm im Folgenden aufrollen werde, um von demselben gründlich geheilt zu werden.

Die Klagen über die Unerschöpflichkeit der auf die Vereitelung der Gesetze gerichteten List und die Erfolglosigkeit oder wenigstens den geringen Erfolg der ihr entgegengestellten gesetzlichen Maßregeln wiederholen sich in Rom zu allen Zeiten, und würde es an ausdrücklichen Aussprüchen fehlen,[339] die fortgesetzten Bemühungen, deren die Gesetzgebung und Jurisprudenz bedurfte, um bei einem und demselben Verhältniß eine nothdürftige Sicherung zu bewirken, würden das beredteste Zeugniß dafür ablegen. Kein Verhältniß, das nicht einer derartigen fraudulösen Benutzung ausgesetzt gewesen wäre, nichts war heilig, weder die Ehe, noch das elterliche Verhältniß, noch die Ehre, das man nicht in den Staub gezogen hätte, um irgend einen schnöden Zweck damit zu erreichen, und ohne es zu wissen, mußte oft selbst die Obrigkeit ihre Hand dazu bieten,

339) In Wirklichkeit fehlt es daran nicht, so z. B. Tac. Ann. VI. 16 (bei Gelegenheit der Wuchergesetze) multisque plebiscitis obviam itum fraudibus, quae toties repressae miras per artes rursum oriebantur. L. 1 pr. Cod. de cad. toll. (6. 51) multas invenientibus vias. Gaj. I. 46 . . sunt etiam specialia SCa, quibus rescissa sunt ea quae in fraudem ejus legis (Furiae Caniniae) excogitata sunt.

die Verfolgung illegaler Zwecke durch das Urtheil in einem abgekarteten Proceß zu fördern.[340] Den äußersten Tiefegrad erreichte dieser Unfug allerdings erst in der Zeit der sittlichen Versunkenheit und Verwilderung, als alle Bande der Zucht und Schaam zerrissen waren. Damals schrak die entartete Damenwelt der höheren Kreise ebenso wenig davor zurück, sich durch Anmeldung beim Aedilen unter die Zahl öffentlicher Dirnen einen Freibrief von den Unzuchtgesetzen zu erwirken, als die dem zarten Geschlecht vollkommen ebenbürtige männliche Jugend vor der Schande der Infamie, um sich dadurch den Zutritt zur Bühne zu erkaufen.[341] Aber selbst die gute alte Zeit ist von dem Vorwurf, das erste Beispiel zu einer solchen Versündigung gegeben zu haben, nicht frei zu sprechen, und die Jurisprudenz trägt daran ebenfalls einen Antheil der Schuld. Es ist dies ein für die ganze Weise der Römer und damit auch der römischen Juristen höchst bezeichnender Punkt. Ueber dem strengen Festhalten des juristischen Moments haben sie, ohne es zu wissen und wollen, das ethische preisgegeben. Die Benutzung der Ehe als bloßer Scheinehe für die Verfolgung gewisser legislativ nicht zu beanstandender Zwecke (§. 58) mochte immerhin vom einseitigen Standpunkt juristischer Technik sich noch sehr empfehlen, eine Jurisprudenz, die sich auf den höhern legislativ-politischen und ethischen Standpunkt gestellt hätte, würde nie ihre Zustimmung dazu gegeben haben, denn selbst in Anwendung auf erlaubte Zwecke enthält eine solche Verwendung der Ehe als bloßer Form eine Versündigung gegen ihr wahres Wesen und zugleich das Signal, sich

---

340) Hier ist natürlich nicht an die in jure cessio gedacht, bei welcher der Zweck ja ein erlaubter und der Obrigkeit bekannter war, sondern an solche Fälle, wo dies nicht der Fall war z. B. Anstellung einer act. famosa zu dem Zweck, daß der Beklagte infam und dadurch von gewissen Beschränkungen frei werde. Sueton. Tiber. c. 35: quo minus in opera scenae arenaeque edenda senatusconsulto tenerentur, famosi judicii notam sponte subibant; Anstellung des judicium liberale, damit der Freigelassene die Rechte des Freigebornen erhalte, L. 1, 5 de coll. deteg. (40. 16), Suet. Aug. c. 74: asserto in ingenuitatem.

341) Ueber beides das Citat der vorigen Note von Sueton.

ihrer auch zu andern, minder beifallswürdigen Zwecken zu bedienen, kurz sie schlechthin als ein gleichgültiges Mittel zum Zweck zu betrachten. Das ist überhaupt die dunkle Kehrseite jener einseitig juristischen Lebensauffassung, welche die Römer kennzeichnet und in der Technik der Juristen nur ihren höchsten Gipfelpunkt erreicht, daß sie, indem sie die vorhandenen Verhältnisse rein vom Standpunkt ihrer juristischen Brauchbarkeit erfaßt, sie als bloßen Apparat für beliebige Zwecke verwendet, zu jener Gleichgültigkeit gegen das wahre Wesen der Dinge, jenem formalistischen Nihilismus geführt hat, der schon früh einen Charakterzug des römischen Volkes bildet. Die Römer haben die Scheingeschäfte nicht umsonst gehabt!

Das römische Leben soll diese Anklage selber begründen, und zwar durch die Art, wie es die Familienverhältnisse behandelt hat.

Es ist bezeichnend, daß jener Mißbrauch derselben, den ich hier im Auge habe, schon in eine Zeit hinaufreicht, wo dieselben im übrigen noch in voller, ungeschwächter Kraft bestanden. Schon Licinius Stolo war es, der, um dem von ihm selbst beantragten Gesetz zu entgehen, seine Kinder emancipirte und dafür vom Volk bestraft ward (II. 453). Schon Publius Scipio klagte als Censor darüber, daß die Adoption benutzt werde, um sich der Vortheile, die der Besitz der Kinder gewähre, zu versichern,[342] und Scheinadoptionen und Scheinverkäufe der Kinder ins Mancipium dienten im sechsten Jahrhundert den Mitgliedern der latinischen Gemeinden als allbetretener Weg, um das römische Bürgerrecht zu erlangen.[343] Auch die Eingehung simulirter Ehen, um den Nachtheilen

345) Gell. V. 19.

343) Liv. 41, 8, dazu Adolf Schmidt, Rektoratsprogramm, Freiburg 1856. Wer Nachkommenschaft daheim ließ, konnte nach Rom ziehen und römischer Bürger werden. Wer Kinder besaß, mancipirte sie vor seiner Uebersiedlung irgend einem Römer und ließ sie daheim; letzterer ließ sie sodann frei, und da sie dadurch römische Bürger wurden, hatte die Gemeinde ihren Anspruch an sie verloren. Wer keine Kinder besaß, fand für weniges irgend einen Proletarier, der sich von ihm lediglich zu dem Zwecke adoptiren ließ, um als „Kind" zurückgelassen zu werden.

der Ehelosigkeit zu entgehen, muß offenbar schon in alter Zeit häufig genug gewesen sein, denn der dagegen berechnete, von den Censoren auferlegte Eid, daß die Ehe in ernstlicher Absicht geschlossen sei,[344] kann jedenfalls nicht in dem zu diesem Verdacht so wenig Anlaß bietenden Fall des Carvilius Ruga zuerst zur Anwendung gelangt sein. Auch die strenge Untersuchung, die man bei der Arrogation anstellte, um einer mißbräuchlichen Anwendung zu steuern, so wie der dabei zu leistende, von Q. Mucius schwerlich erst erfundene sondern nur besser formulirte Eid[345] weist darauf hin, daß rücksichtlich dieses Aktes eine solche Gefahr früh bestanden haben muß, und die ausgeprägte Gestalt, in der die Arrogation in dem bekannten Fall des Clodius als gewohnheitsrechtlich anerkannte Form zum Zweck des Uebertritts der Patricier zur Plebs zur Anwendung gelangt (§. 58), berechtigt zu dem Schluß, daß wenigstens diese Verwendung der Arrogation zu einem ihr völlig fremden Zweck im Leben bereits lange vorher Statt gefunden haben muß.

Das Uebel, das diese Erscheinungen schon so früh zu Tage rief, saß tief, es lag in der rechtlichen Organisation der römischen Familienverhältnisse selber. Indem dieselben über Gebühr mit vermögensrechtlichen und persönlichen Folgen ausgestattet waren, beschworen sie selber die Gefahr des Mißbrauchs herauf. Wer kann es dem Vater verdenken, daß er seinen Sohn emancipirt,[346] wenn dies der einzige Weg ist, damit letzterer die ihm deferirte mütterliche Erbschaft selber erwerbe, nicht den Gläubigern des Vaters oder dem Fiscus? Wer wird es nicht billigen, daß eine Frau den Wunsch hegt, ihren Nachlaß statt den reichen Agnaten lieber ihren bedürftigen Cognaten zuzuwenden? Das Recht selber öffnete ihr dafür keinen andern Weg, als den einer Scheinehe (§. 58).

---

344) Liberorum quaerendorum gratia se uxorem habiturum, Gell. IV. 3; oder die Frage: ex animi tui sententia, Cic. de orat. II. 64, Gell. IV. 20. Savigny, Vermischte Schriften I. S. 84 fl. Bestrafung der Scheinehe, Val. Max. VII. 7, 4.

345) Gell. V. 19.

346) L. 26 de jure fisci (49. 14).

Der Grund, warum in unserm heutigen Leben Emancipationen, Arrogationen und Adoptionen eine so große Seltenheit bilden, während sie in Rom zur Tagesordnung gehörten, liegt lediglich darin, daß unsere heutige Organisation der Familienverhältnisse eine gesundere geworden, und daß selbst das sekundäre Interesse derselben für eine Reihe sonstiger Verhältnisse hinweggefallen ist.[347]) Ich wüßte nicht, was man heutzutage Großes durch sie erreichen könnte, das nicht auch auf anderm Wege zu erzielen wäre.

Der so eben geschilderte Krebsschaden der römischen Familie ward zur vollsten Blüthe gebracht durch ein Gesetz, welches gerade die Bestimmung hatte, ihr neue Kraft einzuflößen: die lex Julia und Papia Poppaea. Indem dies Gesetz, ganz im Styl des Polizeistaates des vorigen Jahrhunderts, vermögensrechtliche Belohnungen und Strafen in Anwendung brachte, um auf die Eingehung von Ehen und die Fruchtbarkeit der Gatten hinzuwirken, vermehrte es damit nur das Gewicht der äußern Zwecke und Rücksichten, die schon bis dahin sich wie ein Bleigewicht an die Familie geheftet und die sittliche Spontaneität ihrer Bewegung gelähmt hatten. Es ist hier nicht der Ort, die tiefe Unsittlichkeit dieses Gesetzes, das selbst der Wittwe und der geschiedenen Frau nicht schonte,[348]) Greise und Greisinnen in die Ehe trieb[349]) und das Leben manches wider Willen erzeugten Kindes[350]) und manchen Ehebruch[351]) auf

---

347) z. B. für die in der spätern Kaiserzeit so übliche Confiscation. Den Kindern, selbst den Adoptivkindern, ward dabei ein Theil des väterlichen Vermögens gelassen; Grund genug, um bei drohender Confiscation durch Scheinadoptionen einen Theil des Vermögens in Sicherheit zu bringen, L. 7 §. 2 de bonis damn. (48. 20). Ferner für das Erbrecht; wen man nicht zum Erben einsetzen konnte, den konnte man möglicherweise adoptiren und ihm auf diese Weise die Erbschaft zuwenden. Für die Befreiung von Communallasten: L. 15 §. 2, 3 ad Munic. (50. 1).

348) Ulp. XIV.

349) Ulp. XVI. 1, durch das SC. Persicianum und Claudianum allerdings modificirt, §. 3, 4 daselbst.

350) arg. Ulp. XV. 2 XVI. 1a . . si tres (liberos) post nominum diem amiserint.

351) Oder ein ähnliches Vergehen der Frau bald nach dem Tode des

dem Gewissen haben mag, näher zu kennzeichnen, aber die römische Natur hätte sich völlig verläugnen müssen, wenn sie nicht bei einem so empfindlichen Eingriff allen Scharfsinn aufgeboten hätte, um dem Gesetz zu entgehen. Kaum war es erlassen, als Augustus, der Urheber desselben, bereits Veranlassung hatte, einige der eingeschlagenen Schleichwege zu verbieten.[352] Ehescheidungen und Scheinehen waren die reiche Frucht der von ihm gesäeten Saat,[353] und die Künste, die man in den Testamenten aufbot, um den widerwärtigen Beschränkungen letztwilliger Erwerbsfähigkeit zu entgehen, waren unerschöpflich; selbst die Juristen nahmen keinen Anstand, die Caducitätsbestimmungen so viel wie möglich zu vereiteln.[354]

Am meisten scheint sich die Abneigung und der Widerstand des Volks und die in deren Dienste thätige Kunst der Umgehung gegen drei Arten von Beschränkungen gerichtet zu haben: die der Zinsen, der letztwilligen Verfügungen und der Freilassung der Sklaven. Ich greife das zweitgenannte Beispiel zur näheren Ausführung heraus.

Das ältere Erbrecht seit Einführung des Mancipationstestaments kannte für die letztwilligen Verfügungen keine weitere Beschränkung, als die sich aus dem Erforderniß der Erbfähigkeit der honorirten Person ergab. Bedacht werden konnten nur solche Personen, die das commercium hatten, also keine Peregrinen. Die erste positive Beschränkung, welche die Gesetzgebung hinzufügte, hatte die Höhe der Legate zum Gegenstand, und es erschienen darüber bekanntlich drei Gesetze mit wechselnden Bestimmungen: die lex Furia, Voconia, Falcidia. Es ist eine auffallende Er-

Mannes, arg. si post mortem viri intra decem menses uxor ex eo peperit, Ulp. l. c.

352) Sueton. Aug. c. 34: Cumque etiam immaturitate sponsarum et matrimoniorum crebra mutatione vim legis eludi sentiret etc.

353) L. 30 de R. N. (23. 2) Gajus ad legem Juliam et Papiam: simulatae nuptiae nullius momenti sunt.

354) L. un. pr. Cod. de cad. toll. (6. 51) . . (legis Papiae) invidiosum vigorem, qui et ipsis prudentissimis viris displicuit, multas invenientibus vias, per quas caducum non fieret.

scheinung, daß während die beiden erstern in ganz vorsichtiger Weise neben dem Legat auch das „mortis causa capere“ mit nannten,[355] die lex Falcidia sich dessen entschlug und lediglich das Legat erwähnte.[356] Damit war, man möchte fast glauben mit Absicht, eine Hinterthür geöffnet. Wer sich dem Gesetz entziehen wollte, brauchte die Zuwendung nur in die Form einer mortis causa donatio einzukleiden oder die gewünschte Leistung zur Bedingung der Erbeseinsetzung zu machen (Note 145); beides war kein Legat, fiel also nicht unter das Gesetz. Dasselbe galt von den Fideicommissen. Daß man bei der Erhebung derselben zur Klagbarkeit es versäumte, die lex Falcidia auf sie zu übertragen, war eine Unterlassung, — ob absichtliche oder unabsichtliche, bleibe dahin gestellt — welche den praktischen Fortbestand des Gesetzes so gut wie in Frage stellte und aus dem Grunde sehr bald nachher unschädlich gemacht werden mußte.

Ungleich unbequemer und drückender, als diese objective Schranke der Testirfreiheit, waren die subjectiven, welche die lex Voconia hinsichtlich der Weiber, die lex Junia Norbana rücksichtlich einer gewissen Classe der Freigelassenen, vor allem aber die oben erwähnte lex Julia und Papia Poppaea hinsichtlich der Kinderlosen und Ehelosen zog, und diese subjectiven Schranken, zu denen sich noch die rücksichtlich der Peregrinen aus dem ältern Recht hinzugesellte, waren es vornehmlich, gegen welche man Jahrhunderte hindurch alle Kunst und Schlauheit aufbot. Eine Menge erbrechtlicher Institute, Begriffe und Rechtssätze verdanken diesem Bestreben und dem ihm von Seiten der Gesetzgebung und der Jurisprudenz entgegengesetzten Widerstand ihren Ursprung. Meinem obigen Vorsatz getreu verzichte ich darauf, den Kampf bis in seine Einzelnheiten zu verfolgen, insbesondere also nachzuweisen, wie die Gesetzgebung und die Jurisprudenz den Angreifer aus einer Position nach der andern verdrängte. Es möge genügen,

---

355) Gaj. II. 224, 226.

356) Gaj. II. 227 und L. 1 pr. ad leg. Falc. (35. 2).

einfach die hauptsächlichsten Mittel zu bezeichnen, deren man sich zu dem angegebenen Zweck bediente. 357)

1. Die Fideicommisse. Als das historische Motiv des Aufkommens der Singularfideicommisse führt Gajus 358) ausdrücklich die Erbunfähigkeit der Peregrinen an. Die ersten Fälle des Universalfideicommisses, von denen wir meines Wissens Kunde haben, betrafen die durch die lex Voconia beschränkte Erbfähigkeit der Frauenzimmer. 359) Daran reihten sich seit der lex Julia und Papia Poppaea die Fideicommisse an Kinderlose und Ehelose. Seitdem derartige Fideicommisse untersagt, beziehungsweise ganz oder zum Theil dem Aerar oder dem Fiscus 360) zugesprochen worden waren, schlug man andere Wege ein, wozu der des Fideicommissum tacitum gehörte, d. h. man entzog dasselbe der Kunde der Obrigkeit, indem man es nicht im Testament selber anordnete, sondern der onerirten Person im Geheimen das Versprechen oder den Eid abnahm, es auszahlen zu wollen, ein Versprechen, das allerdings gleich den Fideicommissen in alter Zeit ganz von der Zuverlässigkeit und Treue des Subjects abhing, gleichwohl aber, wie sie, in den meisten Fällen seinen Zweck erreichte. 361) Diese fideicommissa tacita machten der Gesetzgebung viel zu schaffen. 361a)

2. Benutzung der Bedingung für den angegebenen Zweck. Die Erbeseinsetzung oder das Legat wird an die Bedingung geknüpft, daß die bedachte Person die gewünschte Leistung

---

357) Daß dieselben nicht auch andern Zwecken dienen konnten, soll damit ebenso wenig behauptet werden, als daß es zu dem obigen Zwecke nicht noch andere gegeben habe.

358) Gaj. II. 285 . . et fere haec fuit origo fideicommissorum.

359) Cic. de finib. II. 17, 18.

360) Gaj. II. 285—286a.

361) Ulp. XXIV. 17. L. 103 de leg. I. L. 10 pr. L. 23 de his quae ut (34. 9), L. 3 pr. §. 3 L. 40 de J. F. (49. 14).

361a) S. z. B. noch Nov. 89 c. 12 §. 1 und §. 3.

vornehme,[362]) verspreche oder lediglich angelobe,[363]) oder es wird ihr ein Straflegat (legatum poenae nomine relictum) an eine fähige Person auferlegt für den Fall, daß dieselbe unterbleibe. Eine solche Anordnung fiel nicht unter den Gesichtspunkt eines Vermächtnisses, es war keine directe, sondern eine indirecte Zuwendung; der Bedachte, welcher ihr nachkam, that es lediglich, um die Bedingung zu erfüllen (conditionis implendae causa datum).

3. Einkleidung in die Form der Schuld, entweder im Testament selber (legatum debiti)[364]) oder mittelst einer auf den Tod des Promittenten ausgestellten Stipulation.[365])

4. Niederlegung der Sache oder Summe bei einer zuverlässigen Mittelsperson mit der Bestimmung, sie nach dem Tode des Gebers der gewünschten Person einzuhändigen,[366]) oder An-

362) Conditio dandi, L. 36 de m. c. don. (39. 6).

363) Letzteres ist die conditio jurisjurandi, auf deren praktisches Motiv zuerst Huschke (Zeitschr. f. Civilr. u. Proc. B. 14 Nr. 12) aufmerksam gemacht hat.

364) L. 27 de prob. (23. 3), L. 37 §. 6 de leg. III. Val. Max. VIII. 2, 2 . . expensa ferre sibi passus est, eo consilio, ut si decessisset, ab heredibus eam summam peteret, quam legati genus esse voluit, libidinosam liberalitatem debiti nomine colorando. L. 45 i. f. Cod. de episc. (1. 3) . . simulata quaedam obligatio sub specie mutui.

365) Gaj. III. 100. Die Fassung: post mortem tuam dari spondes? war bis auf Justinian (§. 13 I. de inut. stip. 3. 20) ungültig, die Fassung: cum morieris gültig. Worauf beruhte dies? Gajus sagt: inelegans esse visum est, ex heredis persona incipere obligationem. Aber über diese Ineleganz wäre man wohl hinweggekommen, nicht aber über die praktische Erwägung, daß die erste Form das Mittel dargeboten hätte, eine Erbschaftsschuld nach dem Tode des Testators d. i. nach dem Moment, welcher für die Bestimmung der Höhe des Nachlasses der entscheidende ist, zur Entstehung zu bringen. Dadurch wäre der Erbe bei der Berechnung der Quarta Falcidia den Legataren gegenüber verkürzt worden, während dies bei der zweiten Formel, welche die Schuld juristisch noch bei Lebzeiten des Testators ins Leben rief, nicht der Fall war. Jene Formel war also einer von den Schleichwegen zum Zweck der Umgehung der lex Falcidia, sie hieß: mein Erbe soll diese Schuld unter den Passiven der Erbschaft nicht in Anrechnung bringen.

366) L. 18 §. 2 de m. c. don. (39. 6). L. 26 pr. Depos. (16. 3).

weisung zur Auszahlung im gleichen Fall an den Schuldner, zu mehrerer Sicherheit verstärkt durch Zuziehung des Assignatars als correus stipulandi.[367])

5. Einsetzung der Sklaven.[368]) Der Erfolg derselben bestimmte sich allerdings nach der Capacität des Herrn, allein letzterer sorgte dafür, daß er ihn zeitig in die Hände eines Fähigen brachte.

Wir haben alle Ursache anzunehmen, daß die Art, wie man den Zinsbeschränkungen zu entgehen suchte, ein würdiges Seitenstück zu den obigen Verhältnissen darbot.[369]) Ich habe mir die Frage aufgeworfen, ob die Art, wie man hier und in den übrigen Fällen verfuhr, sich nicht auf eine gewisse Methode zurückführen lasse, ob nicht gewisse Kunstgriffe und Manipulationen sich überall wiederholen, und in der That gibt es deren wenigstens zwei. Der eine bestand darin, daß man bei eigener Unfähigkeit die Handlung durch eine fähige Person vornehmen ließ.[370]) Die alten Wuchergesetze galten nur für römische Bürger, nicht für Bundesgenossen: um ihnen zu entgehen, schob der Gläubiger zwischen sich und den Schuldner einen Bundesgenossen als Scheinanleiher und Scheindarleiher ein. (Note 369.) Einem jungen Manne unter 20 Jahren war durch die lex Aelia Sentia die Freilassung seiner Sklaven nur aus besonderen Gründen verstattet; wo sie fehlten,

---

367) L. 108 de solut. (46. 3). Verschiedene andere Fälle im Titel de m. c. donat. (39. 6).

368) L. 82 de acq. her. (29. 2).

369) S. die Aeußerung von Tacitus in Note 339 und die von Livius 35, 7 berichtete sofort im Text mitzutheilende Probe.

370) „Persona subjecta", L. 2 §. 1 de adm. rer. (50. 8) Quod quis suo nomine exercere prohibetur, id nec per subjectam personam agere debet; auch „interposita", L. 45 Cod. de episc. (1. 3), L. 10 Cod. de distr. pign. (8. 28): per suppositam imaginarii emptoris personam. Viele andere Beweisstellen in meiner Abh. in meinen Jahrbüchern II. S. 72, 73. Ein bekanntes Beispiel einer solchen persona subjecta, nur in Anwendung auf einen andern Zweck, liefert die fiduciarische Eigenthumsübertragung „cum amico, quod tutius nostrae res apud eum essent" Gaj. II. 60, beispielsweise zu dem Zweck, um eine in Aussicht stehende Confiscation zu vereiteln.

mancipirte er den Sklaven einem Andern, der das nöthige Alter hatte und den Akt vornahm.[371] Wer wegen der lex Voconia seine Tochter nicht zum Erben einsetzen konnte, setzte einen zuverlässigen Freund ein und trug ihm die Herausgabe der Erbschaft in Form des Universalfideicommisses auf. Freilassung einer unfreien Person durch einen römischen Bürger verschaffte ihr das Bürgerrecht; um letzteres zu gewinnen, ließ man sich einem römischen Bürger als Sklaven verkaufen und sodann durch ihn freilassen,[372] ein Schleichweg, oder richtiger: zeitweilig eine Heerstraße, auf der Tausende von Latinern in das römische Bürgerrecht drangen. (Note 343.)

Den zweiten der obigen Kunstgriffe, mit dem ersten theilweise, doch nicht durchweg zusammenfallend, bildet das simulirte Geschäft, bei dem die handelnden Partheien darüber einig sind, daß der Akt, den sie äußerlich vornehmen, keine ernstliche Bedeutung für sie haben soll. Um dem Verbot der Schenkung unter Ehegatten zu entgehen, führten die Ehegatten eine Scheidung auf,[373] der, wenn die Schenkung vollzogen, nach einiger Zeit wiederum die Versöhnung folgte, oder kleideten die Schenkung in die Form eines Kaufcontractes. Manche dieser simulirten Geschäfte erlangten gewohnheitsrechtliche Gültigkeit und gingen damit in die Kategorie derjenigen Rechtsformen über, die wir im folgenden Paragraphen betrachten wollen: der Scheingeschäfte.

Die Mittel, deren sich die Gesetzgebung diesen Schleichwegen gegenüber bediente, waren nach den Umständen verschieden. Sie bestanden:

1. in dem Verbot der Umgehung, sei es in allgemeiner

---

371) L. 7 §. 1 Qui et a quibus (40. 9), L. 4 de serv. exp. (18. 7). Ebenso, um den Bestimmungen der lex Furia Caninia und lex Aelia Sentia über letztwillige Freilassungen zu entgehen, L. 27 §. 1 Mand. (17. 1) . . ut post mortem meam manumitteres.

372) Petron. Sat. 57: ipse me dedi in servitutem et malui civis Romanus esse, quam tributarius.

373) L. 64 de don. i. V. (24. 1).

Fassung, wie es manche Gesetze der spätern Zeit ausdrücklich aussprachen, [374] sei es mittelst specieller Abschneidung bestimmter einzelner bereits in Uebung gekommener oder leicht vorauszusehender Auswege, — eine Maßregel, zu der die Gesetzgebung sich nicht selten selbst bei solchen Gesetzen, welche mit jener Clausel versehen waren, hinterher noch genöthigt fand. [375]

2. in der Abnahme eines auf die ernstliche Absicht gerichteten Eides Seitens der Obrigkeit. [376]

3. in der Androhung einer Strafe, deren Erfolg vielfach dadurch gesichert ward, daß sie dem Angeber ganz oder zum Theil als Prämie zugesichert ward. [377]

Daß übrigens die höchsten politischen und geistlichen Gewalten nicht selten selber sich auf ganz ähnlichen Schleichwegen betreten ließen, ist von mir bereits bei einer früheren Gelegenheit (I. 352) nachgewiesen worden, worauf hier einfach Bezug genommen werden möge. Die dort genannten Beispiele, welche noch den Zeiten der Republik angehörten, waren mehr harmloser Art, Nothlügen ohne schlechten Zweck; der Despotismus der Kaiser aber fügte Fälle

---

374) z. B. die lex Furia Caninia Gaj. I. 46.

275) z. B. bei dem oben genannten Gesetz, Gaj. ibid.: sunt etiam specialia SCta, quibus rescissa sunt ea, quae in fraudem ejus legis excogitata sunt. Einer der drolligsten Einfälle, um dem genannten Gesetz zu entgehen, welches bei einer Ueberschreitung der gesetzlichen Zahl der im Testament erlaubten Freilassungen die zuerst geschriebenen für gültig, die folgenden für ungültig erklärte, bestand darin, daß man die Freilassungen im Kreise schrieb („in circulo, ut qui prior, qui posterior nominatus sit, non possit agnosci" Gaj. Epit. I. 2 §. 2).

376) So bei der Ehe (Note 344), bei der Freilassung des Sklaven im Fall der Note 371, und der Arrogation (Note 344). S. auch Nov. 89 c. 12 §. 1 aut pejerant §. 3 quibusdam ad impietatem aut perjurium praeparatis. In manchen griechischen Rechten ward dieser Eid auch bei Verkäufen von Liegenschaften angewandt, Franz Hofmann, Beiträge zur Geschichte des griechischen und römischen Rechts. Wien 1870 S. 83.

377) So bei dem fideicommissum tacitum, dem Fideicommiß an Peregrinen, der lex Marcia de usuris reddendis (S. 116), der Collusion im Fall der L. 1 de coll. deteg. (40. 16).

hinzu, in denen sich die äußere Beobachtung des Gesetzes bei frevelhafter Verletzung seines Inhalts zu einem teuflischen Hohn gegen das Recht gestaltete.[377 a)]

3. Die künstlichen Mittel.

Die Constructionshandlungen. — Die Scheingeschäfte. — Die coemptio fiduciae causa. — Theorie der Scheingeschäfte. — Dogmatische Selbständigkeit derselben. — Adoption zum Zweck der transitio ad plebem und adoptio regia. — Die Fictionen.

LVIII. Wir kehren jetzt zur römischen Jurisprudenz zurück, um den zweiten Theil der oben (S. 240) bezeichneten Aufgabe zu lösen, nämlich die künstlichen Mittel, die sie im Interesse der juristischen Oekonomie in Anwendung gebracht hat, einer Prüfung zu unterwerfen.

Dieselben lassen sich auf drei Classen zurückführen, von denen ich die beiden letzten mit bekannten, die erste aber nur mit einem selbsterfundenen Namen bezeichnen kann: die Constructionshandlungen, die Scheingeschäfte und die Fictionen.

Mit dem erstgenannten Mittel hatte es folgende Bewandniß. Im Fortgang der Rechtsentwickelung kommt es nicht selten vor, daß die Gesetzgebung sich genöthigt sieht, gewisse rechtliche Wirkungen, deren Hervorbringung bisher rein Sache des freien Beliebens der Partheien war, diesem Belieben zu entziehen und an das bloße

---

377a) So z. B. Sueton. Tiber. c. 61 . . immaturae puellae, quia more tradito nefas esset virgines strangulari, vitiatae prius a carnifice, deinde strangulatae, was namentlich bei den Christenverfolgungen oft zur Anwendung gebracht ward. Ein Seitenstück berichtet Casaubonus zu dieser Stelle: Similis religio triumviros incessit, cum proscriptionis tempore praetextatum quendam, ut posset occidi, jusserunt induere togam virilem, ut narrant Appianus et Dio. In ähnlicher Weise erhob man im 15. Jahrhundert in Florenz Bürgerliche, welche gewisse schwere Verbrechen begangen hatten, in den Stand der Magnaten, um die in den „Ordnungen der Gerechtigkeit" den Magnaten angedrohten schweren Strafen auf sie anwenden zu können. Carl Hegel in der Note 307 angeführten Schrift S. 23.

Dasein irgend eines Umstandes oder Verhältnisses zu knüpfen. Gewiß würde kein heutiger Gesetzgeber Anstand nehmen, die Neuerung, die er damit materiell einführt, auch formell als solche zum Ausdruck zu bringen d. h. einfach den Satz auszusprechen: das, was bisher nur auf dem Wege des freien Handelns der Partheien zu erzielen war, tritt jetzt von selbst, ipso jure ein, es bedarf mithin der Handlung nicht mehr. Ganz anders die Römer. Sie suchen die Neuerung formell dem bestehenden Recht anzuschließen, indem sie die bisherige Regel, daß jene Wirkung nur in dem Handeln der Person ihren Grund habe, beibehalten, dagegen aber die Person zwingen, diese Handlung vorzunehmen. In Wirklichkeit ist hier das bisherige Abhängigkeitsverhältniß der betreffenden Rechtswirkung vom Willen des Subjects aufgehoben, aber der Form nach ist es gerettet — die Wirkung tritt nach wie vor nur ein, wenn das Subject sie will, aber freilich es ist dafür gesorgt, daß das Subject sie wollen muß. Solche Handlungen nun, die lediglich im Interesse der juristischen Construction, um den bisherigen Rechtsmechanismus beizubehalten, erzwungen und vorgenommen werden, nenne ich Constructionshandlungen — es ist rein das Interesse der juristischen Construction, dem sie ihre fernere Beibehaltung verdanken, im Grunde sind sie bloße Scheinhandlungen. Das römische Recht kennt dieselben in großer Menge; es werden einige Beispiele zur Veranschaulichung des Verhältnisses genügen.

Das SC. Pegasianum zwang den mit einem Universalfideicommiß belasteten Erben bei grundloser Weigerung zur Antretung und Restitution der Erbschaft — ein reiner Scheinakt, der nicht die geringsten Wirkungen für ihn hatte, weder vortheilhafte, noch nachtheilige. Der legislative Zweck, der jenem Senatsbeschluß vorschwebte, war Unabhängigkeit des Universalfideicommisses vom Belieben des bloß als Rechtsträger (S. 218) vorgeschobenen Erben. Für diesen Zweck wären verschiedene Formen denkbar gewesen, die einfachste und natürlichste wäre die gewesen, daß man die fideicommissarische Substitution im Fall grundloser Weigerung des Erben in Ergänzung des muthmaßlichen Willens des Erblassers in eine directe verwandelt, d. h. den Fideicommissar als eventuell eingesetzten Erben behandelt hätte. Die spätere römische Jurisprudenz würde vor dieser Behandlungsweise schwerlich zurückgeschreckt sein, wenigstens hat sie keinen Anstand genommen, die beiden Formen der Substitution in doppelter Weise mit einander zu vertauschen, eine ungültige directe Substitution als gültige fideicommissarische aufrecht zu erhalten und umgekehrt;[378]) allein zu der Zeit, in welche jenes Senatusconsult fiel, war die Jurisprudenz noch nicht bis zu dieser Freiheit der Auffassungsweise vorgeschritten. Als eine zweite der juristischen Technik der damaligen Zeit weniger widerstrebende Form hätte sich die gesetzliche Aufstellung der Fiction dargeboten, daß die grundlose Weigerung des Erben als Antretung und Restitution der Erbschaft angesehen werden solle. Wenn das Gesetz auch diese Form verschmähte und die oben angegebene wählte, so lag der Grund davon darin, daß dieser Weg sich in der That am engsten an das bisherige Recht anschloß, indem er an dem alten Satz, daß es der Antretung der Erbschaft bedürfe, um Erbe zu werden, nichts änderte.[379]) Daß der Erbe hier ein reiner Figurant war, ich möchte sagen: lediglich als Constructionsapparat verwandt ward, um die Gültigkeit des Universalfideicommisses zu retten, wird keiner Ausführung bedürfen.[379a])

---

378) Die fideicommissarische gegen die directe: L. 13 §. 4 L. 14 de test. mil. (29. 1), die directe gegen die fideicommissarische: L. 76 ad. SC. Treb. (36. 1), L. 15 de subst. (28. 6), L. 41 pr. de test. mil. (29. 1).

379) Im übrigen war dieser Weg freilich kein ganz glücklicher. Denn wie, wenn der Fiduciar vorher verstarb? wenn er im Ausland war? wenn er sich absichtlich nicht betreffen ließ? Die römische Jurisprudenz wußte sich hier nicht Raths, wenigstens dauerten die Zweifel bis auf Justinian (L. 7 §. 1 Cod. ad SC. Trebell. 6. 49) fort, und Ulpian sah, wie letzterer berichtet, in dieser Verlegenheit keinen andern Ausweg, als den einer gesetzlichen Bestimmung, die denn Justinian in der That in der angegebenen Stelle dahin traf, daß in diesen Fällen „ipso jure actiones utiles transferantur".

379a) Darum war es ganz consequent von Justinian, wenn er in der citirten L. 7 pr. auch den Curator eines Wahnsinnigen zur **Antretung** der **Erbschaft** verpflichtete, während derselbe sonst nur eine Bon. Poss. nachsuchen kann.

Die cautio rem pupilli salvam fore verpflichtete den Tutor und seine Bürgen für alle Ansprüche aus seiner „Geschäftsführung"; enthielt er sich derselben, so hafteten weder er, noch die Bürgen. Das war eine fühlbare Lücke. Heutzutage würden wir dieselbe einfach dadurch ausfüllen, daß wir an Stelle der „Geschäftsführung" die „Tutel" setzen, also das bestehende Recht ändern würden. Anders die Römer. Sie erhalten den Satz selber dadurch aufrecht, daß sie den Tutor zwingen, eine Administrationshandlung vorzunehmen.[380]

Derselbe Weg ist von der römischen Jurisprudenz in unzähligen andern Fällen eingeschlagen. Der obrigkeitliche Zwang zur Vornahme einer Handlung diente den Römern als eins der wirksamsten Mittel der juristischen Construction. Die Wendung: compellendus est a Praetore, a judice, die so oft in den Quellen wiederkehrt, ist überall der Ausdruck für ein der Freiheit des Subjects entzogenes Verhältniß, bei dem nur in Anschluß an das frühere Recht die bloße Form der Freiheit: das Handeln der Person äußerlich beibehalten wird. Seitdem man angefangen hatte, den Geschlechtsvormund in gewissen Fällen zur Ertheilung seiner Auctoritas zu zwingen, hatte man dies Erforderniß in Wirklichkeit umgangen, und es war daher ganz zutreffend, wenn Gajus eine derartige Auctoritas für einen reinen Scheinakt erklärte.[381] Man hätte ebenso gut den Satz aussprechen können: für die und die Geschäfte sind die Frauenzimmer fortan von der Tutel befreit; daß man es nicht that, charakterisirt eben die eigenthümliche Weise der römischen Technik im Gegensatz zu unserer heutigen.

Es wäre eine dankenswerthe Aufgabe, an der Hand dieses Gedankens alle Verhältnisse des öffentlichen und Privatrechts einer Durchsicht zu unterziehen, an reicher Ausbeute würde es nicht

---

380) L. 4 §. 3 Rem pup. (46. 6) . . compellendus igitur erit ad administrationem propterea, ut stipulatione quoque ista possit teneri.

381) Gaj. I. 190 . . in quibusdam causis dicis gratia tutor interponit auctoritatem suam, saepe etiam invitus auctor fieri a praetore cogitur.

fehlen.[382] Für meine Zwecke genügt es, wenn ich den Gedanken selber und dessen Bedeutung für unsern gegenwärtigen Gesichtspunkt in das richtige Licht gesetzt habe. Daß das Mittel ein künstliches war, daß mit dem gegen die Personen gerichteten Zwange auch den Rechtsbegriffen Zwang geschah, wird aus dem Bisherigen erhellen. In den meisten Fällen waren die erzwungenen Handlungen von den Scheingeschäften, denen wir uns jetzt zuwenden, wenig verschieden.

Den Scheingeschäften haben wir bei einer frühern Gelegenheit (II. 512 fl.) unsere Aufmerksamkeit zugewandt, der dort angelegte Gesichtspunkt des Formalismus war jedoch keineswegs ausreichend, um die Bedeutung, die ihnen für die Entwicklungsgeschichte des römischen Rechts zukommt, zu erschöpfen. An gegenwärtiger Stelle betrachten wir sie vom Standpunkt der juristischen Technik aus als Mittel für die Zwecke der juristischen Oekonomie. Von den dort genannten zwei Arten der Scheingeschäfte: den originären und residuären scheiden daher die letztern, als jeglicher technischer Bedeutung bar, von unserer Betrachtung aus; sie sind nichts als abgestorbene Stücke des früheren Rechts, denen nur die historische Vis inertiä ein äußerliches Scheindasein gefristet hat. Der Ausdruck: Scheingeschäft bezieht sich daher im Folgenden lediglich auf die erstgenannte Art.

---

382) So z. B. im öffentlichen Recht: die lex Maenia über die Ertheilung der auctoritas patrum — ein würdiges Seitenstück zu der obigen auctoritas des Tutor — der Zwang zur Abdication des Magistrats; im Proceß: die Klage mit Vorbehalt der Compensation (S. 79: cogitur, jubetur), der Verzicht auf die dem Kläger sonst noch zuständige, auf denselben Zweck gerichtete Klage (Vorläufer der exc. doli bei der Concurrenz der Klagen), L. 9 pr. de novat. (46. 2), L. 10 §. 1 de pact. (2. 14) Vorbehalt zukünftiger Ansprüche im Proceß (S. 249), Theilung der Klage Gaj. III. 122, Zwang des Procurators L. 8 §. 3 seq. de proc. (3. 3); im Familienrecht: Aufhebung der manus bei der Ehescheidung. Gaj. I. 137[a]. Consens zur Ehe der Kinder L. 19 de R. N. (23. 2), der Fall der L. 9 §. 1 de J. D. (23. 3); im Obligationenrecht Cessionszwang (Vorläufer der act. utilis, L. 1 §. 13 de tut. et rat. 27. 3, L. 57 de leg. I. 30) und unzählige andere Fälle.

Das Scheingeschäft in diesem engern Sinne hat eine große Aehnlichkeit mit gewissen Scheinhandlungen des gewöhnlichen Lebens, die ich früher mit dem Ausdruck: simulirte Geschäfte bezeichnet habe.[383] Bei beiden ist der vorgenannte Akt ein reiner Scheinakt, dem die innere Absicht nicht entspricht, aber die Scheingeschäfte sind Rechtsformen, wie alle andern, nur mit eigenthümlich zugeschnittener Form, die simulirten Geschäfte hingegen sind einzelne Handlungen, jene gehören dem Rechte an, haben eine abstracte, diese lediglich eine concrete Existenz. Ein fernerer Unterschied ist der, daß jedes simulirte Geschäft eine Täuschung beabsichtigt. Die wahre Gestalt des Geschäfts soll den Blicken Dritter oder der Obrigkeit entzogen werden, zu dem Ende hängt man ihm ein falsches Gewand um, z. B. der Schenkung das des Kaufs. Der Zweck dieser Täuschung kann in der Verhüllung eines rechtswidrigen Handelns bestehen, er kann aber auch lediglich dahin gehen, ein durchaus erlaubtes Geschäft vor der unberufenen Neugierde unbetheiligter Dritter sicher zu stellen. Auf eine solche Verschleierung ist es bei dem Scheingeschäft durchaus nicht abgesehen. Jeder weiß, was es bedeutet, auch die Obrigkeit, wo sie, wie z. B. bei der römischen in jure cessio, ihre Hand dazu bietet. Der Zweck des Scheingeschäfts ist rein technischer Art: Erreichung eines vom Recht selber gebilligten Zweckes durch eine etwas gewaltsame Anwendung der vorhandenen Mittel, — die Scheingeschäfte waren juristische Nothlügen. Allerdings mögen manche derselben aus ursprünglich simulirten Geschäften des Lebens hervorgegangen sein, wie ja auch das Gewohnheitsrecht sich auf Grundlage einzelner Handlungen bildet. Als zuerst eine Frau auf die Idee kam, eine Scheinehe einzugehen, um einen der Zwecke zu erzielen, zu denen die coemptio fiduciae causa diente (s. u.), war

---

383) Bei der sachlichen Verschiedenheit beider sind auch verschiedene Namen nöthig — ein Bedürfniß, das die Römer freilich nicht gefühlt haben, indem sie für beide dieselben Ausdrücke: imaginarius (bei Liv. 40, 8: imagines juris), simulatus, fictus, dicis causa u. a. benutzen, s. das Material bei Dirksen Manuale latinitatis etc. unter den genannten Worten.

dies ein simulirtes Geschäft;[383a] als die Einschlagung dieses Weges allgemein geworden und gewohnheitsrechtliche Sanction erhalten hatte, war es ein Scheingeschäft. Aber durch diese historische Berührung beider, die sich übrigens auch nicht bei allen wiederholt, wird ihr begrifflicher Unterschied eben so wenig alterirt, als dadurch, daß manche Gewohnheit im Laufe der Zeit zu einem Gewohnheitsrechte führt, der Unterschied zwischen diesen beiden Begriffen. Praktisch äußerte sich diese Verschiedenheit daran, daß ein simulirtes Geschäft, wenn es von einer der Partheien angefochten ward, vom Richter für nichtig erklärt werden mußte, während das Scheingeschäft vermöge der gewohnheitsrechtlichen Sanction, die es erhalten hatte, unanfechtbar war.

Der Verlauf unseres Werkes hat uns bereits mannigfache Beispiele der Scheingeschäfte und damit einen Theil des Materials geliefert, dessen wir für die folgende Untersuchung benöthigen. Dahin gehören: die mancipatio (II. 512 fl.), selbst in Anwendung auf ihren ursprünglichen Anwendungskreis: die res mancipi, ein Scheingeschäft, in Anwendung auf das Testament aber ein Scheingeschäft in zweiter Potenz (daselbst 517); die Hingabe des Hauskindes ins Mancipium zur Vorbereitung der Emancipation und Adoption (das. 174); die in jure cessio (das. 534 fl.) und die sponsio praejudicialis (das. 514 Note 685). Außerdem verdienen noch genannt zu werden das nexum und die nexi liberatio, d. i. die Begründung und Aufhebung einer Geldschuld durch eine solenne, vor 5 Zeugen und dem Libripens vorgenom-

---

383a) Wenn Karlowa, Die Formen der römischen Ehe und Manus, Bonn 1868 S. 89 diese Bezeichnung nicht zutreffend findet, in dem obigen Fall vielmehr das von mir (II. 512) constatirte Verhältniß eines ethischen Mißbrauchs eines Rechtsinstituts erblicken will, so kann ich meinerseits mich unmöglich zu der Annahme verstehen, daß eine römische Frau in einem solchen Fall geneigt gewesen sein dürfte, ihrem Gatten in partibus infidelium die Rechte eines wirklichen Ehemannes zuzugestehen, bin vielmehr der Ueberzeugung, daß beide Theile im voraus darüber einverstanden waren, daß hier nur eine bloße Comödie gespielt werden sollte.

mene Scheinzahlung,[384] die coemptio fiduciae causa und zwei problematische Fälle der Scheinadoption. Die Betrachtung der letztern setze ich aus, bis uns die folgende Untersuchung einen sichern Maßstab für die Beurtheilung ihrer Scheingeschäftsnatur verschafft hat, dagegen schalte ich die coemptio fiduciae causa, gerade um diesen Zweck zu fördern, an dieser Stelle ein.

Dieselbe ist sicherlich eins der jüngsten Scheingeschäfte, denn die Zwecke, deretwegen die Frauenwelt Roms sich ihrer bediente: Befreiung von den sacris, Wechsel des Geschlechtsvormundes und Erlangung der Testirbefugniß weisen unverkennbar einerseits auf die Zeiten des Verfalls der religiösen Einrichtungen und andererseits auf die Periode der socialen Emancipation des weiblichen Geschlechts hin. Das Geschäft bestand aus drei Akten: 1. der coemptio fiduciae causa, wornach das ganze Geschäft seinen Namen hatte, d. h. Eingehung einer Manus-Ehe in der gewöhnlichen Form der coemptio, mit der Nebenberedung der Remancipation, — 2. der remancipatio fiduciae causa, d. h. dem Verkauf der Frau ins Mancipium mit der Nebenberedung der Freilassung — und 3. dieser Freilassung selber.

Mit obigen drei Zwecken, und zwar zunächst mit dem ersten, der Befreiung von den sacris, hat es folgende Bewandniß.[385] Die Ehefrau übertrug, indem sie in die Manus des Mannes trat, auf ihn ihre sacra, die bei letzterem auch dann verblieben, wenn die Frau in Folge einer capitis deminutio aus diesem Verhältniß schied, mit seinem Tode aber, wir wissen nicht, ob unter oder auf die Erben übergingen. Jedenfalls war ersteres dann der Fall, wenn der Nachlaß keinen Erben fand. Damit war in der Zeit der Frivolität, als man die sacra nur noch unter dem Gesichtspunkt einer Last betrachtete, den Frauenzimmern der Weg ge-

384) Gelegentlich bereits berührt, II. 527, 608; bei der Geschichte des römischen Obligationsbegriffs werde ich auf sie zurückkommen.

385) Cic. pro Murena 12. Savigny über die jurist. Behandlung der sacra privata in Verm. Schriften I. S. 180 fl. (erster Abdruck: Zeitschr. f. gesch. R. W. II. S. 387 fl.).

wiesen, wie sie sich mit verhältnißmäßig geringen Unkosten von dieser Last Zeit Lebens befreien konnten. Sie gewannen als Coemptionator einen alten Knaben, der schon mit einem Fuß im Grabe stand, und dem sie außer der Vergütung für diesen Dienst die nöthigen Mittel zur Bestreitung der sacra bis zu seinem Lebensende vorstreckten, oder der wohl gar wegen notorischer Armuth oder Gebrechlichkeit die Erfüllung dieser Verpflichtung einfach von sich abzulehnen im Stande war. Am billigsten kam die Frau dazu, wenn sie sich auf dem Sklavenmarkt im eigentlichen Sinne des Wortes einen solchen Lastträger kaufte; sie ließ ihn frei und führte mit ihm als ihrem Freigelassenen, dem sie keine guten Worte und kein Geld zu geben hatte,[386] die obige Farce auf. Ein Todeskandidat, wie sie ihn nöthig hatte, war für wenig Geld zu haben, die Verwendung für diese Rolle eines »senex coemptionalis« war die einzige, für die er noch zu gebrauchen war. Niemand machte der Frau Concurrenz.[387]

---

386) Das civile Seitenstück zu diesem sacralen Lastträger ist der von seinem Herrn in der Absicht, um nach seinem Tode auf ihn den Schimpf des Concurses abzuladen, zum Erben eingesetzte eigene oder zu dem Zweck ebenfalls erst gekaufte Sklave. Gaj. II. 154.

387) In dieser Weise vereinigen sich meiner Ansicht nach die „senes ad coemptiones faciendas reperti" bei Cic. pro Murena 12 mit den als Sklaven gedachten „senes coemptionales" bei Cic. ad fam. VII. 29 und Plaut. Bacch. IV. 9, 52 — eine Vereinigung, deren Möglichkeit Savigny a. a. O. S. 181 schwerlich vorgeschwebt haben wird, als er den Gedanken, beide Arten von senes auf denselben Zweck zu beziehen, so entschieden verwarf. Die „senes coemptionales" sollen „alte unbrauchbare" Sklaven gewesen sein, die man „in größerer Anzahl" gekauft oder sie bei dem Kauf eines jungen mit in den Kauf gegeben habe. Es wird nicht nöthig sein, das Unhaltbare dieser mit einer völlig unerfindlichen Bedeutung von „coemptionalis" (co — emere = zusammen kaufen) operirenden Erklärung nachzuweisen, es genüge die einfache Frage: wozu hätte Jemand solche Invaliden in größerer Anzahl kaufen sollen? Etwa um ein Spital anzulegen, sie bis an ihr seliges Ende zu füttern und begraben zu lassen? Die einzige Brauchbarkeit und damit der einzige Handelswerth, den solche decrepite Individuen denkbarer Weise haben konnten, war der als senes coemptionales in dem von mir im Text entwickelten Sinn. Die diesen senes von Manchen beigelegte symbolische Be-

Die Geschlechtsvormundschaft der Agnaten hatte bekanntlich den ausgesprochenen Zweck, dieselben zu Wächtern über das Vermögen der Frau zu bestellen, und dadurch ihnen das Mittel zu gewähren, ihre eventuellen Erbansprüche selber zu sichern. Eine solche Einrichtung, die der Frau im Wesentlichen die Stellung einer Nießbraucherin anwies, hatte für die Auffassung der alten Zeit nichts Widerstrebendes, mit den freien Ideen der spätern Zeit vertrug sie sich nicht. Die Form, in der letztere ihre Opposition dagegen praktisch bethätigte und die endliche Aufhebung des Instituts unter Claudius vorbereitete, war die von Cicero[388]) als eine Erfindung der Juristen bezeichnete Coemptio zum Zweck des Wechsels der Tutel.[389]) Die Anlage derselben beruhte darauf, daß durch die mit der coemptio verbundene capitis deminutio die legitima tutela der Agnaten unterging, und daß der, welcher eine eines Tutors bedürftige Person aus dem Mancipium freiließ, als Quasipatron ihr Vormund ward. Die stillschweigende Voraussetzung ihrer Wirksamkeit war die nöthigenfalls durch Zwang zu realisirende Verpflichtung der Agnaten zur Ertheilung der Auctoritas bei einer Manusehe ihrer Pflegbefohlenen.[390]) Ohne diese Voraussetzung würde das Mittel, um an Stelle des unbequemen

---

deutung (um die mangelnde Ernstlichkeit der Ehe anzudeuten) verträgt sich als accessorischer Zweck sehr wohl damit.

388) Cic. pro Mur. 12 . . hi invenerunt genera tutorum, qui potestate mulierum continerentur.

389) Rudorff Das Recht der Vormundschaft B. 1 S. 231—234.

390) Ob schon nach älterem Recht, darüber s. II. 178. Die coemptio testamenti faciendi gratia macht ganz dieselbe Voraussetzung nöthig. Welcher Agnat würde freiwillig seine Zustimmung zu einem Akt ertheilt haben, dessen ausgesprochener Zweck es war, ihn seines Intestaterbrechts zu berauben? Zu den Fällen, wo nach Gaj. I. 190 der Geschlechtstutor saepe etiam invitus auctor fieri a praetore cogitur, wird auch die coemptio fiduciae causa gehört haben. — Eine abweichende Ansicht ist jetzt von Karlowa a. a. O. S. 102 fl. aufgestellt, allein gerade der „plötzliche schneidende Eingriff der lex Claudia", den seine Auffassung genöthigt ist anzunehmen, hat mich zu der meinigen geführt, welche diese Maßregel allmählig im Leben sich vorbereiten läßt, s. Note 392, 393.

Agnaten einen gefügigen andern Vormund zu erhalten, nur dann zum Ziel geführt haben, wenn jener selber damit einverstanden gewesen wäre, für diesen Fall aber gab es eine einfachere Form: die in jure cessio der tutela legitima.[391] Der Hergang war ganz der oben beschriebene, die einzige Abweichung bestand darin, daß der Nachdruck des Geschäfts hier nicht auf der Person des Coemptionators, sondern auf der des Dritten ruhte, welcher die Frau freilassen und dadurch ihr Vormund werden sollte. Daß die Frau sich zu dieser Rolle eine solche Persönlichkeit aussuchte, deren sie sich in allen Dingen versichert halten konnte, bedarf ebensowenig der Bemerkung, als daß schon die bloße Androhung jenes Aktes ausreichen konnte, um einen starrsinnigen Agnaten geschmeidiger zu machen oder ihn zur Cession der Tutel an die von der Frau gewünschte Person zu bestimmen.

Der Nachlaß einer Frau, die in ihrer ursprünglichen oder der angeheiratheten Familie verblieben war, fiel ihren Verwandten zu und konnte ihnen durch Testament nicht entzogen werden, selbst dann nicht, als mit dem Aufkommen des testamentum per aes et libram das formelle Hinderniß, das dem Testament der Frau bis dahin entgegengestanden hatte, beseitigt worden war. Dieselbe Rücksicht aber, welche dieser Beschränkung und zugleich der Geschlechtsvormundschaft der Agnaten zu Grunde lag: die Erhaltung des Vermögens im Mannsstamm, brachte es mit sich, einer Frau, die durch capitis deminutio aus dem Verbande ihrer Familie geschieden und sui juris geworden war, umgekehrt das Recht der Testamentserrichtung einzuräumen, um ihr dadurch das Mittel zu gewähren, ihren Nachlaß an ihre ursprünglichen Verwandten zurückzubringen. An diesen Satz: daß eine derartige capitis deminutio der Frau das Recht der Testamentserrichtung verschaffe, knüpfte man an, als man auch jene dem weiblichen Geschlecht gezogene Schranke beseitigen wollte. Es kam darauf an, die Frau in ein Scheinmancipium zu bringen, um damit die Freilassung der-

391) Ulp. XI. 6—8.

selben zu ermöglichen. Da aber eine gewaltfreie Person weder sich selber ins Mancipium geben, noch auch durch ihre Tutoren hineingebracht werden konnte, so bedurfte es zu dem Ende des Durchganges durch eins der Gewaltverhältnisse, mit denen das Recht des Verkaufs ins Mancipium verbunden war, die manus oder die väterliche Gewalt, und da wiederum eine Arrogation von Frauenzimmern, ganz abgesehen von der Form ihrer Vornahme, aus sachlichen Gründen ausgeschlossen war, indem die Frau den Familiennamen nicht fortpflanzen konnte, so blieb die manus, d. i. die Scheinehe, allein übrig. Mittelst dieser Benutzung eines den Interessen der Verwandten ursprünglich eher günstigen als nachtheiligen Satzes zu dem gerade entgegengesetzten Zweck war der Erbrechtszwang derselben nach dem, was oben über die Nothwendigkeit der Ertheilung der tutoris auctoritas gesagt ist, praktisch so gut wie beseitigt. Es begreift sich, daß die Agnatentutel, nachdem sie ihren ganzen Werth als Sicherungsmittel des agnatischen Erbrechts eingebüßt hatte, schließlich durch Claudius gänzlich aufgehoben ward;[392] ein Senatusconsult unter Hadrian that dasselbe rücksichtlich der coemptio testamenti faciendi gratia.[393]

Ueber den historischen Ursprung der Scheingeschäfte ist neuerdings eine Ansicht[394] aufgestellt, die ich nicht für richtig halte. Das Scheingeschäft soll gleich der Fiction zuerst auf dem Gebiete des religiösen Cultus und geistlichen Rechts aufgetaucht und von dort auf das des profanen Rechts übertragen sein. Die dafür beigebrachten positiven Zeugnisse beweisen lediglich, was wir bereits wußten und was von Niemanden mehr als von mir betont worden ist (I. 352, II. 383), nämlich daß, so wie die ganze Methode der Behandlung, so auch die Scheingeschäfte und Fictionen

---

392) Gaj. I. 171.

393) Gaj. I. 115a.

394) Demelius Die Rechtsfiction in ihrer geschichtlichen und dogmatischen Bedeutung. Weimar 1858. §. 1—4. Der Verf. stellt zwar seine Ansicht nur für die Fictionen auf, die Beispiele aber, mit denen er sie belegt, sind größtentheils Scheingeschäfte.

sich auf beiden Gebieten wiederholten, in keiner Weise aber, daß dieselben auf einem der beiden Gebiete früher zum Vorschein gekommen seien, als auf dem andern. Allgemeine Gründe unterstützen das angenommene Prioritätsverhältniß so wenig, daß sie eher für das Gegentheil sprechen würden. Beide, die Scheingeschäfte wie die Fictionen, sind die einer gewissen Culturepoche eigenthümlichen Formen des Fortschritts. Niemand aber wird doch wohl darüber in Zweifel sein, daß das profane Recht dem Fortschritt[395] ungleich zugänglicher war, als das geistliche, daß also, wenn eins von beiden zuerst die Formen ausgebildet haben soll, in denen er Statt fand, dies nur das profane Recht gewesen sein kann. Es gilt von dieser Ansicht ganz dasselbe, was ich früher (II. 640 fl.) von einer ganz verwandten gesagt habe, die den Ursprung der Legisactionen in dieselbe Region versetzt; beide begehen den Fehler, daß sie für eine Erscheinung von allgemein culturhistorischer Nothwendigkeit noch eine äußere, nur für Rom zutreffende Erklärung für nöthig halten. Die Scheingeschäfte und Fictionen sind ebensowenig wie die starren Formeln des Processes etwas dem römischen Rechte Eigenthümliches, sie wiederholen sich auf einer gewissen Culturstufe überall, wofür insbesondere die Geschichte des englischen Rechts die lehrreichsten Beispiele liefert; mit Zurücklegung derselben sterben sie mehr und mehr ab und verlieren sich endlich völlig.

Diese Wahrnehmung muß die Ueberzeugung in uns hervorrufen, daß nicht die Frage nach dem Ursprung, der äußern historischen Entstehung, sondern die nach dem Grunde der Scheingeschäfte die eigentlich entscheidende ist. Mögen immerhin manche

395) Dirksen, Versuche zur Kritik und Auslegung S. 7: „Nicht genug daß sich die Formeln des geistlichen Rechts vor allen andern Formularen am längsten in ihrer alterthümlichen Gestalt und Bedeutung erhalten und am wenigsten eine spätere Beimischung von fremdartigem Stoff zu erdulden gehabt hatten; dieselben scheinen auch in ihrer ersten Begründung so wie bei fortschreitender Entwicklung nicht eben dem Einfluß äußerer Umstände ausgesetzt

derselben der Absicht der Umgehung unbequemer Gesetze ihren Ursprung verdanken, also aus ursprünglich simulirten Geschäften des Lebens hervorgegangen sein, die sich erst auf dem langsamen Wege gewohnheitsrechtlicher Bildung zum Range rechtlich anerkannter Geschäftsformen erhoben, andere sofort als solche von der Jurisprudenz ins Leben gerufen worden sein, darauf kommt Nichts an. In beiden Fällen wirft sich gleichmäßig die Frage auf, was die Jurisprudenz zur Billigung oder Wahl so seltsamer Formen veranlassen konnte. Von dem von uns gewonnenen Standpunkt aus kann die Antwort auf diese Frage nicht zweifelhaft sein. Die Scheingeschäfte waren nur eins der vielen Mittel, welche die römischen Juristen anwandten, um neu auftauchende Bedürfnisse des Lebens mit den vorhandenen Mitteln zu befriedigen. Der Vorwurf, den Cicero, der sich auch diesen bequemen Stoff, die Jurisprudenz vor dem großen Haufen herabzusetzen, nicht entgehen ließ — der Vorwurf also, den Cicero den Juristen macht: sie hätten mittelst der Scheingeschäfte das ältere Recht fraudulöser Weise umgangen,[395a]) wird keiner ernstlichen Widerlegung bedürfen, zum Ueberfluß verweise ich auf das, was ich bereits früher (II. Note 636) dagegen bemerkt habe.

Der einzige Punkt, der uns zu einem genaueren Eingehen Veranlassung bietet, ist der praktische Mechanismus des Scheingeschäfts.

Ich habe früher die „künstlichen Mittel" der juristischen Oekonomie als solche bezeichnet, bei denen dem Rechtsbegriff Gewalt angethan, bei denen er in widernatürlicher Weise gespannt werde. Bei dem Scheingeschäft besteht diese Spannung darin, daß dasselbe, um gewisse Wirkungen, auf die es abgesehen ist, zu erzielen, ein anderes Geschäft oder Verhältniß, in welchem dieselben als einzelne Momente des gesammten Inhalts, sei es als Zweck, oder als bloße Folge und gar als Strafe enthalten sind, in der Weise

395a) Cic. pro Murena 12. Dieser Vorwurf reiht sich dem Urtheil Cicero's über das Formelwesen, die Wortinterpretation (II. Note 610 u. 612) und die Fictionen (s. u.) würdig an.

verwendet, daß es lediglich diese einzelne Wirkung herausgreift, die übrigen aber fallen läßt. Es ist derselbe Kunstgriff, den wir bereits bei so manchen der im §. 57 genannten Fälle haben kennen lernen.

An die Ehe hatte die lex Julia und Papia Poppaea gewisse Vortheile geknüpft. Um dieser einen Wirkung theilhaftig zu werden, ging man eine Ehe ein, bei der beide Theile sich darüber verständigten, daß alle übrigen Wirkungen ausgeschlossen sein sollten. In derselben Weise verfährt die coemptio fiduciae causa. Wie weit jene Möglichkeit der Auslösung einer einzelnen Wirkung gerade bei ihr reichte, beweist am besten der Umstand, daß die drei Zwecke, für welche sie verwandt ward, als drei verschiedene Anwendungsfälle oder Arten derselben bezeichnet werden, woraus hervorgeht, daß jeder derselben selbständig ohne die andern erreicht werden konnte. Eine Frau mochte den Wunsch hegen, einen andern Geschlechtsvormund zu erhalten oder ein Testament zu errichten, aber sie war keineswegs gewillt, ihre sacra aufzugeben. Wären nothwendigerweise sämmtliche Wirkungen der coemptio eingetreten, so hätte sie das eine ohne das andere gar nicht gekonnt. Das Recht legte ihr kein Hinderniß in den Weg.

Der Richter, der über einen bedingten Anspruch ein Urtheil fällt, erkennt damit zugleich über die Existenz der Bedingung. Diesen letztern Punkt greift die sponsio praejudicialis heraus, um in Form des bedingten Geldversprechens gewisse Fragen indirect zur richterlichen Beurtheilung zu bringen. Die Wirkung des Urtheils beschränkt sich auf Feststellung dieser Fragen, der directe Inhalt desselben: die Verurtheilung auf die versprochene Summe erlangt keine Rechtskraft.

Dem ältesten Recht war die Entlassung der Kinder aus der väterlichen Gewalt fremd. Nur wenn der Vater den Sohn drei Mal, Tochter und Enkel ein Mal ins Mancipium gegeben hatte, sollten sie für immer frei von ihm werden — eine Bestimmung, die offenbar als Strafe, jedenfalls als eine nachtheilige, vom Vater nichts weniger als gewünschte Folge gemeint war. Diese Folge ergreift die Emancipation als Zweck, indem sie, um die Befreiung des Kindes zu vermitteln, das Kind durch das Mancipium hindurchführt. Von den Wirkungen des Manciμiums sollte aber bloß die eine: die damit verknüpfte Möglichkeit der Freilassung eintreten; der Fiduciar, der das Kind zu Dienstleistungen hätte zwingen wollen, würde ebensowenig rechtlichen Schutz gefunden haben, als der Sieger bei der sponsio praejudicialis, wenn er die versprochene Summe hätte einklagen wollen. In einer andern Richtung war freilich diese Isolirungsidee bei der Emancipation weniger verwerthet, als in den beiden obigen Fällen, insbesondere bei der coemptio fiduciae causa. Während bei letzterer die Frau, um die eine der drei Wirkungen zu erzielen, nicht nöthig hatte, die beiden andern mit in den Kauf zu nehmen, traten bei der Emancipation sämmtliche Wirkungen ein, selbst wenn sie über die Absicht der Partheien weit hinausgingen, wie dies regelmäßig mit dem Verlust des civilen Erbrechts der Fall gewesen sein mag. Eine Emancipation lediglich für einen speciellen Zweck nach Art der coemptio fiduciae causa gab es nicht. Was mag Ursache gewesen sein, daß erstere hinter letzterer so weit zurückgeblieben ist? Ist es der Umstand, daß letztere aus einer Zeit stammt, wo man die Scheingeschäfte bereits mit größerer Freiheit behandelte? Mehr Wahrscheinlichkeit hat mir ein anderer Grund. Wer durch die Emancipation dem Kinde bloß die selbständige Stellung eines homo sui juris einräumen wollte, ohne dasselbe seines Erbrechts zu berauben, hatte im Testament das Mittel in Händen, das durch die capitis deminutio verloren gegangene Intestaterbrecht in anderer Form wieder zu gewähren. In Ergänzung des muthmaßlichen Willens des Vaters gab, wenn die Benutzung dieses Mittels versäumt war, später der Prätor dem emancipirten Kinde eine Bonorum Possessio, die also der Unbeholfenheit der Emancipation, wenn ich so sagen darf, nachhalf, indem sie letztere auf diejenige Wirkung beschränkte, die in den bei weitem meisten Fällen die allein beabsichtigte war: die Verleihung der Stellung des pater familias.

Die Spannung bei der Emancipation äußerte sich daher nicht

sowohl in ihren Wirkungen, als in der Art, wie dieselben erzielt wurden: in der Erfassung einer Strafe als Zweck und der Verwendung des Mancipiums lediglich zur Erzeugung einer einzelnen Wirkung. Dasselbe wiederholt sich bei einigen andern Scheingeschäften. Die mancipatio, das nexum, die in jure cessio erzeugten ganz dieselben Wirkungen, wie der ernstliche Kauf, das ernstliche Darlehn, das Urtheil im Vindicationsproceß. Das, worin jene Nachbildungen hinter dem Original zurückblieben, lag hier lediglich in der Art, wie die Wirkungen herbeigeführt wurden, darin nämlich, daß man den Mangel der wirklichen Voraussetzungen auf künstlichem Wege durch Scheinzahlung und Scheinproceß ergänzte. Alle Scheingeschäfte, mögen sie nun an den Wirkungen oder Voraussetzungen kürzen, kommen mithin darin überein, daß bei ihnen etwas fehlt, was dem vorbildlichen Geschäft wesentlich ist, daß sie nicht sowohl eine Anwendung, als vielmehr eine bloße, mitunter höchst äußerliche Anknüpfung an dasselbe enthalten.

Diesen Gesichtspunkt darf man bei der Beurtheilung der Scheingeschäfte nie aus den Augen lassen. In welchem Maße er ihren Urhebern selber vorgeschwebt hat, davon hat zwar die bisherige Entwicklung bereits manche Zeugnisse beigebracht,[396]) allein ich darf es nicht unterlassen, diesen Punkt in ein noch helleres Licht zu setzen.

Ich fasse meine Ansicht in den Satz zusammen: Das Scheingeschäft ist mit dem originären historisch, nicht dogmatisch verbunden. Es ist aus letzterem hervorgegangen, aber nicht wie ein Zweig, der dauernd mit dem Stamm zusammenhängt, sondern wie der Schößling, der selbständiges Dasein gewonnen hat. Oder minder bildlich gesprochen: die Theorie des originären Geschäfts ist nicht die des Scheingeschäfts, letzteres hat seine eigene, die von jener nicht selten in den wesentlichsten Punkten abweicht und darum auch durch die Veränderungen, die mit jener vor sich gehen, nicht

396) S. auch II. 520.

betroffen wird.[397] Der praktische Werth des Scheingeschäfts beruhte auf der Freiheit, mit der die Juristen die Rechtssätze des originären dem Scheingeschäft adaptirten, sie änderten und ausschlossen, kurz auf seiner dogmatischen Unabhängigkeit und Selbständigkeit. Möglich, daß diese Eigenschaft für manche Scheingeschäfte erst nach und nach gewonnen ward, aber nicht minder gewiß, daß andere sie von vornherein mit zur Welt brachten. Das testamentum per aes et libram war ein von der mancipatio abgezweigtes Scheingeschäft. Die mancipatio gewährte ein unwiderrufliches Recht. Wer möchte glauben, daß dieser Satz jemals beim Mancipationstestament zur Anwendung gelangt sei? Damit wäre dasselbe seiner ganzen Brauchbarkeit beraubt worden, es hätte aufgehört zu sein, was es von jeher war: ein Testament, und wäre in eine unwiderrufliche letztwillige Verfügung, einen Erbvertrag übergegangen. Bei der wirklichen coemptio fiel dem Manne das ganze Vermögen der Frau zu, und umgekehrt beerbte sie ihn, wenn er starb. Wie ungeschickt wäre es gewesen, wenn man beide Sätze auf die coemptio fiduciae causa hätte übertragen wollen! Daß es nicht geschehen ist, wird uns ausdrücklich bezeugt.[398] Das Urtheil erzeugte nur Wirkungen unter den Partheien, so auch das Urtheil im Vindicationsproceß. Die in jure cessio dagegen reichte weiter, sie wirkte absolut, in einem speciellen Fall: bei der tutela legitima mulierum aber blieb sie umgekehrt hinter der vindicatio zurück, ihre Wirkung erlosch mit dem Tode und der capitis deminutio des Cedenten.[399] Eine Vindication der Erbschaft war erst nach der Antretung möglich, eine in jure cessio derselben nur vor der Antretung und auch dies nur bei der hereditas legitima.

---

397) Ob z. B. der ernstliche Verkauf der Frau ins Mancipium schon früh untersagt ward, relevirte nichts für den Scheinverkauf.

398) Ersteres: Gaj. II. 98: sive quam in manum ut uxorem receperimus; letzteres: Gaj. I. 115b. 118.

399) Ulp. XI. 7.

Doch genug der Belege für eine Behauptung, die Jedem, der von dem praktischen Takt der römischen Juristen eine Vorstellung hat, kaum eines Beweises bedürfen wird. So wenig wie sie sich bei der Interpretation der Gesetze blindlings dem Buchstaben gefangen gaben, unbekümmert um das praktische Resultat, das zu Tage kam (II. 444), so wenig bei dem Scheingeschäfte der leidigen Consequenz. Wo dieselbe zu Resultaten führte, die, obschon durch den Zweck des Scheingeschäfts nicht gerade geboten, doch mit demselben wenigstens nicht in Widerspruch traten, vergönnten sie ihr freien Spielraum; über diese Gränze hinaus versperrten sie ihr den Weg. Eben daß die Juristen dies thaten, daß sie die Theorie des Scheingeschäfts in der Weise gestalteten, wie sie dem Zweck desselben entsprach, daß es also nicht erst Sache der Partheien war, alle unbequemen Wirkungen, die das originäre Geschäft in seiner wirklichen Anwendung erzeugte, auf allerhand Umwegen zu beseitigen — eben dieser Umstand enthält in meinen Augen die eigentliche Signatur des Scheingeschäfts und damit zugleich das specifische Merkmal, welches die Scheingeschäfte des Rechts von den Schleichwegen des Lebens den simulirten Geschäften unterscheidet.[400] Th. Mommsen hat das Scheingeschäft als denatu-

400) Wenn Th. Mommsen Röm. Forschungen Aufl. 2 S. 408 die Behauptung aufstellt, daß die Partheien „in dem einen wie in dem andern Fall ganz unter denselben Rechtssatzungen gestanden hätten, aber bei den denaturirten Geschäften sich auf diesem oder jenem Wege denjenigen thatsächlichen Consequenzen entzogen hätten, um derentwillen jene Satzungen aufgestellt worden seien, oder daß beide Arten von Geschäften sich nicht durch die Verschiedenheit der Rechtsfolgen, sondern lediglich der thatsächlichen Folgen unterschieden hätten", so geht aus der Limitation, die er sofort hinzufügt: „daß bei denjenigen Scheinformen, die das Recht tolerirt und weiter entwickelt, allmählig auch die rechtlichen Consequenzen mehr oder minder alterirt worden seien", hervor, daß er der im Text entwickelten Auffassung nicht so fern steht, als es jenen Aeußerungen nach scheinen möchte. Auch L. Lange, der gerade am wenigsten Veranlassung gehabt hätte, diese Ansicht seines Gegners gelten zu lassen (s. unten), spricht von einer „principiellen Unterschiedslosigkeit des ernsthaften und des Scheingeschäfts" (S. 39, 40 der in der folgenden Note citirten Schrift).

rirtes bezeichnet, und ich halte diesen Ausdruck für einen ganz treffenden. Aber die Denaturation beruhte nicht darin, worein er sie setzt, nämlich daß nur die Partheien im einzelnen Fall das Geschäft verrenkt hätten — dies hätte die Natur, den Begriff des Geschäfts selber nicht weiter berührt — sondern darin, daß das Recht selber es that, m. a. W. daß eine neue Geschäftsform geschaffen ward.

Die bisherige Ausführung war, ganz abgesehen von dem Interesse, das sie an sich hat, auch zu dem Zweck nöthig, um ein Scheingeschäft, auf das man erst neuerdings aufmerksam geworden ist, dem aber von dem so eben genannten Gelehrten seine Legitimation als Scheingeschäft bestritten ist, unter die Zahl derselben aufnehmen zu können und damit einen werthvollen Beitrag für die oben entwickelte Theorie der Scheingeschäfte zu gewinnen. Dies ist die Verwendung der arrogatio als Form des Uebertritts eines Patriciers zu den Plebejern (transitio ad plebem).[401]

Der Sohn des Plebejers war wiederum Plebejer. Ein Patricier, der zur Plebs übertreten wollte, um damit die Fähigkeit zur Bekleidung des Tribunats zu erlangen, brauchte sich also zu dem Zweck nur von einem Plebejer arrogiren oder, wenn er Haussohn war, adoptiren zu lassen, was wenn auch schwerlich in ältester, doch jedenfalls schon in der guten Zeit der Republik möglich war.

---

401) So viel ich weiß, hat zuerst Becker, Röm. Alterth. II. S. 156 die Arrogation als den einzigen und ausschließlichen Weg der transitio ad plebem bezeichnet, ohne freilich diese Ansicht näher auszuführen und zu begründen. Letzteres ist erst geschehen von Ludwig Lange in einem Vortrag auf der Philologenversammlung in Meißen, abgedruckt in der Zeitschr. für österr. Gymnasien 1863 S. 861 fl., gegen den Th. Mommsen seine in seiner Abh. über die röm. Patriciergeschlechter (Rhein. Museum N. F. XVI. S. 358) geäußerte Ansicht, daß der Uebergang auf directem Wege durch detestatio sacrorum erfolgt sei, in einem Nachtrage zur zweiten Aufl. seiner röm. Forschungen S. 399—411 weiter zu begründen und die juristische Unmöglichkeit der Lange'schen Auffassung zu erweisen gesucht hat. Dagegen wiederum Lange in einer eigenen Schrift: Ueber die transitio ad plebem. Leipz. 1864 (kurz zusammengefaßt in dessen Röm. Alterth. B. 1. Aufl. 2. S. 122 fl.).

Eine sich daran reihende im Voraus verabredete Emancipation verschaffte ihm dann, wenn er es wünschte, die Stellung eines pater familias. Der Preis, den er für den gewünschten Zweck einzusetzen hatte, war freilich kein geringer: Verlust des Patriciats, der sacra, des Namens und des Erbrechts; dies brachte die Consequenz jener Vorgänge mit sich. Aber gerade in der Höhe dieses Preises lag die Nöthigung, eine bequemere Form ausfindig zu machen. Dies war entweder in der Weise möglich, daß man eine ganz neue, eigens für diesen Zweck berechnete Form erfand, oder in der Weise, daß man an jenen durch das vorhandene Recht ermöglichten Umweg anknüpfend denselben nur zweckmäßiger gestaltete. Wer der bisherigen Ausführung gefolgt ist, wird schwerlich darüber im Unklaren sein, welche von beiden Möglichkeiten der Weise der römischen Juristen mehr entsprach; angenommen daß sie sich aber dennoch für die erstere Alternative entschieden hätten, so wird es von vornherein als höchst unwahrscheinlich bezeichnet werden dürfen, daß jetzt noch Jemand auf die Idee hätte verfallen sollen, sich anstatt des ihm geöffneten directen Weges des unvollkommenen alten Umweges zu bedienen.

Bekanntlich wählte nun Clodius, als er des obigen Motivs wegen zur Plebs überzutreten beschloß, den letztern Weg; er ließ sich von einem Plebejer, dem Fontejus, arrogiren und sodann emancipiren. Ueber den Zweck dieses Schrittes konnte Niemand im Unklaren sein, ganz Rom kannte ihn und so auch die Pontifices, die dabei mitzuwirken hatten. Zum Ueberfluß, um die Nichternstlichkeit der Arrogation noch augenfälliger zu machen, war als Figurant ein Mann gewählt, jünger an Jahren, als der zu Arrogirende! Wenn nun gleichwohl die Pontifices ihre Beihülfe nicht versagten, so läßt das die doppelte Deutung zu: entweder die einer mit der Ernstlichkeit, mit der sie sonst die Bedingungen der Arrogation prüften, wenig in Einklang stehenden Connivenz bei einem, wie Mommsen selber ihn bezeichnet, „dem Wesen der Adoption widerstreitenden Willkühract" — einer Connivenz, die ihnen durch die Wahl eines Arrogators von etwas vorgerückterem Alter jedenfalls hätte erleichtert werden können —, oder aber die einer ihnen amtlich obliegenden Mitwirkung zu einem Scheingeschäft in unserm Sinn. Die Gründe, die für die letztere Deutung geltend gemacht worden sind, haben für mich ganz überzeugende Kraft. Clodius behielt seinen patricischen Namen bei und nahm nicht, wie es bei wirklichen Adoptionen üblich, den des Adoptivvaters an; ebenso verblieben ihm seine sacra und sein civiles Erbrecht[402] — alles ganz erklärlich bei der zweiten, unerklärlich bei der ersten Annahme. Wenn die Pontifices die Wirkung der den Uebertritt zur Plebs vermittelnden Scheinarrogation lediglich auf diesen ihren einzigen Zweck beschränkten und die übrigen Wirkungen, welche über ihn hinausgingen, fallen ließen, so verfuhren sie dabei nicht anders, als wie oben gezeigt, bei den meisten andern Scheingeschäften, und die arrogatio fiduciae causa zum Zweck der transitio ad plebem findet insbesondere an der coemptio fiduciae causa in ihrer oben beschriebenen Gestalt ein Seitenstück, das nichts zu wünschen übrig läßt, und das allein schon ausreicht, die Einwendungen, die vom Standpunkt der „römisch-juristischen Logik" aus gegen jene Ansicht erhoben sind, zu entkräften. Bei den Scheingeschäften bestand die Logik des römischen Rechts meiner Auffassung nach gerade darin, daß es die unbequeme Logik, das, was man nicht wollte, ausschloß, oder m. a. W. die Logik des Zwecks über die der Mittel setzte.

Von diesem Standpunkt aus erklärt es sich, warum in dem obigen Fall ein Mann, jünger an Jahren, als der zu Arrogirende, die Rolle des Adoptivvaters übernahm — es ließ sich kein besserer Protest gegen die Ernstlichkeit der Arrogation denken, als gerade dieser.[403] Bei der entgegengesetzten Ansicht hätte darin ein zweckloser Hohn gegen das Pontificalcollegium gelegen.

Zu diesem Schößling der Arrogation fügte die Kaiserzeit noch

402) Lange in der citirten Schrift S. 33—38, S. 42—48.

403) Lange a. a. O. S. 13. Eine Parallele findet er in der angeblich symbolischen Bedeutung der senes coemptionales (Note 387 a. E.).

einen andern, so viel ich weiß, bisher nicht beachteten hinzu: die Verwendung der Adoption als Form der Ernennung des Thronfolgers (adoptio regia). Unter den ersten Kaisern eine wirkliche Adoption, die dem Adoptirten ganz die Stellung eines Hauskindes anwies,[404] ward sie nach und nach eine reine Form für die angegebenen Zwecke, deren Unterschied von der ächten Adoption ein Zeugniß aus der Zeit Diocletians als einen ganz bekannten voraussetzt.[405] Daß es bei diesem Akt nicht auf einen Sohn im natürlich-sittlichen und juristischen Sinn abgesehen sei, ward bereits in früher Zeit von einigen der Kaiser selber betont,[406] und nachdem man sich daran gewöhnt hatte, den Akt in anderm Licht zu betrachten, kam man schwerlich mehr in Versuchung, die Consequenzen der gewöhnlichen Adoptionstheorie zu ziehen, das Vermögen des Thronfolgers dem Kaiser[407] und umgekehrt die Privaterbschaft des letzteren jenem zuzusprechen. Hadrian stellte dem Antoninus Pius bei seiner Adoption die Bedingung, daß er als seinen Nachfolger den Mark Aurel und als dessen, also als seinen Enkel, den Verus adoptire und diesem seine Tochter gebe. Ersteres geschah, gleichwohl aber wurden die beiden letztern im Leben als Brüder betrachtet (nach ihrem Tode die „Divi fratres"), ungeachtet juristisch genommen der eine der Vater des andern war.

---

404) Ihr entsprechend richtete z. B. Tiberius seit seiner Adoption durch Augustus seine ganze Handlungsweise ein. Sueton. Tiberius c. 15: nec quidquam postea pro patrefamilias egit etc.

405) Spartian. Aelius Verus c. 1 . . non testamento, ut antea solebat, neque eo modo, quo Trajanus est adoptatus, sed eo prope genere, quo nostris temporibus a vestra clementia Maximianus atque Constantius Caesares dicti sunt quasi quidam principum filii viri et designati augustae majestatis heredes.

406) So z. B. Galba bei Tac. I. 15: Augustus in domo successorem quaesivit, ego in re publica, Hadrian bei Spartian. c. 4: tu patrimonii tui, non reipublicae quaeris heredem.

407) Sonst hätte z. B. das Vermögen des Aelius Verus, der mit Zurücklassung eines Sohnes vor Hadrian starb, als Pekulium an letztern fallen müssen.

Verus erhielt statt der ihm von seinem Adoptiv-Urgroßvater Hadrian zugedachten Tochter seines Adoptiv-Großvaters Pius schließlich die Tochter seines Adoptivvaters oder Bruders Mark Aurel zur Braut, während dieser wiederum die Tochter seines eignen Adoptivvaters zur Frau nahm.[408]) Wer mag bei dieser Verkehrung der gewohnten Ordnung der Familie noch an wirkliche Familienverhältnisse denken! Es waren Verabredungen rein politischer Art, bei denen die Adoption nur den Namen hergab, um die Reihe der Regierungsnachfolger zu bestimmen, ohne daß man ihr auf die Privatverhältnisse weder einen hinderlichen noch förderlichen Einfluß eingeräumt hätte.[409]) Kurz es war ein neuer Begriff: die „adoptio regia",[410]) bei der daher auch die alten Formen, die früher noch beobachtet waren, bald andern Platz machten. Hadrian erfuhr seine Ernennung zum Nachfolger von Seiten des Trajan erst durch Uebersendung des Patents, als er in Spanien war.[411]) Ob wohl irgend einer der Juristen, wenn derselbe dort umgekommen wäre, daran gedacht haben würde, das Testament, das er vorher errichtet hatte, für hinfällig zu erklären und sein Vermögen als Pekulium dem Trajan zuzusprechen? Ich möchte es bezweifeln! Im dritten Jahrhundert fiel endlich selbst die formelle Anknüpfung an die Adoption hinweg. Die Ernennung erfolgte durch Patent, welches den

---

408) Spart. Hadrian. c. 22. Ael. Verus c. 6. Capitol. Verus c. 3. Ant. Phil. c. 5. Juristisch war allerdings die Adoption des Schwiegersohnes dadurch möglich zu machen, daß der Vater die Tochter vorher aus der Gewalt entließ. L. 17 §. 1 de R. N. (23. 2) (nicht entgegen L. 23 i. f. de adopt. 1. 7) — ein leeres Spiel mit den Familienverhältnissen, das von den im Text genannten Personen schwerlich aufgeführt worden ist. Mark Aurel war, als er den Verus adoptirte, 18 Jahre alt, wenige Jahre älter, als letzterer. Capit. Ant. Phil. c. 5. Capitol. Ant. Pius c. 7. . fratrem sibi participem in imperio designavit. . et quasi pater (ejus) esset et Verum eum appellavit addito Antonini nomine filiamque suam Lucillam fratri despondit. id. Ant. Philos. c. 5.

409) So hinterließ Ant. Pius sein Vermögen nicht seinem Adoptivsohn, sondern seiner natürlichen Tochter. Capitol. Pius c. 12.

410) So bezeichnet sie Capit. Ant. Phil. c. 5.

411) Spart. Hadr. c. 4.

Titel eines Caesar verlieh, und der Akt selber wird als Verleihung des caesarianum nomen bezeichnet.[412]

In dem so eben behandelten Fall besitzen wir, so viel mir bekannt, das späteste Scheingeschäft, das die Geschichte des römischen Rechts aufzuweisen hat. Die Technik der klassischen Zeit konnte derartiger künstlicher Mittel, mit denen die Jurisprudenz in ihrer Jugendzeit sich beholfen hatte, entrathen; die vorhandenen Scheingeschäfte erhielten sich noch zum Theil, aber von neu entstandenen thut die Geschichte uns keine Meldung mehr. — Die Periode der Scheingeschäfte war vorüber!

Die Fictionen haben sich in neuester Zeit einer regen Bearbeitung zu erfreuen gehabt,[413] es will mir aber scheinen, als ob man stellenweis ihre Bedeutung nicht wenig überschätzt habe,[414] und als ob bereits Savigny[415] mit wenig Worten das wahre Wesen derselben erschöpft habe. „Entsteht eine neue Rechtsform, sagt er, so wird dieselbe unmittelbar an eine alte, bestehende an-

---

412) So schon zur Zeit des Commodus. Capitol. Clod. Albinus c. 2: literas dederat, quibus jusserat ut Caesar esset . . . Alias ad te publice de successore atque honore dedi etc. Auf die Adoption wird hier nicht die leiseste Anspielung gemacht. Id. c. 3: donantem me Caesariano nomine.

413) Kuntze, Die Obligation und die Singularsuccession (1856) S. 87—90 S. 377 fl. Köppen, Die Erbschaft (1856) S. 6—9. Berger, Kritische Beiträge zur Theorie des österr. allgemeinen Privatrechts (1856) S. 71—95. Demelius, Die Rechtsfiction (1858). — Der letztgenannte Schriftsteller hat gegen die im Text folgende Darstellung, welche zum Theil gegen ihn gerichtet war, in der Münchener Krit. Vierteljahrsschrift X. S. 354 fl. allerhand Ausstellungen erhoben, denen ich dadurch vollkommen gerecht geworden zu sein glaube, daß ich den Ort bezeichnet habe, wo der Leser sie finden kann.

414) S. z. B. Kuntze, der „in diesem wundersamen Reich der Fictionen ein dämonisches Walten" wahrnimmt. Auch Berger sucht meines Erachtens zu viel hinter ihnen.

415) Beruf unserer Zeit für Gesetzgebung und Rechtswissenschaft. Aufl. 3 S. 32.

geknüpft, und ihr so die Bestimmtheit und Ausbildung derselben zugewendet. Dieses ist der Begriff der Fiction, für die Entwicklung des römischen Rechts höchst wichtig und von den Neuern oft lächerlich verkannt."

Zu dieser „lächerlichen Verkennung" bietet die Fiction allerdings eine gewisse Versuchung dar. Sie ist eine von den Erscheinungen der juristischen Technik, mittelst deren man die römische Jurisprudenz vor Unkundigen leicht persifliren kann, und Cicero, den wir schon so oft auf derselben Fährte betroffen haben, hat auch diesen Stoff zu verwerthen gesucht.[416]) Wie läppisch, kann man sagen: ein rechtliches Hinderniß, dessen man nicht Herr werden kann, einfach hinwegzufingiren, den nachtheiligen Einfluß einer Emancipation zu beseitigen, indem man sie selber für nicht geschehen erklärt, die Tochter des Patrons zum Sohne, den Nichtbürger zum Bürger zu machen und sogar die keusche Diana, um ihr die an den Besitz des jus liberorum geknüpfte Erbfähigkeit zuzuwenden, mit Kindern zu beschenken.[417]) Wie freilich Juristen durch diese barocke Form der Fiction sich täuschen lassen konnten, ist schwer zu begreifen, und doch bietet die Literargeschichte ein eclatantes Beispiel an einem der namhaftesten Juristen des vorigen Jahrhunderts.[418])

Und doch ist die Sache so außerordentlich einfach. Man möge mir erlauben, sie durch ein Beispiel des heutigen Lebens zu veranschaulichen. Eine Eisenbahnverwaltung, eine Steuerbehörde hat Formulare drucken lassen, in denen aus Versehen oder, weil der Artikel damals noch nicht bekannt war, eine Columne oder

416) In Verrem II. 2, 12: Judicia hujusmodi: qui cives Romani erant, si Siculi essent, quum Siculos eorum legibus dari oporteret; qui Siculi, si cives Romani essent — die bekannte Fiction der Civität, die wir jetzt auch aus Gaj. IV. 37 kennen.

417) Ueber die Beispiele im Text s. Gaj. III. 26 IV. 28. Dio Cassius c. 55 i. i. Note 416. u. 425.

418) Heineccius Antiq. jur. Rom. I. 2 §. 24. Historia jur. Rom. I. 3 §. 70. Sein Gegner in dem Streit über den Charakter des prätorischen Rechts: Richey (bez. Korte) traf mit einem Worte den Nagel auf den Kopf, indem er die Fictionen „interpretationes extensivas" nannte.

Rubrik für einen inzwischen current gewordenen Artikel fehlt. Um nicht die sämmtlichen Formulare umdrucken zu lassen, bestimmt sie, daß der Artikel unter eine der vorhandenen Columnen untergebracht werden solle, daß Braunkohlen z. B. als Steinkohlen gelten sollen. Was hat der römische Prätor anders gethan, wenn er bei Ausdehnung der Klagen auf neue Verhältnisse die alten Formulare unverändert beibehielt und nur für den Richter den Vermerk hinzufügte: er solle das neue Verhältniß ganz so behandeln, als ob es unter die Kategorie des alten fiele? Es war in der That nichts als eine eigenthümliche Form der analogen Ausdehnung des Gesetzes (Note 418).

Diesen und keinen andern Zweck hat diese Fiction. Sie soll den Prätor oder die Theorie der Mühe, diese Formulirung der Klage oder des Begriffs entsprechend zu verändern, überheben. „Nur ein Erbe kann die hereditatis petitio anstellen" lautete der Satz des alten Rechts. Aber das Bedürfniß drängte später dahin, auch andern Personen, z. B. dem Käufer der Concursmasse, dem Bonorum Possessor die Klage zuzugestehen. In Folge davon hätte nicht bloß die alte auf den heres oder die hereditas lautende Fassung der Klage, sondern auch die Formulirung der obigen Regel geändert werden müssen. Letzteres war aber kein Leichtes, es hieß an Stelle des bekannten, geläufigen Begriffs der hereditas einen neuen allgemeinern: den der Universalsuccession aufzusuchen, ihn klar zu erfassen und zu formuliren. Sollte das Leben so lange warten, bis der Doctrin dies gelungen? Man wählte einen theoretisch minder correcten, praktisch aber eher zum Ziele führenden Weg: jene beiden Personen werden als heredes angesehen; sie sind es zwar nicht, aber sie werden als solche fingirt, will heißen: behandelt, ihnen in dieser bestimmten Beziehung gleichgestellt. Auf diese Weise war das bisherige Recht formell gerettet. Der Prätor gab nach wie vor die alte Klagformel, nur mit dem obigen Zusatz, der Lehrer des Rechts trug nach wie vor jene Regel vor und schnitt den Einwand des Schülers, daß doch jene Personen keine heredes seien, in derselben Weise ab, wie der Prätor den des Richters: sie seien zwar keine, aber rücksichtlich der Klagbefugniß gölten sie als solche.

„Das Testament ist der letzte Wille eines römischen Bürgers; wem diese Eigenschaft im Moment des Todes abgeht, der kann kein gültiges Testament hinterlassen.“ Das war der Satz des alten Rechts; eine Consequenz davon, daß das Testament eines Bürgers, der in feindlicher Gefangenschaft starb, keine Gültigkeit hatte. Die lex Cornelia sah sich veranlaßt, diese Consequenz rücksichtlich der vor der Gefangenschaft errichteten Testamente aufzuheben. Sie hätte es thun können in der Weise, wie wir heutzutage es thun würden, indem sie diese Neuerung offen aussprach, und sie würde es vielleicht auch gethan haben, wenn nicht die römischen Juristen mit im Rath gesessen und das Interesse ihrer Disciplin dadurch gewahrt hätten, daß sie eine Wendung ersannen, die den obigen Fundamentalsatz äußerlich bestehen ließ: die bekannte fictio legis Corneliae. Das Gesetz sprach aus: es solle so angesehen werden, als ob der Testator bereits im Moment seiner Gefangennehmung, also noch als Freier und römischer Bürger verstorben wäre.[419]

Diese beiden Beispiele werden als Anhaltspunkte zur Veranschaulichung des eigenthümlichen Mechanismus und der technischen Bestimmung der Fiction genügen.

Der Zweck der Fiction besteht in der Erleichterung der Schwierigkeiten, die mit der Aufnahme und Verarbeitung neuer, mehr oder weniger einschneidender Rechtssätze verbunden sind, in der Ermöglichung, die traditionelle Lehre formell ganz in ihrer alten Gestalt zu belassen, ohne doch dem Neuen praktisch seine volle Wirksamkeit dadurch irgendwie zu verkümmern. Indem sie die Schwierigkeiten umgeht, statt sie zu lösen, charakterisirt sie sich damit allerdings als eine wissenschaftlich unvollkommene Form der Lösung der Aufgabe — sie verdient denselben Namen, wie das Scheingeschäft: den einer technischen Nothlüge — aber indem sie andererseits einen leichteren, bequemeren Weg einschlägt, der praktisch ganz zu demselben Ziele führt, erleichtert sie damit den Fortschritt, macht ihn möglich zu einer Zeit, wo es der Wissenschaft

419) L. 18, 22 de capt. (49. 15).

noch an der Kraft fehlen würde, die Aufgabe in der ihr entsprechenden Gestalt zu bemeistern. Ohne die Fictionen wären manche einflußreiche Aenderungen des römischen Rechts wahrscheinlich erst in viel späterer Zeit erfolgt. Es ist leicht zu sagen: Fictionen seien Nothbehelfe, Krücken, deren sich die Wissenschaft nicht bedienen solle. Sobald letztere ohne sie fertig werden kann, gewiß nicht! Aber immer besser, daß sie mit Krücken geht, als ohne Krücken ausgleitet oder sich nicht aus der Stelle wagt. Es ist daher nicht Zufall, sondern ein richtiger Instinkt, der die Wissenschaft in ihrer Jugendperiode zu dieser Krücke greifen heißt, und auch hier kann wiederum das Beispiel des englischen Rechts, das von diesem Mittel die ausgedehnteste Verwendung gemacht hat, uns belehren, daß wir es nicht mit einer specifisch römischen, sondern mit einer Einrichtung zu thun haben, die auf einer gewissen Stufe der geistigen Entwicklung mit innerer Nothwendigkeit zum Vorschein getrieben wird. Selbst wenn die Wissenschaft die Kinderschuhe ausgetreten hat, und die tausendjährige Uebung des Denkens in ihr endlich jene Sicherheit und Fertigkeit des abstracten Denkens gezeitigt hat, die erforderlich ist, um die theoretischen Grundlagen einer Lehre neu zu gestalten, kann immerhin doch als erster Ansatz zur Bewältigung eines völlig neuen Gedankens — im theoretischen Nothstand — die Fiction eine gewisse Berechtigung haben. Besser Ordnung mit Fiction, als Unordnung ohne Fiction!

Anderseits freilich liegt in jeder Fiction, eben weil sie ein unvollkommnes Mittel ist, für die Wissenschaft die Mahnung, sie möglichst bald durch ein vollkommneres zu ersetzen. Aber der Jurisprudenz zumuthen, die Fiction über Bord zu werfen, bevor ihr die wirkliche Lösung gelungen, hieße den Krückenträger auffordern, die Krücken fortzuwerfen, bevor er gehen kann.

Völlig verschieden von den Fictionen, die ich im Bisherigen im Auge gehabt habe, und die ich als historische bezeichnen möchte, weil sie eine eigenthümliche Form des historischen Fortschrittes, die formelle Anknüpfung des Neuen an das Alte repräsentiren, sind zwei andere Verhältnisse, auf die ebenfalls der Name angewandt worden ist. War es eine Fiction, wenn die lex de arrogatione dem arrogirten Kinde die Stellung des natürlichen anwies? Sicherlich nicht,[420]) es war zwar eine Gleichstellung, aber nicht jede Gleichstellung ist eine Fiction. Oder wäre es eine Fiction, wenn ein heutiges Gesetz die Juden den Christen gleichstellt? Allerdings enthält auch die Fiction eine Gleichstellung — man denke an das Beispiel des bonorum emptor und bonorum possessor (S. 295) — aber das Charakteristische ist die Form, in der sie dieselbe vermittelt, und der Zweck, dessentwegen sie dies thut. Anstatt den Rechtssatz so zu erweitern, daß das Verhältniß, auf das er ausgedehnt werden soll, darunter Platz findet, wird umgekehrt das Verhältniß in gewaltsamer Weise so gepreßt, daß es hineinpaßt, der juristischen Vorstellung wird zugemuthet, sich dasselbe in einer andern Gestalt zu denken, als die es an sich trägt, die wirkliche Erweiterung des Rechtssatzes wird verdeckt, verschleiert. In den obigen Fällen geschieht nichts dem Aehnliches. Anstatt die rechtliche Stellung, die das arrogirte Kind, die Juden einnehmen sollen, im Einzelnen genauer anzugeben, wird einfach auf die des natürlichen Kindes, der Christen Bezug genommen, es ist eine abgekürzte Form der Fassung der anzuwendenden Rechtsgrundsätze, eine Verweisung, aber nichts weniger als eine Fiction. Solche Verweisungen wiederholen sich überall und zu jeder Zeit sowohl in den Gesetzen als den Rechtsgeschäften der Privaten,[421]) nicht selten bilden sie den Inhalt eines besondern Privilegiums,[422]) — eine technische Bedeutung können sie nicht in Anspruch nehmen.

420) Demelius in seiner Note 413 citirten Schrift zieht diesen und alle ähnliche Fälle mit unter den Begriff der Fiction, wodurch derselbe nur verdunkelt werden kann.

421) Mit demselben Recht, mit dem Demelius Wendungen wie: decem viri eodem jure sint, quo qui optima lege (Cic. de leg. agr. II. 11) und die alte Curialformel: siremps lex res jus causaque omnibus omnium rerum esto (Val. Prob. de not. §. 3) u. a. m. hierher zieht, könnte man auch von einer Fiction sprechen, wenn ein Miether die Wohnung „zu denselben Bedingungen, wie sein Vorgänger" miethet — es ist eine Erleichterung für den Abschreiber, nichts weiter.

422) So in Rom z. B. das jus liberorum, welches die kinderlose Frau

Für das zweite Verhältniß ist der Ausdruck: Fictionen allgemein eingebürgert, und ich will dem Sprachgebrauch nicht entgegentreten, es genügt mir, die Verschiedenheit desselben von der oben geschilderten Function der Fiction zu constatiren. Die Existenz der juristischen Person, so lehrt man, beruht nicht auf natürlichem Dasein, sondern auf Fiction. Und in der That richtet diese Fiction an unsere Vorstellung ganz dieselbe Aufforderung, wie die obigen: sich nämlich das thatsächliche Verhältniß anders zu denken, als es wirklich ist, statt der einzelnen Mitglieder der Zunft sich ein gedachtes Wesen: die Zunft als Subject vorzustellen. Aber der Zweck der Fiction ist hier nicht Erleichterung der Anknüpfung eines neuen Rechtssatzes an das bisherige Recht, sondern Erleichterung der juristischen Vorstellung. Die Betrachtung dieser dogmatischen Function der Fiction liegt außerhalb der Gränzen unserer gegenwärtigen Aufgabe, sie hatte lediglich das negative Interesse für uns, den störenden Einfluß, den sie auf die richtige Erfassung

---

in Bezug auf die Capacitätsbestimmungen der Frau mit Kindern gleichstellte, die restitutio natalium, welche dem Freigelassenen die Stellung des Freigebornen einräumte. Ob dabei die Wendung gebraucht wird, „ebenso, als ob sie Kinder hätte, als ob er freigeboren wäre" (L. 5 §. 1 de nat. rest. 40. 11), verschlägt Nichts. Ebenso wenig steht im Wege, daß beide Begriffe ursprünglich höchst wahrscheinlich in der Form von Fictionen aufgetreten sind, daß also die Kaiser, welche zuerst von dem Erforderniß des Besitzes der Kinder dispensirten oder dem Freigelassenen die Stellung eines Freigebornen einräumten, dies formell in der Weise vermittelten, daß sie in dem Patent den Besitz von Kindern oder die freie Geburt fingirten. Nachdem sich aus solchen einzelnen Fällen einmal der Begriff des jus liberorum und der restitutio natalium herausgebildet hatte, konnte man diese formelle Anknüpfung hier ebenso fallen lassen, wie man dies in unzähligen andern Fällen gethan hat. Die actio Publiciana war ursprünglich eine act. fictitia, ist es aber heutzutage nicht mehr. Ebenso mochte man in alter Zeit die acceptilatio oder novatio als fingirte Zahlung betrachten, aber nachdem die beiden Akte unter dieser Hülle sich zur Selbständigkeit des Begriffs herausgebildet hatten, galten sie „sua vi ac potestate" (Gaj. IV. 33), ohne sich noch fernerhin unter den Begriff der Zahlung flüchten zu müssen. Nachdem die Wissenschaft sie erkannt hatte als das, was sie sind, war eben damit das Stadium der Fiction überwunden.

der obigen historischen Function derselben ausüben konnte, fern zu halten.[422a)]

Kehren wir zu letzterer zurück. Die Fiction in diesem Sinn ist ein Seitenstück zum Scheingeschäft, nicht selten sogar, um einen frühern (II. 365) Ausdruck zu wiederholen, das Caput mortuum desselben, hervorgegangen aus demselben Motiv und in ganz ähnlicher Weise operirend. Was das Scheingeschäft auf dem weitläufigeren Wege der Handlung, beschafft sie auf dem einfacheren des Gedankens, beide thun dem Verhältniß, das sie behandeln, Gewalt an, um es über das Prokrustesbett bereits vorhandener Geschäfte, Begriffe, Klagen zu spannen. Nur darin möchte ein Unterschied beider gelegen sein, daß während das Scheingeschäft in unserm obigen Sinn vorzugsweise im römischen Verkehr, weniger im Proceß zur Erscheinung gelangte, die Fiction gerade im Proceß die reichste Verwendung fand, welches letztere sich auch im englischen Rechte wiederholt. Der Uebergang des Legis-Actionen-Processes in den Formularproceß scheint vorzugsweise durch sie vermittelt worden zu sein.[423)] Die Form, die sie in dem Processe annahm, war eine doppelte: die eines Zwischensatzes, und eines Vordersatzes, im ersteren Fall enthielt die Formel bloß die eine, sich überall wie-

---

422a) Der obigen Bezeichnung: historische und dogmatische Fictionen will jetzt Unger Verträge zu Gunsten Dritter, Jena 1869 S. 9—11 die von praktischen und theoretischen substituiren und von ersteren zwei Arten unterschieden wissen, von denen die eine mit meiner historischen Fiction zusammenfällt, die andere die auf der vorigen Seite erörterte eigenthümliche Redeform ist, in der Demelius eine Fiction erblicken wollte, und für die Unger den Ausdruck: deklaratorische und terminologische Fiction vorschlägt. Ich halte weder die Vertauschung meines Ausdrucks „historisch" durch „praktisch" für glücklich — denn ersterer erinnert stets an das Motiv, dem die Fictionen ihren Ursprung verdanken: die historische Verknüpfung des Neuen mit dem Alten, und an ihre passagere historische Bedeutung, während letzterer ihnen den Schein einer praktischen Berechtigung zugesteht, die sie nicht haben — noch auch kann ich mich entschließen, in einer bloßen Redewendung, wie wir sie im täglichen Leben unausgesetzt benutzen, einen technisch juristischen Begriff zu erblicken.

423) Keller, Civilproceß §. 25 Note 298 (Aufl. 3 S. 98). Was Demelius S. 51 fl. dagegen einwendet, hat mich nicht überzeugt.

derholende Bedingung: si paret, im zweiten eine Doppelbedingung;[424] diese letztere Form möchte ich für die ältere halten.

Ueber den angeblichen historischen Ursprung der Fiction auf dem Gebiet des geistlichen Rechts habe ich mich schon oben (S. 280) ausgesprochen. Ihr späteres Schicksal war ganz das des Scheingeschäfts, sie starb nach und nach ab, und mit dem Bedürfniß verlor sich auch das Verständniß; die vereinzelten Spuren, die Justinian noch vorfand, regten die ganze Galle seines Unmuths und seiner Entrüstung über eine so unsinnige Verirrung des Alterthums in ihm auf, und er rottete sie mit Stumpf und Stiel aus.[425] Was die älteste Jurisprudenz mit dem unbeholfenen Mittel des Scheingeschäfts, die mittlere mit dem schon etwas gelenkigeren der Fiction, das beschaffte die klassische in der höchsten und letzten Form: der analogen Ausdehnung.

---

424) Beispiele der ersten Art bei Gaj. IV. 37: Si paret ope consilio Dionis Graeci Lucio Titio furtum factum esse paterae aureae, quam ob rem eum, si civis Romanus esset, pro fure damnum decidere oporteret etc. Beispiele der zweiten bei Gaj. IV. 34: Si A. A. Lucio Titio heres esset, tum si paret fundum, de quo agitur, ex jure Quiritium ejus esse oportere.

425) z. B. L. 30 Cod. de jure dot. (5. 12): ficti divortii falsa dissimulatione stirpitus eruenda. L. 8 Cod. de donat. (8. 54) L. 4 Cod. de bonis lib. (6. 4) (aus den Basiliken: L. 28 de jure patron. 49. 1) ed. Kriegel §. 21, 26: antiqua simulatio et observatio, qua fingebamus patroni filiam esse filium, sublata sit . . . ex machinatione quadam in veteribus libris. Ob Justinian es verstanden haben würde, wenn einer der alten Juristen sich zu seiner Entschuldigung auf Justinians eigene Worte in §. 25 dieses Gesetzes: tanquam si contracta fiducia emancipatio facta fuisse videretur (wiederholt in §. 8 I. de succ. agn. subl. 3. 2) oder auf L. 2 §. 1 Cod. de const. pec. (4. 18): ita omnes res veniant in constitutam actionem, tanquam si fuisset ipsa pecunia substituta berufen haben würde? Der Kobold der Fiction rächt sich oft bitterlich an denen, die ihn verfolgen!

Zweiter Abschnitt.

Die Rechte des ältern Privatrechts.

Die Aufgabe.

Historischer Charakter der Grundbegriffe des ältern Rechts — ihre Veränderlichkeit. — Die wahren Quellen derselben. — Ueberschätzung des logischen Elements im Rechte.

Non ergo a Praetoris edicto neque a XII tabulis, sed penitus ex intima philosophia hauriendam juris disciplinam

Cic. de legib. I. Cap. 5.

LIX. Die Aufgabe des ersten Abschnitts bestand darin, diejenigen Erscheinungen, Gedanken und Gesetze darzulegen, die sich mehr oder weniger auf allen Gebieten des Rechts wiederholten. Den Gegenstand des gegenwärtigen Abschnitts bilden die Rechte des ältern Privatrechts. Der Verlauf unserer Darstellung hat uns zwar bereits manche Züge zur Signatur derselben geliefert, theils Einzelheiten, theils allgemeine Ideen, allein die bisher entwickelten universellen Gesichtspunkte reichen nicht aus, um das eigenthümliche Wesen und den Gedankengehalt der Rechte zu erschöpfen, es bleibt noch ein beträchtlicher Rest zurück, dessen wir uns nur auf dem Wege einer ausschließlich diesem Gegenstand zugewandten Untersuchung bemächtigen können.

Es ist ein wunderbares Ding um diesen Bestandtheil des ältern Systems. Der alte Proceß ist in der spätern Zeit spurlos untergegangen, das alte Rechtsgeschäft mit seinen Formen und strengen Grundsätzen ist verschwunden, aber über die Rechte des alten Vermögensrechts scheint der Wechsel der Dinge keine Macht gehabt zu haben; noch bis auf den heutigen Tag operiren wir mit denselben Begriffen des Eigenthums, Besitzes, der Servitut, Obligation, der erbrechtlichen Universalsuccession, des Legats, die bereits vor zweitausend und mehr Jahren den altrömischen Juristen dienten. Hat die Zeit vielleicht keine Gewalt über sie, sind sie für die Ewigkeit gemacht — unvergänglich und unveränderlich, weil das absolut Wahre? Oder haben auch sie sich dem Wechsel der Dinge und Ansichten gefügt, und ist es vielleicht nur die Gleichheit des Namens, die uns die Aenderung der Sache selber übersehen läßt, nur dieselbe Schaale, aber mit anderem Kern?

Unsere Wissenschaft ist auf diese Frage die Antwort schuldig geblieben. Zwar die Veränderungen, die mit all jenen Instituten im Lauf der Zeit vor sich gegangen, hat sie getreulich registrirt, aber ob diese Veränderungen das juristische Wesen, den Begriff der Rechte getroffen oder nicht, drüber erwartet man vergebens von ihr eine Auskunft. Und doch braucht man nur einige dieser Veränderungen ins Auge zu fassen, um sich von der Verschiedenheit des Einflusses, den sie in dieser Beziehung ausgeübt haben, zu überzeugen. Die Aufhebung der in jure cessio und mancipatio, die Erweiterung der Usucapionsfristen durch Justinian und eine Reihe anderer Veränderungen auf dem Gebiet des Eigenthumsrechts waren für das praktische Leben und die Theorie des Eigenthums von höchster Wichtigkeit, allein der Begriff des Eigenthums oder auch nur des Eigenthums erwerbs erlitt dadurch nicht die geringste Modification, alle diese Neuerungen trafen lediglich die legislative oder ökonomische Brauchbarkeit des Instituts, nicht seine juristische Individualität. Für die Geschichte des Vormundschaftsrechts ist die Einführung der Dativtutel (tutor Atilianus) ohne alles und jedes begriffliche Interesse, dagegen bezeichnet das Umschlagen der Tutel aus einem persönlichen Gewaltverhältniß („jus ac potestas in capite libero“) in ein Obligationsverhältniß eine begriffliche

Entwicklungsphase, der keine von allen Veränderungen, die mit diesem Institut vor sich gegangen, sich an die Seite stellen läßt. Am lehrreichsten in dieser Beziehung ist das Erbrecht. Alle Umgestaltungen, denen die römische Testamentsform im Lauf der Zeit unterlag, namentlich die Verdrängung des Comitialtestaments durch das Mancipationstestament, die Einführung der schriftlichen d. i. geheimen Errichtungsform neben der früheren ausschließlich mündlichen, sowie der privilegirten Testamentsformen gaben der Testirfreiheit eine nicht hoch genug anzuschlagende Erweiterung, aber an dem Begriff des Testaments[426] änderten sie nicht das Geringste; letzteres blieb, was es von jeher gewesen: eine einseitige Verfügung des Erblassers über die Erbschaft. Das Codicill dagegen und der Erbvertrag des heutigen Rechts haben eine begriffliche Aenderung der wesentlichsten Art zur Folge gehabt, ersteres, indem es den bis dahin unbekannten Begriff des erbrechtlichen Singulargeschäfts (S. 145), letzteres, indem es den Vertrag ins Erbrecht einführte. Von den XII Tafeln bis auf Justinian ist das Intestaterbrecht in seinen ganzen Grundlagen umgestaltet worden, aber ich möchte wissen, ob die Definition desselben auch nur um ein Wörtchen anders gefaßt werden müßte, als in ältester Zeit; der Begriff der Intestaterbfolge ist ganz der alte geblieben. Dagegen hat Justinian durch seine Verordnung über die Antretung der Erbschaft unter der Rechtswohlthat des Inventars mit einem Federstich die Idee der erbrechtlichen Succession in einer Weise alterirt, gegen die hunderte von sonstigen Aenderungen nicht in Betracht kommen. Der Begriff des Erben, der (von dem besondern Recht der Soldaten abgesehen) ein Jahrtausend lang

426) Vorausgesetzt nämlich, daß man rücksichtlich des Comitialtestaments die gewöhnliche Ansicht theilt, der zufolge das Volk dabei nicht abzustimmen, sondern einfach als Zeuge zu fungiren hatte. Wer mit mir das Gegentheil annimmt, wird in dem Uebergang zum Mancipationstestament eine höchst wesentliche Begriffsalteration des Testaments erblicken müssen — den Umschlag des von der Befolgung der Intestaterbfolge im einzelnen Fall dispensirenden Gesetzes in ein gewöhnliches Rechtsgeschäft.

unverändert derselbe geblieben war, ist damit ein völlig anderer geworden. Für die Geschichte des Universalfideicommisses machten in praktischer Beziehung das SC. Trebellianum und Pegasianum in gleicher Weise Epoche, aber für die begriffliche Entwicklung dieses Instituts hat letzteres gar keine Bedeutung, das Universalfideicommiß als selbständiger erbrechtlicher Begriff verdankt seinen Ursprung lediglich dem ersteren.

Wie nun? Sind die Begriffe in Wirklichkeit noch dieselben, nachdem sie eine solche Umgestaltung erfahren haben? Und verändern sie sich nicht täglich unter unsern Augen? Ist denn der Begriff der römischen Obligation heutzutage noch derselbe, wie zur Zeit der klassischen römischen Juristen? Man denke an die Papiere auf den Innehaber, die Reallasten, die Auslobungen, um sich von dem gewaltigen Umschwung zu überzeugen, der mit diesem Begriff vor sich gegangen ist. Und ähnliche Erscheinungen wiederholen sich auf allen Gebieten. Wer kann unsere heutigen Hypothekenbriefe und Handfesten juristisch begreifen, wenn er an dem römischen Begriff des Pfandrechts als eines Rechts an fremder Sache festhält, wie ließe sich die Uebertragung der Papiere auf den Inhaber unter den römischen Begriff der Cession bringen?

Kurz die juristischen Grundbegriffe verändern sich im Lauf der Zeit eben so gut, wie die Rechtssätze, und sie müssen es, denn sie sind ja keine bloßen logischen Kategorien, sondern die Concentrationsform materieller Rechtssätze, die Rechtssätze aber wechseln mit den Verhältnissen. An die Unveränderlichkeit der römischen Rechtsbegriffe zu glauben ist eine völlig unreife Vorstellung, die von einem gänzlich unkritischen Studium der Geschichte zeugt.

Was aber in die Zeit fällt, nachdem es entstanden, ist auch in die Zeit gefallen, als es entstand, m. a. W. dieselben historischen Einflüsse, denen jene Grundbegriffe im Fortgang ihrer Geschichte ausgesetzt gewesen sind, werden sich bereits bei ihrer ursprünglichen Bildung thätig erwiesen haben. Der Historiker würde ihnen gegenüber seine Aufgabe verfehlen, wollte er sich einfach dabei beruhigen, daß sie gegebene Thatsachen des römischen Lebens seien, deren Ursprung in undurchdringliches Dunkel gehüllt sei, unmittelbare Offenbarungen, an denen das menschliche Denken und Wollen keinen Antheil gehabt hätte, Producte einer geheimnißvoll schaffenden Naturkraft. Eine solche Auffassung, so gern sie sich den Schein der ehrfurchtsvollen Scheu vor dem, „was die Geschichte bedeckt mit Nacht und Grauen", zu geben versucht, entwürdigt den Menschen und erniedrigt das Recht. Denn das Recht ist keine Pflanze, sondern ein Stück menschlichen Denkens und Empfindens; zu den Aufzeichnungen, die es enthält, müssen das menschliche Herz und der denkende Verstand den Schlüssel liefern. Vermögen uns also jene Grundbegriffe auf die Frage nach dem: Woher und Warum? keine befriedigende Antwort zu geben, ist all' ihr Ansehen nur ein erschlichenes, so sind sie in unsern Augen nichts als ein uns durch die Macht historischer Verhältnisse auferlegtes Joch, dessen wir uns so bald wie möglich zu entledigen haben.

Der gegenwärtige Abschnitt soll nun den Versuch machen, die alten Rechtsbegriffe, so zu sagen, zum Sprechen zu bringen, zur Antwort auf jene Frage veranlassen, indem er sie künstlich wiederum in Fluß versetzt, sie zurückführt auf die Ursubstanz von Ideen, Anschauungen, Erwägungen, aus denen sie hervorgegangen sind, indem er die Gesetze ermittelt, nach denen sie sich zu festen Formen zusammengefügt haben, kurz er soll sie gewissermaßen ihren ursprünglichen Bildungs- und Krystallisationsproceß von neuem vor unsern Augen bestehen lassen. Ob diese Aufgabe mehr verwegen, als lösbar, darüber will ich Jedem seine Zweifel zu gute halten, jedenfalls ist sie eine der anziehendsten und dankbarsten, denen ich im ganzen Verlauf meines Werks begegnet bin. Es hat einen Reiz für mich, dem ich Nichts an die Seite zu stellen wüßte, dem menschlichen Geist nachzuschleichen auf den dunklen Pfaden seiner vorhistorischen Thätigkeit, die verfallenen und verschütteten Schachte, die er in den Schooß der Erde getrieben, aufzudecken und damit den Beweis zu liefern, daß an diesen Stellen bereits vor Jahrtausenden rege Arbeit und umsichtiges, planvolles Schaffen geherrscht hat, daß diese unterirdische Welt, dieser Unterbau des gesammten

Rechts nicht das Werk einer blind waltenden Naturkraft, sondern das Verdienst und die freie That des denkenden Geistes ist. Je mehr die elementare Art der Arbeit und der Oberbau, der sie unserm Auge entzieht, den entgegengesetzten Schein hervorzurufen vermag, und je mehr es bisher versäumt worden ist, in diese Tiefen hinabzusteigen, um so lohnender ist es, wenn es gelingt, dem menschlichen Geist zurückzuerobern, was sein eigenes Werk ist. Davon wird uns auch der Umstand nicht abhalten dürfen, daß die römischen Juristen selber bis zu diesen Tiefen nicht hinabgestiegen sind, daß sie sich, um im Bilde zu bleiben, auf den Tagbau, d. i. auf die offen zu Tage liegenden praktischen Parthieen des Rechts beschränkt haben — ein Beispiel, das von uns Neueren nur zu getreulich befolgt worden ist. In der Weise der römischen Juristen lag es einmal nicht, auf dem Wege historischer oder rechtsphilosophischer Untersuchung bis zu den letzten Quellen des Rechts zurückzugehen oder auch nur einmal den Apparat, mit dem sie arbeiteten, ihre allgemeinen Anschauungen und ihre Methode zum Gegenstand der Betrachtung zu machen. Selbst eine Kritik des bestehenden Rechts vom legislativ-politischen Standpunkt aus sucht man bei ihnen vergebens, Wissen und Urtheil war bei ihnen in dem Maße eins und in dem Maße ein lebendiges Stück von ihnen selbst, daß sie gar nicht auf die Idee kamen, sich, wie es ja bei der Kritik nöthig ist, mit seinem Denken künstlich aus der Sache zurückzuziehen, sie zu isoliren und objectiviren und sich ihr als unbefangener Beobachter gegenüber zu stellen. Aber für alles das, was sie verabsäumt haben, findet der, welcher richtig sucht, das Material, es nachzuholen.

Hat denn aber unsere moderne Jurisprudenz dies nicht bereits längst gethan? An Zeit hat es ihr doch wahrlich nicht gefehlt! Ich muß mir gefallen lassen der Anmaßung bezüchtigt zu werden, aber ich kann nicht anders als sagen: in dieser Richtung hat sie so gut wie Nichts geleistet. Es hat mich bei den Untersuchungen, die ich im Folgenden anstellen werde, kaum je das Gefühl verlassen, daß ich meinen Fuß auf völlig unbetretenes Land setzte, daß hier

20*

Lager verborgen liegen, von deren Reichthum wir bisher kaum eine Ahnung gehabt, und von denen es mir begreiflicherweise nur beschieden sein wird, den kleinsten Theil zu heben und auch diesen sicherlich versetzt mit vielen Schlacken. Die historische Jurisprudenz hält regelmäßig ihre Aufgabe für gelöst, wenn sie das Aeußere der historischen Erscheinung ermittelt hat; wo die Quellen aufhören, glaubt auch sie aufhören zu müssen, über das Aeußere gehen aber, wie bemerkt, die Quellen selber selten hinaus. Der Rechtsphilosophie dagegen, welche den Beruf gehabt hätte ins Innere zu dringen, ist jene Aufgabe zu historisch, jedenfalls kann man dem Philosophen von Fach keinen Vorwurf daraus machen, daß er sich rücksichtlich des positiven und juristischen Materials auf den Juristen verläßt. Diese Abhängigkeit hat freilich für die Rechtsphilosophie böse Früchte getragen. Der geistige Bann, mit dem das römische Recht uns positive Juristen so leicht bestrickt, hat in seinen Wirkungen sich auch auf sie erstreckt, indem sie Begriffe, denen der Romanist einmal gewohnt ist eine absolute Wahrheit zuzuschreiben, wie z. B. dem des römischen Eigenthums, unbesehen als vollgültige Münze entgegennahm.[426a)] Diesen Bann zu brechen, das Historische, Römische, das durch Zweckmäßigkeitsrücksichten oder andere Einflüsse Bedingte in diesen Begriffen nachzuweisen und damit einen Maßstab zu gewinnen für ihren Werth, ist eine der Hauptaufgaben der folgenden Untersuchungen. Machen wir uns zunächst klar, worauf der Bann beruht.

Er läßt sich mit einem Worte bezeichnen. Es ist das Blendwerk der juristischen Dialektik, welche dem Positiven den Nimbus des L o g i s c h e n zu geben versteht, welche, indem sie das Vorhandene vor unserm Urtheil als vernünftig zu rechtfertigen sucht, dabei

426a) So selbst bei T r e n d e l e n b u r g, der sich im übrigen durch Selbständigkeit des Urtheils auszeichnet, s. dessen Naturrecht, Aufl. 2 S. 211: „Aus dem Begriff des Eigenthums folgt unbeschränkter Anspruch an die Sache, die Eigenthum ist, in welcher Hand sie sich auch finde." Das ist nichts als eins von den dem Romanisten zum Axiom gewordenen Vorurtheilen; das Nähere in der zweiten Abtheilung dieses Abschnitts.

nicht den Weg einschlägt, daß sie die historische, praktische oder ethische Berechtigung desselben nachweist, sondern den, daß sie mit Hülfe von Gesichtspunkten, die erst für diesen Zweck erfunden sind, die logische Nothwendigkeit desselben darzuthun versucht. Es hat einmal etwas höchst Verlockendes, ja man möchte sagen es ist eine im Wesen der Jurisprudenz selber tief begründete Versuchung, daß sie den realen Mächten gegenüber, mit denen sie sich in die Schöpfung des Rechts zu theilen hat, die Autonomie des juristischen Denkens zur möglichsten Geltung zu bringen und auch das Positive zur idealen Höhe einer logischjuristischen Wahrheit zu erheben sucht. Gerade in der Gegenwart hat diese Richtung einen höchst bedenklichen Grad erreicht — bedenklich aus dem Grunde, weil diese Scheinbegründung, diese logische Selbsttäuschung von den wahren Quellen, in denen allein die letzten Gründe der Rechtssätze zu suchen sind, und damit vom wahren Verständniß des Rechts überhaupt abführt. Sollte man doch nach manchen neuern Erscheinungen fast glauben, als sei das Recht im Wesentlichen nichts als eine Schöpfung der juristischen Dialektik, zu deren Verständniß praktische Anschauungen überhaupt nicht nöthig seien, ein Tummelplatz für die Fanatiker scholastischer Spitzfindigkeit. Geblendet durch den Glanz des Logischen, der das römische Recht bedeckt und jedem, der sich ihm naht, zuerst in die Augen fällt, wird das Wahrnehmungsvermögen des Auges, wenn nicht die frische Luft des Lebens es wieder kräftigt, nur zu leicht für alles andere abgestumpft; statt der wirklichen Welt, in der die realen Mächte des Lebens regieren, erblickt es ausschließlich nur noch die Fata Morgana einer Welt, in welcher der abstracte Gedanke das Scepter führt. Da schwingt sich denn der Begriff zur Rolle des Demiurgen auf: Er hat die Welt des Rechts gemacht, Er regiert sie. An die Stelle der realen Kräfte, welche im Schooße des Rechts walten, setzt sich die Dialektik des Begriffs; was jene geschaffen und hervorgebracht, gibt sie für ihr Werk aus, indem sie, je nachdem es positiver oder negativer Art ist, das eine als logisch nothwendig, das andere als logisch unmöglich deducirt. Die Stellvertretung und die Uebertragung bei Obligationen ist ausgeschlossen, weil der Begriff der Obligation sie nicht verstattet,[427]) der Erblasser kann nicht zum Theil aus dem Testament, zum Theil nach Intestaterbrecht beerbt werden, weil die testamentarische und Intestaterbfolge logisch incompatible Begriffe sind,[428]) „aus der in dem Begriff des Erbrechts liegenden unmittelbaren Nachfolge ergibt sich, daß nur eine Person erbberechtigt sein kann, welche zur Zeit des Todes des Erblassers schon concipirt war",[428a]) die Specification muß Eigenthum geben, ohne daß die bona oder mala fides darauf von Einfluß sein könnte, weil der Begriff dies verlangt, und selbst der Eigenthumserwerb an der insula in flumine nata und am alveus derelictus ist durch zwingende begriffliche Gründe ins Leben gerufen.[429])

427) Puchta, Pandekten §. 273 .. „nicht in einer Singularität des römischen Rechts, sondern im Wesen der Obligationen gegründet." §. 280.

428) Ueber den praktischen Grund dieses Satzes habe ich mich schon oben S. 147 ausgesprochen.

428a) Puchta §. 450.

429) Ueber die beiden letzten Beispiele s. Puchta §. 154, 165. Andere bieten sich ungesucht in Menge. So ist es z. B. nicht möglich, daß der Pfandbesteller sich für eine erst demnächst zu bestellende Hypothek die Priorität reservirt, weil „ein leerer Raum durch Privatbestimmung nicht begründet werden kann, indem dies dem Wesen des Pfandrechts entgegenstände", Dernburg Röm. Pfandrecht II. S. 415. Ebenso undenkbar ist es nach Bremer Hypothek und Grundschuld, Göttingen 1869 S. 36, daß „so lange das Alleineigenthum besteht, ein ideeller Theil verpfändet werde, eben weil es unter dieser Voraussetzung keine partes pro indiviso gibt". Bei Arnold, der doch im übrigen für den Einfluß des wirthschaftlichen und ethischen Elements ein offenes Auge bewährt hat, findet sich sogar die allgemeine Bemerkung (Cultur und Rechtsleben, Berlin 1865 S. 321), daß die „merkwürdigen Gegensätze des römischen und deutschen Rechts sicherlich zum großen Theil diesem logischen Element ihre Entstehung verdanken." — In Puchta zählt die oben geschilderte Richtung ihren namhaftesten Repräsentanten und, wenn ich nach eigener Erfahrung urtheilen darf, so hat gerade sein Beispiel auf Manche einen bestimmenden Einfluß ausgeübt. Wir dürfen hoffen, daß diese ungesunde Richtung — ich kann sie nicht anders bezeichnen —, dieser Götzencultus des Logischen, ihren Höhenpunkt bereits erreicht hat, wenigstens möchte es schwer sein, die in dieser Richtung begangenen Excesse noch zu überbieten. Dieselben haben aber doch das Gute gehabt, daß sie Jedem, der seine Augen noch nicht völlig verloren hat, dieselben geöffnet haben.

Alle diese und ähnliche Sätze waren also bloß der Logik wegen adoptirt? Wie nun, wenn es einem neuern Gesetzgeber gefiele, gerade das Gegentheil festzusetzen? Dann würde er sich gefallen lassen müssen, daß wir ihn der „Willkühr" bezüchtigten und seine Begriffe als „monströse" bezeichneten. [430]) Die directe Stellvertretung des heutigen Rechts, die Papiere auf den Innehaber, die Pfandrechte an eigener Sache (Handfesten, Hypothekenbriefe) und eine Menge anderer moderner Begriffe — sie alle also wären logische Mißbildungen? Anstatt freudig in ihnen eine Erweiterung unseres Vorstellungsvermögens zu begrüßen, sollen wir, weil unsere lahme Logik über die Begriffe des römischen Rechts nicht hinauskann, ihnen das Stigma des Unjuristischen aufprägen, eingestehen, daß wir alles, was nicht römisch ist oder sich nicht über den römischen Leisten schlagen läßt, nicht zu begreifen vermögen, gleich als enthielte das römische Recht den für alle Zeiten gültigen Kanon des juristisch Denkbaren? Damit würden wir uns selber unser Verdammungsurtheil sprechen.

Brechen wir den Bann, mit dem der Irrwahn uns gefangen hält. [431]) Jener ganze Cultus des Logischen, der die Jurisprudenz

---

430) Puchta a. a. O. §. 135 Note c. §. 202 Note l. Die Bestimmung des kanonischen Rechts, die Puchta an der ersten Stelle so hart tadelt („Bahn der Willkühr"), weil sie zu seiner Vorstellung vom Besitz nicht paßt, setzt in Wirklichkeit für den Fall der Gewalt nichts anderes fest, als was das römische Recht mittelst der actio quod metus causa für den des Zwanges angeordnet hatte — und daran hat weder Puchta selber, noch irgend ein Anderer Anstoß genommen! So abhängig ist unser Maßstab über das „Willkührliche" vom römischen Vorurtheil!

431) Ich muß es mir versagen, bei dieser Gelegenheit nachzuweisen, wie sehr derselbe unsere ganze Anschauungsweise und unsere Methode der dogmatischen Behandlung beherrscht. Wie selten operiren wir mit dem legislativen Zweck des Instituts, wie häufig mit einem abstracten Gesichtspunkt, der demselben geradezu widerstreitet. Man denke z. B. an die Klagverjährung, wo Manche mittelst des Gesichtspunktes der Nativität der Klage in einigen Fällen geradezu zu unverjährbaren Klagen gelangen oder die Vertheidiger der Fortdauer einer (bedingt erzwingbaren) obl. naturalis sich kaum die Frage aufwerfen, wie diese Ansicht zu dem ausgesprochenen Zweck der Klagverjährung

zu einer Mathematik des Rechts hinaufzuschrauben gedenkt, ist eine Verirrung und beruht auf einer Verkennung des Wesens des Rechts. Das Leben ist nicht der Begriffe, sondern die Begriffe sind des Lebens wegen da. Nicht was die Logik, sondern was das Leben, der Verkehr, das Rechtsgefühl postulirt, hat zu geschehen, möge es logisch nothwendig oder unmöglich sein. Die Römer hätten verdient in Abdera zu wohnen, wenn sie es je anders gehalten und die Interessen des Lebens der Schuldialektik zum Opfer gebracht hätten.

Aber, wird man mir einwenden, die römischen Juristen selber operiren doch nicht selten mit dem Gesichtspunkt der logischen Nothwendigkeit und Unmöglichkeit. Gewiß! Allein welche Bewandniß hatte es damit? Für den Schulgebrauch ist es ganz bequem, statt der ausführlichen Darlegung der Verhältnisse oder der praktischen Gründe, denen ein Rechtssatz wirklich seinen Ursprung verdankt, einen Gesichtspunkt auszudenken, dem er sich als logische Consequenz unterordnet, er gewinnt damit einen gewissen Nimbus und prägt sich leichter dem Gedächtniß ein, und in diesem Sinn wollen wir uns derartige Deductionen der römischen Juristen gern gefallen lassen. Nur verlange man nicht, daß wir in den Gesichtspunkten, die sie zu dem Zweck hie und da aufstellen, den wirklichen Grund der Rechtssätze und Begriffe erblicken.[431a]) Es sind Rechen-

stimme. Ich selber will mich von diesem Vorwurf übrigens keineswegs freisprechen, bin mir vielmehr sehr wohl bewußt, daß ich in früherer Zeit, als ich noch mehr unter dem Einfluß Puchta's stand, in dieser Richtung eben so viel gesündigt habe, wie irgend ein Anderer.

431a) Dieselben streifen mitunter geradezu ans Wunderliche, so z. B. der „motus naturalis arboris“ in L. 7 de S. P. U. (8. 2), die Begründung des Erforderniſſes der gleichzeitigen Existenz des Erblassers und Intestaterben aus dem Begriff der Verwandtschaft in §. 8 I. de her. ab int. (3. 1). Selbst ein Paulus scheute sich nicht, in L. 14 pr. de Serv. (8. 1) die Ausschließung der Usucapion bei den Servituten damit zu erklären, daß „nemo tam perpetuo tam continenter ire potest, ut nullo momento possessio ejus interpellari videatur“ — ein Grund, der die Usucapion bei abwesenden Grundstücken ebenfalls ausschließen würde, denn auch auf ihnen ist ja der Besitzer nicht unausgesetzt anwesend!

pfennige, Zahlmarken — ganz geeignet für den Zweck, dem sie dienen sollen, aber nicht wirkliches Geld. Immerhin möge also Pomponius den Satz: nemo pro parte testatus, pro parte intestatus decedere potest aus der natürlichen Unvereinbarkeit der beiden Begriffe der testamentarischen und Intestaterbfolge erklären,[432] nur soll uns Niemand glauben machen, daß ein Gesichtspunkt, der erst jenem Satz zu Liebe erfunden ist, und auf den kein Mensch verfallen würde, der den Satz selber nicht kennt, den historischen Grund desselben enthalte. Sich bei einem solchen Gesichtspunkt beruhigen, und gar alle Kunst der Dialektik und Mystik in Bewegung setzen, um ihn zu rechtfertigen, gleich als hätten die ungesunden Speculationen eines modernen Theoretikers im Kopfe eines alten Römers Platz finden können, heißt seinen Verstand und Glauben für ein Billiges dahingeben. So mögen immerhin andere Juristen die Specification durch den Gesichtspunkt der Herrenlosigkeit der Sache motiviren.[433] Wer sich damit abfinden läßt, der verschließt sich die Einsicht in das wahre Wesen der Specification. Nicht weil die neugebildete Sache in dieser ihrer jetzigen Gestalt noch nicht da war und keinen Herrn hat, fällt sie dem Specificanten zu — dann müßte auch die bloße Zerstörung der Sache Eigenthum geben —, sondern weil sie aus zwei Factoren gebildet ist, von denen jeder einen Anspruch auf Schutz erheben kann: Stoff und Arbeit. Eine wirthschaftlich unentwickelte Zeit mag den Ausschlag für den Stoff geben, aber eine Zeit, in der Gewerbe, Handel und Industrie blühen, kann dies nicht, ohne die Interessen des Verkehrs Preis zu geben. In demselben Maße, in dem die Arbeit selber sich entwickelt, entwickelt sich auch das Recht der Arbeit.

So möge ferner die juristische Logik uns immerhin deduciren: die Früchte, die der gutgläubige Besitzer auf fremdem Grund und

---

432) L. 7 de R. J. (50. 17) . . earumque rerum naturaliter inter se pugna est. Beim Soldatentestament setzte man sich bekanntlich über diese naturalis pugna hinweg — dem Soldaten ist ja die pugna nichts Fremdes!

433) L. 7 §. 7 de acq. dom. (41. 1).

Boden baut, müßten eigentlich dem Eigenthümer gehören. Der altrömische Bauer wußte in diesem Verhältniß den Werth und das Recht der Arbeit besser zu würdigen, er sprach das Eigenthum dem zu, der die Mühe davon gehabt hatte, und auch in späterer Zeit, als man dem natürlichen Anspruch des Grundeigenthümers gerecht ward, wies man denselben in eine Form, in der er dem dritten Besitzer der Früchte, d. h. der Sicherheit des Verkehrs nicht gefährlich werden konnte.

Wenn nun in diesem und so manchen andern Verhältnissen die Logik verlassen ist, welche Bewandniß wird es mit denjenigen haben, in denen sie befolgt ist? Ich denke, in beiden Fällen ganz dieselbe, nämlich das praktische Bedürfniß oder das Rechtsgefühl hat den Ausschlag gegeben, und die Logik hat sich gefügt.[433a] So bei den Römern, so bei uns. Wäre das Bedürfniß nach Stellvertretung im alten Rom bereits dringend genug gewesen, um die Bedenken zu überwinden, die ihr in praktischer Beziehung entgegenstehen,[434] so würden dieselben Personen, die heutzutage die logische Unmöglichkeit der directen Stellvertretung deduciren, muthmaßlich die logische Nothwendigkeit derselben beweisen, und mit der angeblichen logischen Undenkbarkeit der Uebertragung von Forderungen würde es sich schwerlich anders verhalten. Kurz diese juristische dialektische Methode ist um kein Haar besser als die von Hegel, an die Stelle der realen Motive, welche die Welt regieren: die ethischen,

433a) Man vergleiche beispielshalber folgende Fälle: L. 8 de nox. act. (9. 4), wo der Jurist sich das Bedenken wegen der Unmöglichkeit der Klage damit zurückweist: quod si non potest, evidenti injuria afficietur — Möglichkeit des Vorbehalts des Pfandrechts bei der Novation — L. 1 §. 1 si is qui test. (47. 4) u. a. m.

434) Aus diesen Gründen ist sie z. B. auch vom türkischen Recht ausgeschlossen worden, Nic. von Tornauw Das moslemitische Recht, S. 95. — Die rein logische Betrachtung der Stellvertretung wird noch eifrig verfochten von Thöl Handelsrecht §. 25, der im Text dagegen eingelegte Widerspruch hat Nachfolge gefunden bei Endemann Handelsrecht S. 129, Laband in Goldschmidts Zeitschr. für Handelsr. X. S. 184 fl., Unger, Verträge zu Gunsten Dritter, S. 12.

psychologischen, wirthschaftlichen, legislativpolitischen setzt sie die juristischen Kategorien der Person, Sache, Handlung u. s. w.; ihre vermeintliche logische Nothwendigkeit ist ganz wie bei Hegel der getreue Schatten der Wirklichkeit; weil es ihr ein Leichtes ist, ihn vorausfallen zu lassen, will sie uns glauben machen, er sei es, der vorangehe, und dem die Wirklichkeit folgen müsse!

In diesem Sinne habe ich die folgenden Untersuchungen angestellt. Ich bin davon ausgegangen, daß die letzten Quellen der römischen Rechtsbegriffe in psychologischen und praktischen, ethischen und historischen Gründen gesucht werden müssen, daß aber die juristische Intuition: die Ueberzeugung von dem unmittelbaren logischen Dasein eines Begriffs keinem einzigen derselben das Leben gegeben habe, ja daß die juristische Dialektik selbst in der Richtung, wo sie scheinbar völliger Selbständigkeit genoß, nämlich wo sie die Consequenzen der gegebenen Begriffe und Principien aufzudecken hatte, sich wesentlich durch die praktische Angemessenheit des Resultats hat leiten lassen. Gar manches erscheint im Gewande einer bloßen Consequenz, was in Wirklichkeit eine selbständige Lebensberechtigung in sich trug, und was, wenn man es nicht auf dem Wege der Schlußfolgerung hätte gewinnen können, auf unmittelbare Weise hätte beschafft werden müssen.

Der gegenwärtige Abschnitt zerfällt in zwei Abtheilungen, von denen die erste die allgemeine Theorie der Rechte zum Gegenstande hat. Sie soll die Frage beantworten: auf welchen Momenten beruhte der Begriff des Rechts nach römischer Auffassung, wie dachte sich der Römer die Beziehung des Rechts zum Subject, worauf basirte er das Dasein des Rechts, wornach bemaß er die absolute oder relative Richtung desselben u. s. w.

Bei dieser ganzen Untersuchung, die ich als eine Materialkritik der römischen Rechtstheorie bezeichnen kann, werde ich mich keineswegs auf das ältere Recht beschränken, denn das Meiste von dem, was wir hier finden werden, hat auch für das neuere seine Geltung beibehalten; soweit dies nicht der Fall, werde ich im dritten System darauf zurückkommen. Dagegen habe ich es nicht für nöthig gehalten, den Stoff zu erschöpfen, es genügte ein Maß der Ausführlichkeit, welches ausreicht, den allgemeinen Gesichtspunkten die erforderliche Deutlichkeit und Anschaulichkeit zu geben; die Anwendung auf übergangene Verhältnisse kann Jeder selber machen.

Die zweite Abtheilung behandelt die einzelnen Rechte, aber nicht in ihrer ganzen Gestalt — das überlasse ich der Rechtsgeschichte — sondern nur insoweit, als ich glaube die herrschenden Ansichten berichtigen oder erweitern zu können, wozu mir insbesondere in Bezug auf die ursprüngliche Gestalt des Eigenthums- und Obligationenrechts Gelegenheit geboten zu sein schien. Daran wird sich eine früher ausgesetzte Untersuchung über die angebliche Formlosigkeit der Eingehung der Ehe reihen. Dieser Theil bildet daher kein in sich abgeschlossenes Ganze, sondern ein Aggregat von einzelnen rechtshistorischen Untersuchungen, deren Ergebniß mir aber für den Gesammtzweck meines Werks unentbehrlich ist.

Allgemeine Theorie der Rechte.

I. Begriff des Rechts.

1. Das substantielle Moment des Rechts.

Unzulänglichkeit des Willens= und Machtbegriffs für die Definition des Rechts. — Das substantielle Moment des Rechtsbegriffs und die damit gegebenen Begriffe: Nutzen, Gut, Werth, Interesse. — Die praktische Verwirklichung des Rechts: der Genuß. Die verschiedenen Formen des Genusses. Die Dispositionsbefugniß ein Wahlrecht in Bezug auf die Genußformen.

Jus privatum, quod ad singulorum u t i l i t a t e m spectat. Ulpianus lib. I. Inst.
(L. 1 §. 2 de Just. et Jure.)

LX. Was ist das Recht? Man kann auf diese Frage eine ganz verschiedene Antwort ertheilen je nach dem Interesse und dem Standpunkt, für das und von dem aus man sie aufwirft. Dem positiven Juristen mag es genügen, wenn man ihm darauf die in den früheren Darstellungen des römischen Rechts übliche Antwort ertheilt: Recht ist die durch das Gesetz gewährte Möglichkeit des Zwangs (Thibaut) oder wie man denselben Gedanken sonst mit andern Ausdrücken wiedergab.[435]) Mit einer solchen Antwort, die

435) „Die Befugniß selber etwas thun zu dürfen oder von einem Andern zu verlangen, daß er zu unserm Vortheil etwas thue oder unterlasse" (Mackeldei, Seuffert). Am kürzesten: „Befugniß zu (äußern) Handlungen (oder Unterlassungen) (Mühlenbruch), am schleppendsten: „Die auf eine gültige (!) Norm gegründete Befugniß zu einer bestimmten (!) Aeußerung (!) der freien (!) Wirk=

im Grunde nur eine Beschreibung, eine Angabe der äußern Erscheinung des Rechts enthält, können wir uns aber für unsere Zwecke nicht begnügen. Die Antwort, die uns Noth thut, muß das Innere des Rechts: sein Wesen treffen, wenn sie uns sonst als Ausgangs- und Anhaltspunkt für die folgenden Untersuchungen dienen soll.

Eine derartige Antwort müßte uns die Rechtsphilosophie geben. Während Kant und seine Schule über die äußere Erscheinungsform des Rechts: den Zwang nicht hinausgekommen sind,[436] hat Hegel — und sein Einfluß ist für die neuere positive Jurisprudenz bewußt oder unbewußt ein maßgebender geworden — die Substanz des Rechts sowohl im objectiven als subjectiven Sinn in den Willen gesetzt. Darin lag für dasselbe nach beiden Seiten ein ganz unläugbarer Fortschritt, aber in der Einseitigkeit seiner Verfolgung hat das Willensmoment dennoch vom rechten Wege abgelenkt und ebenso, wie Kants Princip des Zwanges, mit einem reinen Formalismus des Rechtsbegriffs geendet. Die Bezeichnung des Rechts im objectiven Sinn als des „allgemeinen Willens" gibt in formaler Beziehung das Wesen desselben in einer Weise wieder, wie sie nicht kürzer und treffender gedacht werden kann. Denn das Wesen des Rechts, was immerhin auch seine Aufgabe, sein Ziel, sein Inhalt sein möge, besteht in der Verwirklichung, die Voraussetzung dazu aber ist die Macht, das Organ und der Träger der Macht aber der Wille. Erst durch ihn werden die Rechtsgedanken — die des Gesetzgebers im Gesetz, die des Volks im Gewohnheitsrecht — zu Rechtssätzen, zu wirklichem, wahrhaftigem Recht erhoben, d. h. zu einer Macht,

---

samkeit in der Außenwelt (!) (Wening-Ingenheim). Bei solchen Definitionen wechselt man einen Silberthaler gegen einen Papierthaler, man ist ebensoweit wie vorher. Was ist Recht? „Befugniß zu handeln u. s. w." da bekommt man den Papierthaler statt des Silberthalers. Was ist Befugniß? „Recht zu handeln" — da erhält man den Silberthaler wieder zurück — es sind Definitionen, bei denen man bloß die Ausdrücke, nicht die Begriffe in andere umsetzt.

436) Einleitung zu den Metaphys. Anfangsgründen der Rechtslehre: „Recht und Befugniß zu zwingen bedeuten also einerlei."

die das Leben gestaltet und beherrscht; ohne diese Bethätigung ihrer praktischen Kraft durch unausgesetzte constante Verwirklichung wären sie Gedanken, Ideen, Ansichten, wie alle andern, aber keine Rechtssätze.

Für die dogmatische Darstellung des Rechts reicht diese Auffassung, welche die für jene allein wichtigen Momente des Rechts: den Charakter der Positivität und Realität treffend wiedergibt, vollkommen aus; darüber hinaus nicht. Denn es fehlt ihr an einem Princip für den Inhalt des Willens: wenn sie den Willen selber zu seinem eigenen Princip erheben will, um auf diese Weise zu einer inhaltlichen Füllung desselben zu gelangen, so artet dies in Sophistik aus.

Für unsere Zwecke hat nur die Verwendung des Willensbegriffs zur Erklärung des Rechts im subjectiven Sinn ein Interesse. Wenn letzteres nun zunächst an den „allgemeinen Willen" in der Weise angeknüpft wird, daß der individuelle Wille nur soweit wollen könne, als er durch den allgemeinen gedeckt ist, so ist dies vollkommen richtig. Nur soweit dies Congruenzverhältniß reicht, kommt die Macht, mit der jener ausgerüstet ist, auch diesem zu gute, schlägt das objective Recht zum subjectiven Recht nieder, darüber hinaus offenbart sich die Ohnmacht des individuellen Willens, indem die Macht des allgemeinen Willens ihn zu Boden wirft. In diesem Sinn kann man also das Recht als „concrete Einheit des Staats- und Einzelwillens" (Kierulff) bezeichnen, als ein in der Privatperson concret und lebendig gewordenes Stück des allgemeinen Willens. Ganz anders aber, wenn man, wie dies nach dem Vorgang Hegels mehr und mehr auch die positive Jurisprudenz zu thun angefangen hat, in ähnlicher Weise wie die Substanz des objectiven Rechts in den allgemeinen, so die des subjectiven in den subjectiven Willen setzt. Dies ist nicht bloß einseitig, sondern falsch.[437] Daraus, daß mein Wille sich nicht weiter

437) Von der Bedeutung, die der Wille für die Begründung des Rechts hat, wird an anderer Stelle die Rede sein, hier handelt es sich um seine

erstrecken kann, als der allgemeine, folgt nicht, daß letzterer nicht weiter reichen kann, als der meinige, m. a. W. daß ich nicht ein Recht haben kann, welches nicht in meinem eigenen, sondern im Willen des Gesetzes seinen Grund hat.

Indem die obige Ansicht dies übersieht, gelangt sie consequenterweise zu einer völligen Identificirung des subjectiven Rechts- und Willensbegriffes. Endzweck alles Rechts ist für sie das Wollen, Rechtsfähigkeit und Willensfähigkeit gilt ihr daher gleichbedeutend, das Recht erscheint als ein abgegränztes Stück Willenssubstanz. Die abstracten Rechtstypen, die das Gesetz aufstellt: die Begriffe des Eigenthums, der Obligation u. s. w. werden erst dadurch concret-lebendig, daß der individuelle Wille sie ausfüllt, sie beseelt, daß er sich „in die Sache hineinlegt".[438]

Dieser Auffassung zufolge ist demnach das ganze Privatrecht nichts als eine Arena für den Willen, sich darauf zu bewegen und zu üben, der Wille ist das Organ, durch welches der Mensch das Recht genießt, der Rechtsgenuß besteht darin, daß er die Freude und Herrlichkeit der Macht empfindet, die Genugthuung hat, einen Willensakt vollzogen, z. B. eine Hypothek bestellt, eine Klage cedirt und damit

---

Bedeutung für den Begriff, den Inhalt des Rechts, letzteres selber wird also als bereits erworben vorausgesetzt.

438) Ueber Hegel s. die folgende Note. Ueber die gangbaren Definitionen s. die Lehrbücher der Pandekten von Arndts („Herrschaft des Willens in Ansehung eines Gegenstandes") Sintenis („der zum Gesammtwillen erhobene Wille einer Person") Windscheid („ein gewisser Willensinhalt, von dem die Rechtsordnung in einem concreten Fall ausspricht, daß er allem andern Willen gegenüber zur Geltung gebracht werden dürfe"). Am consequentesten hat Puchta diese Auffassung verfolgt, s. z. B. dessen Pandekten §. 22: „Als Subjecte eines solchen in der Potenz gedachten Willens heißen die Menschen Personen . . . Persönlichkeit ist also die subjective Möglichkeit eines rechtlichen Willens, einer rechtlichen Macht." §. 118: „Das Recht der selbständigen Persönlichkeit . . fehlt dem Filius familias." Dazu die Note b: „Das Princip des alten Rechts war Unfähigkeit Vermögensrechte zu haben, das Princip des neuern ist Unfähigkeit über das Vermögen irgendwie zu disponiren. Beides bringt in Bezug auf die Persönlichkeit nahezu dieselben praktischen Resultate hervor." (!) Auch beim Unmündigen, Wahnsinnigen? —!

sich als Rechtspersönlichkeit dokumentirt zu haben.[439]) Welch ein armseliges Ding wäre es aber um den Willen, wenn die nüchternen und niedern Regionen des Rechts das eigentliche Gebiet seiner Thätigkeit bezeichneten! Das wahre Reich des Willens, die Sphäre der schöpferisch gestaltenden Macht der Persönlichkeit fängt erst da an, wo jene aufhören; die Rechte sind nicht der Stoff, das Object, sondern die Voraussetzung des wahren Wollens, nicht das Ziel, sondern das Mittel. Wäre das Wollen Zweck des Rechts, was sollten Rechte in Händen willenloser Personen? Sie würden hier ja ihren Zweck, ihre Bestimmung gänzlich verfehlen — eine Brille für einen Blinden!

Wenn die Persönlichkeit und Rechtsfähigkeit mit der Willensfähigkeit zusammenfällt, wie verträgt es sich, daß alle Rechte der Welt (mir ist wenigstens keins bekannt, das es nicht gethan hätte) in den Kindern und Wahnsinnigen nicht bloß das rein Menschliche der Persönlichkeit: Leib und Leben anerkennen und schützen, sondern ihnen auch mit geringen Modificationen dieselbe Vermögensfähigkeit zugestehen, wie den willensfähigen Personen? Es ist eine leidige Ausflucht, die nicht Stich hält, wenn man sagt: das Gesetz respectire in ihnen die Möglichkeit künftiger Willensfähigkeit, es schütze auch den Keim des Willens. Ganz abgesehen von den Fällen, wo diese Annahme auf eine reine Fiction hinauslaufen würde, wie z. B. bei einem Kretin, einem unheilbar Wahnsinnigen, so würde jene Rücksicht auf den künftigen Eintritt der Willensfähigkeit zwar allenfalls den Schutz der nackten Persönlichkeit, nicht aber die Zulassung des Erwerbs concreter Vermögensrechte z. B.

---

439) Hegel Rechtsphil. (Aufl. 2. S. 111) deducirt das Interesse des Vertrages dadurch: „daß es das Interesse der Vernunft sei, daß der subjective Wille allgemein werde und sich zu dieser Verwirklichung erhebe." Daß das „Bedürfniß, das Wohlwollen, der Nutzen u. s. w. es sei, was die Menschen zu Verträgen führe", weist er damit zurück, daß dies nur für „ihr Bewußtsein" gelte, d. i. ein bloßes subjectives Motiv sei, in Wirklichkeit sei es „die Vernunft an sich, nämlich die Idee des reellen, d. i. nur im Willen vorhandenen Daseins der freien Persönlichkeit." Das „Wohl ist dem Rechte als solchem ein Aeußerliches" (S. 287), „die Beförderung des Wohls ist Sache der Polizei" (S. 288).

einer Erbschaft zu rechtfertigen vermögen, in der letzteren Beziehung dürfte vielmehr als äußerste Concession nur die Vertagung des Erwerbs bis zur erlangten Fähigkeit eintreten können. Die einzige consequente Abweisung jenes Einwandes besteht in der Antwort: die Anerkennung von Rechten in den Händen willensunfähiger Personen sei lediglich Sache positiver Satzung, und in der That hat es einem neuern Rechtsphilosophen nicht an dem Muth gefehlt, dieselbe zu ertheilen und damit zu constatiren, daß die Philosophie auf dem angegebenen Wege nicht dazu gelangen kann, die reale Welt zu begreifen.[440])

Und doch, sollte man meinen, wäre dies so unendlich leicht. Nicht eines Künftigen, sondern eines Gegenwärtigen wegen haben jene Personen ihr Recht, nicht wegen willkührlicher Laune des Gesetzgebers, sondern in Anerkennung des Anspruchs, den jedes menschliche Wesen auf seiner Stirn trägt.[441]) Das Bedürfniß, das mit der

---

440) Ad. Helfferich, Die Kategorien des Rechts Berlin 1863 S. 8: „Da, wo der Wille als solcher ruht, existirt kein wirkliches Recht . . und wenn das Gesetz den Rechtswillen schon beim Kinde u. s. w. schützt, so geschieht es nicht, weil sie ein Recht darauf haben, sondern weil das Gesetz die Personencapacität beliebig (sic!) bestimmen und abändern kann.“ Dahin also führt es, wenn man Recht und „Rechtswillen“ identificirt! Kinder, Wahnsinnige wären demnach eigentlich rechtlos, und wenn man sie nicht ungestraft tödten kann, was doch, wenn sie überhaupt kein Recht, folglich auch nicht auf ihr Leben haben, erlaubt sein müßte, so beruht das bloß auf der Willkühr des Gesetzgebers, der „beliebig die Personencapacität bestimmt und abändert“! Nicht besser Lassalle, nach dessen in seinem System der erworbenen Rechte B. 2, Leipzig 1861 entwickelter Auffassung das ganze Erbrecht nichts als eine Uebertragung des Willens des Testators auf den Erben enthält — höchst einleuchtend bei der Beerbung eines Wahnsinnigen durch ein Kind!

441) Es ist ein großes Verdienst der Krause'schen Philosophie und Schule (Ahrens, Röder), diese Seite des Rechtsbegriffs, die ich im Folgenden als das substantielle Moment desselben bezeichnen und weiter ausführen werde, richtig erkannt zu haben, wogegen sie freilich die formale Seite desselben (§. 61) viel zu wenig betont. Uebrigens liegt jene Seite zu nahe, als daß sie sich der unbefangenen Betrachtung je hätte entziehen können, und schon Leibniz (ich bin gezwungen, dies Ahrens nachzusprechen) hat sie hervorgehoben. Stahl in seiner Rechtsphilosophie hat sich zwar von dem obigen Willens

thierischen Natur des Menschen unabweisbar gesetzt ist, und dessen Befriedigung in der gesicherten Form des Rechts einer der ersten Zwecke aller subjectiven Rechte ist, dies Bedürfniß ist bei jenen Personen in nicht minderem Grade vorhanden, als bei allen andern, und je weniger ihnen selber die Fähigkeit innewohnt für die Befriedigung desselben Sorge zu tragen, um so mehr ist dies Aufgabe des Staats. Jene abstracten Rechtssubjecte, deren Dasein erst mit dem Eintritt des Willensvermögens beginnt, sind freilich so glücklich disponirt, daß sie das Organ, durch das der natürliche Mensch sich zuerst mit den Dingen der Außenwelt in Rapport setzt: den Magen, überall nicht besitzen, aber sie leben eben auch nicht,

Denn wenn er keinen Magen hat
Wie soll der Edle leben?

Daß die Bedürfnisse und Interessen dieser Personen nicht auf das rein Thierische beschränkt sind, daß das Vermögen vielmehr auch bei ihnen einer Verwendung für höhere Zwecke theilhaftig werden kann, [441a]) z. B. für ihre eigene Erziehung, Unterstützung ihrer

formalismus frei gehalten, allein zur positiven Erfassung des Richtigen ist er nicht gelangt. Nur rücksichtlich des Vermögensrechts hebt er S. 282 die Befriedigung des Bedürfnisses als bildenden Trieb desselben hervor, ohne aber die darin gelegenen Consequenzen weder an dieser, noch späterer Stelle weiter zu verfolgen. Was er S. 283 über das römische Recht sagt, zeugt nicht von einer Beherrschung der hier einschlagenden Begriffe.

441a) Freilich nur unvollkommen. Empfinden kann weder der Wahnsinnige noch das Kind, und soweit die ideale Bestimmung und Function des Vermögens auf dem psychologischen Moment der Empfindung, dem Selbstwollen beruht, fällt dieselbe bei ihnen hinweg. Die Freude des Wohlthuns, der uneigennützigen Dahingabe des Vermögens für fremde Zwecke (Note 457), der Genuß der Verfolgung und Erreichung selbstgesetzter Zwecke durch Mittel des Vermögens, und beschränkten sich diese Zwecke auch bloß auf den Erwerb oder das Vergnügen — ist bei ihnen nicht möglich. Daraus ergibt sich von selbst die beschränkte Stellung ihrer Vormünder, dieselben dürfen nicht schenken, gewagte Geschäfte vornehmen, ja nicht einmal frei kaufen und verkaufen, ihre Aufgabe geht lediglich auf „custodia", d. h. das Vermögen möglichst in seinem gegenwärtigen Zustande zu erhalten, man könnte das Rechtliche der ganzen Situation kurz bezeichnen mit dem Worte: das Vermögen im nächsten Verwandten, wird keiner Bemerkung bedürfen. Nicht im Wege steht, daß die Verwendung desselben nicht durch sie erfolgt; genug sie erfolgt für sie. Dieser letztere Umstand aber ist der entscheidende. Nach der obigen Ansicht, welche alles Gewicht auf das „Durch" legt und die Bedeutung des „Für" übersieht, würde bei jenen Personen der Vormund der Berechtigte sein, denn er nimmt die Dispositionen über das Vermögen vor, ihm allein kommt der ideale Genuß zu gute, in den diese Ansicht den Zweck der Rechte setzt: der Hochgenuß, einen Willensakt vorzunehmen. Er sei ihm gern vergönnt, wenn nur der reale Nutzen dem Mündel zu Theil wird! Berechtigt ist nicht, wer das Wollen, sondern den Genuß beanspruchen kann. Ersteres läßt sich zur Noth auf einen

---

Zustande der Erstarrung. Die Seele fehlt ihm, d. h. die Person. Es ist zwar ein Eigenthümer da, aber nicht der rechte, d. i. ein solcher, in dessen Person es seine ganze Bestimmung, alle seine Kräfte entfalten könnte, der es zu lenken und leiten verstände nach frei gesetzten Zwecken und Zielen. Es ist ein kümmerlicher Zustand: ein Roß in den Händen eines Reiters, der es nicht zu reiten versteht, und der darum auch keine Freude an ihm hat, und den der Vormund fest im Sattel halten muß. So erklärt es sich, daß das altrömische Recht alle Kinder und Wahnsinnige mit alleiniger Ausnahme der sui heredes, bei denen der Erbschaftserwerb ipso jure eintrat, vom Erwerb von Erbschaften ausschloß. Denn sie sind nicht die richtigen Erben, nicht diejenigen, welche der Nachlaß nöthig hat, um wieder zu leisten, was er kann und soll. Wenn man diese ihre Ausschließung vom Erbschaftserwerb dadurch motivirte, daß dieser Akt nicht durch Stellvertreter erfolgen könne, so war das nur ein rein juristischer Grund (ähnlich wie man die Unstatthaftigkeit der Arrogation der Kinder und Frauenzimmer aus ihrer Unfähigkeit in den Comitien zu erscheinen erklärte), der wahre Grund war der psychologische, ethische, wirthschaftliche: in diesen Personen erreicht das Vermögen seine Bestimmung nicht. Das einzige, was das Recht ihnen bei einer deferirten Erbschaft concedirte, war, daß es sich dazu verstand, zu warten, ob nicht die Fähigkeit sich noch einstellte: bei dem Kinde bis zum zurückgelegten siebenten Jahre, beim Wahnsinnigen bis zum Tode. Mit jener Vorstellung hing wie die Bon. Poss. decretalis, die wir kurz als Zustand des Wartens auf den rechten Eigenthümer bezeichnen können, so auch die substitutio pupillaris und quasi-pupillaris zusammen — die beiden letztern sollen den definitiven Anfall an einen Erben, der nicht die nöthige Fähigkeit erlangt hat, wiederum unschädlich machen.

Andern übertragen oder lahm legen, letzteres nicht, ohne daß das Recht selber in gleicher Weise dadurch betroffen wird. Subject des Rechts ist der, dem der Nutzen desselben vom Gesetz zugedacht ist (der Destinatär); der Schutz des Rechts hat keinen andern Zweck, als die Zuwendung dieses Nutzens an ihn zu sichern. Welche Rolle der Wille dabei spielt, werden wir unten sehen.

Handelte es sich bei der obigen Ansicht lediglich um einen Mißgriff in der philosophischen Formulirung des Rechtsbegriffes, so würde ich denselben, nachdem ich ihn, wie ich glaube, als solchen erwiesen habe, hier nicht weiter verfolgen. Aber in Wirklichkeit handelt es sich dabei um einen Gegensatz in der Auffassung von ganz fundamentaler Art, — um einen Irrthum, der die richtige praktische Erkenntniß des Rechts in bedenklichster Weise erschwert und trübt. Es ist hier nicht der Ort, dies ausführlicher zu begründen — es würde zu dem Zweck eine historische, weil in die Geschichte der Jurisprudenz und der Rechtsphilosophie zurückgreifende Abhandlung über das durch die Idee des abstracten Willens im Recht angestiftete Unheil nöthig sein — aber das folgende Beispiel wird, wie ich hoffe, das obige Urtheil vollkommen bestätigen.[442)]

Liegt der Endzweck des Rechts im Wollen, so müssen alle Vereinbarungen, welche nichts Unsittliches oder Unerlaubtes enthalten, rechtlich verbindende Kraft haben, und in der That ist ja das Dogma von der abstract verpflichtenden Kraft der Verträge von Juristen und Rechtsphilosophen oft genug aufgestellt. Ein Vertrag also, der dem einen Theil eine Beschränkung auferlegt, ohne dem andern den geringsten Nutzen zu gewähren, z. B. der,

---

442) Ein anderes Beispiel liefert die juristische Person. Die unnatürliche Auffassung derselben, welche das Recht der einzelnen Mitglieder (der Destinatäre), derentwegen die juristische Persönlichkeit allein ins Leben gerufen ist, übersieht und diese Willensmaschinerie zum Subject der Rechte erhebt, wurzelt lediglich in dem obigen Willensformalismus. Wer sich über die Bedeutung des Verhältnisses der Frage: durch wen? und für wen? klar ist, wird es auch über die Bedeutung der juristischen Person sein. Ich werde im §. 61 darauf zurückkommen.

daß Jemand sein Grundstück nicht veräußern, einen gewissen Beruf nicht ergreifen dürfe, würde demgemäß vollkommen gültig sein. Daran würde selbst der Umstand, daß der Promissar nicht das leiseste Interesse an der Innehaltung des Vertrages anzugeben vermöchte, nicht das Geringste ändern. Denn wozu noch ein solches Interesse? Der Zweck des Rechts besteht ja einmal in der Willensmacht, der Herrschaft, und eine Herrschaft über den fremden Willen übe ich aus, wenn ich ihn zu Unterlassungen und Handlungen zwingen darf, einerlei ob dieselben ein Interesse für mich haben oder nicht — jener spiritualistische Rechtsgenuß, bei dem die Willenstheorie es bewenden läßt: die Freude an der reinen Macht als solcher, die Satisfaction, seinen Willen durchzusetzen, wird in beiden Fällen in gleicher Weise gewährt.

Wohin dies im Verkehr führen muß, leuchtet ein. Ungehemmt und unbeschränkt kann die Saat der Unfreiheit ausgestreut werden, kann das Unkraut drückender, für den Verkehr wie für das berechtigte Individuum völlig werthloser Beschränkungen wuchern; unter der falschen Freiheit geht die wahre zu Grunde, und der Wille gräbt sich sein eigenes Grab. Ein solcher Willensformalismus, der im Mittelalter in dem Princip der schlechthin verbindlichen Kraft promissorischer Eide einen verschärften Ausdruck fand, war dem römischen Recht zu allen Zeiten völlig fremd. In sorgsamster Weise war dasselbe bedacht, dieser Selbstvernichtung der Freiheit vorzubeugen (§. 33), und den Grund dazu legte es in der Gestaltung des Rechtsbegriffs. Die Rechte sind nicht dazu da, um die Idee des abstracten „Rechtswillens" zu verwirklichen, sondern um den Interessen, Bedürfnissen, Zwecken des Verkehrs zu dienen. In diesem Zweck finden sie, findet der Wille sein Maß und Ziel.[442a] Verträge, die mit diesem Maßstab gemessen des Interesses entbehren,

---

442a) Die weitere Ausführung dieses Gedankens gedenke ich in einer Abhandlung über das Zweckmoment im römischen Privatrecht zu geben; kurz zusammengedrängt wird der Inhalt derselben im folgenden Bande dieses Werks Aufnahme finden.

sind nichtig, aus ihnen entsteht weder eine Servitut[443]) noch eine Obligation;[444]) die Rechte gewähren nichts Unnützes, der Nutzen, nicht der Wille ist die Substanz des Rechts.

Doch dies führt uns bereits auf den positiven Theil unserer Aufgabe. Es wird verstattet sein, den negativen in den Satz zusammenzufassen:

> der Wille ist nicht der Zweck und die bewegende Kraft der Rechte; der Willens- und Machtbegriff ist nicht im Stande, das praktische Verständniß der Rechte zu erschließen.

Zwei Momente sind es, die den Begriff des Rechts constituiren, ein substantielles, in dem der praktische Zweck desselben liegt, nämlich der Nutzen, Vortheil, Gewinn, der durch das Recht gewährleistet werden soll, und ein formales, welches sich zu jenem Zweck bloß als Mittel verhält, nämlich der Rechtsschutz, die Klage. Ersteres ist der Kern, letzteres die schützende Schale des Rechts. Jenes für sich allein begründet lediglich einen thatsächlichen Zustand des Nutzens oder Genusses (faktisches

443) Der Grundsatz und Beispiele in L. 15 de servit. (8. 1).

444) Beispiele in L. 61 de pact. (2. 14). Nur eine Ausnahme lassen die römischen Juristen zu, die aber gerade von einem ungemein feinen Takt zeugt. Der Eigenthümer kann als solcher in der Verwendung der Sache sich durch rein individuelle Launen leiten lassen, und dasselbe verstattet man ihm bei Veräußerung der Sache rücksichtlich der Auflagen, die er dem Käufer zu machen für gut findet, gleich als ob es sich hier um Zurückbehaltung von unnützen Eigenthumsbestandtheilen handle (lex rei suae dicta). Für Servituten spricht diesen Grundsatz aus L. 19 de serv. (8. 1) . . . quem quis vendat, für Verträge die L. 11 de relig. (11. 7) . . venierit und L. ult. Cod. de pact. int. emt. (4. 54) . . in venditionis vel alienationis contractu, wodurch der scheinbare Widerspruch mit L. 61 cit. verschwindet. Die genauere Entwicklung dieses Gesichtspunktes der lex rei suae dicta habe ich jetzt in meiner Abh. über die passiven Wirkungen der Rechte gegeben, meine Jahrbücher X. S. 550 fl.

Interesse), der jeder Zeit ohne weitere Folgen von Jedem, der dazu thatsächlich in der Lage ist, aufgehoben werden kann.[445] Den Charakter der Zufälligkeit, Hinfälligkeit verliert dieser Zustand erst dadurch, daß das Gesetz ihn unter seinen Schutz nimmt, der Genuß oder die Aussicht auf denselben wird dadurch ein gesicherter: ein Recht. Der Begriff des Rechts beruht auf der rechtlichen Sicherheit des Genusses, Rechte sind rechtlich geschützte Interessen.

Das erste Moment, dem wir zunächst unsere Aufmerksamkeit zuwenden, stellt sich dar in folgender Vorstellungsreihe: Nutzen, Gut, Werth, Genuß, Interesse. Der Maßstab, nach dem das Recht diese Begriffe bemißt, ist keineswegs ausschließlich der ökonomische: Geld und Geldeswerth; das Vermögen ist nicht das Einzige, das dem Menschen gesichert werden muß, über demselben stehen vielmehr noch andere und höhere Güter ethischer Art: die Persönlichkeit, Freiheit, Ehre, die Familienverbindung, — Güter, ohne welche die äußerlichen, sichtbaren Güter gar keinen Werth haben würden.

Jedes Recht des Privatrechts ist dazu da, daß es dem Menschen irgend einen Vortheil gewähre, seine Bedürfnisse befriedige, seine Interessen, Zwecke fördere. Von jedem Recht ist also der Mensch der Destinatär,[446] ob auch das Subject, hängt davon ab, wie man sich das Verhältniß bei der juristischen Person denkt (S. 219 u. §. 61).

Der angegebene Zweck trifft bei sämmtlichen Rechten zu, mögen sie dem Vermögens- oder dem Personenrecht angehören, alle

---

445) L. 26 de damno inf. (39. 2) non videri damnum facere (d. i. einen Schaden im Sinn des Rechts erleiden) qui eo veluti lucro, quo adhuc utebatur, prohibetur. Eine eigenthümliche Art dieses factischen Genußverhältnisses bilden die von mir so genannten und in meinen Jahrbüchern (X. S. 245 fl.) einer genaueren Betrachtung unterzogenen Reflexwirkungen fremder Rechte.

446) L. 28 §. 1 de usur. (22. 1) . . omnes fructus natura hominum causa comparavit. §. 12 I. de J. N. (1. 2).

sollen mich fördern, mir einen Dienst, Nutzen, Vortheil[447]) gewähren, die Freiheit so gut wie das Eigenthum, die Ehe so gut wie die Forderung — „es gibt kein zweck- und nutzloses Recht; Wohl und Recht sind keine Gegensätze, sondern in nothwendiger Beziehung zu einander" (Ahrens).

Ein Ding, das uns diesen Dienst zu leisten vermag, nennen wir ein Gut, die Römer beschränken den Ausdruck bekanntlich auf das Gut im ökonomischen Sinn: die Glücksgüter (bona). Demnach bildet ein Gut den Inhalt eines jeden Rechts — eine Definition des Rechts, die nicht von dem Begriff des Guts im weitern Sinn ausgeht, ist in meinen Augen verfehlt.

An den Begriff des Guts reiht sich der des Werths und Interesses an. Der Werthbegriff enthält den Maßstab zur Bestimmung der Tauglichkeit des Guts, der Interessenbegriff erfaßt diese Wertheigenschaft in besonderer Beziehung auf die Zwecke und Verhältnisse des Subjects. Ein Recht, das an sich einen Werth hat, kann für dieses Subject ohne Interesse sein, z. B. eine Aussichtsgerechtigkeit für einen Blinden, die Berechtigung zum Besuch eines Concerts für einen Tauben. Beide Begriffe sind wie der des Guts nicht auf das Vermögen beschränkt,[448]) nur hat der des

447) Für das Vermögen heben die römischen Juristen dies Zweckmoment (commodum, emolumentum Gaj. II, 255, L. 75 de J. D. 23. 3) ausdrücklich hervor: bona, quod beant . . beare est prodesse L. 49 de V. S. (50. 16) L. 83 ibid.: proprie (d. h. im ökonomischen Sinn) bona dici non possunt, quae plus incommodi quam commodi habent. Ahrens macht mit Recht auch auf den Ausspruch von Ulpian in L. 1 §. 2 de J. et J. (1. 1) aufmerksam: privatum, quod ad singulorum utilitatem spectat, sunt enim quaedam publice utilia, quaedam privatim. S. auch L. 11 ibid.

448) S. z. B. L. 14 §. 1 de serv. corr. (11. 3) . . interest nostra animum liberorum nostrorum non corrumpi. L. 54 Mand. (17. 1) . . affectus ratione mandati agetur (auf Freilassung des Sklaven). L. 7 de ann. (33. 1) . . interest illius (auf Errichtung eines Monuments) L. 71 pr. de cond. (35. 1) interesse heredis credendum est (auf Sicherstellung der Subsistenz eines Verwandten) L. 71 de evict. (21. 2) i. f. L. 5 §. 5 de his qui (9. 3). L. 1—6 de lib. causa (40. 12), namentlich L. 1 pr.

Werths allerdings außerhalb dieser Sphäre kein praktisches Interesse, denn das praktische Interesse desselben besteht in der Möglichkeit, seine Abstufungen in Geld auszudrücken, dieser Werthmaßstab des Geldes ist aber nur anwendbar bei den Dingen, die für Geld zu haben sind — die Freiheit, das Leben, die Ehre sind inästimabel,[449]) was aber das römische Recht nicht abgehalten hat, bei einer Verletzung dieser Güter das Geld als Strafmittel öfters zur Anwendung zu bringen.[450])

Das Geld also ist der ökonomische Werth- und Interessenmaßstab. Denn das Geld ist die Form, in die mittelst der Operation des Kaufs alle Werthobjecte sich auflösen, und aus der sie sich wieder herstellen lassen — die Ursubstanz, in der sie alle enthalten sind. Was käuflich ist, ist schätzbar d. i. auf Geld reducirbar (aes–timare), was der Verkehr schätzt (im doppelten Sinn: werth hält, hoch schätzt und bezahlt), kann auch der Richter schätzen (taxiren). Aber nicht Alles findet innerhalb des Vermögens sein Aequivalent in Geld, gewisse Gegenstände, selbst wenn sie um Geld erworben

---

quia semper parentis interest filium servitutem non subire. L. 2: quoniam servitus eorum ad dolorem nostrum injuriamque nostram porrigitur. L. 6 pr. de serv. exp. (18. 7).. cum venditoris affectionem forte simul et verecundiam laeserit. L. 7 ib. etiam affectionis ratione recte agetur. L. 71 de evict. (21. 2) interest enim patris filiam dotatam habere L. 5 §. 5 de his qui effud. (9. 3), wo die Klage dem gegeben wird, „cujus interest", trotzdem daß das „damnum pecuniarium" verneint wird. Verkehrt Arnold Cultur und Rechtsleben S. 102, 417, 422: die Institute des Familienrechts, wie Ehe, väterliche Gewalt, Vormundschaft, kämen, sobald sie als Institute des Privatrechts aufträten, nur von Seite des Vermögens zur Sprache. Das Privatrecht habe es mit den Rechtsverhältnissen der einzelnen Personen zu thun, soweit sie einen Vermögenswerth haben.

449) Libertas inaestimabilis res est, L. 106 de R. J. (50. 17); L. 9 §. 2 de statul. (40. 7): libertas pecunia lui non potest. L. 3 si quadr. (9. 1) liberum corpus aestimationem non recipit.

450) Nicht bloß bei der act. injuriarum aestimatoria und den verschiedenen Strafklagen wegen Beschädigung oder Tödtung durch Menschen oder Thiere, sondern in ungleich weiterer Ausdehnung. Das Nähere im dritten System.

wurden, sind uns doch wegen des persönlichen Bandes, das die Gewohnheit oder die Pietät zwischen ihnen und uns gesponnen, für Geld nicht feil, es ist nicht bloß das Werthobject, der Geldwerth, was wir an ihnen schätzen, sondern das Concrete dieser bestimmten Species, dieses Sachindividuum mit dieser seiner Vergangenheit.[451]

Wie verschieden sich nun auch bei den einzelnen Rechten das Interesse bestimme, so enthält doch jedes in Thesi zugelassene Recht den Ausdruck eines vom Gesetzgeber nach dem Standpunkt seiner Zeit für schutzfähig und schutzbedürftig anerkannten Interesses. Mit den Interessen wechseln daher auch die Rechte, zwischen beiden findet bis zu einem gewissen Grade ein historischer Parallelismus Statt — nicht schlechthin, weil manche Interessen ihrer Natur nach dem mechanischen Zwange des Rechts widerstreben. Für die scurrilen Witze, welche das Mittelalter in die Form von Rechten zu kleiden pflegte, fehlt uns heutzutage der Sinn, unser Interessenmaßstab im Recht ist ein strengerer geworden, obschon in dieser Beziehung immer noch genug zu thun übrig bleibt.[452] Das römische Recht hat, wie bereits gezeigt, diesen Gesichtspunkt des Interesses klar ausgesprochen und consequent durchgeführt; mit der Form des Rechts: der Klage ist es von jeher sehr sparsam gewe-

---

451) Beispiele in L. 36 de bon. lib. (38. 2) praedia, in quibus majorum sepulcra . . . mancipium, quod non pretio, sed affectu aestimandum. Berücksichtigung dieses Interesses im Recht: actiones arbitrariae zum Zweck der Erlangung der bestimmten Sache statt des Geldwerthes — Verbot der Veräußerung der Mündelgüter des bloßen Vortheils wegen, L. 22 pr. Cod. de adm. tut. (5. 37) . . . Nec vero domum vendere liceat, in qua defecit pater, minor crevit, in qua majorum imagines aut non videre fixas aut revulsas videre satis est lugubre.

452) So z. B. sollten die Klagen aus Spiel und Wetten völlig aufgehoben werden; für den Verkehr haben diese Verträge gar kein Interesse, das gesellige Leben gehört nicht vor das Gericht, wer spielt und wettet, möge zusehen, mit wem er es thut. Der einzige Grund, der sich für ihre Klagbarkeit anführen läßt, ist das obige (S. 326) Dogma von der abstract verbindenden Kraft der Verträge — damit könnte man aber auch eine Klage auf den ersten Walzer begründen!

sen und hat aus gutem Grunde in dieser Beziehung eher zu wenig, als zu viel gethan. Die Rechtsformen, die es aufstellt, entsprechen sämmtlich einem ernsten Zweck des Verkehrs oder einem gerechtfertigten ethischen Interesse, für Scherze, Späße, individuelle Launen und Liebhabereien bieten sie keinen Raum.

Daß auch in Rom der Interessenmaßstab mit der wirthschaftlichen, geistigen und socialen Entwickelung des Volks sich veränderte, davon legt die Rechtsgeschichte vielfach Zeugniß ab. Es möge genügen, hier ein Beispiel anzuführen, die übrigen will ich dem dritten System vorbehalten. Dasselbe betrifft die Entwicklung des Rechts der Prädialservituten; in ihr prägt sich der Fortschritt der Interessen in anschaulichster Weise aus. Dieselbe beginnt mit denjenigen Servituten, welche bereits auf der niedersten Stufe der Landwirthschaft ein Interesse haben: den Weg- und Wassergerechtigkeiten.[453] Für sie hatte der altrömische Bauer ein Verständniß; den Werth einer durch eine servitus ne prospectui officiatur gesicherten schönen Aussicht dürfte er schwerlich hoch angeschlagen haben! Der Fortschritt der Landwirthschaft und die Veränderung in den Verhältnissen des Weidelandes (ager publicus) brachte sodann die übrigen Rusticalservituten, die Entwicklung des städtischen Lebens, das gedrängte Wohnen, der Aufschwung der Baukunst, der Luxus und die Verfeinerung des Geschmacks die Urbanalservituten zum Vorschein.[454] Letztere verdanken ihren Ursprung nicht

---

453) Daß sie die ältesten Arten waren, geht daraus hervor, daß sie allein zu den res mancipi gehören.

454) Dieser allmählige Fortschritt ist in der Art, wie die römischen Juristen sich über einzelne dieser Servituten äußern, noch deutlich zu erkennen, man vergleiche z. B. L. 7 de Serv. (8. 1) L. 3 de S. P. U. (8. 2) L. 1 §. 1, L. 3 pr., L. 6 §. 1, L. 9 de S. P. R. (8. 3) L. 2 Comm. praed. (8. 4). Auch die Annehmlichkeit und Bequemlichkeit hat ihr Recht, L. 16 §. 1 quod vi (43. 24) . . si quaedam ex (non frugiferis) arboribus amoenitas praestetur . . interesse propter voluptatem et gestationem, L. 2 §. 12 Ne q. i. l. p. (43. 8) . . prospectus, aditus deterior aut angustior. Charakteristisch für die Auffassung zu Justinians Zeit ist es, daß in den Pandekten die Urbanalservituten vor den Rusticalservituten behandelt werden — zugleich ein

einer Erweiterung des juristischen Denkens, des geistigen Blicks, sondern dem Drang der Interessen und Bedürfnisse, ihre Zulassung war eine vom Leben der Jurisprudenz abgenöthigte Concession, das Zugeständniß, daß auch die Annehmlichkeit und Behaglichkeit des Wohnens ein des Rechtsschutzes würdiges Interesse sei, daß der Maßstab des unmittelbar Nützlichen, mit dem die alte Zeit die Servituten gemessen („servitus fundo utilis esse debet") für die neuere Zeit sich als zu eng erwiesen habe.[455]

Nachdem wir nunmehr die Bedeutung des Interesses für das Recht in Thesi entwickelt haben, würde sich daran die Frage reihen müssen: ob dasselbe Verhältniß, welches zwischen beiden Begriffen in abstracto gilt, nämlich daß das Interesse der Zweck und die Voraussetzung des Rechts bildet, sich auch in Hypothesi wiederholen müsse, so daß z. B. die bestellte Weggerechtigkeit nur dann zu Recht bestehe, wenn sie für den Berechtigten von nachweisbarem Interesse sei. Es scheint mir jedoch passender, diese Frage zunächst auszusetzen,[455a] um vorläufig in der Entwicklung des Rechtsbegriffs weiter fortzufahren.

Die Thatsache, daß das Recht dem Berechtigten die von ihm begehrten Dienste wirklich erweist, bezeichnen wir als Genuß des Rechts. Der Begriff der Ausübung des Rechts ist ein weiterer, er umfaßt nämlich alles das, was der Berechtigte vermöge des Rechts vornehmen darf, dazu gehört aber außer dem Genuß auch die Behauptung und Verfolgung des Rechts im Fall seiner Verletzung.

Der Genuß nimmt nach Verschiedenheit der Sache verschiedene Formen an, bald ist er mit dem Rechte selber, so lange es

---

schlagender Beleg dafür, wie wenig die Reihenfolge, in der Justinians Compilatoren gewisse Materien behandeln, mit Hugo zu Schlüssen auf die historische Priorität berechtigt.

455) Auch für die Rusticalservituten erweiterte er sich in derselben Richtung, s. z. B. L. 3 pr. de aqua (43. 20) .. amoenitatis causa aqua duci potest. L. 3 pr. de S. P. R. (8. 3).

455a) S. den folgenden Band.

nicht verletzt ist, von selbst gegeben (z. B. Freiheit, Ehre, negative Servituten), bald setzt er ein Handeln des Berechtigten voraus, bald ist die Art desselben ganz genau vorgeschrieben und eng begränzt, bald ist dem Ermessen des Berechtigten in dieser Beziehung der weiteste Spielraum geöffnet. Dieser letztere Gegensatz bedarf der näheren Ausführung; ein praktisches Interesse hat er nur für das Vermögensrecht, auf das wir uns daher im Folgenden beschränken werden.

Die Genußmöglichkeit, welche mir die Sache in factischer, das Eigenthum an derselben in rechtlicher Beziehung gewährt, besteht je nach Art der Sache bald lediglich in der bloßen Benutzung (dem uti und, wenn dieselbe eine fruchtbringende ist, dem frui), bald lediglich in der Consumtion der Sache (res quae usu consumuntur), bald in beiden zusammen. Zu dieser Form des vom Eigenthümer in eigener Person vorgenommenen realen oder unmittelbaren Genusses gesellen sich noch zwei andere, bei denen der Eigenthümer den realen Genuß auf einen Andern überträgt, um dafür einen andern einzutauschen (ideale oder juristische Genußformen), nämlich:

1. der Genuß des Werthes, und zwar
   a. der Sache, indem in Form des Vertrages ein anderes Gut für sie eingetauscht wird, sei es Geld (Kaufcontract),[455b] eine andere Sache (Tauschcontract im engern Sinn), oder persönliche Leistungen (locatio operarum, conductio operis, der Innominatcontract: do, ut facias),
   b. des Gebrauchs, indem das uti oder frui gegen Geld (locatio rei, Superficies, Emphyteusis) oder sonstige Leistungen (z. B. Antichrese) zeitweise oder auf immer überlassen wird.[456]

455b) Unter diesen Gesichtspunkt fällt auch die Verpfändung der Sache, s. Note 461.

456) Der im Text geltend gemachte Gesichtspunkt ist von den römischen Juristen klar erkannt, s. z. B. L. 12 §. 2 de usufr. (7. 1) . . nam et qui

2. die unentgeltliche Dahingabe an Individuen oder gemeinnützige Zwecke, und zwar entweder
   a. der Sache, in Form der Schenkung, Pollicitatio, Stiftung, letztwilliger Zuwendungen, oder
   b. der Nutzungen, in Form des Commodats, Prekariums oder der schenkweisen Bestellung des Usus oder Ususfructus.

Auch die letztere Art der Verwendung schließt einen Genuß in sich,[457] während die rein negative Entäußerung der Sache (Dereliction) oder die Nichtausübung eines zustehenden Gebrauchsrechts (non-usus) ein Verschmähen desselben enthält.

Je nach Verschiedenheit der Verhältnisse, Zwecke, Lagen hat nun das Recht die Wahl dieser verschiedenen Genußformen mehr oder weniger beschränkt oder gänzlich offen gelassen. Dem volljährigen Eigenthümer stehen sämmtliche zu Gebote, nur in einigen Ausnahmefällen ist ihm mit Rücksicht auf die einer andern Person

---

locat, utitur et qui vendit. L. 39 ibid. Qui pretio utitur, non minus habere intelligitur, quam qui principali re utitur fruitur. L. 35 §. 1 ibid. L. 22 de her. pet. (5. 3) . . in locum hereditariae rei pretium ejus successisse.

457) Die römischen Juristen haben dies wiederum richtig erkannt, f. z. B. L. 12 §. 2 de usufr. cit. . . Sed et si alii precario concedat vel donet, puto eum uti. L. 54 §. 1 de furt (47. 2) . . nec movere quem debet quasi nihil lucri sui gratia facit (der Dieb, welcher stiehlt, um einem Andern zu schenken). Species enim lucri est ex alieno largiri et beneficii debitorem sibi acquirere. L. 7 de serv. exp. (18. 7) . . cum beneficio affici hominem intersit hominis. L. 78 §. 2 de J. D. (23. 2) . . vel pretio vel beneficio . . aut cuivis magis gratiam praestare. So auch Seneca de benef. I. c. 6. Quid est ergo beneficium? Benevola actio, tribuens gaudium capiensque tribuendo. Eine praktische Consequenz jener Auffassung (die aber den römischen Juristen noch nicht zum vollen Bewußtsein gekommen war, wie aus der Deduction in L. 71 de evict. [21. 2] hervorgeht) ist die, daß die Evictionsklage auch dem Schenker gegeben werden muß, wenn dem Beschenkten die Sache evincirt wird, während dieselbe hinwegfällt, wenn die Sache derelinquirt ist und dem Occupanten evincirt wird, L. ult. de evict. (21. 2); in jenem Fall wird ein Erfolg vereitelt, auf den der Käufer ein Recht hatte.

eingeräumte Expectanz auf die Sache die Form 1 a verschlossen, so z. B. beim Dotalgrundstück, Familienfideicommiß, ohne daß die römischen Juristen darin eine Alterirung des Eigenthumsbegriffs erblickt hätten. Beim minderjährigen Eigenthümer ist diese Form an die Genehmigung der obervormundschaftlichen Behörde geknüpft, dagegen die Form unter 2 a völlig verschlossen. Beim gewöhnlichen Rentenlegat steht dem Legatar wie bei jedem andern die freieste Transactionsbefugniß zu, dagegen beim Alimentenlegat ist er an die vom Testator angeordnete Genußform gebunden, wenigstens ist eine wesentliche Alterirung derselben, z. B. mittelst Zahlung einer abermaligen Abfindungssumme durch die Mitwirkung der Obrigkeit bedingt.

Den äußersten Gegensatz zu dem unbeschränkten, sämmtliche Genußformen in sich vereinigenden Eigenthum bildet das Recht des Gemeingebrauchs (usus publicus) an den öffentlichen Sachen.[458]) Dasselbe ist beschränkt auf das reale uti in eigener Person. Von dieser niedersten Stufe der Genußmöglichkeit bis zu der höchsten Spitze: dem freien Eigenthum baut sich eine Scala von Abstufungen auf, bei denen bald die eine, bald die andere der obigen Formen fehlt. Die Benutzung der res religiosae ist gleich der der res publicae ausschließlich auf den Gebrauch beschränkt, für den sie bestimmt sind,[459]) aber es gesellt sich die Möglichkeit der Ueberlassung des Gebrauchs an Andere hinzu, wohl bemerkt nur des unentgeltlichen — aus res religiosae soll kein Geld gemacht werden.[460]) In den jura in re steigert sich die Verwendungsmöglichkeit von dem uti zum frui bis zum consumere, d. h. von der niedersten Form des eigenen realen Gebrauchs (Prädialservituten und persönliche Servitut des usus und der habitatio) zu der Wahlfreiheit im Gebrauch (usus fructus) bis zum Recht der Consum-

---

458) Daß es ein Recht ist, ebenso wie das im Text erwähnte Recht an res religiosae, darüber s. §. 61.

459) L. 12 §. 1 de relig. (11. 7) . . ne sepulcrum aliae conversationis usum accipiat.

460) L. 2, L. 9 Cod. de relig. (3. 44) L. 14 Cod. de leg. (6. 37).

tion, der realen im Quasi-usufructus, der juristischen oder ökonomischen im Pfandrecht.

Diese Abstufung der Genußformen, möge sie die Form besonderer Rechte annehmen oder, wie beim Eigenthum, innerhalb eines und desselben Rechts Platz greifen, diese Abstufung also bezeichnet einen großen Theil dessen, was man unter dem Begriff der Dispositionsbefugniß zu verstehen pflegt. Der Angelpunkt, um den die Dispositionsbefugniß sich bewegt, ist, wenn wir von dem wenig wichtigen Fall der Dereliction absehen, die Wahl der Modalität des Genusses. Alle Rechtsgeschäfte, die der Eigenthümer abschließt, sind Akte, durch die er genießt: er möge verkaufen, vertauschen, verschenken, verpachten, vermiethen, oder jura in re bestellen. Auch bei der Verpfändung genießt er, nämlich einen Theil des Werths oder den ganzen Werth der Sache, nur daß er sich die Einlösung vorbehält.[461] Freiheit der Disposition ist demnach Freiheit in der Wahl der Genußformen, Beschränkung jener Beschränkung dieser. Damit erschließt sich für den Willens- oder Machtbegriff innerhalb des Rechts[462] ein inhaltsreicher, fruchtbarer Gesichtspunkt. Indem der Wille sich an das substantielle Element des Rechts: an den Genuß anschmiegt, erhält er statt der öden, dürftigen ihm zugedachten Rolle, den Gedanken der Herrschaft oder Macht zu repräsentiren, die dankbare Aufgabe, überall da, wo nicht das Gesetz die Richtung und die Art und Weise, in der das Recht dem Subject dienstbar werden soll, unabänderlich festgesetzt hat, diese Direction selber zu bestimmen, die Verwendung des Rechts den Bedürfnissen und Zwecken dieses bestimmten Subjects individuell anzupassen. Daß damit die

461) Die Verpfändung ersetzt den Verkauf der Sache, sie verschafft dem Eigenthümer dasselbe, was er durch letzteren erzielen kann: Geld, aber ohne die sofortige Aufgabe der Sache; es ist dieselbe Manipulation, wie beim Verkauf: Verwandlung der Sache in Geld, aber ohne die definitive Dahingabe der Sache.

462) Ich sage ausdrücklich: innerhalb; die hohe Bedeutung, die der Wille für den Erwerb des Rechts hat, steht hier überhaupt noch nicht zur Frage.

Thätigkeit des Willens selbst innerhalb des Rechts nicht erschöpft ist, braucht nicht gesagt zu werden. Aber was ihm außerdem noch erübrigt: die Verschmähung des Rechts und die Behauptung desselben im Fall seiner Verletzung, tritt an innerer Bedeutung hinter der obigen Aufgabe weit zurück. Der Genuß ist Selbstzweck des Rechts, die Behauptung des Rechts nur Mittel zum Zweck, der Verschmähung wegen aber ist kein Recht gegeben, die Befugniß dazu könnte sogar entzogen sein, ohne daß damit der Begriff des Rechts alterirt würde (z. B. bei der Freiheit, bei dem Recht des Gemeingebrauchs), aber was dem Recht nie fehlen kann, ist der Genuß — Genuß ohne Disposition bildet immer noch ein Recht, Disposition ohne Genuß nicht! Um diesen Begriff dreht sich das ganze Leben und Dasein des Rechts, an diesen Mittelpunkt hat daher auch der Wille sich anzulehnen, wenn er zum Zweck des Ganzen mitwirken will. Was er einbüßt, indem er von der Höhe, auf die ihn eine falsche Abstraction gehoben hat, herabsteigt, gewinnt er doppelt, indem er einen praktischen Antheil an der Bewegung des Rechts erhält. Möge man dann immerhin das Recht in seiner Totalität als Macht bezeichnen, — wenn man sich nur bewußt bleibt, daß die Macht nicht der Zweck des Rechts, sondern nur die Form ist, in der das Recht seinen Zweck zu erreichen hat.

2. Das formale Moment des Rechts.

Der Selbstschutz der Interessen oder die Klage — die Gränze dieses Schutzes. — Klagmechanismus und Recht der Destinatäre im Verhältniß der Corporationen und Stiftungen. — Rechtsverhältnisse an res religiosae und publicae (Recht des Gemeingebrauchs). — Gegensatz des Individual- und Gemeinrechts — der Besitz und die bonae fidei possessio.

LXI. Das zweite Moment des Rechts ist der rechtliche Schutz — Rechte sind rechtlich geschützte Interessen, Recht ist die rechtliche Sicherheit des Genusses.

Nicht alle Interessen bedürfen des rechtlichen Schutzes, nicht alle sind desselben fähig.[463] Und ferner: nicht jedes Gesetz, welches mein Interesse schützt, erzeugt für mich ein Recht. Das Gesetz, welches im Interesse gewisser Fabrikationszweige Schutzzölle einführt, kommt den Fabrikanten zu gute, es schützt sie, und dennoch gewährt es ihnen keine Rechte. Wie verträgt sich dies? Es liegt hier nur eine rechtliche Reflexwirkung vor, ein Verhältniß, das allerdings mit dem Recht die größte Aehnlichkeit hat, aber um so sorgfältiger von ihm geschieden werden muß.[463a] Der Staat erläßt das Gesetz in Wirklichkeit in seinem Interesse, welches hier freilich mit dem der Fabrikanten ebenso Hand in Hand geht, wie bei einem Legat, wodurch Jemand seiner Nichte für den Fall ihrer Verheirathung eine Dos legirt, das der Legatarin und das ihres Mannes. So wenig wie letzterer einen rechtlichen Anspruch auf Auszahlung des Legats erhält, ebensowenig die Fabrikanten auf Vollzug des Schutzzollgesetzes, die Anwendung desselben ist von ihrem Wollen oder Nichtwollen völlig unabhängig, lediglich Sache der betreffenden Behörden. Ganz dasselbe gilt für die Polizei- und Criminalgesetze, sie schützen uns, aber nicht in Form eines uns zustehenden Rechts.

Demnach kommt zur Vervollständigung unseres Begriffs — ich halte es für nöthig daran zu erinnern, daß ich hier bloß von Privatrechten spreche — noch das Moment hinzu, daß dem Berechtigten selber der Schutz seines Interesses anvertraut ist, daß er rücksichtlich dieses Schutzes nicht von der Gnade eines Andern abhängig ist, sondern selber die Initiative ergreifen kann. Diese Initiative ist nach römischem Recht die Klage, d. h. die Anrufung des zur Gewährung dieses Schutzes verpflichteten Civilrichters. Sonach läßt sich also das Recht definiren als Selbstschutz des Interesses. Ob dieser Schutz in eigener Person oder

463) Dies übersieht die Krausesche rechtsphilosophische Schule (Note 441).

463a) Ich habe das Verhältniß inzwischen in meinen Jahrbüchern X. S. 245 fl. einer eingehenden Betrachtung unterzogen.

durch Stellvertreter, zu denen für handlungsunfähige Personen auch die Vormünder gehören, ausgeübt wird, verschlägt nichts, denn immer wird hier die Klage erhoben im Namen des Berechtigten, und der Erfolg derselben kommt ihm zu gute.

Die Klage also ist das Kriterium der Privatrechte. Wo die Klage anfängt unausführbar zu werden, hört die Möglichkeit des civilrechtlichen Schutzes der Interessen auf, wird deren Schutz Sache der Verwaltung, unausführbar aber wird sie bei dem Punkt, wo die Bedingungen, an deren Dasein die Möglichkeit richterlicher Entscheidung geknüpft ist: die genaue Begränzung der Klage nach Person, Gegenstand, Voraussetzungen und Wirkungen, beziehungsweise die Möglichkeit des civilprocessualischen Beweises dieser Momente, hinwegfallen.[464] Der Civilrichter kann nur diejenigen Interessen schützen, welche die Gestalt fester Körper an sich tragen; wo sie diese Form abstreifen und in den luftförmigen Zustand übergehen, sich ins völlig Unbestimmte verlieren, hört seine Macht auf[464a] — man kann Wolken nicht in einen Sack oder eine Kapsel fangen, — der Richter aber muß die Sache fassen und greifen können, um sie mit Sicherheit zu beurtheilen, es gilt für ihn dasselbe, was Cicero[464b] von den Gesetzen sagt: tollunt astutias, quatenus manu tenere possunt.

---

464) Seneca de benef. III. 7 . . omnia fora vix sufficient. Quis erit, qui non agat, quis, cum quo non agatur? . . Quaecunque in cognitionem cadunt, comprehendi possunt et non dare infinitam licentiam judici. Ein passendes Beispiel gewährt die Frage von dem Recht auf den Namen bez. dem Recht, die Annahme desselben einem Andern zu verwehren; „solche Interessen wahrt die Verwaltungsbehörde", Gerber, Deutsches Privatrecht, Aufl. 10 §. 34, Note 1.

464a) Darum kann es z. B. nicht Aufgabe des civilprocessualischen Verfahrens sein, den nachtheiligen Einfluß der Verminderung des Werths des Geldes auf so manche Rechtsverhältnisse (z. B. auf ein für alle Mal fixirte dauernde Geldprästationen) rechtlich auszugleichen; das Gegentheil würde dahin führen, daß der Richter nicht bloß die Werthverringerung im Lauf eines Jahrhunderts, sondern auch die innerhalb eines Jahrzehnts und selbst eines einzelnen Jahres untersuchen müßte.

464b) Cic. de off. III. 17: Aliter leges, aliter philosophi tollunt

Den vorgeschobensten Punkt, bis zu dem der Schutz der Interessen in Form der Klage sich im römischen Recht erstreckt, bezeichnen die actiones populares (I. 201). Die Interessen, um die es sich bei ihnen handelt, verlieren sich in der That ins Unbestimmte, Allgemeine, es sind die der Gemeinschaft, des Publikums; die Handlungen, gegen welche sie Schutz gewähren sollen, sind gemeingefährlicher Art. Nicht überall aber, wo es derartige Interessen gilt, findet eine actio popularis Statt, m. a. W. die letztere Klage ist kein Princip (Idee des rechtlichen Schutzes allgemeiner Interessen), sondern sie ist beschränkt auf diejenigen Fälle, wo das positive Recht sie aufgestellt und nach Voraussetzungen und Wirkungen so genau fixirt hat, daß damit die praktische Durchführbarkeit der Klage ermöglicht und gesichert ist.[465]

Auch in dem Verhältniß der juristischen Personen, sowohl der Corporationen als milden Stiftungen handelt es sich um solche sich mehr oder weniger ins Unbestimmte und Allgemeine verlierende Interessen, und der Versuch, dieselben unter die gewöhnliche Form der Klage zu bringen, würde hier auf unübersteigliche Hindernisse stoßen. In welcher Weise das römische Recht diese Aufgabe gelöst hat, ist bereits früher (S. 216—218) entwickelt worden, und es bleibt uns hier nur übrig, uns über die eigenthümliche Verschiebung, welche hier zwischen dem substantiellen und formalen Element des Rechts eintritt, Rechenschaft zu geben. Beschränken wir

---

astutias; leges, quatenus manu tenere possunt, philosophi, quatenus ratione et intelligentia.

465) Ein interessantes Beispiel s. in L. 2 §. 24 Ne quid in l. p. (43. 8) hoc interdictum (§. 20 ibid.) tantum ad vias rusticas pertinet, ad urbicas vero non, harum enim cura pertinet ad magistratus, interessant zugleich in der Beziehung, um zu veranschaulichen, wie nahe bei den obigen Interessen die Form des rechtlichen und die des administrativen Schutzes sich berühren. Die gediegene Bearbeitung, der sich die Popularklagen inzwischen durch Bruns (Zeitschr. f. Rechtsgeschichte III. S. 341 fl.) zu erfreuen gehabt haben, überhebt mich der Nothwendigkeit eines weiteren Eingehens auf dieselben.

uns zunächst auf die Corporation, bei der das natürliche Sachverhältniß durch die juristische Form verhältnißmäßig am wenigsten verdeckt wird. Niemand wird darüber im Zweifel sein, daß die einzelnen Mitglieder es sind (die gegenwärtigen und zukünftigen), denen die Rechte, mit denen die juristische Person ausgestattet ist, zu gute kommen, und daß diese Wirkung nicht eine zufällige (Reflexwirkung), sondern daß sie der Zweck des ganzen Verhältnisses ist, daß also die einzelnen Mitglieder die wahren Destinatäre der juristischen Person sind. Wenn nun die Rücksicht auf die Praktikabilität der Klage es mit sich bringt, daß nach außen hin nicht die einzelnen Mitglieder, sondern nur die zur künstlichen persönlichen Einheit erhobene Gesammtheit derselben die gemeinsamen Interessen verfolgen darf, so liegt darin zwar eine Abweichung von der gewöhnlichen Gestalt des Privatrechts, bei der dem Quotenrecht auch eine Quotenklage entspricht, allein es gehört die gänzliche Befangenheit im juristischen Formalismus dazu, (Note 442), um über dieser juristischen Form den realen Sinn und Zweck des ganzen Verhältnisses zu verkennen und den einzelnen Mitgliedern alles und jedes Recht abzusprechen.[466] Die juristische Person als solche ist völlig genußunfähig, sie hat keine Interessen und Zwecke, kann also auch keine Rechte haben, denn Rechte sind nur da möglich, wo sie ihre Bestimmung erreichen d. h. dem berechtigten Subject dienen können — ein Recht, das in der Person des Berechtigten nie diesen seinen Zweck zu erfüllen vermag, ist ein Unding, ein Widerspruch gegen die Grundidee des Rechtsbegriffs. Wo der Schein einer solchen Abnormität vorliegt, ist dies eben

466) Die äußerste und wahrhaft haarsträubende Consequenz, zu der es diese Auffassung gebracht hat, ist die, daß bei sämmtlichen juristischen Personen, also auch bei denen, welche reine Privatzwecke verfolgen, das Vermögen, insofern nicht vorher ein gültiger Beschluß über die Verwendung desselben gefaßt sei, mit Aufhebung derselben an den Fiscus falle. Man könnte ebenso gut behaupten, daß eine Sache durch Auseinanderfallen, durch Auflösung in ihre einzelnen Stücke res nullius werde. S. dagegen jetzt meine Ausführung in meiner Abh. über die passiven Wirkungen der Rechte, Jahrbücher X. S. 437.

bloßer Schein, hinter dem Aftersubject steckt das wahre. Entfernt man sich einmal von dieser Grundidee des Rechts, die in dem Satz, daß lediglich der Mensch der Destinatär, das Bestimmungssubject der Rechte ist (Note 446), ihren Ausdruck findet, so trifft der Unfug mit dem Personificiren gar keine Gränze mehr, und nachdem man einmal bei den Prädialservituten Grundstücke zum Rang von Personen (warum nicht auch Brauhäuser, Apotheken u. s. w. mit Realprivilegien?) erhoben hatte, konnte es kaum noch Wunder nehmen, daß selbst die Papiere auf den Innehaber derselben Ehre theilhaftig wurden.

Nein! nicht die juristische Person als solche, sondern die einzelnen Mitglieder sind die wahren Rechtssubjecte, jene ist nichts als die nach außen gekehrte eigenthümliche Erscheinungs- und Vermittlungsform ihrer rechtlichen Beziehungen zur Außenwelt, für den Verkehr im Innern hat diese Form nicht die geringste Bedeutung, hier gelangt der Gesichtspunkt des Rechts der Einzelnen auch formal zur vollen Geltung; die Rechte, die verfassungsmäßig (statutenmäßig) jedem Einzelnen zustehen, kann er, wenn sie ihm bestritten oder durch einen verfassungswidrigen Majoritätsbeschluß entzogen werden, im Wege der Klage verfolgen.[467] Die durch die eigenthümliche Natur des Verhältnisses gebotene Ausschließung des individuellen Verfügungsrechts, die Unterordnung des Einzelnen unter den Willen der Majorität bei verfassungsmäßigen Beschlüssen, prägt diesen Rechten zwar auch nach der innern Seite hin einen von dem Typus der gewöhnlichen Rechte abweichenden Charakter auf, entzieht ihnen aber den Charakter von Rechten nicht. Wer

---

467) Das römische Recht gibt zwar den Namen der Klage nicht an, allein daß es dies Verhältniß nicht ohne Rechtsschutz gelassen haben wird, darüber kann doch verständigerweise wohl kein Zweifel obwalten, oder hätten z. B. die Mitglieder der römischen Publikanengesellschaften keinen klagbaren Anspruch auf die auf ihre Actie fallende Dividende gehabt?! Für das Recht des Gemeingebrauchs (usus publicus) in Bezug auf die denselben unterliegenden Corporationsgüter z. B. an den zum Gemeingebrauch bestimmten Lokalitäten, Weiden, Wäldern bietet die act. popularis (s. u.) eine passende Analogie.

dies läugnen will, muß den Nachweis führen, daß unsere Definition der Rechte als rechtlich geschützter Interessen oder als Selbstschutz der Interessen auf einem Fehler beruht. Die hier entwickelte Auffassung war übrigens den Römern selber so wenig fremd, daß man sie umgekehrt als die altrömische bezeichnen kann,[468]) wie sie denn überhaupt nur da sich wird verläugnen können, wo der Gemeinsinn, das Gefühl, daß Jeder in dem Allgemeinen zugleich das Seinige besitzt, in demselben Maße darnieder liegt, als die Herrschaft der juristischen Formel blüht — nur ein ungesunder Boden konnte die bekämpfte Theorie zur Reife bringen.

Eine noch complicirtere Gestalt nimmt das obige Verhältniß bei den Stiftungen an. Daß auch bei ihnen der Zweck und Schwerpunkt dieser ganzen Rechtsmaschinerie nicht in letzterer selbst, sondern in den natürlichen Personen liegt, denen die Stiftung zu gute kommen soll, daß die Personification derselben also nichts als eine

468) Bezeichnung der Corporation mit dem Namen der Einzelnen: gentiles, cives, municipes, socii vectigalium publicorum, publicani, coloni, decuriones, virgines vestales, sacerdotes. So wird denn auch das Vermögen der Corporation als das der Mitglieder bezeichnet, z. B. agri virginum vestalium (Hyginus ed. Lachmann gromatici veteres S. 117) proprietates ad colonos pertinent (Aggenus ibid. p. 80). Quorum (municipum) omnes facultates . . . locaque communia (Cic. ad fam. XIII, 11), auch von Juristen z. B. L. 41 de A. R. D. (41. 1) . . civium non esse . . . tuendi cives. L. 7 §. 2 Quod. cuj. (3. 4) . . cum jus omnium in unum reciderit. L. 1 §. 2 ib. quod eorum commune erit. L. 11 §. 1 quod vi (43. 24) . . res eorum, und in den Gesetzen s. z. B. Tab. Malac. c. 60: praedes in commune municipium dato: pecuniam communem eorum salvam iis fore. Jene Ausdrücke: municipes, cives waren übrigens zweideutig, es konnten mit ihnen z. B. bei einem Legat auch die einzelnen Individuen als solche (demonstrationis causa) gemeint sein. In diesem Fall ward das Legat an die sämmtlichen im Augenblick des Todes vorhandenen Mitglieder vertheilt, im entgegengesetzten Fall fiel es an die Gemeinde, wurde „pecunia communis municipum" im obigen Sinn. S. über diesen bisher kaum beachteten Gegensatz L. 20 de reb. dub. (34. 5) und L. 2 ibid. L. 23 de ann. (33. 1). So erklärt sich Ulp. XX §. 5: nec municipia, nec municipes, worin Savigny, System B. 2 S. 249 eine bloße Ausdrucksverschiedenheit erblicken will.

Form der Zuwendung und Bestimmung eines Vermögens für die Zwecke und Interessen unbestimmter Personen ist, wird auch hier keiner Ausführung bedürfen.[468a] Die Armen, Kranken, Wittwen, Waisen, Kunstfreunde sind die Destinatäre der entsprechenden Stiftungen.[469] Aber sind sie auch Subjecte derselben, d. h. nimmt diese ihre Berufung zu den Nutzungen derselben den Charakter eines Rechts an? Dies entscheidet sich darnach, ob sie eine Klage haben. Ist die Berufung zu der Stiftung in einer Weise geschehen, daß die Person des zum Eintritt oder Genuß Berechtigten im einzelnen Fall völlig bestimmt ist, so liegt ein stiftungsmäßiger Anspruch vor, dessen klagweise Verfolgung gar keinem Anstand ausgesetzt sein kann. Wie aber, wenn dies nicht der Fall, wenn also die Aufnahme der einzelnen Beneficiaten rein dem Ermessen der verwaltenden Behörde überlassen ist? Hier kann von einer Klage nicht die Rede sein — es handelt sich hier um einen Akt der Administration, nicht der Justiz. Aber wenn es nun der Administration gefiele, die ganze Stiftung ihrem Zweck zu entfremden, die Kunstanstalt z. B. zu schließen oder bloß Künstlern den Zutritt zu verstatten — ist denn das Publikum dagegen machtlos? Ich meine damit nicht den Weg der Beschwerde bei der obersten Staatsbehörde, sondern den Weg des Rechts. In der That hat das spätere römische Recht denselben eröffnet,[470] es verstattet Jedem

---

468a) Die einseitige formal-juristische Behandlungsweise des Rechts, welche das Zweckmoment völlig aus dem Auge verliert und sich auf diese Beschränktheit wohl gar noch etwas einbildet, hat freilich dem Verhältniß eine Gestalt gegeben, in der man es kaum wiedererkennt, man sehe z. B. die Darstellung desselben bei Mühlenbruch, Rechtl. Beurtheilung des Städel'schen Beerbungsfalles S. 69 fl., womit zu vergleichen die Auffassung seiner Gegner S. 90 fl.

469) In der spätern römischen Zeit wurden bei einer zu ihren Gunsten beabsichtigten Stiftung nicht selten sie selber zu Erben eingesetzt, z. B. die pauperes, captivi, L. 24, 28, 49 Cod. de episc. (1. 3) L. 19 Cod. de sacr. eccl. (1. 2).

470) Justinian in der nicht glossirten const. 6 Cod. de episc. (1. 3) et cuicunque civium idem etiam facere licentia erit. Cum enim sit

eine actio popularis auf Realisirung einer in einer letztwilligen Urkunde errichteten Stiftung. Unserer Definition des Rechtsbegriffes nach würde demnach auch hier ein Recht anzunehmen sein, denn die beiden Momente: das Interesse und der Selbstschutz desselben liegen vor. Daß der Kläger nicht ausschließlich sein persönliches Interesse, sondern in und mit demselben zugleich das allgemeine verfolgt, steht der Annahme eines Rechts nicht entgegen.

Ganz dieselbe Erscheinung wiederholt sich bei dem Rechtsverhältniß an res sacrae, religiosae und res publicae. Nur scheinbar wird an diesen Sachen die Möglichkeit eines Rechtsverhältnisses geläugnet, indem sie von den römischen Juristen zu den res extra commercium gezählt werden. Denn commercium ist keineswegs gleichbedeutend mit Möglichkeit eines Rechtsverhältnisses, die Bedeutung dieses Ausdrucks ist vielmehr eine ungleich engere, nämlich: rechtliche Möglichkeit Handelsobject (merx, mercari, commercium) zu sein, verkauft werden zu können. Der Mangel dieser Eigenschaft entrückt die Sache im Mindesten nicht dem Dienst des Menschen, — welche Sachen dienen ihm z. B. mehr, als gerade die res publicae? — sondern beschränkt nur diesen Dienst ausschließlich auf eine der oben S. 334 aufgeführten Genußformen, nämlich auf die der Bestimmung der Sache entsprechende reale Benutzung derselben mit Ausschließung jeder andern Genußform, namentlich auch der idealen mittelst Verkaufens oder Vermiethens, kurz auf das „uti".[471] Ganz dieselbe Beschränkung wiederholt sich auch bei den Prädialservituten und der persönlichen Servitut des Usus. So wenig wie bei ihnen, so wenig schließt diese Beschränkung bei den res sacrae, religiosae und publicae die

---

communis pietatis ratio, (gemeinnütziges Interesse) communes et populares decet etiam affectiones constitui harum rerum executionis, habituro unoquoque licentiam ex nostra hac lege movere ex lege condictitiam et postulare relicta impleri.

471) Im neuesten Recht ist bei den res sacrae unter gewissen Beschränkungen der Verkauf zugelassen L. 21 Cod. de sacr. (1. 2) Nov. 120 c. 10.

Annahme eines Rechts an der Sache aus. Bei den beiden erstgenannten Arten von Sachen kommt dasselbe dem Eigenthum ziemlich nahe, wie dies die römischen Juristen selber ausdrücklich bemerken.[472] Es ist ein exklusives Recht wie dieses und ist eben so vollständig geschützt, nur daß die Form der Klagen eine andere ist.[473] Das Recht an den res religiosae konnte sogar übertragen werden, nur nicht für Geld (Note 460), es entstand durch longi temporis praescriptio,[474] kurz es fehlte ihm nichts zum Recht an der Sache.[475] Ihm diese Eigenschaft bestreiten kann nur der, welcher das Eigenthum und die ihm entwachsenen Rechte für die einzig mögliche Form dieses Begriffs ansieht. Erkennt man diesen Irrthum als das, was er ist,[476] so wird man auch über die

---

472) L. 2 §. 2 de int. (43. 1) . . veluti proprietatis causam continent. Tit. Cod.: Ne rei dominicae vel templorum vindicatio temporis praescriptione summoveatur (7. 38). L. 21 Cod. de sacr. eccl. (1. 2); von dem Grabmal gebrauchten schon römische Juristen den Ausdruck dominus, L. 6 de sep. viol. (47. 12) oder erkannten doch, wenn sie an der Strenge des Begriffs festhielten, die Anwendbarkeit der nöthigen Rechtsschutzmittel auf dasselbe an L. 13 §. 5 quod vi (43. 24).

473) Nicht die reivindic. [L. 4 Cod. de relig. (3. 44), von Alexander Severus] sondern Interdicte (Note 472) und actiones in factum s. z. B. L. 43 de R. V. (6. 1). Für die spätere Zeit hatte dieser formelle Gegensatz seine Bedeutung verloren, hier konnte man daher die Klage geradezu als vindicatio bezeichnen, s. den in der vorigen Note citirten Codextitel.

474) Nach L. 6 Cod. de rel. (3. 44), nicht nach L. 4 de mort. inf. (11. 8).

475) Darum sprechen denn auch die Quellen nicht bloß von einem jus prohibendi des Berechtigten L. 8 §. 4 de relig (11. 7), sondern geradezu von einem jus sepulcri und jura sepulcrorum, L. 4 de mort. inf. (11. 8), L. 3 §. 9 de sep. viol. (47. 12), L. 4, 6, 8, 13 Cod. de rel. (3. 44), von einem jus monumenti, L. 13 §. 7 Damni inf. (39. 2), von dem „Interesse" dessen, dem das Grabmal gehört (ad quem pertinet) L. 3 pr. §. 8—10 cit.

476) Gegen diesen Irrthum habe ich mich bereits früher in zwei den Baseler Festungsstreit betreffenden Gutachten (1862. No. 1 Leipzig, No. 2 Basel) ausgesprochen. Das Eigenthum ist nicht die einzige Form des „Gehörens". Meine Haare gehören mir und, wenn sie abgeschnitten sind, fallen sie in

Natur des Rechtsverhältnisses an den res publicae nicht im Zweifel sein können. Dasselbe ist in keiner Weise erschöpft, wenn man es lediglich auf die rechtliche Qualität des Gegenstandes als einer dem Verkehr entzogenen und dem allgemeinen Gebrauch überwiesenen Sache stellt und es demgemäß bei der Lehre von Eigenschaften der Sachen erörtert,[477]) gleich als handle es sich hier lediglich, wie bei der res nullius, um den rechtlichen Zustand einer Sache. Der Sache steht hier vielmehr eine Person gegenüber,[478]) der sie dient, und nicht bloß zufällig, faktisch, sondern vermöge rechtlicher Nothwendigkeit — in diesem Dienst, in dieser ihrer totalen Hingabe an den gemeinen Gebrauch (usus publicus) geht ihre ganze Bestimmung auf.[479]) Zu einem Recht aber gestaltet sich das Verhältniß erst dadurch, daß den Destinatären: den Staatsangehörigen, Gemeindemitgliedern — dem Fremden kommen diese Sachen bloß in Form der Reflexwirkung zu gute — eine Klage: die oben berührte actio popularis eingeräumt ist, und zwar nicht etwa bloß zur Verfolgung des allgemeinen, sondern auch des

---

mein Eigenthum, daraus folgt aber nicht, daß sie schon vorher in dieser Form mir gehören müßten. So „gehören" auch die res publicae dem Staat und, wenn sie dem Gemeingebrauch entzogen sind, fallen auch sie unter die Form des gewöhnlichen Eigenthums, daraus folgt aber nicht im Mindesten, daß das Gehören, das „populi, universitatis esse" schon früher diese Form an sich tragen müsse. Auch die im Gemeingebrauch stehenden Sachen (res publicae) „universitatis esse creduntur", gleichwohl aber „nullius in bonis (d. h. im Eigenthum) esse creduntur" L. 1 pr. de R. D. (1. 8), und die res „quae communes omnium sunt", stehen nicht im Miteigenthum.

477) Der erste, der sich von dieser althergebrachten Sitte losgerissen hat, ist Windscheid Lehrbuch des Pandektenrechts B. 1 (1862) §. 146. Bis zur Anerkennung des von mir bereits vor dem Erscheinen dieses Werks in dem obigen ersten Gutachten postulirten Recht des Gemeingebrauchs ist auch er freilich noch nicht vorgegangen.

478) Privatorum usibus deserviunt, L. 2 §. 2 Ne quid i. l. p. (43. 8).

479) L. 2 §. 5 cit.: publico usui destinata sunt. L. 83 §. 5 de V. O. (45. 1): usibus publicis in perpetuum relicta. §. 2 I. de inut. stip. (3. 19): usibus populi perpetuo exposita.

eigenen Interesses (I. 202). Daß die römische Rechtstheorie dieses Recht nicht mit registrirt hat,[480]) darf uns ebenso wenig Wunder nehmen, als abhalten das Versäumte nachzuholen. Indem wir letzteres thun, werden wir nicht umhin können, das Recht des Gemeingebrauchs unter die Zahl der Rechte an den Sachen aufzunehmen. Zu dem Ende bedarf freilich der letztere Begriff oder richtiger der Begriff des Rechts überhaupt einer Erweiterung. Derselbe spaltet sich in zwei Aeste: das Individualrecht und Gemein- oder Gesammtrecht. Der Charakter des ersteren besteht in dem Moment der Ausschließlichkeit, der exclusiven Berechtigung, womit die Möglichkeit einer Theilung des Rechts nicht im Widerspruch steht — in jeder Quote des Rechts wiederholt sich die Contraction des Rechts auf sich selbst, seine Absperrung nach außen hin. Bei den meisten dieser Classe angehörigen Rechten gesellt sich noch das Moment der absoluten Herrschaft d. i. der freien Dispositionsbefugniß oder, wie ich es fasse (S. 334), der Wahl der Genußformen hinzu. Wie wenig wesentlich aber dies Moment ist, zeigen die auf den bloßen usus beschränkten Servituten und das obige Recht an res religiosae, welches ebenfalls zur Classe der Individualrechte gehört. Der Charakter der zweiten Classe beruht auf der Abwesenheit des exclusiven Moments, oder positiv ausgedrückt auf der ungetheilten und untheilbaren Gemeinsamkeit des Genusses. Zu den Rechten dieser Classe zählen außer dem Rechte des Gemeingebrauchs auch die oben beschriebenen, welche Jemand als Mitglied einer Corporation (Genossenschaft) oder als Destinatär einer milden Stiftung hat. Alle diese Rechte sind geknüpft an die Zugehörigkeit zu einem gewissen Kreise von Personen, möge er weit oder eng sein, sie entstehen mit dem Eintritt, sie hören auf mit dem

480) Obschon sie den diesem Verhältniß innewohnenden Rechtsgehalt gelegentlich anerkennt, s. z. B. L. 2 §. 2 Ne quid in l. p. (43. 8) . . tantum juris habemus ad obtinendum, quantum quilibet ex populo ad prohibendum habet. Bei den Byzantinern (Schol. 30 Bas. lib. 60 tit. 4 l. 5) kommt der Ausdruck: *δίκαιον δημοτικὸν* (jus populare, nicht publicum) vor, worauf Bruns Zeitschr. f. Rechtsgesch. III. S. 392 aufmerksam macht.

Austritt. Ihre Bestimmung und ihr Nutzen erschöpft sich nicht in den Interessen dieser gegenwärtigen Subjecte, sondern sie haben die Interessen der Gattung, auch der kommenden Generationen zum Gegenstande. Eben daraus ergibt sich für ihre legislative Gestaltung ein folgenreicher Gesichtspunkt. So wie der Staat in vormundschaftlicher Fürsorge sich der Personen, die selber ihre Rechte nicht wahren können, annimmt, so wie dem Ungebornen sein Antheil an der auf ihn gefallenen Erbschaft gesichert wird, so hat auch der Staat für die kommenden Geschlechter Fürsorge zu treffen und darüber zu wachen, daß nicht eine egoistische Gegenwart einen Raub an ihnen begehe, indem sie das auch für sie mit Bestimmte seiner Bestimmung entfremde und lediglich für ihre Zwecke verzehre.[480a] Aber andererseits hat doch das lebendige Geschlecht ein höheres Recht, als das noch ungeborne, die Noth des Tages einen dringlicheren Anspruch, als die Rücksicht auf die Zukunft, es kann Fälle geben, wo jene Consumtion oder die Veränderung des Bestimmungszweckes vollkommen gerechtfertigt ist.[481] Diese Vermittlung zwischen den Interessen und Rechten der Generationen: zwischen dem Stiftungswillen der Vergangenheit, der Noth der Gegenwart und der Anwartschaft der Zukunft ist eine Frage der höheren historischen Gerechtigkeit, wie sie nicht ein für alle Mal durch eine im voraus festgesetzte starre Rechtsregel, sondern nur durch die freie Einsicht der obersten Staatsgewalt befriedigend gelöst werden kann — das Recht geht bei diesem Punkt in die Administration über.

Die bisherige Erörterung hatte zum Zweck, unsere Definition des Rechts an einigen Verhältnissen zu erproben, bei denen man

480a) S. meine Abh. über die passiven Wirkungen der Rechte in meinen Jahrb. X. S. 436.

481) Beide Gesichtspunkte sind von Justinian richtig erkannt; der eine in L. 46 §. 9 Cod. de episc. (1. 3), der andere in L. 21 Cod. de sacr. eccl. (1. 2) und Nov. 120 c. 10.

bisher das Vorhandensein eines Rechts übersehen hat. Auch bei dem Besitz ist bekanntlich die Frage, ob er zu den Rechten zu zählen, und zu welcher Classe derselben, außerordentlich streitig. Wenn die bisher entwickelte Begriffsbestimmung des Rechts richtig ist, so versteht sich die Bejahung der ersteren Frage von selbst: der Besitz ist ein rechtlich geschütztes Interesse.[482] Da dies Interesse aber die Sache zum Gegenstande hat und zwar unmittelbar (nicht wie bei der Obligation mittelbar), so ist der Besitz zu den Rechtsverhältnissen an der Sache zu stellen. Ganz dasselbe gilt von der bonae fidei possessio. Daß weder diese beiden Verhältnisse, noch die Rechtsverhältnisse an den res publicae und religiosae der Aufnahme unter die Sachenrechte gewürdigt sind, hat nur darin seinen Grund, daß man ganz unkritischer Weise den Begriff des Rechts an der Sache lediglich nach dem Eigenthum und den jura in re aliena zuschnitt, gleich als erschöpften sie die rechtlichen Beziehungen des Menschen zur Sache, oder als seien die übrigen, weil sie hinter ihnen an Rechtsgehalt zurückstehen, nicht ebenfalls rechtlich geschützte Beziehungen zur Sache. Der Besitzer und bonae fidei possessor, sagt man, weichen dem Eigenthümer. Gewiß! aber hat nicht letzterer auch dem Pfandgläubiger zu weichen, und dieser wiederum jenem, wenn derselbe die Schuld abtragen will? Gehört es zum Begriff des Rechts an der Sache, daß es keinem andern weicht? Der Besitz ist seiner ursprünglichen Idee nach nichts als das Eigenthum in der Defensive. Es wäre um das Eigen-

---

482) Die römischen Juristen erkennen das mit dem Besitz verbundene Recht nicht selten an z. B. L. 2 Uti poss. (43. 17) und L. 36 i. f. de poss. (41. 2): plus juris L. 2 §. 38 Ne q. i. l. p. (43. 8) jure possessionis fruitur L. 44 pr. de poss. (41. 2) jus possessionis non videri peremtum L. 38 §. 3 de V. O. (45. 1) . . minuitur ex jure, quod habuit. Wenn sie andererseits dagegen den Besitz als etwas Faktisches bezeichnen, so steht das damit keineswegs im Widerspruch. Das Faktum des Innehabens ist die Grundlage für das Recht des Besitzes, in derselben Weise, wie das Faktum der physischen Existenz des Menschen die Grundlage für das mit ihr verbundene Recht der Persönlichkeit. Hier wie dort geht das Recht mit dem Faktum unter, aber die Ansprüche aus einer Verletzung desselben dauern fort.

thum geschehen, wenn der Eigenthümer, um sich im Genuß seines Rechts zu schützen, jedes Mal sein Eigenthum beweisen müßte; die Vollständigkeit des Eigenthumsschutzes postulirt vielmehr mit absoluter Nothwendigkeit den Satz, daß schon die bloße Thatsächlichkeit des Eigenthums d. i. der Besitz respectirt und geschützt werden müsse.[482a] Die Besitzrechtsmittel repräsentiren die Defensive, die rei vindicatio die Offensive im Eigenthum. Indem aber dieser defensive Schutz des Eigenthums, der nicht minder wie der offensive innerhalb seiner Sphäre ein absoluter ist d. h. gegen jeden ertheilt wird, der das Eigenthum von dieser Seite antastet, von dem Beweis des Eigenthums entbunden wird, ergibt sich daraus die nothwendige Consequenz, daß auch der besitzende Nichteigenthümer desselben theilhaftig wird — um den Eigenthümer als Besitzer, mußte man den Besitzer schlechthin schützen. Damit aber gestaltete sich der Besitz zu einem selbständigen Rechtsverhältniß neben und außer dem Eigenthum, also zu einem Recht an der Sache. Das Charakteristische desselben läßt sich mit einem Wort bezeichnen als: eine zur Selbständigkeit des Schutzes und Rechts erhobene Situation des Eigenthums. Von der b. f. possessio gilt ganz dasselbe: sie ist eine zur Selbständigkeit des Rechts erhobene Form des offensiven Schutzes des Eigenthums. Daß ihr der Charakter eines Rechts an der Sache zukommt, würde in einem Recht, das den Schutz und die Idee des Eigenthums lediglich in dieser minderen Form anerkannt hätte, Niemand bezweifeln, und nur dem Umstand, daß das römische Recht neben dieser schwächern Form noch die stärkere der reivindicatio ausgebildet hat, ist es zuzuschreiben, daß man jenes Rechtsverhältniß bisher nicht als eine Eigenthumsform anerkannt, dasselbe vielmehr im System in derselben Weise unter der actio Publiciana hat verschwinden lassen, wie das Rechtsverhältniß an den res publicae und religiosae unter der Lehre von den Sachen.

482a) Die obige Idee ist inzwischen des Nähern von mir ausgeführt in meiner Schrift: Ueber den Grund des Besitzesschutzes. Aufl. 2 Jena 1869.

Diese systematische Stellung und die darin sich kundgebende Auffassung würde richtig sein, wenn die Publiciana lediglich dem Eigenthümer zugedacht, also an den Beweis des Eigenthums geknüpft wäre. Da sie aber gerade dafür bestimmt ist, diesen Beweis durch einen leichteren zu ersetzen, den auch der Nichteigenthümer erbringen kann, so gestaltet sie sich ebendamit zum Schutzmittel eines selbständigen sachenrechtlichen Verhältnisses außer und neben dem Eigenthum. Möge dasselbe im Zusammenstoß mit dem Eigenthum immerhin unterliegen, gleichwie der Besitz im Zusammenstoß mit einem von ihnen beiden — so lange dieser Zusammenstoß nicht erfolgt ist, bewegen sie sich innerhalb der ihnen zugewiesenen Bahnen ganz mit der Kraft und Autorität eines Rechts. Die Voraussichtlichkeit des Unterganges beim Eintritt eines gewissen Umstandes schließt die vorherige Existenz des Rechts nicht aus.

Für die praktische Jurisprudenz hat das eben Entwickelte nicht den geringsten Werth, und schwerlich würden sich die römischen Juristen die Mühe genommen haben, die berührten Fragen eingehender zu behandeln. Ihr Standpunkt war der unmittelbar praktische: der der Klage (II. 637). Wie das der Klage zu Grunde liegende Recht systematisch zu charakterisiren und classificiren sei, kümmerte sie wenig, — hat man doch sogar behauptet, daß sie nicht einmal beim Pfandrecht die Abstraction von der Klage auf das Recht gemacht, sondern sich bei der Vorstellung der Pfandklage beruhigt hätten. Unser heutiger Standpunkt ist aber, wie bereits an der angeführten Stelle bemerkt ward, ein anderer geworden, das Fundament unserer heutigen wissenschaftlichen Systematik bildet nicht die Klage, sondern das Recht. Aber freilich fehlt noch viel an der consequenten Durchführung desselben; mit dem einen Fuß stehen wir auf dem römischen, mit dem andern auf dem modernen Boden, unsere Systematik der Rechte und der Klagen schiebt sich nicht selten in wunderbarster Weise durcheinander, die in rem actiones finden ihren Platz bei den Rechten, denen sie dienen, aber die ebenfalls zum Schutz dieser Rechte bestimmten in personam actiones wandern ins Obligationenrecht. Weniger um diesen Mangel aufzudecken, als um die aufgestellte Definition des Rechts gegen einige nahe liegende Einwendungen zu vertheidigen, war ich gezwungen, die Verhältnisse, denen man letztere entnehmen konnte, einer Betrachtung zu unterziehen. Eine weitere Verfolgung des Verhältnisses zwischen Recht und Klage ist an dieser Stelle weder geboten, noch thunlich.

Puchta, G. F., Cursus der Institutionen. 8. Aufl., n. d. Tode des Verf. besorgt von Prof. **Paul Krüger**. gr. 8. 1875. geb.
1. Band. A. u. d. T.: Geschichte des Rechts bei dem römischen Volk mit einer Einleitung in die Rechtswissenschaft u. Geschichte des röm. Civilprocesses. n. *M.* 8
2. Band. A. u. d. T.: System und Geschichte des römischen Privatrechts. n. *M.* 8

—— Einleitung in das Recht der Kirche. 8. 1840. *M.* 2. 65.

—— Kleine civilistische Schriften. Gesammelt und herausgegeben von Dr. **A. Rudorff.** gr. 8. 1851. geb. *M.* 9.

Randa, A., Der Besitz nach österreichischem Rechte mit Berücksichtigung des gemeinen Rechtes, des preußischen, französischen u. italienischen, des sächsischen u. Züricherischen Gesetzbuches. 2. durchgesehene und durch die **Besitzklagen** vermehrte Auflage. gr. 8. 1876. n. *M.* 12.

Röder, K. D. A., Grundgedanken und Bedeutung des römischen und germanischen Rechts. gr. 8. 1855. geb. *M.* 2.

Rohland, W. von., Das internationale Strafrecht. Erste Abtheilung: Kritik der internationalen Strafrechtstheorien. gr. 8. 1877. n. *M.* 3.

Schloßmann, Siegmund, Zur Lehre vom Zwange. Eine civilistische Abhandlung. gr. 8. 1874. n. *M.* 3.

—— Der Vertrag. gr. 8. 1876. n. *M.* 8.

Schmidt, K. A., Das Interdiktenverfahren der Römer. gr. 8. 1853. geb. *M.* 4. 20.

Schulze, Herm., Einleitung in das deutsche Staatsrecht. Mit besonderer Berücksichtigung der Krisis des Jahres 1866 und der Gründung des Norddeutschen Bundes. **Neue Ausgabe.** gr. 8. 1867. geb. *M.* 8.

—— Die Krisis des deutschen Staatsrechts im Jahre 1866. gr. 8. 1867. geb. *M.* 2. 25.

—— Johann Jacob Moser, der Vater des deutschen Staatsrechts. Ein Vortrag. Mit dem Bildniß J. J. Mosers. gr. 8. 1869. geb. *M.* 1. 20.

—— Das Preußische Staatsrecht, auf Grundlage des deutschen Staatsrechts dargestellt. 1. Band. gr. 8. 1870 u. 1872. *M.* 7. 50. 2. Band 1. Abtheilung. gr. 8. 1872. 2. Band 2. Abtheilung. gr. 8. 1874. à *M.* 3. 75.

—— Der Rechtsschutz auf dem Gebiete des öffentlichen Rechtes. Eine Rede. gr. 8. 1873. *M.* —. 90.

—— Aus der Praxis des Staats- und Privatrechts. Ausgewählte Rechtsgutachten und Denkschriften. gr. 8. 1876. n. *M.* 8.

Temes, August, System des Erbrechts nach heutigem römischem Recht. Zum academischen Gebrauch. 1. u. 2. Abtheilung. gr. 8. 1863 u. 1864. geb. *M.* 12.

Tkalac, E. J. v., Das Staatsrecht d. Fürstenth. Serbien. gr. 8. 1858. geb. *M.* 4. 50.

Unger, Joseph, System des österreichischen allgem. Privatrechts. 1. Band. 4. unv. Aufl. gr. 8. 1876. *M.* 13. 50. 2. Band. 4. unv. Aufl. 1876. *M.* 14. 50.

—— Dasselbe. 6. Band. Das österr. Erbrecht. 2. Aufl. gr. 8. 1871. geb. *M.* 8.

—— Die rechtliche Natur der Inhaberpapiere. gr. 8. 1857. geb. *M.* 2. 50.

—— Der rev. Entwurf eines bürg. Gesetzbuchs f. d. Königr. Sachsen. 8. 1861. geb. *M.* 2.

Vollmann, Jul., System des sächsischen Civil- und Administrativ-Processes nach Biener. 3 Bde. gr. 8. 1846. geb. *M.* 16. 50.

Wasserschleben, H., Das Princip der Erbenfolge nach den älteren deutschen und verwandten Rechten. Eine rechtsgesch. Untersuchung. gr. 8. 1870. *M.* 5.

Wächter, Oscar, Das Handelsrecht nach dem Allgem. Deutschen Handelsgesetzbuch rc. f. d. Gebrauch des Handelsstandes. 2 Theile. gr. 8. 1865. 1866. *M.* 8. 40.

—— Das Wechselrecht des norddeutschen Bundes und der allgemeinen deutschen Wechselordnung in den deutschen und deutsch-österreichischen Ländern, für die Praxis dargestellt. 2 Abtheilungen. gr. 8. 1869 u. 1870. geb. *M.* 12.

In demselben Verlage sind erschienen:

Abhandlungen aus dem römischen Recht.

Von

Rudolph von Ihering.

gr. 8. 1844. 3 ℳ.

Geist des römischen Rechts

auf den verschiedenen Stufen seiner Entwicklung.

Von

Rudolph von Ihering,

Geh. Justizrathe und ordentl. Professor der Rechte in Göttingen.

1. Theil. 3. revidirte Auflage. gr. 8. 1873. 9 ℳ.
2. „ 1. Abtheilung. 3. revidirte Auflage. gr. 8. 1874. 7 ℳ. 50 ₰.
2. „ 2. „ 3. verbesserte Auflage. gr. 8. 1875. 9 ℳ.
3. „ 1. „ 3. verbesserte Auflage. gr 8. 1877. 9 ℳ.

Bedeutung des römischen Rechts für die moderne Welt.

Von

Rudolph von Ihering.

Abdruck aus der zweiten Auflage von des Verfassers „Geist des römischen Rechts".

gr. 8. 1865. 50 ₰.

Der deutsche Concursproceß

von

Dr. Carl Fuchs,

Professor der Rechte in Marburg.

1877. 8. n. 3 ℳ.

Der Besitz

nach österreichischem Rechte

mit Berücksichtigung **des gemeinen Rechtes,** des preußischen, französischen und italienischen, des sächsischen und Züricherischen Gesetzbuches.

Von

Dr. Anton Randa,

o. Professor der Rechte an der Prager Universität.

Zweite, durchgesehene und durch die **Besitzklagen** vermehrte Auflage.

1876. gr. 8. n. 12. ℳ.

Das internationale Strafrecht.

Von

Dr. W. v. Rohland.

Erste Abtheilung: Kritik der internationalen Strafrechtstheorien.

1877. gr. 8. n. 3 ℳ.

Printed in Dunstable, United Kingdom

91219929R00208